U0690247

中国分析哲学　2012

启真馆 出品

■ 中国现代外国哲学学会分析哲学专业委员会 编

中国分析哲学

ANALYTIC PHILOSOPHY IN CHINA 2012

2012

ZHEJIANG UNIVERSITY PRESS
浙江大学出版社

图书在版编目（CIP）数据

中国分析哲学. 2012／中国现代外国哲学学会分析
哲学专业委员会编. —杭州：浙江大学出版社，2013.11
ISBN 978-7-308-12381-5

Ⅰ.①中… Ⅱ.①中… Ⅲ.①分析哲学－中国－文集
Ⅳ.①B089-53

中国版本图书馆CIP数据核字（2013）第246999号

中国分析哲学：2012
中国现代外国哲学学会分析哲学专业委员会 编

责任编辑	王志毅
文字编辑	高　洋
装帧设计	王小阳
出版发行	浙江大学出版社
	（杭州天目山路148号　邮政编码310007）
	（网址：http://www.zjupress.com）
制　　作	北京百川东汇文化传播有限公司
印　　刷	浙江印刷集团有限公司
开　　本	787mm×1092mm　1/16
印　　张	17.75
字　　数	340千
版 印 次	2013年12月第1版　2013年12月第1次印刷
书　　号	ISBN 978-7-308-12381-5
定　　价	62.00元

版权所有　翻印必究　印装差错　负责调换
浙江大学出版社发行部联系方式：（0571）88925591；http://zjdxcbs.tmall.com

中国分析哲学·2012

常务编委：江　怡

本辑执行编委：刘　杰

本辑编辑助理：张　桔

学术委员会（按姓氏笔画为序）

王　路（清华大学）

王文方（台湾阳明大学）

刘　杰（山东大学）

刘晓力（中国人民大学）

李　红（北京师范大学）

朱　菁（中山大学）

朱志方（武汉大学）

江　怡（北京师范大学）

张庆熊（复旦大学）

张志林（复旦大学）

陈　刚（华中科技大学）

陈　波（北京大学）

陈亚军（南京大学）

陈晓平（华南师范大学）

陈嘉映（首都师范大学）

胡　军（北京大学）

胡新和（中国科学院研究生院）

唐热风（中国社会科学院）

徐向东（北京大学）

盛晓明（浙江大学）

蒉益民（中国社会科学院）

韩东晖（中国人民大学）

韩林合（北京大学）

魏屹东（山西大学）

Analytic Philosophy in China 2012

Editor in Chief: Yi Jiang
Executive editor: Jie Liu
Assistant Editor: Ju Zhang

Academic Board:

Bo Chen, *Peking University*

Gang Chen, *Huazhong University of Science and Technology*

Jiaying Chen, *Capital Normal University*

Xiaoping Chen, *South China Normal University*

Yajun Chen, *Nanking University*

Donghui Han, *Renmin University of China*

Linhe Han, *Peking University*

Jun Hu, *Peking University*

Xinhe Hu , *Graduate School, Chinese Academy of Sciences*

Yi Jiang, *Beijing Normal University*

Yimin Kui, *Chinese Academy of Social Sciences*

Hong Li, *Beijing Normal University*

Jie Liu, *Shandong University*

Xiaoli Liu, *Renmin University of China*

Xiaoming Sheng, *Zhejiang University*

Refeng Tang, *Chinese Academy of Social Sciences*

Lu Wang, *Tsinghua University*

Wenfang Wang, *Taiwan Yang-Ming University*

Yidong Wei, *Shanxi University*

Xiangdong Xu, *Peking University*

Qingxiong Zhang, *Fudan University*

Zhilin Zhang, *Fudan University*

Jing Zhu, *Sun Yat-sen University*

Zhifang Zhu, *Wuhan University*

卷首语

江 怡

2012 年秋，英国约克大学的比尼（Michael Beaney）教授应北京大学哲学系邀请，在该系开设了题为"早期分析哲学"的短期课程。期间，我邀请他到北京师范大学哲学与社会学学院做了一次专题讲座。比尼教授是国际著名哲学期刊《英国哲学史杂志》主编，在弗雷格哲学、分析哲学史研究等方面做了大量工作。在与他的交流中，我深切感受到我们有许多共同的学术兴趣点，他也对我们国内的分析哲学研究产生了浓厚兴趣。我们相约保持密切学术联系。作为回应，他于 2013 年 3 月再次来到北京，与我进行了更为深入的交流。在交流中我得知，他正在主编《牛津分析哲学史手册》，该书于 2013 年 6 月正式出版。他向我详细介绍了该书的主要内容，我也向他介绍了我于 2012 年底得到的国家社会科学基金重大招标项目"分析哲学运动与当代哲学的发展"研究进展情况。我们发现，我们对分析哲学的发展历史有着共同的关注，而且由此对分析哲学的性质和方法形成了一些共识。为了加深我们的相互理解，比尼教授专门把当时尚未出版的《牛津分析哲学史手册》序言、第一章以及全书目录的清样稿发给了我，我也把自己关于中国分析哲学研究现状的英文文章送他作为回应。

其实，早在 2001 年，我为当时的《哲学译丛》杂志选编了一组关于分析哲学的文章，栏目就题名为"走进历史的分析哲学"。我在"主持人的话"中明确指出，"本栏目的名称'走进历史的分析哲学'并不意味着分析哲学已经'成为过去'，而是要传达这样一种信息：分析哲学已经走进历史的视野，对分析哲学历史的反思正在成为西方哲学家的话题。"[1]这里的"走进历史"具有双重含义：其一是指分析哲学家更加关注对自身历史的研究，因为在他们看来，只有挖掘了分析哲学的发生、发展的历史，才会使人们更清楚地理解分析哲学产生的重要历史意义，从而理解分析哲学问题的重要价值；其二是指分析哲学家更加关注对分析哲学与西方哲学史关系的研究，试图通过揭示这两者之间在思想上的血缘关系，由此表明西方哲学发展的连续性以及分析哲学对西方哲学传统的继承性。我从比尼教授所写的《牛津分析哲学史

---

[1] 《哲学译丛》，2001 年第 2 期，第 1 页。

手册》第一章"什么是分析哲学"中清楚地得到了对这双重含义的佐证。

从目前存在的对分析哲学概念的各种定义及其性质的解释中，我们大体上可以看出三种主要方式，一种是历史地描述，比尼的定义基本上就属于这种方式；一种是方法论说明，如达米特的定义就属于这种方式；还有一种应当是精神上的解释，我更愿意接受这种解释方式。

所谓精神上的解释，主要是把分析哲学理解为一种精神，即分析的科学精神。虽然我们可以从历史中找到分析哲学的起源和发展，虽然我们也可以用分析的方法解释分析哲学的性质，但我们似乎越来越感觉到，在当今的哲学语境中，分析哲学已经不再被看作一种历史的运动，也不再被看作一种可以普遍适用的哲学方法，而是一种真正能够让我们的思想寻求明晰性，让我们的表达具有逻辑性，让我们的讨论更具说服力的精神力量，这种力量使得我们更加确定地理解哲学在处理一切问题中的作用。

我曾在《现代英美分析哲学》和《分析哲学教程》中认为，分析哲学是一种起源于德国和奥地利，并在英国和美国得到传播和发展的哲学思潮，这种思潮以语言为分析对象，以一阶逻辑为分析方法。显然，这是一种用历史和方法来定义分析哲学性质的方式。在《中国分析哲学 2011》的卷首语中，我指出，分析哲学早已不再作为一种独特的哲学思潮存在于西方哲学之中，而成为当代哲学研究的主要方法，分析的方法也被看作是分析哲学留下的主要思想遗产。[①]这也是在方法论上解释分析哲学的性质。然而，通过阅读比尼所写的关于分析哲学的历史考察，结合达米特对分析哲学起源的讨论，我更加确定的是，分析哲学应当被看作一种哲学研究的科学精神，一种能够帮助我们更好地理解思想及其表达的途径。

从历史上看，分析哲学的确经历了从弗雷格、罗素、维特根斯坦和维也纳学派的创立阶段，走过了牛津哲学的辉煌时期，得到了在美国哲学占据主流的历史地位。从研究的对象上看，哲学家们也不断尝试着从逻辑到语言再到心灵的研究历程，竭力说明分析的方法如何能够作用于不同的对象。从研究的性质上看，分析哲学走过了物理主义、现象主义、自然主义的不同道路，哲学与科学的密切关系在分析哲学那里从来就被看作哲学研究的预设前提。所有这些似乎都表明，分析哲学理应被看作特有的哲学研究方法，或者说，正是这种方法为哲学研究带来了前所未有的成果。但在经历了百年历史后的今天，我们反省分析哲学的历史会发现，这种哲学真正留给我们的遗产并非方法，而是看待这种方法的态度，是回归德国古典哲学之前的西方哲学传统的精神，更是如何处理一切哲学问题的清晰路径。

首先，在当今的哲学研究中，分析方法虽然不断地被看作是分析哲学的主要标志，但很

---

① 江怡："卷首语"，载《中国分析哲学 2011》，浙江大学出版社，2012 年，第 2 页。

少有人直接把分析哲学直接等同于分析方法。而且，如何理解分析方法本身甚至也成为哲学家们存有争议的话题。但毫无疑问的是，哲学家们的确把分析方法与分析哲学紧密地联系起来，而且用"分析的时代"来确定20世纪英美哲学的主要特征。然而，如今越来越多的哲学家认识到，分析哲学所提倡的方法更应当在"治疗"的意义上加以使用。正如维特根斯坦所说的，只有把哲学看作一种思想的疾病加以治疗，我们才能真正理解哲学的意义。当代哲学家们在讨论分析哲学的时候，的确主要采取这样两种态度：一种是出于历史的兴趣，从分析哲学的起源和发展中考察分析方法的具体使用；一种是对分析方法与欧洲大陆思想方法之间差别的兴趣，特别是从现象学和诠释学的研究中寻找分析方法如何可以适用于解读海德格尔和伽达默尔等人的思想。这两种态度都表明了"分析哲学"在当今哲学家们心目中的意义：它并非是可以用于谈论的历史故事，也不是可以直接使用的研究工具，而是一种处理哲学问题的态度，一种能够帮助我们更好地理解哲学作用的态度。或许，"理智治疗"就是这样一种态度的最好体现。

其次，当代哲学家们越来越多地关注德国古典哲学，特别是英美哲学家们近年来对康德和黑格尔哲学的讨论成果远远超出了过去百年来的研究，而这个百年正是分析哲学在英美哲学中大行其道的时期。或许，有人会对英美哲学家们如今关心康德和黑格尔哲学感到不解，因为他们的哲学正是分析哲学早期的哲学家们竭力反对和攻击的对象，或者说，分析哲学的产生在思想背景上正是哲学家们反叛绝对唯心主义的结果。然而，仔细阅读一下当今哲学家们对康德和黑格尔思想的解读，我们就会发现，英美哲学家们的处理方式完全是纯学术的，而他们对思想的处理也是按照传统的分析方式。正如罗克莫尔在为他的《康德与观念论》一书的中文版所写的序言中所说，"自从分析哲学在英国出现以来，对观念论的否定性的偏见就不断地转移了人们对它的注意力。然而，在西方，在分析哲学仍然盛行的地方，对观念论的详细考察就是面对那种偏见来恢复观念论的本来面目的一个机会。"[①]这或许正是英美哲学家们重新关注德国古典哲学的重要原因。

最后，当代哲学家们还更多地意识到，分析哲学并非简单地是一种哲学方法，而更多地体现为一种清晰表达思想的方式。这就直接反应在比尼主编的《牛津分析哲学手册》的主要内容之中。他把这样的方式表达为论证、清晰性和严格性，指出弗雷格的逻辑是哲学论证的典范，清晰性是哲学思考和写作的最重要优点之一，但它不可能只体现在最好的分析哲学中。同样，不是只有分析哲学才重视严格性，在胡塞尔对狄尔泰的历史解释学的批判中，他也强

---

① 罗克莫尔：《康德与观念论》，徐向东译，上海译文出版社，2011年，第2页。

调哲学是一门严格的科学。他认为，虽然我们无法把这些完全归于分析哲学的特征，但至少可以确定的是，分析哲学的确比以往任何一种哲学更为强调这些方式。当我们以历史的方式和方法论的方式谈论分析哲学的时候，其实还有一种比它们更能说明分析哲学特征的方式，这就是思想上的民主和论证上的完美。前者体现了一切能够在哲学上讨论的话题都可以在分析哲学的语境中找到自己的位置：不仅包括了传统哲学问题的讨论，而且包括了当代欧洲大陆哲学的问题。后者则宣布了哲学上的理想追求，或许正是因为这样一种理想，分析哲学家们不断追问思想的论证如何能够以更为严格的方式加以细化，所以，分析哲学的方法才会给人留下"零打碎敲"的印象。

从本辑收入的论文内容中，我们可以清楚地看到，分析哲学是如何在形而上学、知识论、语言哲学、心灵哲学、逻辑哲学以及宗教哲学等不同的领域中展现自己的独特魅力的。

目　录

Contents

自我与意识的统合历程理论

◎ 洪裕宏

台湾阳明大学心智哲学研究所

摘 要： 这篇论文试图回答什么是自我。主流哲学，不论是唯心论或唯物论传统，多视自我为实体。这导致很多假问题和困难。虽然近年来许多学者已改变这个流行看法，视自我为初阶性质，但是这样的静态理论实难解释自我与意识现象。本文采取动态的历程观，将自我视为统合历程。但是这是一个复杂的历程。最难的问题是如何解释意识经验的主观（体）性。我认为生物体要先能定位身体与环境的关系，并且在脑中形成一个坐标系或观点，以据此处理感官讯息，统合感官刺激，形成意识经验；并能统合存于记忆中的经验——即事件记忆——以形成自传或自我故事，形成人格及维持人格同一。这个释模我称之为 UPM。

关键词： 意识；自我；主体性；观点；意识统合；统合历程释模

前 言

自我（the self）存在吗？如果存在，那么什么是自我？自我与自我意识有何不同？自我与意识有何关系？什么是意识？意识存在吗？意识经验是主观的，是什么意思？是否意指意识经验都预设一个主体（subject）？什么是主体？ Thomas Nagel 主张主体性（subjectivity）即观点（point of view），[①]那么有观点的世界与客观（无观点）世界有何差异？主观世界真实存在吗？这一大堆问题都是过去 20 年心灵哲学及认知神经科学的热门议题。本文主要目的在论述一个主张，即自我不是实体（substance），也不是性质，而是动态的统合历程（dynamic unifying process）。在意识经验的发生过程中，一个生物组织先产生主体，因而拥有观点；再据以去统合感官经验，以形成意识经验；进一步再去统合意识经验所产生的记忆，以型塑人格

---

① Nagel，1974 . Nagel 主张主观经验真实存在，而且不是客观科学可以穷尽理解的。

与从事思想。

自我意识指以自我为对向的意识活动。这是一种递回（recursive）能力或自我指称（self-referential）能力，与自我作为动态统合历程不一样，要区别开来。自我指称能力是否预设语言能力是颇具争议的问题，而自我作为统合历程却与语言能力无关。动物可能不具备自我意识，但是只要它有感官经验，它一定有自我能力。因此在讨论相关问题时要区分这两个概念。

一、自我存在吗？

自我存不存在一直是哲学史上争议不断的问题。英国经验论哲学家休谟（David Hume）即主张自我只是一束感觉（a bundle of sensations），不存在一个自我实体（substance）。"实体"在本文之用法中指"世界的根本存在（fundamental entity）"。休谟作为一个经验论者，认为所有存在的事物都可直接被感官所经验，他称之为印象（impression）。我们没有对自我的任何印象或直接经验，因此自我不存在。休谟的自我理论是针对笛卡儿的自我实体论（心物二元论）的反动。笛卡儿主张自我是思考主体（the thinking subject），非物理的基本存在元项（entity）。

维特根斯坦也认为自我非实体，而且"我（I）"这个词不指称任何实体性的自我。"我"或者指称身体或者不指称任何东西。因此对维根斯坦而言，思考的主体是错觉。这与笛卡儿的主张恰好相反，笛卡儿认为思考的主体就是我，而且他不是身体，而是与身体完全不同的非物理实体。

现代哲学家 Patricia Churchland，Daniel Dennett，Eric Olson 与 Thomas Metzinger 等都否认自我实体存在，尽管他们的理由都不相同[1]。Olson 认为不同人谈论自我的时候，其定义都不一样。自我问题争议不休常常只是因为大家在使用"自我"一词时意义有出入。只要澄清语意，自我只是日常用语，可能被化约为其他领域的词语，或由其他词语所取代。

Olson 这样的说法未免太廉价。无论人们对"自我"一词之使用如何缺乏共识，在现象上意识经验的确存在。"自我"作为现象语词不能被语意分析化约掉。对"自我"一词缺乏共识也可能意味着自我是多面向的，是复杂的现象，不能简单地被概念分析消解掉。

从语意分析着手去处理形而上学问题，Perry（1979）主张索引词（indexical terms）的语意内容是必要的（essential）。[2]换言之，索引词所指称的对象在本体上（ontology）不可化约。索

---

[1]　Churchland, 2002; Dennett, 1992; Olson,1998; Metzinger, 2003.

[2]　Perry, 1979.

引词指人称代名词（who）、空间位置（where）与时间代名词（when）。例如你（you）、我（I，me）、他（he，she，him，her，they，them）、它（it）、这里（here）、那里（there）、现在（now）、以前（before）、以后（未来）（after）等等。如果你用非索引词去取代某一个信念中的索引词，例如用"洪裕宏"去取代"我的牙在痛"中的"我"，你得到的信念是不同的信念。比较下面三组有索引词与没有索引词的差异：

（1）Who（人称索引词）

"*The shopper with the torn sack* is making a mess."

"*I* am making a mess."

（2）When（时间索引词）

"The meeting begins *at noon*."

"The meeting begins *now*."

（3）Where（空间索引词）

"The best way out from G-Lake is to follow the M-trail to the mountain."

"*This* is the M-trail and *that* is G-Lake."

Perry 比较上下两个语句，认为索引词被取代之后，语句的意思也改变了。显然索引词是必要的，而且不仅仅是语意上的必要，还是本体上的必要。换言之，索引词所指称之对象在本体上不能被化约到非索引词。用含有索引词的语言所描述的世界会不同于此一语言去掉索引词后所描述的世界。当我们用被指称物描述词来取代索引词时，会失去索引词所蕴含的意义。不使用索引词的话，会有一部分的世界无法被描述。Who，where 和 when 的索引词所表达的是一个观点（point of view），由此特定观点所描述的世界和不具观点的无中心（centerless）世界有所不同。

康德在其《纯粹理性批判》中论道，在自我觉知（awareness of self）的脉络，第一人称索引词（I，me，my，mine）无法被其他任何描述词所替代。康德认为觉知的性质作为某人之自我性质时，预设了自我作为主体的觉知。（"Awareness of properties as properties of oneself presupposes awareness of oneself as subject, as oneself."）[①]因此意识经验预设自我觉知。"我觉得痛"与"张三觉得痛"意义不等同，即使当我就是张三时亦然。第一人称索引词不可能被取消。

---

① Kant 除 *Critique of Pure Reason* 外，讨论心灵与自我意识最多的另一本书是他死后三年才出版的 *Anthropology from a Pragmatic Point of View* (1798).

不仅仅第一人称索引词不可能被取消，时间与地点索引词也一样不能被取消。一个没有索引词的语言所描述的世界在加入索引词之后会增大。当我们用被指称对象的描述词来取代索引词时，会失去索引词所蕴含的意义，会有一部分的世界无法被描述。因此"我（I）"作为必要的索引词，不能被任何其他对自我的描述词所取代。这表示"我（I）"的指称对象存在，也就表示自我（self）存在。下一个问题要问的是，自我是什么？

二、自我是什么？

自我的实体论

如果自我存在，那么它会以什么模式（mode）存在？ 最传统也最为一般人熟悉的理论是笛卡儿式的实体（substance）论。笛卡儿主张心灵（mind）是非物质的实体，不占空间且不可被分割，与物质实体不同。自我是心灵实体（mental substance）。这个主张最大的问题在于无法解释物理实体（physical substance）与心灵实体如何互动。心灵与身体之间明显具有密切的关联，甚至于说心身之间有因果关系都不为过。一个好理论无论是要解释心身之间的因果关联，或者要否定心身因果关系，都要能解释何以在现象上我们会觉得心身有因果互动。显然笛卡儿式的实体二元论都不能解决这个问题。关于这个问题的讨论汗牛充栋，且非本文主旨，就不予讨论。

实体二元论，现在仍有许多支持者。Galen Strawson 的最小自我理论（the minimal self theory）值得讨论。[①] Strawson 分析了自我的必要条件是什么，以支持自我是实体的主张。下列八个要件常常是主张的条件：

1. 一个东西（a thing）

2. 一个心理的东西

3. 在当下与同时性下（synchronically）的单一体

4. 在跨时间下（diachronically）的单一体

5. 本体上（ontically）异于其他实体

6. 经验的主体（a subject of experience）

7. 作为者（agent）

8. 具有人格（personality）的东西

---

① Strawson, 1997; Gallagher, S. & Shear, J. (eds.), 2000.

Strawson 认为存在最小自我，最小自我不具跨时性（diachronicity）。很显然地 7 与 8 预设了跨时性。最小自我虽然会持续一小段时间，但不具有跨时性，各个片段的自我是不连续的，一段段的最小自我就像串在时间轴上的珍珠，因此他称他的自我理论为珍珠理论（the pearl view）。

Strawson 的珍珠理论拿掉实体主张倒是值得发展的看法。他注意到自我作为经验的主体并不需要牵涉到记忆。当牵涉记忆时，跨时性就无法避免。记忆是对过去经验的存迹。人格则是记忆的整体呈现。感官经验只存现在当下，例如你不可能今天才感觉到昨天的痛。你可以有昨天痛觉的记忆，但是昨天的痛觉只存现在昨天当下。不过，Strawson 的最小自我五条件只是必要条件，而且他只考虑到现象经验，没有注意到神经证据。此外，自我亦有其跨时性，哲学上的人格等同（personal identity）问题就是跨时的自我等同问题。因此他对最小自我如何串连成珍珠串般的自我并未加以解释。

自我的性质论

实体论面临无法克服的困难，最严重的是心身互动难题，也难以处理独立于物质的心灵实体如何可能的问题。因此性质（property）论成为 20 世纪下半叶的主流思想。根据性质论，自我不是实体，而是性质。不过性质论又可分为初阶性质论（the first-order property theory）与二阶性质论（the second-order property theory）。一般物体的性质叫作初阶性质。例如长宽厚或质量、硬度等。红色、绿色等是为初阶性质，而颜色（color）则为二阶性质。我们说苹果是红色的，说红色是一种颜色。红苹果、红布、红砖等是红色的外延（extension），而红色、白色等则是颜色的外延。20 世纪下半叶流行的功能论（functionalism）属二阶性质论。这派理论认为自我是特定功能的性质。功能本身就是性质，因此自我就成为性质的性质。功能论学派视自我为二阶性质，且主张二阶性质可为多种不同物质所实现（multiply realizable）[1]，因此不认为研究脑神经生理机能对了解自我有用，所以专注研究高阶性质之逻辑关系，遂与脑科学绝缘。在 20 世纪 90 年代以后，这条以逻辑与计算为基础的功能论研究进路逐渐式微。

在 20 世纪 50 年代前后，一度曾为主流学说的同一论（identity theory）[2]为新兴的功能论（计算学派为其中之大宗）所取代。同一论主张心理状态（mental states）等同于脑状态（brain states）。同一论算是初阶性质论的一个版本。80 年代发生了古典论（classicism）与联结论

---

① Putnam, 1960.
② Smart, 1959.

（connectionism）的大论战 [1]，功能论自此式微，90 年代起脑科学蓬勃发展，学界主流学说转向物理论（physicalism）。物理论主张心理性质是物理性质。严格而言，功能论是物理论的一个版本，不过 90 年代之后的物理论受脑科学之影响，主要流行为初阶性质论，主张心理性质是脑神经生理结构的性质。依据此派说法，自我也是脑神经结构的性质。下面我要讨论最具代表性的自我理论，即 Damasio 的自我理论，并论述 Damasio 理论之缺失。[2]

自我是一个复合概念，并非如笛卡儿所说，指称一个思考的主体（thinking subject），一个单一的实体（substance）。Damasio 视自我为神经结构的性质，而且分为三个层次，依序为原型自我（the protoself）、核心自我（the core self）与自传自我（the autobiographical self）。

原型自我由身体内部感觉（interception）、自体感觉（proprioception）及触觉信息所构成。这个次系统对外来的刺激的反应相对比较稳定，是形塑高层次自我、建构自我坐标系的神经生理基础。

来自身体的原型自我和外来的感官信息在丘脑（thalamus）统合之后，会产生具有主观性（subjectivity）的核心自我。原型自我应尚未到达意识的层次，核心自我则是当下的意识经验，例如当下看到的、听到的或摸到的感官经验。核心自我的神经基础包括丘脑、脑岛（insula）和体感觉皮质区。

以核心自我为基础，统合过去的事件记忆（episodic memory），形成一致的自我故事，就是自传式自我。自传式自我是跨时间的，包含过去和未来。事件记忆指由发生在特定个人身上的具体经验，包含何时（when）与何地（where）的信息所形成的记忆。

Damasio 的理论蕴含存在三种相互独立但层层依赖的自我。核心自我建立在原型自我的基础上，自传式自我则建立在核心自我之上。这三种自我各自是三个不同的神经生理结构的性质。Damasio 不是实体论者，他并不主张三种自我是三种不同的实体，而是三类性质。这样的说法有许多困难，例如如果存在三种自我，何以在现象上我们只经验到一个自我？再者，如果上层自我是建立在下层自我的基础上，何以我们会观察到核心自我坏了，自传式自我却完好的病例？我们也发现有原型自我出问题，核心自我依然完好的病例。在后面我会进一步讨论这些病例。因此 Damasio 虽然大方向正确，但是得适当修正，才能处理其所面临的困难。

---

[1] Fodor & Pylyshyn, 1988; Smolensky, 1988.

[2] Damasio, 2010.

自我的动态历程（dynamic process）论

动态历程与性质有何不同？简单来说，性质或状态是静态的概念，不牵涉到在时间中的变化。而动态历程指在时间中性质或状态的变化。所以历程是性质的性质，属二阶性质。这是为什么称动态历程论为二阶性质理论。美国哲学家 Alfred N. Whitehead 主张世界最基本的存在（the fundamental existence）不是实体（不论心或物），也不是性质或共相（universals），而是历程①。历程指事物的变动（change of things），是世界最基本的存在。他认为我们觉得是实体的东西，其实是从历程中抽象出来的。持物理论者可能会主张基本粒子如夸克（quarks）是最基本的存在。历程论者却视夸克为由历程抽象而来。笛卡儿式的心灵实体，如果存在的话，也是由历程抽象出来的。最根本的存在是变动中的事物，传统上视为具象（concrete）的物理个体在这样的形而上学中反而成为抽象事物。柏拉图式的理型（Form）若为永恒不变之事物，在历程哲学架构下自然也是由历程抽象而来的。

近来不乏视自我为历程的自我理论，如 John Pickering 的记号历程（the semiotic process）理论。②记号历程理论主张自我是记号（sign）、对象（object）与阐释者（interpreter）彼此互动所产生。记号即表征（representation），存在在头里面，但对应到外在世界中的对象。对象是外在世界实际存在的东西。阐释者就是感觉知觉的人。当人使用记号来阐释外在对象时，就会产生自我。因此自我是这个三方互动的历程。

这套记号历程理论认为使用记号是自我的必要条件。如此会导致符号（symbolic）能力是必要的说法。那么没有符号能力的动物是否就没有自我？还是说记号可以不是符号，图案（icon）或图像（picture）亦可被视为记号。或者说语言能力是自我的必要条件？这里仍有争议。而且，记号、对象与阐释者（人）互动的历程就会产生自我，这样的说法并不直觉，有些人可能会继续问为什么？这里似乎有一个解释的鸿沟（gap）。

三、自我是动态的统合（unifying）历程：
The Unifying Process Model （UPM）

我要提出的假说如下：自我是统合（unifies）体内与体外信息的动态历程。（The self is a dynamic process for unifying interoceptive and exteroceptive stimuli or information.）问题的重点是

---

① Whitehead, 1929.
② Pickering, 2004.

至少要能说明这个统合历程的特征或机制。首先，自我作为统合历程，它本身不能具有任何经验内容（content），否则这个经验内容本身又预设一个自我，会陷入无限后退（infinite regress）。因此自我作为历程要提供一个统合资讯的观点（point of view）或坐标系（coordinate system），它本身没有内容，却统合经验内容，以主观化（subjectify）这些内容的预设条件。因此我说自我作为一个历程其实是一个主体性的裸点（a bare locus of subjectivity）。

这样的说法与 Damasio 的理论最大不同之处在于主张自我就是一个动态统合历程，而不再区分自我为原型自我、核心自我与自传式自我。在此架构下，Damasio 的三层自我其实是自我作为统合历程处理不同讯息对象的结果。

先谈原型自我。身体内部讯息（interoception）是脑由身体收到的最基本讯息，相对稳定，是自我在时空中定位或定锚所需的讯息。认知神经科学家如 Damasio 已经提出证据，主张脑岛（insula）和前扣带皮质（anterior cingulate cortex）是处理身体内部讯息的主要脑区，构成自我在时空中定位的神经基础。脑岛位于侧脑沟的深部，负责协调各脑区的活动，前扣带皮质是痛觉和情绪区。当自我作为统合历程去处理来自身体内部的讯息，如自体感觉与内分泌，使自我定锚于身体而产生观点或坐标系，这个现象就是 Damasio 的原型自我。所以所谓的原型自我只是透过统合身体内部讯息而形成观点的历程。

如何证明统合身体内部讯息而形成观点的历程存在？Oliver Sacks 报告过他称之为"没有身体的小姐（the disembodied lady）"病例。[1]这个小姐因为外围神经炎而失去了自体感觉。她觉得身体不是她的，她得利用视觉的辅助才能移动肢体。病人觉得自己的灵魂与身体分离了。她的身体仍有感觉，但是她无法将之统合为自己的感觉。一个解释是因为病人失去了自体感觉，就无法统合出正常的观点，也因而无法将自我定锚于身体。这个病例至少提供部分证据支持产生观点或坐标系的历程存在。异手症（alien hand syndrome）是另外一个例子。

当这个具有观点或坐标系的历程开始去处理外来的感官讯息，即当下的感官刺激时，就产生当下的感官经验。Damasio 认为此时核心自我就形成了。然而我不认为有一个新的自我产生了，而是同一个自我历程处理了不同的感官讯息。因为分殊的感官经验被统合在特定观点的主体下，我们才会觉得我们是这些感官经验的拥有者。Feinberg 报告了一个右脑部中风的案例。当刺激病人的左手时，即使她觉得痛，却认为那是她的侄女的痛。患者无法用特定观点去统合感觉经验，因而产生 ownership 的错乱。[2]我称这个统合现象为 the here-

---

① Sacks, 1998.
② Feinberg, 2009.

and-now self 现象。

　　Damasio 的第三层自我是自传式自我。一样我不认为这是一个新的自我，自我只有一个，而且它不是实体，不是性质，而是统合历程。当自我历程去统合过去的事件记忆时，会产生一致的自我故事，也就是一套个人的记忆史。这也是人格等同（personal identity）的基础。我称之为 the social-and-historical self 现象。失智症（dementia）是这个统合历程失败的病例。病人具有观点，是经验的主体，而且能正常统合当下的经验。受损的是事件记忆。病人会忘记过去许多发生在她身上的事件，因此导致她的自我故事错乱且不一致。

Damásio 与 UPM 理论的比较

	Allen Y. Houng 自我的统合历程理论 （The Unifying Process Model, UPM）		Damásio 的多层 自我理论
自我：统合历程	整合素材	产生	
	自体感觉、内分泌	观点	原初自我（The Protoself）
	感觉、知觉	感觉知觉经验	核心自我（The Core Self）
	事件记忆	自我故事	自传式自我（The AutobiographicalSelf）

　　至此我们至少提供一些病例，用以支持自我作为统合历程在统合不同对象时是会失败的。有些严重的失败就形成特定的精神病例。这样的证据显示，统合历程处理的讯息至少有三类。这三类不同的讯息对应到三种意识经验现象。Damasio 的错误在误断存在三种自我。下面我要借着批判 Tim Bayne 的理论来进一步阐释自我作为统合历程是什么样的历程。

四、意识统合的进一步分析：对 Tim Bayne 理论的批判 [①]

Tim Bayne 的意识统合性理论（The Unity of Consciousness）

Bayne 的意识统合性理论（The Unity Thesis）主张在同一时间点，意识主体的所有意识状态必然被统合在一起。（"Necessarily, any set of conscious states of a subject at a time is unified."）[②]当我们看一颗苹果时，我们看到红色圆形的水果，而不会分别独立看到红色、圆形状及其他视觉性质。我们的视觉会呈现给我们统合的视觉经验。Bayne 分析四种意识的统合性，从中论述哪种统合最基础。因为本文主张自我即意识统合历程，借此分析也可将不同的统合性对应到上文的三种意识统合现象。

Tim Bayne 认为意识的统合性可分为下列四种：主体统合性（Subject unity）、现象统合性（Phenomenal unity）、表征统合性（Representational unity）以及取用统合性（Access unity）。Bayne 主张现象统合性最基本。下文我将修正 Bayne 的理论，指出主体统合性才是最基本的。

意识的主体统合性指经验主体当下的意识状态必定为同一经验主体所拥有。（"Two conscious states are subject unified when they are had by the same subject of experience at the same time."）[③]例如：在同一时间点，"我听见交响乐的经验"和"我阅读杂志的经验"皆属于"我"这个经验主体，但和"你听见哨音的经验"则属于不同的经验主体。主体统合性接近我的形成观点或坐标系的历程，观点或坐标系即主体性。其神经生理基础应涵盖 Damasio 的原型自我的神经生理基础。前面已提过，"没有身体的小姐"是这类统合性的病例。

现象统合性意指意识经验能够同时被经验到，也就是能让经验主体有同时经验各个意识状态的感觉。（"To say two conscious states are phenomenal-unified means the subject has an experience of something it is like to be in both states at once."）[④]意识主体之同时的意识状态会被包含于一个完整的现象场中。例如，当我一边听交响乐一边阅读荧幕上的文字，"我聆听交响乐的经验"和"我阅读荧幕上的文字的经验"并非各自独立出现，而是以被包含于同一现象场的方式一起出现，让我有一面听音乐一面阅读的感觉。

意识的表征统合性又可区分为物件统合性（object unity）和空间统合性（spatial unity）。物件统合性意指表征同一物件的意识状态必定能将该物件表征为一个完整的实体。（"Two

---

① Bayne, 2008; 2010. Lin & Houng, 2012. 这部分的讨论我指导的学生林庭安有重要贡献。
② Bayne & Chalmers，2003，p.24.
③ Bayne & Chalmers，ibid.，p.26.
④ Bayne & Chalmers，ibid.，p.29.

conscious states are object unified insofar as they represent objects as unified entities."）[1]例如，当我看见一个白色的圆形杯子，我的意识状态是将其表征为一个完整且同时具有"圆形"和"白色"特征的杯子，而非两个独立的特征。

空间统合性意指经验到的各物件能被表征为存在于相同的空间中。（"Two conscious states are spatial unified when they represent objects as being part of the same space."）[2]这种统合性使经验主体产生自身与各个外在刺激存在于相同空间的感觉。例如，我可以经验到一辆救护车朝着在相同空间的我和我身旁的狗疾驶而来。

取用统合性意指意识经验之内容可同时被同一个 consuming system 所利用，进而控制行为操纵、语言表达和记忆储存。（"To say two conscious states are access-unified, their contents are accessible to the subject at once. The subject can use both contents in reasoning, verbal reporting, and guiding behavior simultaneously."）[3]例如，当我的"球朝我飞来"和"队友大叫：'快接！'"这两个意识状态被取用统合在一起，那么我的 consuming system 便可以同时取用这两个意识状态的内容，进而引导我作出接球的相应行为。

意识统合性是否可能瓦解？

Bayne 认为，在一般情况下，我们同时具备四种意识统合性。然而，意识的统合性是有可能瓦解的，且四种统合性的易瓦解程度并不相同。有些统合性较易出错，有些统合性则为意识的必要特性。根据 Bayne 的观点，主体统合性、表征统合性和取用统合性皆有可能瓦解，但现象统合性是绝对不会出错的。

主体统合性的瓦解

Bayne 认为精神分裂症的思想植入症状（schizophrenic disorder of thought insertion）是主体统合性的瓦解所致。此症状的病患会错误地将自己的想法描述为由外星人植入而非自己所产生的。

表征统合性的瓦解

Bayne 认为统觉失认症（apperceptive agnosia）是源于物件统合性的瓦解。病患可以经验

---

① Bayne & Chalmers，ibid.，p.24.
② Bayne & Chalmers，ibid.，p.25.
③ Bayne & Chalmers，ibid.，p.29.

到物体的各种特征，但无法将这些特征统合成为完整的物件。例如，当要求病患描绘放在其眼前的床，病患会画出分离的床板、床脚、床单等部分，但无法将各部分组合成一张完整的床。

取用统合性的瓦解

Bayne 认为 Sperling's test 中受试者的行为表现可被视为取用统合性瓦解的例子。在实验中，受试者虽可分别取用任一行的字母内容，但却无法同时取用两行或全体的字母内容，因此无法报告所有字母。

在排除了上述三种统合性后，Bayne 主张四种统合性中只有现象统合性是不会出错或瓦解的。然而，传统上在讨论意识的统合性时，裂脑症（Split-brain syndrome）的病例通常被认为是现象统合性瓦解的例子。Tim Bayne 该如何回应？

裂脑症病人之胼胝体被切断，导致两半脑在皮质层几乎完全分离。手术后，病人在日常生活仍能表现出相当的行为一致性，并能处理各项工作；然而，在一些实验状况下（例如：key-ring experiment），裂脑症病人却会表现出左右脑不一致的行为。[①]

在 key-ring experiment 中，裂脑症病人的左右视野分别观看不同的图片。例如：左视野观看钥匙的图片，右视野观看戒指的图片。当要求病人口头报告看见的物品为何时，病人仅会报告右视野中的物品，也就是戒指；而要求病人用左手拿取与看见图片相符的物品时，病人则会拿取左视野中的物品，也就是钥匙。这样的行为不一致性与其在日常生活中展现出的一致性让裂脑症病人的意识问题更加扑朔迷离。

传统的双意识流模型（the two-stream model）对裂脑症的解释为：裂脑症病人的左右脑同时拥有彼此独立的意识。经由要求受试者拿取左视野荧幕下方的物体，我们了解右脑的确"看见"左视野的图片，但因为左、右半脑在皮质层几乎完全分离，所以具有语言区的左脑无法知道右脑的信息，才会无法报告左视野之物体。根据此看法，裂脑症病人的左、右脑同时具有独立的意识，裂脑症被视为意识失去统合的例子。

然而，Bayne 认为取用统合性的瓦解并不蕴含现象统合性也同样瓦解，而裂脑症的实验证据仅能支持裂脑症病人的取用意识失去统合，并无法直接推论其现象意识也同样失去统合。

Bayne 更进一步提出 the switch model 来解释裂脑症。根据 the switch model，尽管裂脑症病人的左、右脑能独立处理不同的信息，但它们并不会同时具有意识。当被要求以口头

---

① Gazzaniga, 2005; Bayne, 2008.

报告时，仅左脑具有意识，而被要求用左手拿取物体时，便切换为右脑有意识。意识可于两半脑间切换，但不会同时出现在两半脑。因此，裂脑症病人仍保有同时性的意识统合性（synchronic unity of consciousness）。

对于 Tim Bayne 理论之批判

精神分裂症并非 Subject unity 出错的例子

Bayne 认为精神分裂症的思想植入症状是主体统合性的出错所造成。然而，精神分裂症的思想植入症状并非证明主体统合性出错的例子。我们必须区分两个不同的概念：统合（unifying）功能与归属（attributive）功能。统合功能是指将同时经验到的意识状态统合在一起，而归属功能则是将该意识状态归于某意识主体。统合功能着重于其经验层面，而归属功能则着重于意识的拥有权（ownership）。

在此例中，病患的归属功能出了问题，导致其无法正确地将自己产生的想法归属于自己，而是错误地归属于外星人。然而，这并不代表其主体统合性瓦解。病患必定仍完整地感受到所有的经验，才能进行归属，并报告出："这个意识状态不是我自己产生的意识状态"。若失去主体统合性，便无法定位"我"，更无法指出"（我的）这个意识状态"，并进一步进行意识经验的归属。因此，精神分裂症的思想植入症状病患之意识的主体统合性仍然完整，出错的只是其归属功能。

"主体统合性"和"现象统合性"无法区分

Bayne 将主体统合性和现象统合性进行区分，然而，细究其背后蕴含意义，此两者实为同一种统合性。根据其定义，意识的主体统合性意指"经验主体当下的意识状态必定皆为同一经验主体所拥有"，而现象统合性意指"意识经验能够同时被经验到，也就是能让经验主体有同时经验各个意识状态的感觉"。两种统合性貌似不同，但其实是从不同面向描述同一件事情。

主体统合性中提及的"意识状态为同一经验主体所拥有"，指的就是意识经验被包含于同一个现象场（phenomenal field）中。[①] 然而，"存在于同一现象场中"，便构成了这些意识经验

---

① Searle, 1992.

能够同时被该主体经验到、使其具有同时经验两个意识状态之感觉的原因。

主体统合性和现象统合性描述的其实是同一件事：由经验主体产生的观点（point of view）会建构出一个现象场，而各个同时发生的意识经验都被包含于此现象场中。由于此现象场的统合性，致使经验主体能够同时感受到在此现象场中的所有经验状态，因而具有意识的统合性。由此定义我们可知，此统合性是意识的必要特性，是不会出错或瓦解的。

五、结论

这篇论文试图回答什么是自我。主流哲学不论是唯心论或唯物论传统，多视自我为实体。这导致很多假问题和困难。虽然近年来许多学者已改变这个流行看法，视自我为初阶性质，但是这样的静态理论实难解释自我与意识现象。本文采取动态的历程观，将自我视为统合历程。但是这是一个复杂的历程。最难的问题是如何解释意识经验的主观（体）性。我认为生物体要先能定位身体与环境的关系，并且在脑中形成一个坐标系或观点，以据此处理感官讯息，统合感官刺激，形成意识经验；并能统合存于记忆中的经验——即事件记忆——以形成自传或自我故事，形成人格及维持人格同一。这个释模我称之为 UPM。

参考文献：

[1] Bayne, T. (2008), "The Unity of Consciousness and the Split-brain Syndrome". *The Journal of Philosophy*, 105(6): 277-300.

[2] Bayne, T. (2010), *The Unity of Consciousness*. Oxford: Oxford University Press.

[3] Bayne, T. & Chalmers, D. (2003), "What is the Unity of Consciousness?" In *The Unity of Consciousness*, ed. A. Cleeremans, Oxford: Oxford University Press, 23-58.

[4] Bayne, T., Cleeremans, A., Wilken, P. (2009), *The Oxford Companion to Consciousness*. Oxford: Oxford University Press.

[5] Churchland, P. (2002), *Brain-Wise: Studies in Neurophilosophy*. Cambridge, MA: The MIT Press.

[6] Damasio, A. (2010), *Self Comes to Mind: Constructing the Conscious Mind*. New York: Pantheon Books.

[7] Dennett. D. (1992), *Consciousness Explained*. Boston: Little, Brown, and Co..

[8] Feinberg, T. E. (2009), *From Axons to Identity: Neurological Explorations of the Nature of the Self*. New York: W. W. Norton & Company.

[9] Fodor, J. & Pylyshyn, Z. (1988), "Connectionism and Cognitive Architecture". *Cognition*, 28: 3-71.

[10] Gallagher, S. & Shear, J. eds. (2000), "Models of the Self ". *Journal of Consciousness Studies*.

[11] Gazzaniga, M. S. (2005), "Forty-five years of split-brain research and still going strong". *Nature Reviews Neuroscience*, 6(8), 653-U651.

[12] Lin, T. A., & Houng, A. (2012), "Do Split-Brain Subjects have Unified Consciousness?" Presented in *The 16th Annual Meeting of Association for the Scientific Study of Consciousness,* University of Sussex, Brigton, UK, July, 2012.

[13] Metzinger, T. (2003), *Being No One: The Self-Model Theory of Subjectivity.* Cambridge, MA: The MIT Press.

[14] Nagel, T. (1974), "What Is it Like to Be a Bat?" *Philosophical Review*, 435-50.

[15] Olson, E. (1998), "There Is No Problem of the Self". *Journal of Consciousness Studies* 5: 645-657.

[16] Perry, J. (1979), "The Problem of the Essential Indexical". *Nous* 13(1): 3-21.

[17] Pickering, J. (2004), "Whitehead and Embodied Cognition". in *Consciousness Studies from a Whiteheadian Perspective,* eds. Weber, M. & Riffet, F., Vienna: Peter Lang.

[18] Putnam, H. (1975a), "Mind and Machine". reprinted in Putnam, 362-385.

[19] Putnam, H. (1975b), *Mind, Language and Reality.* Cambridge: Cambridge University Press.

[20] Sacks, O. (1998), *The Man Who Mistook His Wife For A Hat.* New York: Touch Stone.

[21] Searle, J. (1992), *The Rediscovery of the Mind.* Cambridge. Mass.: The MIT Press.

[22] Smart, J.J.C. (1959), "Sensations and Brain Processes". *Philosophical Review*, 68:141-156.

[23] Smolensky, P. (1988), "On the Proper treatment of Connectionism". *The Behavioral and Brain Sciences* 11(1): 1-74.

[24] Strawson, G. (1997), "The Self". *Journal of Consciousness Studies* 4(5/6): 405-428.

[25] Whitehead, A. N. (1929), *Process and Reality: An Essay in Cosmology.* Free Press.

The Unifying Process Model of the Self and Consciousness

Allen Y. Houng

Institute of Philosophy of Mind and Cognition, Taiwan Yang-Ming University

Abstract: The purpose of this paper is to answer what is the self, and claims that the self is a unifying process. The received views, including both idealism and materialism, treat the self as substance. This substance view leads to many pseudo problems and difficulties. Although in the second half of the last century lots of authors have taken a functionalistic view and take the self as the first-order property, the functionalistic view, static in nature, fails to explain the self and conscious experience. This paper adopts a dynamic process stance, treats the self as a unifying process. The unifying process is complex. The most difficult problem is to explain the subjectivity of conscious experience. I maintain that subjectivity is the point of view that constructed by positioning the body of the organism in the environment . It forms a coordinate system with which the organism unifies sensory inputs so as to produce conscious experience. The unifying process not only unifies the sensory inputs at the movement, but also unifies the episodic memory, the memory of the past experience, so as to form autobiographical self or the self-story of the person. This theory I call it the unifying process model of the self and consciousness.

Keywords: Consciousness; self; subjectivity; point of view; unity of consciousness; the unifying processing model

[形而上学]

抽象与具体事物的区分 [①]

◎ 王文方

台湾阳明大学心智哲学研究所

摘　要：大多数当代哲学家认为，这个世界里的事物可以被互相排斥而共同穷举地区分为两个类：一类是具体的事物，另一类则是抽象的事物。问题在于：这两类事物之间的区别究竟何在呢？ Hoffman 与 Rosenkrantz（2003）曾经论证说，常见的、对于抽象/具体事物的区分方式存在着一些明显的问题，而他们主张以一种新颖的、在他们看来没问题的方式去作出这两类事物之间的区别。本论文反对它们所主张的区分，并划分为四节。第一节说明常见的、对于抽象/具体事物的区分方式所存在的问题，第二节说明 Hoffman 与 Rosenkrantz 所主张的区分方式。在第三节中，我论证 Hoffman 与 Rosenkrantz 所主张的区分方式并非没有问题，而主要的问题出在该区分对性质、关系、集合、命题等所作的分类。在最后一节里，我论证两个要点。首先，我论证说，抽象/具体事物之所以不容易（甚至不可能）找到一个可信的区别方式，根本的原因就在于我们对该区分所拥有的直觉乃是许多不等价与/或含混的区分互相混淆的结果。其次，我论证说，抽象/具体事物的区分所引起的问题其实不具有任何哲学上的重要性，因而是一个可以不必深究的假问题。

关键词：抽象事物；具体事物；范畴；形而上学；本体论

大多数当代哲学家认为，这个世界里的事物可以被互相排斥而共同穷举地区分成两个类，一类是具体的（concrete）事物，另一类则是抽象的（abstract）事物。[②]问题在于：这两类事物之间的区别究竟何在呢？ Hoffman 与 Rosenkrantz（2003）曾经论证说，常见的、对于抽象

---

① 本论文在写作上（特别是第一节）部分取材自拙著（王文方，2008）的第八章，但我在这里所要论证的看法彻底推翻了我在写作该书时所抱持的立场。我特别希望熟悉该书的读者能注意我在这里立场上的转变。

② 有关于这两个类是互相排斥而又共同穷举的说法，以及以下有关于这两类事物的清单，详见 van Inwagen（2004）以及 Hoffman 与 Rosenkrantz（2003）等。大致说来，哲学家对于这两份清单有着约略一致的看法。

/ 具体事物的区分方式都存在一些明显的问题，而他们主张以一种新颖的、在他们看来没问题的方式去作出这两类事物之间的区别。本文一方面论证 Hoffman 与 Rosenkrantz 所主张的区分方式并非没有问题，一方面诊断该区分之所以难以捉摸的根本原因，另一方面则论证抽象 / 具体事物的区分所引起的问题其实不具有任何哲学上的重要性，因而是一个可以不必深究的假问题（pseudo problem）。

一、常见的区分方式所存在的问题

为了理解 Hoffman 与 Rosenkrantz 何以要提出新的区分方式，让我们先看看常见的、有关抽象 / 具体事物的区分方式究竟存在着什么样的问题。为了以下讨论上的方便，让我们像 Hoffman 与 Rosenkrantz 一样地去假设说：大多数的人和哲学家们都同意，任何一个笛卡儿式的灵魂、物理实体、物理实体的总合、时间、地点、个别的事件等等都是具体类的事物（如果它们存在的话），而任何一个集合、数目、性质、关系、命题、语句类型、游戏等等则属于抽象类的事物（同样，如果它们存在的话）。换句话说，我们假设以上这些归类方式乃是一个"常识上的直觉"，而我们的问题是：有没有什么特性是具体（或抽象）的事物必然拥有，而另一类的事物却必然缺乏的呢？[1]

一个常见的说法是：具体的事物不但占据空间，**而且**至少存在于某个时间当中，而抽象的事物则或者不占据空间、或者不存在于任何的时间当中、或者两者皆不然。更简单地说，具体的事物存在于时间与空间中，而抽象的事物则不存在于时间与空间中。但这个区别似乎是不正确的：笛卡儿式的灵魂是具体的事物，但它们并不占据空间，因而并不存在于时间与空间中。同样地，时间（如 2011 年 10 月 28 日）也是具体的事物，但它们本身并不占据空间，因而并非存在于时间**与**空间当中。

但也许这个特性是：具体的事物存在于时间**或**空间中，而抽象的事物则既不存在于时间也不存在于空间中。但这个区别似乎也不是正确的：亚里士多德的共相实在论者认为，某些性质和关系——如占据时间空间的事物所共享的共相——尽管是抽象的事物，却占据一定的空间：它们完整地出现在它们的例子所占据的空间上，并因而具有多重空间性；而另外一些哲学家则认为，像围棋和中文这种抽象的游戏与语言，它们存在的时间绝不会超过二百万年，而且可以在某一天里被许多人在不同的地方一起进行着，但它们显然都不是具体的事物。

---

[1] 本节以下的讨论主要受到 Hoffman 与 Rosenkrantz（2003）的影响。

但也许这个特性是：具体的事物可以进入时间与空间关系中[①]，而抽象的事物则或者不能进入时间关系、或者不能进入空间关系中。但这个区别似乎不是正确的：时间与笛卡儿式的灵魂虽然都是具体的事物，却不进入任何的空间关系中，并因而不进入任何时间与空间的关系中。而根据某些共相实在论的看法，有些性质与关系由于具有时空位置的缘故，因而也与其他的事物具有一定的时空关系，但它们并不是具体的事物。

但也许这个特性是：具体的事物可以进入时间**或**空间关系中，而抽象的事物则既不进入任何时间关系中，也不进入任何空间关系中。但这个区别似乎也不是正确的：有些共相实在论者认为，由于有些性质与关系占据空间，因而它们实际上进入空间关系中，尽管它们仍不是具体的事物。同样地，我们也可以说，围棋这种古老的游戏在明朝时由中国传到日本，并且在 19 世纪后大放光芒，但围棋这种游戏仍然不是具体的东西。

但也许这个特性是：具体的事物可以移动或发生本有性质（intrinsic property）[②]上的变化，而抽象的事物则既不能移动、亦不能发生本有性质上的变化。但这个区别似乎也不是正确的：时间、地点和个别的事件本身都不能够移动，也不能够发生本有性质上的变化，但它们仍然是具体的事物。

但也许这个特性是：具体的事物是暂时性的存在物，而抽象的事物则不然，抽象的事物是永恒的事物。但这个区别似乎也不是正确的：时间和地点被许多哲学家认为是永恒的存在物，但它们并不是抽象的事物。而亚里士多德式的共相实在论者则认为，某些性质或关系存在的时间与它们的例子一样的久远，因而并不是永恒的存在物，尽管它们仍然是抽象的事物。

但也许这个特性是：具体的事物是偶然的（contingent）存在物，而抽象的事物则是必然的（necessary）存在物。[③]但这个区别似乎是不正确的：有些哲学家认为，时间是必然存在的事物，但它们仍然是具体的事物。而有些哲学家则认为，某些集合、性质和关系，尽管是抽象的东西，却只是偶然存在的东西。比方来说，{ 王文方 } 这个集合以及【x 认识王文方】这

① 进入时间（或空间）关系与存在于时间（或空间）中并不是同一件事。比方说，按照定义，一个几何学上的点（或时间上的瞬间）是不占据空间（或时间）的事物，但点（瞬间）与点（瞬间）之间仍然可以有空间（时间）上的关系，如【x 距离 y 三公尺远】这样的关系。一般而言，占据时空的事物似乎必然会与其他占据时空的事物产生时空上的关联，但反之则不然。

② 所谓"本有性质"，指的是并非因为与其他事物之间的关系而产生的性质。举例来说，我桌上有 a 和 b 两支并排的笔。a 是蓝色的，并且在 b 的左方。【x 是蓝色的】是 a 的一个本有性质，但【x 在 b 的左方】或【x 在某支笔的左方】则不是 a 的本有性质。不是本有性质的性质，通常又被称为"关系性质"。

③ "偶然存在物"指的是实际上存在，但却可能不存在的事物。"必然存在物"指的则是不可能不存在的事物。

个性质，似乎就是因为我存在的缘故才存在的，因而只是偶然的事物^①。

但也许这个特性是：具体的事物可以进入因果关系，而抽象的事物则不能。但这个区别似乎也不是正确的：有些哲学家认为，只有事件才能进入因果关系，而实体、时间与地点则不能，但后者仍然被认为是具体的东西。另外一些哲学家则认为，因果关系是抽象性质之间的高阶关系，因而严格说来，进入因果关系的是性质，但这些哲学家并不会因此说性质是具体的事物。

但也许这个特性是：具体的事物可以不依赖其他任何事物而独立存在着，而抽象的事物则必须依赖具体事物才能够存在。但这个区别似乎也不是正确的：首先，柏拉图式的共相实在论者认为，有些性质和关系并不依赖于例示它们的事物才得以存在^②，但它们仍然是抽象的事物。其次，如果抽象的事物是必然的存在物，而具体的事物则是偶然存在物，那么，就算具体的事物不存在，抽象事物也仍然会继续存在着，因而抽象而必然存在事物的存在似乎并不依赖于具体事物的存在。

但也许这个特性是：具体的事物是我们可以用直指的方式挑出（pick out by ostension）的事物，而抽象的事物则是我们只能够使用描述的方式——比方说，"这个东西的形状"、"桌上那支笔的颜色"等等——挑出的事物。但这个区别似乎也不是正确的。时间和笛卡儿式的灵魂都是不能以直指的方式挑出来的事物，但它们仍然是具体的事物。而如果有些性质和关系占有空间的话，那么，说它们不能用直指的方式来加以挑出，这样的说法似乎没有什么太好的理由。（指着桌上的笔说："这个颜色"，这似乎是一种直指的、挑出某个颜色的理想方式）。

二、Hoffman 与 Rosenkrantz 所主张的区分方式

我们可以继续试试别的定义方式，但我想，以下这件事情应该很清楚了：无论我们如何定义该区分，我们似乎总是可以发现，我们所给出的定义并不完全符合（a）我们常识中对于各种范畴事物的特性的看法，以及（b）我们对于它们究竟属于抽象类还是具体类事物所拥有

---

① 哲学家通常会区分纯粹的集合（pure set）与不纯粹的集合（impure set）两种。前者包括空集合、空集合的集合、空集合的集合的集合……以及由这些事物所形成的集合等等，而后者指的是上述这些集合之外的集合，如由孔子和孟子所形成的集合以及所有人类所形成的集合等等。哲学家普遍认为纯粹的集合是必然存在的事物，但有些哲学家认为不纯粹的集合则只是偶然存在的事物。

② 特别是那些"未被例示的"（uninstantiated）的性质或关系，即没有任何例子的性质或关系。比方像【x 是头上有着一个角的马】这种性质，或【x 不等于 x】这种关系。

的直觉。有鉴于定义这个区分所遭遇到的重大困难，我们似乎有很好的理由去怀疑：具体事物与抽象事物之间的区别其实是任意的、歧义的、或不存在的。①但在接受这个怀疑论的结论之前，让我们再看一次，主张有这个区分的哲学家们——特别是 Hoffman 与 Rosenkrantz——能够怎么说。

他们可以采取的一个策略是修正式的。他们可以说，也许我们（一般人和哲学家）对于某些事物的分类直觉是错误的，或我们常识中对于某些范畴的特性的看法是错误的，而如果我们修正这些"常识上的看法或直觉"，我们就会发现，上述的某些区分方式基本上是正确的。比方来说，也许时间、地点和灵魂都不应该被看作是具体的东西，也许性质和关系都必然地不占据时空，而如果这些"也许"都是正确的，那么，我们就可以简单地使用"是否占据时间与／或空间"作为具体事物与抽象事物之间的区别。这个策略在哲学史上并不罕见；毕竟，常识与直觉并不总是正确的，而在某些问题上，我们也往往缺乏坚强的直觉。但这并不是 Hoffman 与 Rosenkrantz 所采取的策略，而且，基于我在下两节中将作出的论点，我也不认为这是一个应该被采取的策略。

Hoffman 与 Rosenkrantz 的策略是去接受我们一开始所假设的"直觉"，坚信这个直觉的背后一定有某种客观上的差异作为其基础，并锲而不舍地去寻求这个他们坚信的客观差别。但他们坚信的那个差别为何？为了要说明他们的看法，让我们先说明一些相关的定义。让我们首先定义说，"范畴 A 从属于（is subsumed under）范畴 B"的意思是："必然地，任何是 A 类的事物都是 B 类事物，但反之不然"。当范畴 A 从属于范畴 B 时，我们也可以说范畴 B 统辖（subsume）范畴 A。在这个定义下，任何一个范畴（除了**事物**〈thing, entity, being, existent〉这个范畴本身）都从属于**事物**这个范畴；因为，不管 A 是个什么样的范畴（只要它不是**事物**这个范畴），任何是 A 类的事物都必然是事物，但反之则不然。因此，**事物**这个范畴统辖了其他所有的范畴；我们也可以说：**事物**是最高的、或第一层（level A）的范畴。在第一层的范畴下，哲学家们一般有两种方式去将事物进一步划分为两个互相排斥而又共同穷举的范畴。一种是将它们划分为抽象的事物与具体的事物，另一种则是将它们划分为共相（universal）与殊

---

① 让我们小心区分这几种说法。说某一个区分是任意的（arbitrary），指的是哲学们可以不管约定俗定或先于哲学的常识性理解（也许是因为并不存在着所谓的"先于哲学的常识性理解"的缘故），而自由地去规定哪些事物属于哪一个类；说一个区分是歧义的（ambiguous），指的是实际上存在着好几种被一般人和哲学家所接受的、逻辑上不等价的、作出这些区分的方式；而说一个区分并不存在，指的则是：在一般人和哲学家所划分的那两类事物当中，其实并不存在着某种特性是其中一类事物必然拥有、而另外一类事物必然缺乏的特性。

相（particular）[①]。像共相、殊相、抽象事物、具体事物这样的范畴，它们一方面从属于事物这个范畴，一方面似乎又统辖了其他的范畴，我们因而可以将它们称为第二层（level B）的范畴。至于以下 L 清单中的范畴：

L：事件（event）、时间（time）、地点（place）、边界（boundary）、性质（property）、关系（relation）、实体（substance）、事物的总合（mereological sum）、集合（set）、命题（proposition）直觉上似乎属于同一个层次，而且似乎直接从属于某个第二层的范畴并统辖了其他的一些范畴，因而我们可以称它们为第三层（level C）的范畴。当然，如果我们愿意，我们还可以继续区分第四层（level D）、第五层（level E）的范畴等等。但对于本文的目的来说，这样的继续划分是不必要的。最后，我们可以像 Hoffman 与 Rosenkrantz 一样较为严格地利用清单 L 去定义第三层范畴如下：一个范畴 X 是第三层的范畴，若且唯若（i）X 既不统辖也不从属于 L 清单中的某个范畴（满足这个条件的范畴有清单 L 中的范畴以及数目〈number〉和事态〈state-of-affair〉等等），而且（ii）X 并不从属于某个不在 L 清单上但满足（i）的范畴。（条件（ii）的目的在避免我们将——比方说——偶数这个范畴归属于第三层的范畴。由于数目这个范畴并不在 L 清单上，因而偶数这个范畴也满足条件（i）。如果只有条件（i）而没有条件（ii），偶数这个范畴将和数目这个范畴将一样被归类为第三层的范畴，但这显然是不正确的归类方式。注意，偶数这个范畴并不满足条件（ii），而这是因为偶数从属于某个不在 L 清单上但满足（i）的范畴——也就是数目这个范畴——的缘故。）

现在，我们可以说明 Hoffman 与 Rosenkrantz 对于抽象／具体事物的区分的主张了。根据他们的看法（Hoffman & Rosenkrantz, 2003: 51），抽象事物与具体事物之间的区别在于：

一个事物 x 是具体的，若且唯若，x 是某个第三层范畴 X 当中的一个例子，而且 X 中的某些可能例子 y 拥有占据时间或空间的部分。一个事物 z 是抽象的，若且唯若，w 是某个第三层范畴 W 当中的一个例子，但 W 没有任何可能的例子会拥有占据时间或空间的部分。

换句话说，一个具体的事物是这样的：（a）它属于某个第三层的范畴 C，而（b）C 可能有例子 y 是这样的：（b1）某物 z 是 y 的一个组成部分，而且（b2）z 占据时间或空间；[②]而一个抽象的事物则是这样的：（a）它属于某个第三层的范畴 C，而（b）C 不可能有任何的例

---

① 但在我看来，这两种区分事物的方式只是哲学家们的习惯，具有一定的独断性（有关这个论点，详见本文第四节中的说明）。如果我们愿意，我们也可以将事物区分为"物理的"与"非物理的"这两个范畴，或"实体"与"非实体"这两个范畴。

② 为了更清楚起见，让我将这个定义部分地形式化如下：x is concrete$=_{df}$ $\exists X(X$ is a level C category $\wedge$ x$\in X$ $\wedge \Diamond \exists y(y \in X \wedge \exists z(z$ is a proper part of y $\wedge$ z occupies time or space$)))$。

子 y 是这样的：（b1）某物 z 是 y 的一个组成部分，而且（b2）z 占据时间或空间。①Hoffman 与 Rosenkrantz 认为，在这个分类下，任何的灵魂、物质实体、实体的总合、时间、地点、个别的事件等等都将被归属为具体的事物，而任何的集合、数目、性质、关系、命题、语句类型、游戏等等则将被归属为抽象的事物。详细一点地说，在这个分类的标准下，一个灵魂之所以会被归类为具体的事物，那是因为它属于**实体**这个第三层范畴，而该范畴中的某些例子，如各式各样的动物，拥有一些占据时空的部分，如肢体。而任何一个物质实体、实体的总合、时间、地点、个别的事件等之所以会被归属为具体事物的理由则与此相似。自另一方面言之，在这个分类的标准下，一个性质——如【x 是红色的】——之所以会被归类为抽象的事物，那是因为：它属于性质这个第三层范畴，而尽管性质可能占据时空，但性质**似乎**不是由占据时间或空间的部分 ②所组成的事物。③而任何一个集合、数目、性质、关系、命题、语句类型、游戏等之所以会被归属为抽象事物的理由也与此雷同。因而，与前一节中所提到的各种流行的定义相比较，Hoffman 与 Rosenkrantz 所给出的区分**似乎**正确地反映了我们在分类上以及事物的特性上所拥有的直觉。

三、Hoffman 与 Rosenkrantz 区分方式的问题

我说"Hoffman 与 Rosenkrantz 所给出的区分**似乎**正确地反映了我们在分类上以及事物的特性上所拥有的直觉"；我强调的是"似乎"，实际上我并不如此认为。在我看来，他们的区分的主要问题在于几类抽象事物上：性质（关系）、集合、命题（事态）、语句类型、游戏等等。④以下让我分别说明这几类事物对他们的区分方式所造成的问题。

---

① 类似地，让我将这个定义部分地形式化如下：x is abstract$=_{df}\exists X(X$ is a level C category $\wedge\, x\in X \wedge\neg\Diamond\exists y(y\in X \wedge \exists z(z$ is a proper part of y $\wedge$ z occupies time or space)))。

② 这里所谓的"部分"指的是常义的部分（proper part），也就是不等于该事物但却是该事物一部分的东西。在某些哲学的用法中，一个事物也是它自己的一个部分，但却不是它自己的常义的部分，但这个用法不是此处的用法。

③ 聪明的读者可能会很快地反驳说，一个性质（或关系）的各个例子可以是占据时空的事物，因而这样的性质将会有占据时空的事物作为其组成部分。但 Hoffman 与 Rosenkrantz 可以反驳说（如果他们的确这样反驳，我会认为他们是正确的），上述的说法其实是混淆了例示关系（instantiation, exemplification）与组成关系所致；而这两种关系的差别应该是很明显的：组成关系具有传递性（transitive），但例示关系则不然。

④ 除了我这里所说的问题之外，我们千万不要忘了 E. J. Lowe（1995: 203）对这个定义所作的另一个批评："（根据 Hoffman 与 Rosenkrantz 的区分方式，）一个事物（如灵魂）之所以是具体的，那是因为碰巧跟它属于同一范畴的**其他**事物（如动物）具有一些前者所缺乏的特性（如拥有占据时间或空间的部分），这种说法是很奇怪的说法。"

有些学者主张有些性质或关系具有组成的部分，这样的性质或关系通常被称为"有结构的共相"（structural universals）。主张存在着有结构共相的哲学家至少包括 D. M. Armstrong（1986）、P. Forrest（1986, 1998）等人，而经常被拿来作为有结构的共相的例子则如【x 是一个水分子】这样的化学类性质。由于任何例示【x 是一个水分子】这个性质的事物都必然 ①包含一个例示【x 是一个氧原子】与两个例示【x 是一个氢原子】的部分，而例示【x 是一个氧原子】的部分与例示【x 是一个氢原子】的部分之间也同时例示了【x 连结 y】这样的关系；因而，在某个意义下，【x 是一个水分子】这个性质可以说是由【x 是一个氧原子】、【x 是一个氢原子】这两个性质、以及【x 连结 y】这个关系所组成；或者说，【x 是一个氧原子】、【x 是一个氢原子】与【x 连结 y】这三个性质和关系是【x 是一个水分子】的组成部分。除了主张存在着有结构的性质/关系之外，有些哲学家还主张，性质/关系也可以占据时间与/或空间；比方来说，亚里士多德的共相实在论者便认为，性质和关系占据着它们的例子所占据的时间与/或空间，因而具有多重的时间性与/或空间性。如果我们将上述这两种观点结合在一块，我们也就有了以下这样的共相观点：有些有结构的性质/关系是由一些较为简单的性质/关系所组成的，而这些较为简单的性质/关系则占据有一定的空间与/或时间。现在，令 x 是任意的一个性质或关系，而令 y 是任意一个有结构的性质或关系，由于 x 是某个第三层范畴 X——也就是**性质**或**关系**——当中的一个例子，而 X 中的某些可能例子——例如 y——拥有占据时间或空间的部分，因而，Hoffman 与 Rosenkrantz 的区分方式将把 x 归类为具体的事物（而非如他们所认为的将之归类为抽象的事物），而这违反了我们对于性质及关系所拥有的"直觉"。

至于集合，D. Lewis（1984, 1986a, 1986b）曾经多次建议我们将集合看作是一种具有组成部分的事物。在这个建议下，组成集合 A 的各个部分并不是集合内的元素，而是 A 的所有子集合，而这是因为集合间的包含关系就像整体与部分间的关系一样是一种传递性的关系，而集合与元素间的属于关系则不具有这样的传递性的缘故。因而，根据这个看法，{x|x 是一个人 } 这个集合至少有两个组成的部分；它们分别是 {x|x 是一个男人 } 与 {x|x 是一个女人 }。②此外，Lewis（1984, 1986a）还建议，由占据时空的元素所形成的集合，如 {x|x 是一个女人 }，也可以被看成是占据时空的事物：这些集合所占据的时空也就是它们的元素所占据的时空的总合。如果我们将上述这两种观点结合在一块，我们也就有了以下这样的有关于集合的观点：有些集合（如所有的人所形成的集合）是由一些较为简单的集合（如男人的集合和女人

---

① 这里的"必然"一词指的是形而上学上的必然，而非仅指物理上的必然。
② 我在此只考虑 {x|x 是一个人 } 这个集合的常义子集合，并忽略空集合不计。

的集合等等）所组成的，而这些较为简单的集合则占据着一定的空间与／或时间。现在，令 x 是任意的一个集合，由于 x 是某个第三层范畴 X——也就是**集合**——当中的一个例子，而 X 中的某些可能例子——例如所有的人所形成的集合——拥有占据时间或空间的部分，因而，Hoffman 与 Rosenkrantz 的区分方式将把 x 归类为具体的事物（而非如他们所认为的将之归类为抽象的事物），而这违反了我们对于集合所拥有的“直觉”。

接下来，让我们看一下命题与事态。根据某些哲学家（如罗素）的看法，命题（事态）是由个体与性质／关系所形成的序列。举例来说，**苏格拉底是一个人**这个命题也就是这样的一个序列：〈苏格拉底、【x 是一个人】〉。而如果我们像许多哲学家一样将序列看作是某种类型的集合，前述的序列也就可以被看成是 {{ 苏格拉底 }、{ 苏格拉底、【x 是一个人】}} 这个集合。现在，根据我们稍早对集合的看法，这个集合系由它的常义子集合（空集合除外）所组成，而根据我们之前对集合与性质的看法，它的每一个常义子集合（如 {{ 苏格拉底 }}）都是以占据时空的事物作为元素的集合（{{ 苏格拉底 }} 的元素是 { 苏格拉底 }，而 { 苏格拉底 } 之所以占据时空是因为苏格拉底占据时空的缘故），因而本身也占据时空。因此，在这个观点下，至少有些命题与事态乃是由占据时空的部分所组成的事物。现在，令 x 是任意的一个命题，由于 x 是某个第三层范畴 X——也就是**命题**——当中的一个例子，而 X 中的某些可能例子——例如**苏格拉底是一个人**这个命题——拥有占据时间或空间的部分，因而，Hoffman 与 Rosenkrantz 的区分方式将把 x 归类为具体的事物（而非如他们所认为的将之归类为抽象的事物），而这同样违反了我们对于命题与事态所拥有的“直觉”。

最后，让我们简单地说一下语句类型与游戏。作为一种类型，一个语句类型（或游戏）或者是一个性质共相，或者是其所有可能的例子所组成的集合。如果一个语句类型是一个性质共相，根据前述有关于性质的观点，Hoffman 与 Rosenkrantz 的区分方式应该将之归类为具体的事物（而非如他们所认为的抽象的事物），而如果一个语句类型是一个集合，根据前述有关于集合的观点，Hoffman 与 Rosenkrantz 的区分方式也应该将之归类为具体的事物（而非如他们所认为的抽象的事物）。无论如何，这样的归类违反了我们对于语句类型与游戏所拥有的“直觉”。

由以上的种种讨论可知，Hoffman 与 Rosenkrantz 的区分方式只是**似乎**正确反映我们在分类上的直觉而已，但其实不然。当然，Hoffman 与 Rosenkrantz 可以反驳说，前述那几种对于性质（关系）、集合、与命题（事态）特性的观点是不可信的，但这样的反驳方式并不具有说服力。Hoffman 与 Rosenkrantz 在反对其他区分方式时，主要使用的方法便是去点出该区分方式并不符合**某一种**有关于性质（关系）、集合、或命题（事态）特性的观点，他们并不在意该观点是否较其他的观点来得更可信一些。换句话说，Hoffman 与 Rosenkrantz 似乎认为，一个好的、有关于抽象／具体事物的区分应该独立于我们对各种范畴的特性的不同看法。因而，他们不能也不应该以"前述那几种对于性质（关系）、集合及命题（事态）特性的观点是不可信的"的说法来作为反驳。对他们来说，一个较好的反驳方式毋宁是去说：前述那些对于性质（关系）、集合及命题（事态）特性的观点是本身是不融贯的，因而不是一个哲学家可以采取的立场。但除非 Hoffman 与 Rosenkrantz 有好的理由去论证这几种立场的不融贯性，否则的话，这样的反驳是很难让人信服的。Lewis（1984）曾经一度认为有关于有结构共相的观点是不融贯的，但在 Armstrong（1986）以及 Forrest（1986）的反驳下，Lewis（1986b）的看法似乎松动为认为这样的共相观点只是在解释上不必要而已。（对于这个问题的讨论，读者亦可参考 J. Bigelow（1986）、Bigelow & R. Pargetter（1998），以及 K. McDaniel（2009）中对有结构共相的辩护。）但如我们刚说过的，一个理论是否在解释上必要（或较为可信）并不是抽象／具体事物区分所应该考虑的问题；该区分最重要的问题乃在于正确地反映出我们在分类上所具有的"直觉"。

四、抽象／具体事物的区分是个假问题

在最后这一节中，我将作出两个论点。首先，我将论证，抽象／具体事物之所以不容易（甚至不可能）找到一个可信的区别方式，根本的原因就在于前述所谓"常识上的看法与直觉"乃是许多不等价与／或含混的区分互相混淆的结果。其次，我将论证，抽象／具体事物之间的区分所引起的问题在哲学上并没有任何的重要性，因而该区分实际上是一个假问题。让我先从第一个论点开始说起。

让我们首先注意到，分析哲学中对于抽象事物与具体事物的区分，其实并不是一个太古老的区分。根据 G. Rosen（1997, 2001）的说法，这个区分的源起，可以部分地追溯到 G. Frege。Frege（1884, 1918）认为，**可被知觉的事物**与**心理的事物**这两个范畴并未穷尽所有的事物，因为，数目和意义（sense）都不是可被知觉到的事物，也都不是心理的事物，尽管它们是实际上存在的事物；Frege 因而说数目与意义是居住在"第三领域"（the third realm）当中的事物。Frege 之后，有些哲学家便称这些第三领域中的事物为"抽象的事物"，而称物理与心理的事物为"具体的事物"。不过，这两个概念在后来的发展中几经变迁，而从当代的角度来看，Frege 对于第三领域中的事物的界定，即"既不可被知觉亦非心理的"，已经不是一个恰当的对于当代所谓"抽象事物"的界定。因为，有些物理上的事物——如夸克和电子——

既非能够被知觉的事物，亦非心理的事物，但 Frege 和当代的哲学家们并不会称这些事物为"抽象的"事物。但更重要的是，这个区分的短暂历史和它的哲学理论化源头似乎共同暗示着：有关于这个区分的任何"直觉"其实都不是一个先于哲学的（pre-philosophical）、"常识上的"直觉，它们毋宁是哲学家理论化的一个结果。

不但 Frege 的区分方式在现今已不适用，Frege 之后的哲学家们对这个区分究竟在哪里也没有一个一致性的看法。比方来说，J. Kim（1981：348）便认为：

> 说一个东西是"抽象的"或"柏拉图式的"究竟何指？这件事从来就没被说清楚过。"抽象的"一词，有时它的意思是"永恒的"；在此意义下，抽象的东西既不出生、亦不灭亡。该词另一个密切相关的意思则是"不在时间与空间中"。在此意义下，抽象的事物是无时间性、无空间性的东西：它们在时空中没有位置。该词的第三个意思则是"必然的"；在此意义下，抽象事物必然存在。这三个意思绝不是等价的：比方来说，传统概念下的上帝，在第一个和第三个意义下是抽象的事物，但在第二个意义下则不是抽象的事物。

而 Lewis（1986a：82-85）也认为，哲学中常见的、区分具体事物与抽象事物的方式一共有四种：

> 旁观者也许会假设说，有关于"具体"和"抽象"的区别，是当代哲学家的共同立足点。但如果真的有人试图去说明那个区分，他相当可能会求助于下面一种（或多种）的说明方式。第一，举例的方式：具体的事物是像猴子、泥巴、光子、星辰这样的东西，而抽象的东西则是像数目这类的东西。第二，合并的方式：具体事物与抽象事物之间的区分也就是个体与集合、或个体与共相、或殊相个体与其他东西之间的区分。第三，否定的方式：抽象事物没有时空位置；它们不进入因果关系；任何两个抽象事物之间不可能没有区别。第四，抽象化的方式：抽象事物是我们从具体事物身上抽象化了的结果。因为这个抽象化的缘故，使得原先对具体事物来说是不完整的描述，变成了对抽象事物的完整描述。

诚如 Kim 所言而且如 Lewis 所暗示，这些区分方式之间并不等价，而有些区分方式（如举例的方式）则又过于含混。至此为止，我想，有两件事情应该是很清楚了。首先，有关于

抽象 / 具体事物的区分并不是一个先于哲学的常识上的区分；其次，从它的源头至今，这个区分有过许多不等价与 / 或含混的区分方式。有鉴于这两点，我的推测是，抽象 / 具体事物之间之所以不容易（甚至不可能）找到一个可信的区别方式，根本的原因就在于我们在本文一开始所提到的"常识上的直觉"其实是许多不等价与 / 或含混的区分互相混淆的结果。

我的这项推测不只受到该区分的历史与其理论化源头的直接支持，它还受到以下这个"简单模型"的间接支持。假设我们的论域内至少有 C_1、C_2、C_3 三类事物，而它们的特性分别如下：C_1 类的事物都是 F 也都是 G，C_2 类的事物都是 F 但都不是 G，C_3 类的事物则都是 G 但都不是 F。假设 A（抽象 / 具体区分的创始者）以"是否是 F"来决定一个事物是不是抽象的事物，而 B（A 之后的某个哲学家）以"是否是 G"来决定一个事物是不是抽象的事物，并且假设 A 的分类方式为后来的一群哲学家 P_1 所接受，并因而成为部分哲学家的"直觉"，而 B 的分类方式则为后来的另一群哲学家 P_2 所接受，并同样成为部分哲学家的"直觉"。那么，显然：（1）A 和 B 的分类方式是不等价的；（2）一个同时受到 P_1 和 P_2 这两群哲学家影响与混淆的当代哲学家将会发现：（a）他有很强的"直觉"去认为 C_1、C_2、C_3 这三类事物都是抽象的事物；（b）但无论他依照何种他被教导的方式去区分抽象与具体的事物，他都可以找到一类事物是该区分的反例；以及（c）如果他认真试着去找出这三类事物的共同点，他将会茫然若有所失。这个简单的模型说明了我论证中的要点：在我看来，抽象 / 具体的区分在源头上原来是哲学家所作出的一个任意区分，但这个区分在历史的发展中变成了一个不等价的、歧义的区分，以至于一个受到这些区分混淆的哲学家将会发现，这些区分方式不仅总是存在着反例，而且那些通常被归类为抽象（或具体）的事物之间并没有任何特性是它们必然拥有、而其他一类事物必然缺乏的特性。

其次，让我举一个例子来说明，为何我认为抽象 / 具体事物之间的区分在哲学上并没有任何的重要性可言。有一个似乎关于抽象事物的重要问题是：如果有抽象事物的话，我们如何可能知道任何有关于它们的事情？而如果我们不可能知道任何有关于它们的事情，我们又有什么好的理由主张抽象事物的确存在？这些问题之所以在哲学上受到争辩并困扰主张存在着抽象事物的哲学家们，主要是因为下面这个俗称"因果论证"的论证所致：

（P_1）抽象事物（如果存在的话）并不进入因果关系。

（P_2）只有进入因果关系的事物，我们才可能对它们具有知识（或可靠的信念）。

（C）因此，我们对抽象事物不可能具有任何的知识（或可靠的信念，如果它们存在的话）。

虽然这个论证的结论并不是"抽象事物不存在"，但如果我们对抽象事物并不可能具有任何的知识或可靠的信念的话，那么，任何有关于它们的陈述，包括"抽象事物存在"这个陈述，也就都无法被证实。因而提倡存在着这样的事物的主张也就没有任何的理性基础可言。由于这个论证诉诸了"可靠性"或"知识"这些知识论上的概念，该论证有时又被称为"知识论上的因果论证"。有时候，知识论上的因果论证也被当作是一种归谬论证，特别是当我们是在谈论数学事物或可能性的时候。由于

（P_3）我们对数学事物何可能性的确具有知识或可靠的信念。

因此，从（C）和（P_3）我们可以进一步结论说：抽象的、不进入因果关系的数学事物或可能性是不存在的。所以，数学事物及可能性或者是具体的事物，或者根本就不存在。

我们不必追问上述的论证是否是一个健全的论证，我举该论证为例的主要目的乃在于指出：该论证其实是一个为了反对"存在着不具因果效力的事物"的主张所提出的论证；因而真正的问题是：如果存在着不具因果效力的事物的话，我们如何可能知道任何有关于它们的事情？而如果我们不可能知道任何有关于它们的事情，我们又有什么好的理由去主张不具因果效力的事物的确存在呢？对于这些问题，哲学家们显然无须先回答"抽象/具体事物之间的区别究竟何在？"这个棘手的问题；后者的答案对于前者这些哲学上真正重要的问题的解答来说毫无帮助，因而对于真正在哲学上重要的问题来说毫无重要性。而我认为我在这里所举的例子绝不是一个特例，我相信其他看似与抽象问题有关的重要哲学问题都可以作出类似的改写。而一旦适当的改写被作出之后，我们将不难看出：抽象/具体事物之间的区分在哲学上没有任何的重要性可言，有关于该区分所造成的问题因而实际上是一个哲学上的假问题。

参考书目：

[1] Armstrong, D. M. (1986), "In Defense of Structural Universals". *Australasian Journal of Philosophy* 64, 85-88.

[2] Bigelow, J. & Pargetter, R. (1998), "A Theory of Structural Universals". in *Contemporary Readings in the Foundations of Metaphysics,* eds. S. Laurence & C. Macdonald. Oxford, Blackwell, 219-229.

[3] Bigelow, J. (1986), "Toward Structural Universals". *Australasian Journal of Philosophy* 64, 94-96.

[4] Forrest, P. (1986), "Neither Magic Nor Mereology". *Australasian Journal of Philosophy* 64, 89-91.

[5] Forrest P. (1998), "Ways Worlds Could Be". in *Contemporary Readings in the Foundations of Metaphysics*, eds. S. Laurence & C. Macdonald. Oxford, Blackwell, 117-127.

[6] Frege, G. (1884), *The Foundations of Arithmetic*, 2nd revised edition, translated by J. L. Austin, Evanston: Northwestern University Press, 1980.

[7] Frege, G. (1918), "The Thought: A Logical Enquiry". in *Essay on Frege*, ed. Klemke, Chacago:

University of Illinois Press, 1968.

[8]   Hoffman J. & Rosenkrantz G. (2003), "Platonic Theories of Universals". in *The Oxford Handbook of Metaphysics*, eds. Michael J. Loux and Dean W. Zimmerman. Oxford: Oxford University Press, 2003, 46-74.

[9]   Kim, J. (1981), "The Role of Perception in *A Priori* Knowledge: Some Remarks". *Philosophical Studies* 40, 339-354.

[10]   Lewis, D. (1984), "Against Structural Universals". in *Contemporary Readings in the Foundations of Metaphysics*, eds. S. Laurence & C. Macdonald. Oxford, Blackwell, 1998, 198-218.

[11]   Lewis, D. (1986a), *On the Plurality of Worlds*, Oxford: Blackwell.

[12]   Lewis, D. (1986b), "Comment on Armstrong and Forrest". *Australasian Journal of Philosophy* 64, 92-93.

[13]   Lowe, E. J. (1995), "Review of *Hacceity*: An Ontological Essay". *Mind*, 413: 202-205.

[14]   McDaniel, K. (2009), "Structure-Making". *Australasian Journal of Philosophy* 87, 251-274.

[15]   Rosen, G. (1997), *A Subject with No Object*, Oxford: Oxford University Press.

[16]   Rosen, G. (2001), "Abstract Objects". *Stanford Encyclopedia of Philosophy*: http://plato.stanford.edu/entries/abstract-objects.

[17]   van Inwagen, P. (2004), "A Theory of Properties". in *Oxford Studies in Metaphysics*, ed. D. Zimmerman, vol. 1, 2003, 107-138.

[18]   王文方:《形上学》, 台北:三民书局, 2008 年。

Abstract/Concrete Objects Distinction

Wenfang Wang

Institute of Philosophy of Mind and Cognition, Taiwan Yang-Ming University

Abstract：Most contemporary philosophers believe that things in the world can be exhaustively and exclusively divided into two categories: abstract objects and concrete ones, and a main "problem" about them is where exactly the distinction between them consists in. Hoffman and Rosenkrantz (2003) argued that most commonly seen distinctions between these two categories are subject to serious problems and counterexamples, and they proposed a novel criterion that they believe to be completely unproblematic. This paper argues against their proposal and is divided into four sections. In the first section, I explain what the problems and counterexamples are for the commonly seen distinctions between abstract and concrete objects. In the second section, I explain the criterion proposed by Hoffman and Rosenkrantz (2003). In the third section, I argue that the criterion proposed by Hoffman and Rosenkrantz (2003) is not unproblematic, and the main problem for their proposal is that it does not classify abstract entities, such as properties, relations, sets, and propositions, properly. In the final section, I argue for two points. First, I argue that the fundamental reason why it is so hard (even impossible) to find "the right" distinction between abstract and concrete objects is that philosophers' "intuition" about the distinction is a result of conflation and confusion of several non-equivalent and/or vague distinctions. Second, I argue that the problem of the distinction between abstract and concrete objects is of no philosophical significance; it is, therefore, a pseudo-problem that need not be investigated.

Keywords：abstract objects; concrete objects; category; metaphysics; ontology

[知识论]

"知识"定义与"盖梯尔问题"

◎ 陈晓平

华南师范大学公共管理学院哲学所

摘　要：盖梯尔问题是针对传统知识定义 JTB 的。对于盖梯尔问题的解决，主要有两条进路，即修改 JTB 的辩护条件和修改 JTB 的真实条件。前者包括内在主义和外在主义，均陷入困境。后者主要是语境主义，显示出较强的生命力。笔者沿着语境主义进路提出 C－JTB 的知识定义，其中把真实性条件定义为最大辩护，亦即获得集体主流意见认可的辩护，以此克服刘易斯语境主义方案的缺陷。在此基础上，沿着语境主义进路对"默会知识"进行分析，进一步探讨"信念"和"知识"之间的关系，将知识范围从经验知识扩大到道德知识和宗教知识，从而勾勒出知识大厦的基本轮廓，并且阐述了语境主义的本体论基础。

关键词：盖梯尔问题；知识分析；语境主义；命题知识；默会知识

一、"知识"的传统定义及其困境

在传统的知识论中，"知识"（knowledge）被定义为"得到辩护的真实信念"（justified true belief），缩写为"JTB"。JTB 在文献中更多地被称为"知识的分析"（the analysis of knowledge），它是关于"知识"的分析性定义，给出了知识的三个必要条件，通常称之为"真实条件"（the truth condition）、"信念条件"（the belief condition）和"辩护条件"（the justification condition）。这三个必要条件合起来构成知识的充分条件。因此，关于"知识"的这一传统定义又被称为"三元定义"（the tripartite definition）。现把表达某一知识的命题记为"P"，JTB 也可这样来表达：

S 知道 P，当且仅当：1. P 是真的；2. S 相信 P；3. S 的这一信念得到辩护。

请注意，此定义只涉及可用命题形式表达的知识，即所谓"命题知识"（propositional knowledge）。这立即引起一个问题：有没有不以命题形式表达的知识，更一般地说，有没有不用语言表达的知识即不可言说的知识？如果有，那么这个知识定义就犯了"定义过窄"的逻辑错误；如果没有，那么人所具有的一些只可意会而不可言传的东西属于什么？对于这个问题，我们后面将给以讨论，在此先给出笔者的结论即：不可言说的知识是不存在的；人们心中所具有的只可意会而不可言说的东西属于信念，而信念只是知识的构成要素，而不是知识。所谓的"默会知识"实际上是把信念混同于知识，因此，以上知识定义并未犯定义过窄的逻辑错误。

即使如此，这个传统的知识定义仍然面临困境，集中体现于著名的"盖梯尔问题"（the Gettier problem），也叫做"盖梯尔悖论"。盖梯尔（Edmund L. Gettier）在其1963年发表的一篇短文中针对传统知识定义即 JTB 提出两个反例，[①]具体如下：

反例 1

史密斯和琼斯都在向某公司申请一份工作，该公司老板十分肯定地对史密斯说，琼斯将被录用。就在十分钟之前史密斯还发现琼斯的衣服口袋里有十枚硬币，于是，史密斯有充分的证据相信以下命题：

a. 琼斯是将要获得那份工作的人并且琼斯的口袋里有十枚硬币。

由命题 a 可以逻辑地推出以下命题：

b. 将要得到那份工作的人的口袋里有十枚硬币。

史密斯看出 a 和 b 之间的这种逻辑关系，因而他有充分的理由根据 a 来相信 b，也就是说，史密斯对命题 b 的相信是得到辩护的。

然而，实际的情况是，最终获得那份工作的人是史密斯而不是琼斯，并且史密斯的口袋里恰巧也有十枚硬币。在这种情况下，尽管命题 a 是假的，但命题 b 仍然是真的。看起来，命题 b 对于史密斯来说满足 JTB 的三个条件：1.b 是真的；2.b 是史密斯的一个信念，即史密斯相信 b；3. 史密斯相信 b 是有充分理由的，即得到辩护的。但是，我们却不能说，史密斯知道命题 b，因为 b 的真实性来自史密斯的口袋里有 10 枚硬币和史密斯获得那份工作，而这两个事实都是史密斯所不知道的。史密斯相信 b 的理由是 a，而构成 a 的一个支命题即"琼斯将获得那份工作"是假的。由此可见，满足 JTB 不是使史密斯知道 b 的充分条件，因此，JTB 不能成为知识的恰当定义。

反例 2

史密斯看到琼斯每天开着一辆福特车上班，于是他相信：

c: 琼斯拥有一辆福特车。

① Gettier, E. (1963), "Is Justified True Belief Knowledge?", *Analysis*, Vol. 23, 121-123.

史密斯有一位朋友叫"布朗"，而他并不知道布朗在什么地方，但他可以从命题 c 逻辑地推出：

d. 琼斯拥有一辆福特车或者布朗在巴塞罗那。

然而，实际情况是，琼斯并未拥有一辆福特车，他上班开的那辆车是租用的；布朗恰巧在巴塞罗那。我们知道，由布朗在巴塞罗那这一事实也可逻辑地推出 d，但我们不能说史密斯知道 d，因为 d 的真实性来自史密斯并不知道的情况即布朗在巴塞罗那。在这种情况下，d 却满足 JTB 的三个条件：1.d 是真的；2.d 是史密斯的一个信念，即史密斯相信 d；3. 史密斯相信 d 是有充分理由的，即得到辩护的。这再一次表明，满足 JTB 不是史密斯知道 d 的充分条件，因而 JTB 不是知识的恰当定义。

多数认识论学者接受了盖梯尔的论证，承认 JTB 不是知识的充分条件，因而 JTB 不是知识的恰当定义。这使得，如何对传统的知识定义作出修改以避免盖梯尔的反例，成为学界关注的一个问题，这就是"盖梯尔问题"。

二、为 JTB 增加第四条件的若干思路

为解决盖梯尔问题，即避免盖梯尔反例，文献中呈现出百花齐放的局面，至今方兴未艾。这里不打算全面地展望这一局面，而是根据笔者的判断，选择最有价值的几种思路加以讨论。从大的方面着眼，我们可以划分两种不同的策略。一种策略是通过加强辩护条件来排除盖梯尔反例，这是本节所要讨论的；另一种策略是通过改变真实条件来避免盖梯尔反例，这是下一节将要讨论的。当然，也有学者想通过改变信念条件来避免盖梯尔反例，提出"无信念的知识"，但响应者不多，现在几乎无人问津了。不妨举一个例子来表明此方案的无力。

张明下班回家发现他的房子烧掉了，他说："我不相信这件事"，但他却知道这件事，这表明张明此时拥有一种无信念的知识。已有学者指出，张明那句话的真实意思是："我**不敢**相信这件事"或"我**难以**相信这件事"，而不是他真的不相信，否则他就不会做后面的事情了，如给警察打电话，给保险公司打电话，等等。笔者以为批评者们的意见无疑是对的，我们必须承认，知识属于信念，是一种特殊的信念。重要的问题是把其特殊性找出来，这便有必要在辩护条件或真实条件上做文章了，甚至可以增加新的条件。

加强辩护条件的直接考虑是在 JTB 的三个条件之外再加一个条件，通过某种限制或规定来加强辩护的严格性，以阻止盖梯尔反例中的偶然真的情况发生。这样，知识定义就由 JTB 变为 JTB＋X，X 就是增加了的第四个条件。根据第四条件的性质，这一策略又可分为内在

主义（internalism）和外在主义（externalism）。内在主义强调直接经验在辩护中的作用，包括内省经验，因而有时被称为"证据主义"（evidentialism）；外在主义则强调外部因果关系在辩护中的作用，包括认知机制的因果关系。

一种内在主义的第四条件可以叫作"非虚假推论"（no false lemmas），即在 JTB 上增加如下条件：[①]

4.S 对 P 的相信不是从虚假命题推导出的。

这个条件把基于虚假前提的推论排除在 S 相信 P 的辩护之外，即不允许把借助于虚假命题的推论作为辩护，我们不妨把这一知识定义记为 JTB + N。由于盖梯尔提出的两个反例都包含了这样的推论，所以那两个反例不满足 JTB + N，故被排除。然而，顺着盖梯尔反例的思路，构造一个针对 JTB + N 的反例是容易的，如著名的"谷仓县案例"（Barn County Case）。[②]

反例 3

设想有这样一个县，穿越它的一条主干公路的两边散落着许多貌似谷仓的建筑物，不过只是从公路上看它们像谷仓，而从背面看则明显是假的。这些"谷仓"设计出来就是为了蒙骗开车路过的汽车司机。亨利就是这样一位司机，他丝毫不怀疑公路两边的谷仓是假的，因此他形成这样的信念：

e. 路边的一些建筑是谷仓。

由于某个偶然原因，亨利中途停车走下公路，围绕一座谷仓观赏，而恰好那座仓是全县唯一的真谷仓，这使得 e 成为真的，并且满足 JTB + N：e 不仅是一个得到辩护的真信念，而且 e 是从直接观察中得出的，没有把依赖假命题的推论作为理由。但是，我们不能说亨利知道 e，因为他得出这一信念的观察大多数是错误的。

也许有人会说，亨利虽然没有依赖推论，但他所依据的直接经验是错误的，或者说，他所依赖的经验命题是假的。因此，只需把那第四个条件改为：

4'.S 对 P 的相信不依赖于任何虚假命题。

从而把知识定义改为 JTB + N'，这样便可避免反例 3；因为尽管反例 3 不包含任何基于

① 参阅 Clark, M. (1963), "Knowledge and Grounds. A Comment on Mr. Gettier's Paper". *Analysis*, 24, 46-48; Armstrong, D. M. (1973), *Belief, Truth, and Knowledge.* Cambridge: Cambridge University Press, 152; Shope, R. K. (1983), *The Analysis of Knowing. A Decade of Research.* Princeton: Princeton University Press, 24.

② 参阅 Goldman, A. I. (1967), "A Causal Theory of Knowing". *The Journal of Philosophy*, Vol. 64, 357-372.

假命题的推论，但却包含了表达错误经验的假命题。[①]

在笔者看来，这个建议涉及一个更为基本的问题即：直接经验的正确与错误如何判定？举例来说，把人放入水中会感到窒息，而把鱼放入水中却没有窒息的感觉，谁的感觉是正确的？再如，被大多数人看作具有红和绿两种色彩的物品，在红绿色盲者看来只有一种颜色，谁的感觉是正确的？显然，对于这一问题是没有绝对性答案的，只有相对性答案即：对于人来说，在水中窒息的感觉是正确的。对于多数人来说，红和绿是两种颜色的感觉是正确的。由此可见，直接经验或经验命题的正确性或真假性不是绝对的，而是相对的；具体地说，**直接经验的正确与否是相对于某一物种而言的；经验命题的真或假是相对于某一语言共同体而言的**。后面将表明，这个结论很重要，是解决盖梯尔问题的关键所在，也是语境主义的应有之义。不过，对于非语境主义者来说，直接经验的正确与否需要通过认知主体的认知机制的可靠性来保障，这便导致坚持外在主义路线的可靠主义，其基本策略是把对认知机制的可靠性的要求作为第四条件。

需要指出，知识的可靠主义（knowledge reliabilism）的初始目标并不是要在 JTB 之外增加一个条件，而是要取代 JTB 中的辩护条件，因而叫作"无辩护的知识"。他们用以取代辩护条件的是"可靠性条件"（reliability condition），即：S 的信念 P 是通过可靠的认知过程产生的。这一可靠的认知过程可以通过生物学、心理学或物理化学等来描述，也可以不描述，因为产生信念的可靠过程是客观因果性的，即使不被描述它也是存在着的。

这便产生一个问题：如果人不要求把可靠过程的因果联系描述出来，那么人的可靠信念与其他动物的信念之间就没有实质性区别了；因为其他动物能够在这个世界上生存下来，必定是以一些可靠的信念来引导其行动的，那也就意味着一切动物都有知识。有些可靠论者确实是这么主张的，如德雷茨克（Fred Dretske）宣称："我想要的特征化至少允许这样的可能性，即：其他动物（如青蛙、老鼠、猿或我的狗）可以**知道**某些事情，而无需在传统知识分析中我们所假定的那种更为复杂的、理智操作的能力。"[②]

关于其他动物的生理本能或生存能力是不是知识，我们稍后在关于默会知识的讨论中会有所涉及，但有一点是毋庸置疑的：即使承认其他动物也有知识，但人的知识总比其他动物的知识多出点什么；如果说人和动物的知识都是由可靠的认知过程产生的，那么人的知识多

---

① 内在主义的方案还有不少，例如，有些学者把第四条件作为是对知识 P 的模态性质的特殊要求，称为"模态条件"（modal condition）。不过，其反例更容易找到，故参考价值不太大，在此从略。

② Dretske, F. (1985), "Precis of Knowledge and the Flow of Information". *Naturalizing Epistemology*, ed. Hilary Kornblith, Cambridge, MA: MIT Press, 177.

于其他动物的知识的部分，至少包括人可以把这一过程或多或少地描述出来。一旦在可靠主义的知识定义中加上这一要求，那便意味着引入辩护条件，而且对辩护条件施加了额外的要求，即把信念得以产生的可靠过程描述出来。这是另一种包含第四条件的知识定义，即在 JTB 中增加了可靠性条件，可以记为"JTB ＋ R"，其内容如下：

S 知道 P，当且仅当：1.P 是真的；2.S 相信 P；3.S 的这一信念得到辩护；4. 此辩护表明 S 的信念 P 是通过可靠的认知过程产生的。

其中的第四个条件即可靠性条件要求给出可靠的认知过程，这就是要求说明，从人的直接经验到人的信念产生之间具有怎样的因果联系。然而，这种可靠主义方案并未解决盖梯尔问题，反而使盖梯尔反例的矛头更为尖锐。就拿谷仓县案例来说，当亨利看到一个真实的谷仓后，他的信念即"路边的一些建筑物是谷仓"便是通过一个可靠的认知过程产生的，因而 JTB ＋ R 被满足，但是，我们仍然不能说亨利**知道**路边的一些建筑物是谷仓，因为他得出这一"知识"的观察经验绝大部分是错的。更为严重的是，当亨利看到那些假的谷仓时，他产生这一信念的认知过程也是可靠的，因为从生理学和心理学的角度来看，亨利看到假谷仓的视觉经验与那个信念产生之间的因果联系是可以描述出来的。然而，在这种情况下，我们更不能说亨利**知道**路边的一些建筑物是谷仓。

知识的可靠主义所要求的可靠性是建立在因果关系上的，因而可以归结为知识的因果理论（causal theory of Knowledge）。该理论最早由戈德曼（Alvin Goldman）在 20 世纪 60 年代提出，最初是为了坚持无辩护的知识论；但在 20 世纪 80 年代之后他转变了立场，回归辩护的知识论。事实上，无辩护的知识论已经日渐势微，很少有人坚持了。[①]与之对照，辩护的可靠主义则一度和者甚多，声势渐壮。可靠主义的辩护是在认知过程的可靠性上做文章的，戈德曼着重揭示其间的因果关系。与之不同，另一位可靠主义者普兰廷加（Alvin Plantinga）则在认知因果关系的基础上增加了不少东西，其中包括认知机能（cognitive faculties）"正常工作"、"处于合适的环境"、"在设计计划（design plan）控制下指向真信念"以及"高统计概率"等等。[②]正如有些学者指出的，普兰廷加如此庞杂的可靠性理论不可能给出他所承诺的可靠性"保证"（warrant），反而充斥着空泛之谈甚至逻辑矛盾。笔者也持这种看法，普兰廷加是一位宗教哲学家，他的知识可靠性理论是为"保证基督教的信念"，最终是以论证上帝存在为目的的，自然地，其论证的分析性和严谨性对于知识分析的目的来说可谓相去甚远。波伊

---

① 参阅 Kornblith, H. (2008), "Knowledge Needs No Justification". in *Epistemology: New Essays*, ed. Q. Smith, Oxford: Oxford University Press.

② 参阅 Plantinga, A. (1993), *Warrant and Proper Function.* Oxford: Oxford University Press, 46-47.

曼（P. Pojman）评论道："普兰廷加的理论在幅度上超过可信赖理论，对有宗教信仰的人来说，这听来似乎是个有原创性并且可以接受的理论。但拿掉有神论或超自然的基础，这理论还能剩下什么呢？"①

自从盖梯尔反例提出之后，为解决盖梯尔问题所做的各种努力几乎都归于失败，对此，扎戈泽布斯基（Linda Zagzebski）试图找出其根本原因。②她指出构造盖梯尔反例的秘诀是：第一步，构造一个案例，其中的认知主体 S 得到一个被辩护的假信念 P，并满足第四条件 X。第二步，适当修改这个案例，使 P 碰巧成为真的。通过这两个步骤可以使得任何一个 JTB ＋X 方案面临盖梯尔式的反例。她以普兰廷加的可靠性理论为例，轻而易举地构造出类似于"谷仓县"的反例（其 X 是：主体 S 的认知机能在一个合适的环境中正常工作）。扎戈泽布斯基的秘诀带给我们的启示是：**除非让辩护条件蕴含真实条件**，以阻止通过第一步构造出一个得以辩护的假信念，否则，盖梯尔反例总是可以构造出来的。下一节讨论的语境主义方案就是有意无意地朝这个方向靠拢。

三、关于盖梯尔问题的语境主义方案

认识的语境主义（epistemic contextualism）是近二三十年兴起的学派，并正处于热烈的争论之中。语境主义的核心观点是：对命题知识的评价或确定依赖于由以产生或出现的语境（context），因此一个命题的知识论状态随着语境的不同而不同，这就是所谓的"语境敏感性"（context-sensitivity）。一个语境也就是一个谈话实践的情景（conversational practical situation），必定涉及两个以上的谈话主体，谈话主体的集合可以叫做"语言共同体"（linguistic community）。一个语言共同体可大可小，下面讨论的案例为简明起见，常常把语言共同体限制为二三个人，而知识论的语境实际上更多地涉及较大的社会团体。对于盖梯尔问题的解决是语境主义的一个重要目标，其代表人物刘易斯（David Lewis）和科恩（Stewart Cohen）就此问题曾展开富有启发性的讨论。本节将对他们的讨论给以评析，下一节将给出笔者对语境主义的改进方案。

---

① 波伊曼：《知识论导论——我们能知道什么？》第 2 版，洪汉鼎译，北京：中国人民大学出版社，2008 年，第 197 页。

② Zagzebski, L. (1994), "The Inescapability of Gettier Problems". *The Philosophical Quarterly*, 44(174), 65-73.

对于盖梯尔问题，刘易斯从"绵羊案例"入手[①]：汉克看到山丘上有一只绵羊，其实他看到的只是一块貌似绵羊的岩石。不过，在这块岩石的背后有一只真正的绵羊，而汉克却看不到它。这是一个典型的盖梯尔情景：命题"那个山丘上有一只绵羊"是真的，汉克相信该命题，并且他的这一信念是得到辩护的，即他拥有直接的观察经验。这就是说，汉克拥有一个得到辩护的真实信念即那个山丘上有一只绵羊，但汉克却不具有相应命题所表达的知识，因为该命题的真实性来自岩石背后的那只绵羊，而汉克却不知道那只绵羊的存在。

刘易斯指出，对于一个真信念的辩护，传统知识论要求给出一个最大辩护（maximal justification）。所谓最大辩护就是穷尽一切理由，或者说，对该信念所涉及的一切可能性都给予考虑。在刘易斯看来，这样的"最大辩护"不仅在概念上是模糊的，而且根本不具有可行性，从而给怀疑主义提供温床。他进而建议让最大辩护具有语境敏感性，在一定的语境之内来确定最大辩护的内容。通过修改"最大辩护"概念，刘易斯给出关于"知识"的新定义：

S 知道 P，当且仅当：S 的证据能够排除非 P 的每一种可能性，除那些可被恰当忽略的可能性以外。

须强调，所谓"可被恰当忽略的可能性"是具有语境敏感性的，即随语境的不同而可以有所不同。**在某一语境之内**，如果 S 关于 P 的证据能够排除非 P 的一切可能性，那么，这样的证据便构成 S 关于 P 的最大辩护。

这一语境主义的知识定义的优点首先表现在对怀疑主义的回应上。怀疑主义的基本思路是：如果一个人知道什么，那么他必须对他的信念给出最大辩护；然而最大辩护是不可能给出的，所以，一个人不可能知道任何东西。对此，刘易斯的回答是：怀疑主义的结论只是相对于哲学语境而言的，而对于日常语言的普通语境，其结论并不成立，因为普通语境的最大辩护可以恰当地忽略某些可能性，而无须考虑关于非 P 的所有可能性。例如，笛卡儿的梦－怀疑：我此时此刻是否正在做梦？类似这样的可能性在普通语境中可以被恰当地排除，这样，在普通语境中，关于 P 的最大辩护就是可实现的，从而一个人可以拥有一些知识，如"我有一双手"。这种普通语境中的非怀疑主义与哲学语境中的怀疑主义并不冲突：在哲学语境中人们可以继续争论笛卡儿的梦－怀疑，这不影响在普通语境中我们知道"我有一双手"。

至于盖梯尔问题，刘易斯的回答是：汉克不知道那座山丘上有绵羊，因为他的证据未能恰当地排除那座山丘没有绵羊的可能性。具体地说，他的证据只不过是一块貌似绵羊的岩石，而不能排除这样的可能性：那座山丘上虽有这块岩石而没有任何绵羊。正因为此，汉克关于

---

① 　参阅 Lewis, D. (1996), "Elusive Knowledge". *Australasian Journal of Philosophy*, Vol.74, 549-567.

那座山丘上有绵羊的信念是没有得到最大辩护的，甚至是假的，所以盖梯尔反例并不存在。

在笔者看来，刘易斯关于知识的新定义其实是对 JTB 的某种改造，关键在于两点：一是把关于信念 P 的最大辩护的内涵改为在某一语境内对非 P 的所有可能性的排除，这实际上是培根－密尔排除法的应用；二是把真信念的内涵改为得到最大辩护的信念，这实际上是把 JTB 中的辩护条件和真实条件合二为一了，体现了实用主义的真理观。现在，我们也可以在刘易斯知识定义的基础上把这两个条件分开，从而得到笔者所谓的"刘易斯－JTB"，记为 L-JTB：

S 知道 P，当且仅当：1.S 相信 P；2.S 的这一信念得到辩护；3.这一辩护属于最大辩护，即在某一语境内恰当地排除了非 P 的所有可能性；在这个意义上，P 是真的。

L-JTB 是语境主义的，因为它对"恰当地排除了非 P 的所有可能性"的解释是语境敏感的，这使得语境主义本质上是相对主义和实用主义的。不过，这并不意味着语境主义完全地摈弃了绝对主义的成分，相反，它比别的学派的评价标准更为确定和可行，即在相对主义和实用主义的语境之内，语境主义更多地保留了绝对主义和客观主义的精神。有鉴于此，我们也可把语境主义叫做"相对的绝对主义"或"相对的相对主义"，以区别于"绝对的绝对主义"如黑格尔哲学，或"绝对的相对主义"如解构主义哲学。对于刘易斯而言，这种相对的绝对主义精神体现于他对"恰当地排除了非 P 的所有可能性"这一短语的界定，也正是他的这一界定引起科恩等人的批评。

刘易斯提出七条相关性规则（rules of relevance），用以判定排除非 P 之可能性的恰当性。不过，布罗加德（B. Brogaard）认为其中只有四条是比较重要的[①]，笔者进而认为只有一条是重要的，而且与科恩的批评最为相关。此规则被称为"关注规则"（the rule of attention）：

关注规则：在对一位认知主体（knowing subject）是否拥有知识 P 进行评价的时候，如果评知者（attributor）注意到某种非 P 的可能性，那么，他把这种非 P 可能性忽略掉就是不恰当的。

请注意，这里涉及两个人即认知主体和评知者，这是语境主义所要求的最小的语言共同体。当一个认知主体宣称他知道 P 的时候，如果他不是在作自我欺骗，那么他当然认为自己的这一知识是满足 L-JTB 的；因此，关注规则不是针对认知主体而是针对评知者而言的。由于在不同的语境中评知者关注的方面往往是不同的，所以在不同的语境中根据关注规则所能排除的非 P 可能性也往往是不同的，甚至在同一个语境中不同的评知者所给出的评价也是不同的。科恩指出这后一种结果的严重性，其思路大致如下[②]：

---

① 参阅 Brogaard, B. (2004), "Contextualism, Skepticism, and the Gettier Problem". *Synthese*, Vol. 139, 367-386.

② 参阅 Cohen, S. (1998), "Contextualist Solutions to Epistemological Problems: Skepticism, Gettier, and the Lottery". *Australasian Journal of Philosophy*, Vol. 76, 289-306.

在刘易斯的绵羊案例中,汉克对站在远处的汤姆大声说:"那座山丘上有一只绵羊。"由于汤姆的视线角度不同,他看到岩石后边的那只绵羊,并且注意到那块岩石挡住汉克视线的可能性,这也就是一种非 P 的可能性即:那儿并没有绵羊,只是汉克把那块岩石当作绵羊了。根据关注规则,汤姆把这种非 P 可能性排除掉是不恰当的,既然他已经注意到这种可能性了。相应地,在汤姆看来,汉克对 P 的辩护不是最大辩护,即并非**恰当地**排除所有非 P 可能性的辩护,因而不满足 L–JTB,进而汤姆不应该把知识 P 归属于汉克。这样一来,所谓的盖梯尔反例也就不存在了,尽管这个案例对于传统的知识定义 JTB 仍然是一个盖梯尔反例。

然而,在科恩看来,事情并非如此简单。假定还有一位评知者迪克就站在汤姆旁边,迪克以为汉克像他一样看到岩石后边的绵羊,而没有像汤姆那样察觉到那种非 P 的可能性即:由于汉克只看到那块貌似绵羊的岩石,而没有看到岩石后边的绵羊,即使岩石后边没有绵羊汉克也会相信 P。根据关注规则,迪克排除这种可能性是恰当的,因而他把知识 P 归属于汉克也是正确的。这意味着,由于迪克的迟钝,他把汉克所处的盖梯尔情境错误地当作非盖梯尔的(non-gettiered),他的这一错误成为他把知识 P 归属于汉克的正当理由。科恩指出,一个评知者的无知可以成为其知识归属(knowledge attribution)的正确性的根据,这是非常违反直觉的。

至于如何改进刘易斯方案以最终解决盖梯尔问题,科恩给出的两个建议都是难以成立的。正如布罗加德指出的,一方面,如果让知识归属独立于每一个评知者的知识状态,以避免把评知者的无知当作知识归属的依据,那么势必导致知识归属最终独立于每一个语境,这是与语境主义的宗旨相违的。另一方面,如果只是像科恩那样用所谓的"相关候选者"(relevant alternatives)来代替刘易斯的"非 P 可能性",那么关于如何确定相关候选者的问题与如何确定非 P 可能性的问题相比,不会有实质性的区别,因而,科恩用来反驳刘易斯的论证同样对准了他自己。[①]

四、对语境主义方案的一种改进

前面谈到,在一个语境中的谈话主体形成一个语言共同体,语言共同体是构成一个语境的最基本的要素,也可说是一个语境的载体。不同的语言共同体构成的语境肯定是不同的,同一个语言共同体由于谈话的范围、目的、场合的不同也可构成不同的语境。笔者曾经把根

---

① 参阅 Brogaard, B. (2004), "Contextualism, Skepticism, and the Gettier Problem". *Synthese*, Vol. 139, 377.

据谈话范围而确定的最大语境叫做世界语境，世界语境可分为现实世界语境和可能世界语境。在一个世界语境中还可把谈话范围分得更小，以形成较小的范围语境，如数学语境、物理学语境，等等。谈话范围确定之后，又可根据谈话目的来划分语境，以形成表征语境和交流语境：表征语境以描述世界中的事态为目的；交流语境以共同体成员之间交流意见为目的。①现在，笔者要对交流语境给以进一步的划分，即在一个交流语境中根据谈话者们更为具体的目的进行划分，其中包括表征交流语境和知识归属语境。表征交流语境是以谈话者们对事态的描述进行交流为目的的，知识归属语境是以评价某个谈话者是否具有某项知识为目的的。事实上，知识归属语境（context of knowledge attribution）已经被刘易斯和科恩等人提到。

前边谈及，作为语境之载体的语言共同体可大可小，但至少包括两个人。这一要求对交流语境是明显的，但对表征语境似乎有失恰当，因为表征语境的载体似乎允许只有一个人，即一个人自言自语地谈论他对世界事态的看法。笔者把一个人自言自语甚至沉默不语的表征语境看作**潜在的**交流语境，而潜在的交流语境很容易转化为实际的交流语境，只需另外一个人走过来向此人询问他对事态的看法即可。

对于知识归属语境而言，也可包括只有一个人的情形，即那个人既是认知主体又是评知者，亦即自己评价自己是否具有某项知识。然而，只有一个人的知识归属语境只是一种特例，甚至以上讨论的只有两三个人的盖梯尔反例都是知识归属语境的特例。知识归属语境的正常情形是以某个社会群体为语言共同体的，其成员的数目往往是成千上万的。在这样的正常语境中，知识的归属不是由某一两个人的意见决定的，而是由该语言共同体的主流意见决定的。

现在我们回到盖梯尔问题上来。当我们把刘易斯的绵羊案例的特殊语境替换为正常语境，即把只有两三个人的语境替换为包括成千上万个人的语境，科恩对刘易斯方案的批评便可化解了。正如前一节谈到的，科恩之批评的力量在于指出刘易斯方案对个人无知的依赖性；然而，当把知识归属对个人无知的依赖转变为对集体无知的依赖，其荒谬性便大大降低了。这是因为，社会群体的无知性是十分有限的，并且是可以容忍的。我们知道，一方面，人毕竟不是上帝，他们作出的任何决定都不可避免地受到人类认知能力的局限性的影响。要想在知识归属上完全摆脱人类的某些无知，那只有借助于普特南所说的"上帝之眼"。另一方面，成千上万的人一道犯错误的概率比较低，在一定意义上，他们不会犯错误，因为在一个语境内

---

① 参阅陈晓平："论语句的涵义与指称——对弗雷格的涵义－指称理论的一些修正"，《自然辩证法研究》2013年第4期，第14-20页。

评价知识的标准就是由该语言共同体确定的，即**该语言共同体的主流意见**。

就绵羊案例来说，如果不只是两三个评知者，而是成千上万个评知者从各个角度观察那座山丘，然后对汉克作出是否知道那座山上有一只绵羊的判定，这样的知识归属就是正当的，尽管仍然具有出错的可能性。比如，那个岩石后边的绵羊只是一只机器羊，而这成千上万的评知者都没有看出来，只有那位制造这个机器羊的人知道。那又怎样呢？如果这个制造者永远保守秘密，那么，在那个语境下的知识就是如此的；如果这个制造者说出真相并且得到语言共同体的认可，那么，那个语言共同体的知识归属便会被改变，从而使他们的知识储备得以改进。这个过程不是很正常吗？就连作为知识典范的科学知识也是以这种方式发展变化的。例如，爱因斯坦的相对论取代牛顿理论之后，人类的科学知识便得以改进。试问，难道人们以前把牛顿理论作为知识是错误的吗？又有谁能保证爱因斯坦理论永远不出错呢？或者说，谁能保证上帝不像那位机器羊的制造者永远欺骗我们呢？可见，一旦把绵羊案例的小语境换为大语境，把小的语言共同体换为大的语言共同体，科恩对于刘易斯方案的质疑立刻烟消云散。诚然，刘易斯的方案容忍无知，但是，并非所有的无知都是不可容忍的，因为具有一定程度的无知是人类永远不可避免的。一旦我们把知识归属的小语境换成大语境，无知的程度和荒谬性便大大降低了。由此可见，**相对于较大的语言共同体及其语境**，刘易斯方案提供了对盖梯尔问题的一种合理解决。

当把刘易斯方案的小语境改为大语境之后，其关注原则也就从个别人意见的关注变成集体主流意见的关注，不妨叫做"**集体主流意见规则**"；具体地说，排除非 P 可能性的恰当性取决于集体主流意见。笔者进一步指出，把所有非 P 可能性排除掉，就是先把非 P 的小概率看作 0，进而把非 P 看作假的而排除；这个过程相当于，先把 P 的高概率看作 1，进而把 P 看作真的而接受为知识。于是，笔者对刘易斯的知识定义即 L-JTB 略作修改，记为 C-JTB：

S 知道 P，当且仅当：1.S 相信 P；2.S 的这一信念得到辩护；3. 这一辩护属于最大辩护，**即在某一语境内恰当地把 P 的高概率看作 1；在这个意义上，P 是真的。**

C-JTB 就是笔者关于"知识"的定义，附加于它的一条应用性规则是"集体主流意见规则"，也就是说，把 P 的高概率看作 1 进而把 P 看作真的恰当性取决于某一语境的集体主流意见。据此，我们不仅可以解决盖梯尔问题，而且可以解决更早出现于认识论并且更具根本性的难题即著名的"抽彩悖论"（the lottery paradox）。其实，抽彩悖论在拙著《贝叶斯方法与科学合理性》中已经给以讨论[①]，现在看来，笔者在那里提出的解决方案虽然不错，但不够完

---

① 参阅陈晓平：《贝叶斯方法与科学合理性》，北京：人民出版社，2010 年，第八章第二节。

整。为此，我将在那个方案的基础上结合 C-JTB 对之给以更为完整而简捷的解决。

抽彩悖论由凯伯格（H. E. Kyburg）和亨佩尔（C. G. Hempel）等人在 20 世纪 60 年代初提出，包括他们在内的大多数学者都把知识接受规则看作是关于如何把一个不完全相信即概率小于 1 的命题纳入知识储备的，笔者称之为"非确信性接受规则"。对非确信性接受规则的应用必须首先给出一个接受标准，即命题 P 的概率 r 高于什么值时 P 才可以被接受为知识。抽彩悖论表明，无论 r 的值多么地高，只要它小于 1，那就不可避免地导致逻辑矛盾。[①]

现假定，接受标准为 r = 0.999。在一个提供一百万张彩票的公平的抽彩活动中，"第 7 号彩票中彩"的概率只有一百万分之一，相应地，此命题的否定"第 7 号彩票不中彩"的概率高达 0.999999，远高于 0.999 的接受标准，因而应被接受为知识。同理，关于任何一张彩票 i，命题"第 i 号彩票不中彩"都应被接受为知识；由此得出结论"所有彩票不中彩"，并且也应被接受为知识。然而，抽彩活动的公平性使得命题"至少有一张彩票中彩"的概率为 1，该命题也应被接受为知识。这样一来，在我们的知识储备里就出现了逻辑矛盾，即断言：所有彩票不中彩并且至少有一张彩票中彩。

须指出，抽彩悖论是具有普遍性的，只要作为接受标准的概率小于 1，即 $1-r=\varepsilon(0<\varepsilon<1)$，那么，无论 r 值多么高，抽彩悖论都不可避免，因为只需使彩票总数超过 $1/\varepsilon$，"第 i 号彩票不中彩"的概率就超过 r。

与凯伯格和亨佩尔等人不同，笔者坚持"确信性接受规则"，即只允许把概率为 1 的命题纳入知识储备。显然，按此标准接受知识，抽彩悖论是不会出现的。在《贝叶斯方法与科学合理性》中，笔者着重澄清一个论题，即"接受某个行动方案与接受某个命题是两种不同性质的接受"，只有后者属于知识接受而前者不是。正因为人们没有把"第 i 号彩票不中彩"作为知识，许多人才接受了购买彩票的行动方案。这样，既避免了抽彩悖论，又不妨碍人们根据非知识的命题做出行动。

现在我要补充的是，不把"第 i 号彩票不中彩"作为知识，只是相对于某一语境而言的，即以想买彩票的人为语言共同体的语境；但是，对不想买彩票的语言共同体及其语境来说，则可以把"第 i 号彩票不中彩"作为知识授受下来。具体地说，由于命题"第 i 号彩票不中彩"的概率如此之高，根据 C-JTB，该语言共同体的主流意见**恰当地**把这一命题的概率看作 1，进而把它看作一个真命题而加入知识储备。或者用刘易斯的话说，在这个语境中，由于非 P 即并非"第 i 号彩票不中彩"的概率如此之小，因而可以**恰当地**被忽略。这表明，同一个命题在

---

① 参阅 Kyburg, H. E. (1961), *Probability and the Logic of Rational Belief*. Wesleyan University Press.

不同的语境中，其知识论状态往往是不同的。但这里并没有出现悖论，因为同一个命题的不同知识论状态是相对于不同的语境而言的。

在这后一语境中，"所有彩票不中彩"被作为知识授受下来，而与它相矛盾的命题"至少有一张彩票中彩"则没有进入他们的知识储备。也许有人会提出质疑：只要一个人知道那次抽彩活动是公平的，他就知道"至少有一张彩票中彩"，这样，他的知识储备中就出现了矛盾。对此，笔者的回答是，对于那些把"所有彩票不中彩"接受为知识的人来说，那次抽彩活动根本引不起他们的兴趣，甚至被看作是无意义的，因此，抽彩活动是否公平以及"至少有一张彩票中彩"是否为真，这对他们也是无意义的，不可能进入他们的知识储备。

至于不同语境之产生的根据是什么，语境主义的答案最终应是实用主义的，即：对于前一个语境的共同体，购买彩票更有助于实现他们的最大期望效用，而对于后一个语境的共同体，不买彩票更有助于实现他们的最大期望效用。正如俗话所说：萝卜白菜，各有所爱。至此，我们便给出解决"抽彩悖论"的语境主义方案，这个方案的基本思路与刘易斯和科恩等人的方案大致是一致的，①只是避免他们在论述上的一些杂乱混淆之处，使其合理性更为清晰可见。

五、对盖梯尔反例的消除和知识自评问题

我们将根据改进了的语境主义方案即 C-JTB，对盖梯尔的原始反例以及著名的"谷仓县反例"给以消除。我们注意到，盖梯尔本人提出的反例和其他类似反例有一个共同特点，即它们的语境都属于"潜在的交流语境"，进而属于"潜在的知识归属语境"。在那些案例中，除了明确地给出认知主体以外，并未明确地给出评知者，好像只有一个当事人，这一点在谷仓县案例中尤为明显。其实，在那些案例中，评知者是存在的，即那些了解真实情况的人。在盖梯尔类型的反例中，都需要指出那个唯一的认知主体看到或听到的"证据"实际上是假的。请问，了解真实情况的人是谁？是那个认知主体吗？不是，因为他是被假象蒙骗的；是上帝吗？也不是，因为在无所不知的上帝面前，一切知识论的讨论都是多余的。结论只能是一个潜在的评知者，而且他代表了该语言共同体的主流意见；根据 C-JTB 的"集体主流意见

---

① 参阅 Lewis, D. (1996),"Elusive Knowledge". *Australasian Journal of Philosophy*, Vol.74, 549-567; Cohen, S. (1998), "Contextualist Solutions to Epistemological Problems: Skepticism, Gettier, and the Lottery". *Australasian Journal of Philosophy*, Vol. 76, 289-306.

规则"，这位潜在的评知者所表述的情况是真的。反之，如果这位潜在的评知者只代表他个人的意见，那么，我们没有理由把他的表述看作真实的，而把那个唯一的认知主体的"证据"看作假的，这便使得盖梯尔反例无法构造。由此可见，在盖梯尔反例中，不仅有一个潜在的评知者，而且有一个为该评知者所代表的潜在的大语境以及大语言共同体。既然那个唯一的认知主体的"证据"与大语言共同体的集体主流意见相违，那么，他的证据就是假的，因而他的信念未能得到辩护；根据知识定义 C-JTB，那位认知主体的信念不属于知识。盖梯尔反例由此得以消除，相应地，盖梯尔问题由此得以解决。

C-JTB 能够解决盖梯尔问题的关键在于，它借助于大语言共同体的集体主流意见来定义"最大辩护"，又用获得最大辩护的信念来定义真信念。既然在集体主流意见看来，那个认知主体看到或听到的"证据"是假的，那么，该认知主体的信念没有得到辩护，因而不属于知识。这也就是说，扎戈泽布斯基的秘诀中的第一步即构造一个得到辩护的假信念是不可能完成的，这样，构造一个盖梯尔反例也就成为不可能的了。

概言之，我们首先把刘易斯的知识定义更为精确地表述为 L-JTB，然后改进为 C-JTB，并用"集体主流意见规则"取代刘易斯的"关注规则"，进而把讨论的焦点从小语境及其小语言共同体转移到大语境及其大语言共同体，以此避免刘易斯方案的缺陷，即让知识归属依赖于个人的无知之上。对于所有的盖梯尔反例，只要揭示其潜在的评知者以及潜在的大语言共同体，将其语境和语言共同体加以充分的扩展，均可根据 C-JTB 予以消除。

接下来我们具体地考查盖梯尔的第一个反例。如果那个知识归属的语境不只包括史密斯本人，还包括公司老板、经理和所有职员，并且他们都说琼斯将被录取，那么我们可以说史密斯知道"琼斯将被录取"；甚至说，不仅史密斯知道它，而且该公司所有的人都知道它，因为"琼斯将被录取"已经成为该语境的集体主流意见。至于后来的实际情况是史密斯而非琼斯被该公司录取，从而使得"史密斯被录取"成为该公司的集体主流意见，这只表明在一个语境中，知识是可以变化或发展的。这很正常，并无悖论可言；相反，把知识看作一成不变倒是极为反常的。

当然，这个案例中的所有评知者都不是撒谎者，这是知识归属语境的基本假设。在这一假设下，公司老板本人关于史密斯是否被录取的知识也在发生变化。为了加以比较，现假定公司老板告诉史密斯"琼斯将被录取"时是在故意撒谎，那么这位老板便不是评知者，而只是这一语境中的一个要素。这也就是说，在潜在的大语言共同体的主流意见看来，那位老板的话是假的，因而不能成为证据。但史密斯却以老板的假话作为证据，所以史密斯的信念没有得到辩护，违反 C-JTB，因而不属于知识。在这种情况下，盖梯尔反例并不存在。

再来看盖梯尔的第二个案例。既然潜在的评知者告诉我们，史密斯只看到琼斯每天开着福特车上班，而没有看到琼斯这个福特车是从租车店开出来的，更没有看到琼斯办理租车手续，所以，史密斯的"证据"是不充分的，因而他关于琼斯拥有一辆福特车的信念并未得到辩护；根据 C-JTB，史密斯的这一信念不是知识。可见，这一案例不构成 C-JTB 知识定义的反例，尽管可以构成传统知识定义 JTB 的反例。因为在传统知识论中没有引入语境的概念，因而没有把评知者所代表的集体主流意见与认知主体的个人意见加以区分。

至于"谷仓县反例"，一旦我们把那位潜在的代表集体主流意见的评知者从后台拉到前台，此反例立即被消除。在潜在的评知者看来，汽车司机亨利开始看到的是假谷仓，因而他关于"路边的一些建筑是谷仓"的信念没有得到辩护，故不属于知识。后来当他看到一个真谷仓后，他的这一信念得到辩护，并且与集体主流意见相一致，因而成为知识。在主流意见看来，亨利经历了从无知向有知的变化，或者说，从假知到真知的变化，这很正常，没有什么悖理的地方。

以上表明，当我们引入知识定义 C-JTB 之后，所谓的盖梯尔问题很容易得到解决。相比之下，倒是超出盖梯尔问题因而被人忽略的一个问题更为严重，笔者称之为"知识自评问题"，即：认知主体如何判定"我知道 P"。当然，这里也有一个知识归属语境，只是其中的评知者和认知主体是同一个人。同时，这里也有一个潜在的大语言共同体，那就是认知主体所处的并且与 P 密切相关的语言共同体。根据 C-JTB，一位认知主体要想对"我知道 P"作出肯定，必须对 P 这一信念作出最大辩护，而最大辩护的标准要求所给出的辩护得到语言共同体的认可，即符合集体主流意见。那么，如何判定自己给出的辩护符合集体主流意见呢？回答是：**通过自己的社会实践**。具体地说，认知主体以 P 这一信念来指导自己的行动，如果你过去的行动或未来的行动得到语言共同体的认可，那表明你关于 P 的信念得到最大辩护。例如，对于"我知道'我有一双手'"这一知识自评，仅凭你看到自己有一双手是不能成为最大辩护的，因为你的视觉仅仅是你私人的。你还须回忆一下，你过去是否凭着这一信念做了充分多的事情，并且其成功得到大家的认可；如果是的，那么你便对 P 即"我有一双手"这一信念给出最大辩护，从而使 P 成为你的知识，否则，P 仅仅是你的一个信念，而不是知识。这意味着，知识自评的最大辩护是通过自己的社会实践潜在地进行的；如果别人问起，自己可以把那些成功的实践活动讲出来，从而**使潜在的辩护成为实际的辩护**。

其实，一个语言共同体的每一个成员都有很多自我评价的机会，因而每一个成员都难免借助于实践活动来潜在地评价自己的知识水平。知识自评和知识他评是相辅相成的，因为每一个成员作为评知者评价他人的时候，常常是以自评所得的知识为参照的。因此，语言共同体和实践共同体是相互渗透、交织在一起的，甚至可以说是同一个共同体的两个不同的侧面。根据 C-JTB，当对一个信念的辩护得到一个语言共同体的主流意见认可的时候，该信念便得到最大辩护，从而成为一个真信念。既然语言共同体和实践共同体可以看作一回事，那么，得到集体主流意见认可的信念也是得到社会实践潜在辩护的，在这个意义上，**实践是检验真理的标准**。这里再一次表明，语境主义和实用主义是密不可分的，可以说，**语境主义就是语义学的实用主义**。

笔者把语境主义方案归入修改 JTB 的真实条件的大策略之下，其结果无论是刘易斯的 L-JTB，还是笔者的 C-JTB，实际上都是用"最大辩护"条件来取代真实条件，也就是把"得到辩护的真信念"解释为"得到最大辩护的信念"，相当于把"真实的"解释为"得到最大辩护的"，这里所说的辩护是相对于某一语境而言的。显然，对于任何语境，一个满足 L-JTB 或 C-JTB 的信念 P 蕴含"P 是真的"，即知识 P 是以其真实性为必要条件的。

在修改 JTB 的真实条件的大策略之下，除了语境主义方案之外，近几年有学者如黑兹利特（Allan Hazlett）提出一种非语境主义方案。黑兹利特考察了日常语言中关于"知道"的若干用法，如："80 年代早期，两个澳大利亚医生证明溃疡是由细菌感染引起的；在此之前，人们都**知道**压力导致溃疡。"这种对"知道"的用法应该说是正常的，但被知道的那个命题"压力导致溃疡"却是假的。由此，黑兹利特得出结论：普通语言中的"知道"并不一定是事实性的（factive）的，相应地，知识并不一定是真的。而认识论哲学只对蕴含真实性的知识感兴趣，因此，认识论哲学应当把关于知识或知道的讨论与那些基于普通语言的案例研究分离开来，这样，针对认识论的盖梯尔反例也就随之消失了，既然盖梯尔反例都是借助普通语言构造的。[①]这个结论是令人难以接受的，对许多认识论学者来说，让他把日常运用的普通语言完全束之高阁，只同人工符号语言或其他什么语言打交道，这将从根本上摒弃认识论研究的意义或价值，无异于扬汤止沸，削足适履。

按照语境主义的方案，黑兹利特所讨论的那些例子是不难处理的。尽管相对于今日之科学，"压力导致溃疡"是假的，但相对于当时的语境，这句话是符合主流意见的，由此得到最大辩护而成为真的；相应地，对于这项知识的"知道"是事实性的。人们过去曾经拥有的知识在今天看来是假的，这是知识发展的正常现象，不必为此而大惊小怪，更不应该否认过去知识的历史真实性，否则就是非语境主义的或绝对主义的知识观。依据语境主义，过去的知

---

① 参阅 Hazlett, A. (2010), "The Myth of Factive Verbs". *Philosophy and Phenomenological Research*, 80(3), 497-522.

识对过去的人们就是真的；同样地，今日的知识对于今日的人们也是真的，而不应考虑到将来某一天它们将证明为假的，而否定任何知识的可能性。语境主义者宽容地承认过去知识的语境真实性，也坦然地接受现在知识的语境真实性，尽管并不否认所有知识的未来语境的虚假性。关于知识的这些态度并不矛盾，而是和谐相处，浑然一体的。因此，面对今日看到的历史上的"假知识"，我们没有必要采纳黑兹利特的建议，即否认普通语言中"知道"的事实性，而把关于知识的哲学讨论与日常的普通语言完全隔离开来。

我们看到，语境主义方案对于盖梯尔问题的解决是令人满意的。不过，盖梯尔问题对于知识论的研究尽管十分重要，但远非涵盖全部。按照拉卡托斯的观点，一个研究纲领能否向研究领域的广度和深度有效地拓展，是其为一个进步的或退化的研究纲领的重要标志。因此，我们有必要在解决盖梯尔问题的基础上，沿着语境主义的研究纲领加以拓展，以对知识论领域的其他重要问题有所涉及。

六、柏拉图关于"知识"的论述及其启示

在有关盖梯尔问题的文献中，对知识或信念的辩护主要限于直接经验的范围，因而主要涉及经验知识。然而，一个不容忽视的事实是，经验知识只是知识的一个部分，而不是全部。古希腊哲学家苏格拉底和柏拉图就表达过"美德即知识"的观点，[①]这个看法对后人的影响是很大的。在哲学史上，只有逻辑经验主义等少数学派把知识限于经验知识，并提出拒斥形而上学的口号。今天看来，这正是逻辑经验主义的最大失误之处，尽管它留下不少宝贵的遗产。

从总体上说，知识可以分为三大部分，即经验知识、道德知识和宗教知识。这里所说的"宗教知识"是广义的，包括准宗教性质的形而上学。为此，我们有必要在前面讨论盖梯尔问题的基础上把对知识论问题的探讨加以扩展，即从经验知识扩展到道德知识和宗教知识。当然，本文对各类知识的讨论不可能全面地展开，只能集中于它们之间的比较上，揭示它们之间的区别特征和结构关系，进而勾勒出知识大厦的整体轮廓。

关于"知识"的传统定义，文献中一般追溯到柏拉图，在其《泰阿泰德篇》中，柏拉图借苏格拉底之口说出这个定义的主要思想。然而，笔者查阅这篇文章，并未发现苏格拉底表

---

① 参见《柏拉图全集》第一卷，王晓朝译，北京：人民出版社，2002年，第518—521页。柏拉图在其《美诺篇》借苏格拉底之口讨论了"美德是什么"的问题，虽然他并未明确地表达"美德即知识"的观点，但却明确地表达了"美德是智慧"，"美德是理性"，"美德在其可教性上是类似于几何学的"，等等。因此，学者们一般都把"美德即知识"的主张归于苏格拉底和柏拉图。

达了这样的意思，而只是提到这种定义的说法，但立即给予否定。苏格拉底谈道："正确的信念加上解释还不能被称作知识。"[①]他这里所说的"正确"和"解释"大致相当于 JTB 中的"真实"和"辩护"。其实，苏格拉底只是给出一个否定性的结论，而没有肯定任何知识定义。他在谈话快要结束的时候说道："感觉、真实的信念、真实的信仰加上解释，都不会是知识。"[②]可见，柏拉图只是借苏格拉底之口提及 JTB，而对 JTB 的肯定则是以后的解释者们作出的。

不过，在苏格拉底作出否定性结论之前曾经暂时地认可 JTB，他曾赞同泰阿泰德的这一说法："真实的信念加上解释（逻格斯）就是知识，不加解释的信念不属于知识的范围。如果对一个事物无法作解释，那么该事物不是可知的；如果能作解释，那么该事物是可知的。"[③]在这里，苏格拉底特别强调了解释即辩护的极端重要性，甚至可以说，一个信念的真实性蕴含在对它的解释或辩护之中。因为按照后半句的意思，如果对一个事物观念未能给出解释就意味着那个事物是不可知的，因而事物观念的真或假也是不可知的。这一点正是语境主义方案所继承的；在笔者的 C-JTB 中，对这一点给以特别的强调，并且是消除盖梯尔反例的关键所在。

不过，苏格拉底的这段话中暗含一个矛盾，前半句即"真实的信念加上解释就是知识"似乎意味着未加解释的信念也可能是真的。事实上，传统知识论正是采取这前半句的意思，形成"知识"的三元定义即 JTB。笔者的 C-JTB 定义并未摈弃三元定义中的任何一元，只是对其中的真实条件给以"最大辩护"的解释，以使真实条件与辩护条件密切地联系起来。从总体上看，笔者的知识定义与苏格拉底的定义更为接近，即强调辩护或解释的重要性。

苏格拉底进一步指出："'解释'意味着把你与其他事物的区别用话语说出来。"[④]这个说法很重要，给出解释或辩护的语言学特征，进而给出知识的语言学特征。这就是说，不用语言来表达的所谓"知识"是没有的，凡知识都必须以语言为载体，正如解释或辩护必须以语言为载体；否则，所谓的"知识"不过是信念或观念而已。苏格拉底说道："假定我拥有关于你的正确观念，再加上关于你的一个解释，那么我们就会明白，我认识你。否则的话，我只

---

① 《柏拉图全集》第二卷，王晓朝译，人民出版社，2003 年，第 748 页。
② 《柏拉图全集》第二卷，王晓朝译，人民出版社，2003 年，第 752 页。
③ 同上，第 737 页。
④ 同上，第 750 页。

拥有一个观念。"①

笔者非常赞同苏格拉底的这一观点。稍后将进一步表明，具有语言性的辩护确实是把知识与信念区别开来的特征，由此可以澄清所谓"命题知识"和"非命题知识"之间的关系，以及相关的一些重要问题。我们知道，在"知识"的传统定义 JTB 中，知识是由命题 P 来表达的，可见，JTB 是不考虑非命题知识的。在这点上，传统知识定义是与苏格拉底的观点相一致的。

命题知识就是借助于命题来表达的知识，或者说是用语言来描述的知识；否则，就是非命题知识。罗素曾把非命题知识叫作"亲验的知识"（knowledge by acquaintance，也译作"亲知"），而把命题知识叫作"描述的知识"（knowledge by description）。以后文献中又出现"如何－知识"（knowledge-how）和"什么－知识"（knowledge-what）的划分，大致对应于"亲验的知识"和"描述的知识"的划分。亲验的知识或如何－知识是与技能知识密切相关的，波兰尼正是从"技能知识"出发，引申出"默会知识"的概念和理论。

由于盖梯尔问题是针对传统知识定义 JTB 的，所以前面的讨论只涉及命题知识而没有涉及非命题知识。JTB 对命题知识的强调与苏格拉底和柏拉图对知识的语言特征的强调是一致的，但却受到那些重视非命题知识的学者们的强烈批评。对这类批评笔者不以为然，但却认为有必要给以认真对待。接下来的一节将对非命题知识即默会知识加以讨论。

七、波兰尼的"默会知识"评析

波兰尼（Michael Polanyi）在其 1958 年发表的著作《个人知识》中一反传统知识论对于命题知识的注重，而把不可言说的知识即"默会知识"（tacit knowledge）凸显出来。他自知这样做有违常理，特地在"前言"中作出声明："我要确立另一种相当广义的知识理想。……也因为如此，我杜撰了用作本书题目的新词语：个人知识（personal knowledge）。这两个词似乎互相矛盾，因为真正的知识被认为是与个人无关的、普遍公认的、客观的。但是，修改一下识知（knowing）的观念，这一表面矛盾就迎刃而解了。"②注意，波兰尼的着眼点不是"知识"（knowledge），而是"识知"或"认知"（knowing），也就是说，他更注重认识的动态过程，而不是认识的静态结果。相应地，他对传统知识论的修改对准了动态识知，而不是静态知识。

---

① 同上，第 750 页。
② 波兰尼：《个人知识——迈向后批判哲学》，许泽民译，贵州人民出版社，2000 年，"前言"第 1 页。

他说:"我把识知视为对被知事物的能动领会,是一项要求技能的活动。"①由此,波兰尼从公共性和语言性的知识转向私人性和非语言性的识知或认知技能。

波兰尼指出,对于技能而言,能够用语言表达的只是关于它的一些大致规则或原理,而它的许多细节是不能用语言表达的。"实施技能的目的是通过遵循一套规则达到的,但实施技能的人却并不知道自己这样做了。"②例如,骑自行车的技能可被语言表达的内容之一是:当车身向右边倾斜时车把向右转,当车身向左边倾斜时车把向左转,用以保持自行车和身体的平衡。甚至还可以讲出其中的道理即:车把向右转可以使车身产生向左的离心力,以平衡车身向右倾斜的向心力;同理也适合向左偏转。但是,即使一个人把这些原则和道理讲的丝毫不差,若不经过实际练习,他肯定掌握不了骑自行车的技能;因为骑自行车的技能还包括许多不能言说的细节,而这些细节只能通过实际练习来掌握。这表明,关于技能的知识包含不可言说的内容即默会知识。

应该说,波兰尼关于技能含有默会知识的分析是有一定说服力的,不过,在笔者看来还嫌粗糙,有必要给出更为细致的分析。首先,有必要对"不可言说"和"尚未言说"作出区分。以骑自行车技能为例,关于离心力和向心力的平衡的道理,许多会骑自行车的人都说不出来,但这些道理对于他们只是尚未言说,而非不可言说。同样地,骑自行车技能的一些细节即使没有一个人说出过,它们也可能只是尚未言说,而不是不可言说,或许将来某一天会被说出。其实,我们可以把一个人骑自行车的情形用摄像机拍摄下来,原则上,凡能被拍摄下来的细节都可言说,只是其中一些细节目前尚未言说罢了。我们甚至可以把拍摄影像本身当作一种言说,在这种意义上,凡被拍摄下来的都是已被言说的。

与尚未言说不同,不可言说是指原则上说不出来,不仅现在尚未言说,而且永远说不出来。那么,技能是否包含不可言说的内容呢?无疑是包含的,但不是可被摄像机或其他什么仪器所能检测到的细节。那么,技能中不可言说的内容是什么?现代心灵哲学给出的答案是:感受性(qualia)。比如,一个名叫S的人正在头疼,他可以对自己的头疼作出一些描述;这时旁边的一位医学专家也从S的脑电图知道他在头疼,并且把S头疼的细节说出来,甚至比S本人描述得还要详尽。但是,这位医生却感受不到S的头疼,只有S自己能感受到。这就是S头疼的感受性,无论多么高明的仪器和多么详尽的语言都无法描述。类似地,当一个人骑自行车的时候,他也有一些对骑车技能的感受性,而这种感受性是摄像机所拍不到的。

① 同上,"前言"第2页。
② 波兰尼:《个人知识——迈向后批判哲学》,第49页。

总之，只有感受性是不可言说的，此外的一切都是可言说的，只是有一些已被言说，另一些尚未言说。至于不可言说的感受性能否算作知识，这是我们接下来要讨论的。

在前面的讨论中，我们对"知识"和"信念"作出区分。具体地说，在传统认识论中，信念只被看作知识的要素之一，而不等于知识。换言之，除了要求是信念以外，知识还要求信念得到辩护并且为真。虽然传统的知识定义并非完全恰当的，但把知识和信念加以区别则是无可厚非的，否则难免把信念的较强的主观性强加到知识上去。在笔者看来，知识的客观性体现在对它的辩护上。比如，S 头疼的感受性只是 S 关于头疼的一种信念，而不是知识，既然它是不可言说的，当然也就无从对它给以辩护了。至于感受性以外的其他信念，如 S 头疼时感到血压升高等，如果它能得到好的辩护如得到高血压的测量结果，那么可以成为知识，否则只能停留在信念的层次。

由于波兰尼没有区分"不可言说"和"尚未言说"，以致他有意无意地把技能中尚未言说的东西归入不可言说，这便夸大了不可言说之内容在信念中所占的比例。又由于波兰尼没有注意区分"信念"和"知识"，以致他把信念等同于知识，这便夸大了知识的主观性。这两方面的混淆使得波兰尼坚持默会知识不仅存在而且非常重要。然而，根据以上作出的两种区别，**所谓的默会知识根本不存在，只有默会的信念是存在的**。事实上，波兰尼对知识和信念的混淆把他导入知识论的主观主义和心理主义。波兰尼对自己的心理主义倾向供认不讳，他说："我对这一观念的修改，用上了完形心理学（格式塔心理学——引者注）中的发现作为第一批线索。"[1]不过，他对自己的主观主义倾向只承认一半，并在"承诺"（commitment）的意义上为其客观性加以辩护。[2]

波兰尼一方面强调认识活动的私人参与性对认识结果即知识的影响，另一方面试图挽留知识的客观性。他谈道："这就是识知者对一切理解行为的**个人参与**，但这并不使我们的理解变成**主观**的。……从识知与某一隐藏的现实建立起联系——这种联系被定义为预期着范围不定的、依然未知的（也许还是依然无法想象的）种种真实的隐含意义的条件——从这种意义上来说，这样的识知确实是**客观**的；把个人性和客观性这两者的融合描述成个人知识，这似

---

① 波兰尼：《个人知识——迈向后批判哲学》，"前言"第 2 页。

② 《个人知识》汉译版中把"commitment"一词译为"寄托"或"信托"，笔者认为此译法不妥，而应改为"承诺"。这不仅符合一般词典对该词的解释，也符合波兰尼的本意。波兰尼用这个词是要表达个人在创造知识时的那种主动承担、积极负责的信念。正是基于这种信念，个人知识并不只是主观的，而是具有一定客观性的，进而把个人知识看成主观性与客观性的统一。"寄托"则偏于被动，有托付和依赖的含意，在很大程度上把"commitment"所含的主动性抹杀了。在以下的引文中把原译文中的"寄托"一律改为"承诺"。

乎还是有道理的。"①波兰尼这里所说的"从识知与某一隐藏的现实建立起联系"就是他特别强调的"承诺"。请注意，承诺是个人作出的关于知识的客观性的保证或追求，而不是与现实相符的客观性；正因为此，承诺中的现实是"隐藏的"，其范围是"预期的"、"不定的"甚至是"无法想象的"。

对于承诺，波兰尼更为详细地解释道："我可以在我自己的承诺的情境下谈论事实、知识、证据、现实等等，因为这种承诺是由我对事实、知识、证据、现实等等的探索构成的，对我有约束力。这些都是承诺目标的特有名称，只要我承诺它们，它们就适用，但它们却不能被派上非承诺性用途。"②可见，波兰尼所说的事实或知识等等都是因个人的主观承诺而有的，说到底还是个人的一种主观信念。波兰尼现身说法，以他写《个人知识》这本书为例："我的陈述归根到底肯定的是我的信念，这些信念是通过本书给出的思考和我本人其他难以言传的动机得出来的。"③波兰尼的潜台词是：通过难以言传的动机得出来的信念就是知识即默会知识。对此，笔者的评论是：波兰尼那些难以言传的动机肯定不属于知识，他所谓的"默会知识"其实是不存在的。至于他通过该书所表达的信念是不是知识，取决于他对这些信念的辩护是否成功，即使辩护成功成为知识，那也不是"默会知识"而是命题知识，既然它已经通过他的书表述出来了。若其辩护不成功，那就不是知识，只是他个人的一种信念，而信念不等于知识。

关于辩护是否成功的标准，在笔者的语境主义方案 C-JTB 中，是与语言共同体密切相关的，即得到集体主流意见的认可。我们知道，集体主流意见的形成是以语言共同体的背景预设为基础的。波兰尼注意到认知者的背景预设，但却没有将它归之于语言共同体，而是在很大程度上把它归之于认知者个人。波兰尼把背景预设称为"解释框架"，并对之作了富有启发性但同时具有误导性的论述：

"当我们接受某一套预设并把它们用作我们的解释框架时，我们就可以被认为是寄居在它们之中，就如我们寄居在自己的躯壳内一样。我们眼下把它们毫无批判地接受下来是在于我们把自己与它们认同这一吸收过程。它们不是被断言的，也不可能被断言，因为断言只能发生在一个我们眼下已经把自己与其认同的框架之内。由于那些预设本身就是我们的终极框架，所以它们本质上是非言述性的。正是由于对科学框架的吸收，科学家才使经验变得有意义。这样把经验变得有意义是一种技能行为，这种行为给作为这一行为之结果的知识打上了科学

---

① 波兰尼：《个人知识——迈向后批判哲学》，"前言"第 2 页。
② 波兰尼：《个人知识——迈向后批判哲学》，第 464 页。
③ 同上，第 392 页。

家个人参与的印记。"①

预设"不是被断言的，也不可能被断言"这个命题非常重要，不过，"不可断言"不等于"不可言说"。波兰尼把预设的解释框架看作"非言述性的"，这不仅是对"不可断言"和"不可言说"的混淆，也是对"不可言说"和"尚未言说"的混淆，而这种混淆是他得出"默会知识"之错误结论的根源之一。另一方面，波兰尼说科学家预设的解释框架为科学知识"打上了科学家个人参与的印记"，这是言过其实的。正如库恩所说，解释框架属于范式，而范式是一个科学共同体所有，而不专属某一个人。在笔者看来，对预设的解释框架给以个人主义的解读，这是波兰尼得出"默会知识"之错误结论的另一个根源。

波兰尼关于"真命题"的论述也是启发性与误导性并存。他谈道："'P 是真实的'这一表达使人误解的形式把人引向逻辑的悖论，它把一种承诺行为伪装成陈述了一个事实的命题的形式。"②"一个'与个人无关的主张'（即'真命题'——引者注）是词语上的自相矛盾。"③笔者基本赞同波兰尼的这一观点。命题 P 既然表达一个主张那就不可能与人无关，而与人有关就不可能与个人无关；因此，绝对客观地真实的命题是没有的，因为它在语词上或概念上就是自相矛盾的。不过笔者认为，相对客观地真实的命题还是有的，它与语言共同体的主流意见直接相关，从而与共同体的个体成员间接地相关起来。对于"P 是真实的"，波兰尼把它看作一种承诺行为是深刻的，但这种承诺不像他所说的主要是个人的承诺，而是基于主流意见的集体承诺。从中可以看到，波兰尼对真的定义与语境主义特别是 C－JTB 对真实条件定义是颇为相近的，只是后者强调定义真的参考系是大语境及其大语言共同体，而不个人。

总之，波兰尼关于"个人知识"或"默会知识"的理论对于抵制传统知识论中的绝对客观主义倾向是有积极意义的，只是走得太远了，以至于矫枉过正。波兰尼关于预设的解释框架的理论对于抵制当时流行的逻辑主义倾向也是有积极意义的，可以说是库恩的范式理论的先驱。但是波兰尼过于强调解释框架的个人因素和不可言说的因素，而对科学共同体的公共

---

① 同上，第 90 页。
② 波兰尼：《个人知识——迈向后批判哲学》，第 389 页。
③ 同上，第 391 页。

因素有所忽视，这使他的理论失之偏颇，更使库恩的理论后来居上。[①]

八、"知识"与"信念"概念辨析

从前面的讨论我们看到，知识和信念之间的关系问题对于知识论来说是至关重要的。关于盖梯尔问题的讨论主要局限于经验知识的层面，而没有涉及道德知识和宗教知识。本节将要从经验知识、道德知识和宗教知识三个层面来探讨知识和信念之间的关系，从而更为全面地审视"知识"的定义。既然知识与信念密切相关，当我们更为全面地审视"知识"的时候，也必然会对"信念"加以更为全面的审视。

一般认为，信念（belief）是相信（believe）的结果，知识（knowledge）是知道（know）的结果，因此，信念和知识的关系对应于相信与知道的关系，甚至可以看作两个动词与相应的两个动名词之间的对应关系。为了行文方便，我们可以在这两对概念之间做适当的切换，这并不影响讨论的实质内容。事实上，在有关文献以及前面的讨论中已经这样做了。对于知识和信念之关系的澄清属于哲学分析，而哲学分析来源于日常语言而又高于日常语言。因此，我们有必要从代表日常语词用法的词典入手。

在日常语言中，"信念""信任"和"信仰"等语词是密切相关的，各种版本的汉语词典对这些语词分别给予大同小异的解释，现把《现代汉语词典》（商务印书馆，2002 年增补本）中的相关词条摘录如下：

信念：自己认为可以确信的看法。

信任：相信而敢于托付。

信仰：对某人或某种主张、主义、宗教极度相信和尊敬，拿来作为自己行动的榜样或指南。

我们看到，"信念"的含义最广，即任何信以为真的看法或观念；"信任"是在信念的基础上加了一个规定即"敢于托付"，托付的对象一般是指人或社会机构；"信仰"又是在"信任"的基础上加了一个规定：不是一般的相信，而是极度的相信，以致成为尊敬或崇拜；也不是一般的托付，而是托付为行动的榜样或指南，进而使相信的对象不是具体的人或物，而

[①] 库恩的力作《科学革命的结构》比波兰尼的《个人知识》晚三年发表，他们都是当时占主导地位的逻辑主义科学哲学的叛逆者。库恩承认他曾从波兰尼的论著中受到启发。然而，科学哲学的社会－历史转向的优先权属于谁？他们二人为此存有争议。笔者认为，库恩的范式理论和波兰尼的个人知识理论尽管都有社会－历史主义的倾向，但前者所持的是公共知识理论而不是个人知识理论，因此二者之间有着本质的区别。

是或接近于某种偶像的行为和属性。①

逻辑学中有一条原理即词项的内涵和外延之间具有反变关系：内涵越多而外延越少，反之，内涵越少而外延越多。既然"信仰"的内涵最多，所以其外延最少，信仰的对象范围最窄；相反，"信念"的内涵最少，所以其外延最多，信念的对象范围最宽。相比之下，"信任"的内涵和外延介于二者之间。

由于"信仰"的内涵最多而外延最少，其用法就相对地确定一些，主要用于**相信宗教的或形而上学的对象及其属性**。这些对象及其属性是与人密切相关的，否则不可能成为人的行动的榜样或指南；同时，这些对象及其属性又是抽象的，使得相信它们的人难以甚至不能给出任何相应的经验证据。简言之，**信仰就是对宗教或形而上学的抽象对象及其属性的相信**。这样的相信伴随一种倾向，使相信者对于所相信的对象怀有某种托付的愿望，既然这些对象与人密切相关；又由于这种对象的性质是极为抽象的，使得这种托付的愿望并不局限于特定的时间和空间范围，而是一种无限的托付，即所谓的"终极关怀"。

比起"信仰"，"信任"的内涵要少一些而外延要多一些，其用法的不确定性也要大一些。"信任"的一种用法是广义的，既包括"信仰"，也包括对现实世界的人或社会机构及其行为或属性的相信。另一种用法是狭义的，即只包括对现实世界的人或社会机构及其行为属性的相信。一方面，由于人或社会机构比起宗教或形而上学的对象要具体一些，所以对他们或它们的相信可以给出部分的经验证据，如关于某人或某机构在诚信方面的历史记录等；另一方面，由于信任的对象并不是人或机构的经验属性，而是人或机构的道德属性，包括诚信和善良，而道德属性与事实之间只能部分地对应而不能完全对应，因此，我们不可能给出相信某人或某社会机构的全部经验证据。正如俗话所说：知人知面难知心，对于知人我们顶多给出知面的经验证据，而给不出知心的经验证据，这里的"心"主要是指道德心。简言之，**信任就是对人或社会机构的道德属性的相信**。类似于"信仰"，这样的相信也伴随一种倾向，相信者对于所相信的人或社会机构怀有某种托付的愿望。由于人或社会机构是具体的，使得这种托付的愿望限定于某些具体的人或社会机构，并且限于一定的时期，而不是无限的。

相比之下，"信念"的内涵最少而外延最多，相应地，其用法的灵活性也就更大。"信念"

---

①　英语中关于"信念"的用法与汉语的用法大致相当，现以《韦氏大词典》（Webster's College Dictionary, 1991）为参考，将有关条款翻译如下：信念（belief）：1. 所相信（believe）的东西，意见（opinion），conviction；2. 关于某事物的存在或真相的相信（confidence），但却不能立刻得到严格的证实；3. 信任（confidence, faith, trust），例如，孩子信任父母。4. 宗教信条（creed）或信仰（faith）。

也有广义和狭义两种用法：广义的"信念"包括"信仰"和"信任"，也包括对现实世界的事物及其经验属性的相信；狭义的"信念"只包括对现实世界的事物及其经验属性的相信。现实世界的事物及其经验属性也就是经验事实，相应地，**狭义的信念就是对经验事实的相信**。

经验可以是私人的，如一个人感觉到头疼；也可以是公共的，如当一个人感到头疼的时候，别人依据他的某些行为特征甚至脑电图等也相信他在头疼，他的行为特征和脑电图等就成为公共的经验证据。主要凭借经验产生的狭义信念不能直接导致"信仰"或"信任"。例如，当我只看到张三长得又高又壮时我不会对他产生信任，尽管我已产生了"张三又高又壮"的信念。仅当我进一步了解到张三具有助人为乐的品质之后，我才会对他产生信任。但是，张三是否真的具有助人为乐的品质，这是不可能仅凭观察就可判定的，因为张三在其行为上的表现完全可能是装出来的。即使张三不是装出来的，还有一个对其行为的道德判断的问题。比如，张三是一位独生子，他为了陪伴父母而拒绝服兵役。有人认为张三的这一行为令人信任，而另一些人则认为张三的这一行为令人不信任。可见，信任或信仰不是完全凭借经验能够产生的。

需要指出，"信任"虽然有广义和狭义之分，但在日常语言中主要是取其狭义的用法。例如，对于上帝，我们通常只说"信仰"而不说"信任"。与之不同，"信念"在日常语言中却主要地取其广义用法。例如，我们既可说相信明天下雨，又可说相信上帝或相信某个人，这使得我们缺少一个专门用于相信经验事实的语词（无论在汉语中还是在英语中）。为此，我们有必要造出一个新词来表示狭义的"信念"。考虑到狭义的信念主要来自经验，不妨用"**信证**"表示之。

"信证"在其含义上颇为接近"证据"，二者的区别仅仅在于，证据比信证具有较多的公共性和客观性。我们在第五节讨论知识自评问题的时候，对于"我知道'我有一双手'"这一知识自评进行了分析，其中谈道，仅凭你看到自己有一双手是不能成为最大辩护的，因而不能成为知识，因为你的视觉仅仅是你私人的。你还需回忆一下，你过去是否凭着这一信念做了充分多的得到大家的认可的事情。对此，我们现在可以更为精确地说，在给出最大辩护之前，"我有一双手"仅仅是你个人的信证，在给出最大辩护之后，它便成为证据，证据就是得到最大辩护的信证。根据知识定义 C-JTB，证据属于知识，可以归入经验常识。再如，"我头疼"这种感受性只属于信证，而不属于证据；但是，关于这一感受性的脑电图则属于证据。

顺便提及，在文献中常常把"内在主义"叫作"证据主义"（evidentialism），现在看来这是词不达意的。内在主义强调的是个人的直接经验（包括内省经验）在辩护中的作用，并不要求给予社会实践的外部辩护，因此，把内在主义叫作"信证主义"更为恰当。由于在英文中缺少一个与"信证"相对应的词汇，所以那些作者们只好用"证据"（evidence）勉强代之，这恰恰从另一个方面表明我们创造"信证"这个词是必要的。

现在，我们由"信念"或"相信"转到"知识"或"知道"上来。《现代汉语词典》关于"知道"的解释是："对于事实或道理有认识。"这个解释也适合于"知识"，只需把其中的"认识"当作名词即可。①"知道"也有狭义和广义之分：狭义的"知道"只是对于事实的认识，而广义的"知道"既包括对某些事实的认识，也包括对某些道理的认识。可以看出，广义和狭义的"知道"或"知识"与广义和狭义的"相信"或"信念"之间具有某种对应关系。为澄清知识和信念之间的对应关系，还需要对"事实"和"道理"的含义进行分析。

事实可分为两种，即经验事实和道德事实。如前所述，经验事实就是现实世界的事物及其经验属性，对于这种事实的认识主要依赖经验证据。与之不同，道德事实是现实世界的人或社会机构的道德属性，而对道德属性的认识只是部分地依赖经验证据，同时还需依赖道德判断。道德属于"应该"的范畴，经验证据属于"是"的范畴，正如哲学家休谟所说，"是"和"应该"这两个范畴之间的空隙只能缩小而不能抹平。这就是著名的"是－应该问题"，也叫做"事实－价值问题"。

关于经验事实及其道理的知识包括经验常识和经验科学，关于道德事实及其道理的知识包括道德常识和伦理学。相比之下，宗教和哲学特别是形而上学几乎与经验事实无关，与道德事实至多只有部分关联；其主要任务是说明某些道理，而且这些道理是关于某些抽象对象的。需要强调，讲道理的过程就是辩护的过程，直接引用经验证据也是一种辩护，是一种特殊的辩护，而从经验证据出发或从普遍原理出发进行逻辑推论则是更为常见的辩护。

经验知识有简有繁，简单如"我有一双手"，复杂如万有引力定律；前者属于经验常识，后者属于经验科学。只有经验常识可从经验证据中直接得出，而经验科学一般不能从经验证据中直接得出，还需要在经验证据的基础上进行一定的逻辑推论，以此进行辩护。与经验科学相比，伦理学、哲学和宗教离开经验证据更加遥远，因而更多地依赖或严或宽的逻辑推论，而且其前提也未必是经验证据，往往是一些抽象的原理。由此可见，辩护对于任何一种知识的形成都是至关重要的，而经验辩护只是诸多辩护中的一种，并且只对经验知识是重要的，

---

① 不难看出，这个解释是有循环定义之嫌的。因为"认识"和"知道"几乎是同义词，在英语中也是如此。不过，词典毕竟不是学术报告，我们不必苛求，只要能够从中发现一些线索即可。

而对道德知识和宗教知识则是不太重要或根本不重要的。

在以上分析的基础上，我们可以将信念与知识之间的对应关系刻画如下：

信念与知识之间的对应关系

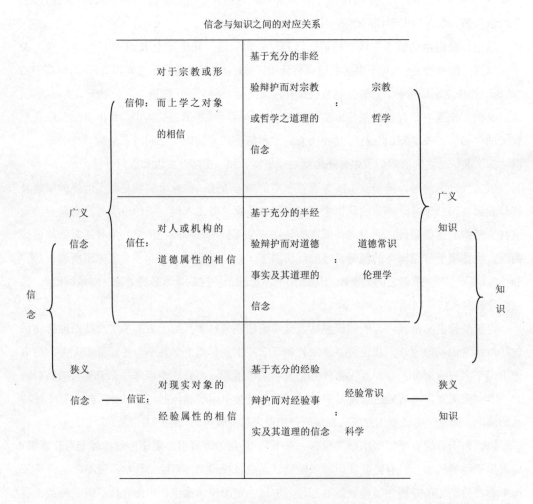

从以上对应关系中可以看到，知识不同于信念的一个重要方面在于对道理的认识，而对道理的认识必须通过充分的辩护。可以说，知识＝信念＋充分的辩护。由于辩护在其性质或程度上区别很大，我们又把一种特殊的辩护即最大辩护作为真实条件而给以强调，这便成为语境主义的知识定义，即：知识＝信念＋辩护＋真实，这在一定程度上回归传统的知识定义 JTB，只是二者对真实条件的解释有着实质性的不同。在笔者提出的 C-JTB 中，真实条件被进一步解释为：在一定的语言共同体内得到主流意见的认可。

根据 C-JTB，得到集体主流意见认可的辩护满足真实条件。尽管这个知识定义是为解决盖梯尔问题而提出的，但它同样适合于道德知识和宗教知识。例如，对于基督教共同体来说，"上帝存在"属于知识，因为《圣经》中对它的辩护得到那一共同体的集体主流意见的认可，因此，在那个语境中它是真的。再如，相对于一个社会共同体，"不要偷盗"也是知识，即一种道德知识，因为对它的辩护符合社会共同体的集体主流意见，在这个意义上，它是真的。与之不同，由于传统知识定义 JTB 的真实条件具有绝对客观的意味，因而难以将它推广到宗教知识或道德知识。在绝对客观的意义上，"上帝存在"或"不要偷盗"都不是真的，或者说，它们无真假可言。这表明，JTB 作为知识定义过于狭窄了，不能把道德知识和宗教知识包括在内。C-JTB 则避免了 JTB 的这一缺点，可以涵盖知识的全部领域。借用拉卡托斯的术语，以 C-JTB 为核心的语境主义认识论是一个进步的研究纲领，它能满足知识增长的需要。

九、语境主义的本体论承诺

知识定义 C-JTB 的突出特点是对传统知识定义 JTB 中的真实条件赋予新的解释，即获得最大辩护，亦即获得集体主流意见认可的辩护。这种关于真实条件的解释蕴含着本体论的语言学转向，而这种转向是美国哲学家蒯因（W. Quine）所倡导的。蒯因谈道："在本体论方面，我们注意约束变项不是为了知道什么东西存在，而是为了知道我们的或别人的某个陈述或学说说什么东西存在；这几乎完全是同语言有关的问题。而关于什么东西存在的问题则是另一个问题。"[1]这也就是说，何物存在的本体论问题不是关于外部世界的，而是关于语言系统的；问何物存在就是问一个语言系统的论域是什么，亦即问一个语言系统的**本体论承诺**是什么。相应地，离开语言系统而谈论外部世界何物存在则不属于本体论问题，甚至是无意义的。这就是蒯因的本体论的语言学转向，它把外部世界何物存在的问题变成一个语言系统的本体论承诺问题。

类似地，当我们把知识的真实条件归结为知识的"最大辩护"时，我们正在进行着本体论的语言学转向。正如蒯因的本体论对"何物存在"的回答是相对于某个语言系统的，在我们的知识论中，对"何命题为真"的回答也是相对的，即相对于某个语境及其语言共同体，因而，此回答也成为一个语言共同体的本体论承诺。对"何命题为真"的承诺相当于对"何事实存在"的承诺，因为一个命题为真相当于一个命题符合事实。

---

① 蒯因：《论何物存在》，《从逻辑的观点看》，江天骥等译，上海译文出版社，1987 年，第 15 页。

我们知道，对于同一些对象往往有多个语言系统可以选择，那么，人们选择语言系统的标准是什么？对此，蒯因的回答是：哪个更为实用就选哪个。他谈道："我们之接受一个本体论在原则上同接受一个科学理论，比如一个物理学系统，是相似的。至少就我们有相当的道理来说，我们所采取的是能够把毫无秩序的零星片段的原始经验加以组合和安排的最简单的概念结构。"①因此，"简单性的规则的确是把感觉材料分配给对象的指导原则"。②在蒯因看来，一个本体论正如一个科学理论是用以整理经验材料的概念结构，本质上是工具性的，自然地，选择标准是实用原则，特别是简单性原则。

语境主义的本体论最终也是实用主义的。我们在前边曾经指出，一个语境的载体既是一个语言共同体同时又是一个实践共同体，而实践共同体的基本原则无疑是实用主义的。这就是说，对于语境主义而言，本体论的语言学转向和实用主义转向是同时发生的，正如蒯因本体论所显示的那样。蒯因主要关注的是名词或摹状词的指称问题，因而他着重回答"何物存在？"与之不同，语境主义知识论更关注命题知识的成真条件问题，因而着重回答"何事实存在？"，而后者包含了前者。应该说，语境主义本体论是对蒯因的语言本体论的深入和扩展。

参考文献：

[1]   Armstrong, D. M. (1973), *Belief, Truth, and Knowledge*, Cambridge: Cambridge University Press.

[2]   Brogaard, B. (2004), "Contextualism, Skepticism, and the Gettier Problem". *Synthese*, Vol. 139, 367-386.

[3]   Clark, M. (1963), "Knowledge and Grounds. A Comment on Mr. Gettier's Paper". *Analysis*, Vol. 24, 46-48.

[4]   Cohen, S. (1998), "Contextualist Solutions to Epistemological Problems: Skepticism, Gettier, and the Lottery". *Australasian Journal of Philosophy*, Vol. 76, 289-306.

[5]   Dretske, F. (1985), "Precis of Knowledge and the Flow of Information". in *Naturalizing Epistemology*, ed. Hilary Kornblith, Cambridge, MA: MIT Press, 217-238.

[6]   Gettier, E. L. (1963), "Is Justified True Belief Knowledge?" *Analysis*, Vol. 23, No. 6, 121-123.

[7]   Goldman, A. I. (1967), "A Causal Theory of Knowing". *The Journal of Philosophy,* Vol. 64, 357-372.

[8]   Hazlett, A. (2010), "The Myth of Factive Verbs". *Philosophy and Phenomenological Research*, Vol. 80(3), 497-522.

[9]   Ichikawa, J. J. & Steup, M., "The Analysis of Knowledge", *Stanford Encyclopedia of Philosophy*, First

---

① 蒯因：《论何物存在》，《从逻辑的观点看》，第 16 页。
② 同上，第 16 页。

published Tue Feb 6, 2001; substantive revision Thu Nov 15, 2012, http://plato.stanford.edu/entries/knowledge-analysis/#KnoJusTruBel

[10]　Kornblith, H. (2008), "Knowledge Needs No Justification". in *Epistemology: New Essays*, ed. Q. Smith, Oxford: Oxford University Press.

[11]　Kyburg, H. E. (1961), *Probability and the Logic of Rational Belief*, Wesleyan University Press.

[12]　Lewis, D. (1996), "Elusive Knowledge". *Australasian Journal of Philosophy*, Vol.74, 549-567.

[13]　Plantinga, A. (1993), *Warrant and Proper Function*, Oxford: Oxford University Press.

[14]　Shope, R. K. (1983), *The Analysis of Knowing*: *A Decade of Research*, Princeton: Princeton University Press.

[15]　Zagzebski, L. (1994), "The Inescapability of Gettier Problems". *The Philosophical Quarterly*, Vol. 44(174), 65-73.

[16]　柏拉图:《柏拉图全集》第一卷，王晓朝译，人民出版社，2002 年。

[17]　柏拉图:《柏拉图全集》第二卷，王晓朝译，人民出版社，2003 年。

[18]　波兰尼:《个人知识——迈向后批判哲学》，许泽民译，贵州人民出版社，2000 年。

[19]　陈晓平:"论语句的涵义与指称——对弗雷格的涵义－指称理论的一些修正"，《自然辩证法研究》，2013 年第 4 期，第 14 － 20 页。

[20]　陈晓平:《贝叶斯方法与科学合理性》，人民出版社，2010 年。

[21]　蒯因:"论何物存在"，《从逻辑的观点看》，江天骥等译，上海译文出版社，1987 年。

[22]　《现代汉语词典》，商务印书馆，2002 年增补本。

The Definition of Knowledge and "the Gettier Problem"

Xiaoping Chen

Institute of Philosophy, South China Normal University

Abstract: The Gettier problem is aimed at the traditional definition of knowledge, i.e., JTB. To resolve the Gettier problem, there are two main approaches which are modifying the justification condition and modifying the truth condition respectively. The former includes internalism and externalism which both fall into a tight place. The latter is mainly contextualism, which has manifested its vitality. I suggest the definition of knowledge, i.e., C-JTB, along the contextualist approach, in which the truth condition is defined as the maximal justification, i.e., the justification admitted by the dominant opinion of a community, thereby the defects of the contextualist project put forward by Lewis are conquered. On the basis, I analyze the "tacit knowledge" and further the relation between "belief" and "knowledge" along contextualist approach. I extend the scope of knowledge from experiential knowledge to morality and religion, thus draw the outline of knowledge building, and expound the ontological foundation for contextualism.

Keywords: the Gettier Problem; the analysis of knowledge; contextualism; propositional knowledge; tacit knowledge

旧证据问题及其解决

◎ 倪明红

复旦大学哲学学院

摘　要： Clark Glymour 提出的旧证据问题对主观贝叶斯主义确证理论构成了严重挑战，解决此问题的方法大体可分为三种：1. 以 Colin Howson 为代表，引入反事实置信度。2. 以 Daniel Garber 为代表，将确证一个假说的任务从证据本身转移到假说和证据间的逻辑关系，即 H ├ E 上。3. 重新定义新证据、新事实。本文分析并指出了前两种方法存在的主要困难，在第三种方法的启发下，提出用最佳解释推理中解释上的考虑作为认知者主观概率赋值的引导，以解决旧证据问题。

关键词： 旧证据问题；确证；最佳解释推理

一、旧证据问题

确证问题属于科学哲学的经典问题。逻辑经验主义提出的确证模式遵循归纳逻辑，即正面经验证据以归纳的方式支持某个假说，提高其确证度。由于归纳逻辑没有必然性，从而导致任何全称命题得不到完全确证。证伪主义提出用演绎逻辑来刻画证据对假说的支持，因为否定后件式推理可以证伪一个全称命题，所以对证伪主义者而言，最好的（相当于逻辑经验主义的具有高确证的假说）假说既具有高度可证伪性又尚未被证伪。贝叶斯主义确证理论试图引入认知者，并且利用贝叶斯公式重新刻画证据对假说的归纳支持。根据该理论，相对于特定的背景知识 B 和特定的认知者 M，证据 E 确证了假说 H，当且仅当，P(H/E)>P(H)，即确证函数 C(H，E)>0，(C(H，E)=P(H/E) － P(H))。Clark Glymour 对此提出了一系列批评，其中一个严重的批评是旧证据问题（Glymour, 1980: 85-86）。

所谓旧证据，按 Glymour 的表述就是在时间上先于某理论的提出而知道的证据。从科学史的实际发展来看，科学家们常常用旧证据来提高新理论的确证度。Glymour 列举的科学史案例有：哥白尼理论从早期天文学观察获得了支持，爱因斯坦用水星近日点的异常进动为引力场方程作论证等。结合这些例子及科学史，我们可以将旧证据分为三类：1）反常现象。如水星近日点的异常进动，是牛顿物理学的反常，提高了广义相对论的确证度。2）旧唯象理论已经描述过的现象。如开普勒第一定律，描述了行星运行轨迹是椭圆，太阳位于椭圆的焦点上，提高了牛顿物理学的确证度。3）旧理论解释过的现象。如被燃素说解释过的燃烧现象，提高了氧化说的确证度。

毫无疑问，这些例子都支持旧证据提高新理论的确证度这一主张。然而，Glymour 令人信服地指出，根据贝叶斯主义确证理论，旧证据无法确证新理论，这就是所谓的旧证据问题。为了便于讨论，我将 Glymour 的论证重构如下：

（1）知道证据 E 的时间 T_1 先于理论 H 的引入时间 T_2。

（2）$P_{T_2} (E)=1$。

（3）$P_{T_2} (E/H)=1$。

（4）$P(H/E)=P(H)$

前提（1）把 E 界定为旧证据，由前提（1）可得结论（2），因为证据 E 在时间 T_2 时是已知的，所以 $P_{T_2} (E)=1$。由于结论（2），立得（3）。将（2）、（3）代入贝叶斯公式进行简单计算即可得（4），即 $P(H/E) = P(H)P(E/H) / P(E)= P(H)$。如果严格从贝叶斯主义确证理论来看，旧证据无法构成新理论的正面证据，以提高其确证度。然而从大量科学史案例来看，旧证据又可以提高新理论的确证度。因此，旧证据问题对贝叶斯主义确证理论提出了严峻的挑战，John Earman 甚至将旧证据问题看成是贝叶斯主义确证理论的阿喀琉斯之踵。此问题一经提出，就引起了极大的关注和广泛的讨论。

二、旧证据问题的解决方法及其存在的问题

解决旧证据问题的方法大体可分为三种：（1）以 Colin Howson 为代表，引入反事实置信度（Conterfactual Degree Of Belief）。（2）以 Daniel Garber 为代表，将确证一个假说的任务从证据本身转移到假说和证据间的逻辑关系上。（3）定义新事实。这三种策略的着眼点是不一样的，Howson 反对 Glymour 论证中由（1）得到（2），即反对 P (E)=1，Howson 强调知道 E 与 P (E)=1 不同。Garber 一派则承认 Glymour 论证中从（1）到（2）这一步，即同意 P (E)=1，但他们认为不是证据 E 确证了假说 H，而是假说和证据间的逻辑关系即 H ⊢ E，确证了假说 H。新事实定义一派反对 Glymour 对旧证据的简单界定，在他们看来，旧证据都是认知意义上的新证据、新事实。

第一种解法由 Howson 提出，他用反事实置信度来消解旧证据问题。所谓反事实置信度是指贝叶斯主义者在计算证据 E 对假说 H 的置信度的改变时，不管他以前是否知道证据 E，都假设他现在才知道这个证据。所以对 P(H/E) 和 P(H) 的计算，都是相对于背景知识集 B － {E}（Howson, 1984: 245-246; 1985: 307）。通过反事实置信度，把证据 E 排除在背景知识 B 之外，由（1）就得不到（2），即不会导致 P(E)=1，如果 H ⊢ E，（3）成立，结论（4）不成立。旧证据问题得以解决。

Howson 的 {E} 不只包含证据 E，而是包含所有 B 中依靠 E 的东西（Howson, 1984: 246 注 1），但他没有对"依靠"给出明确刻画。Charles Chihara 据此认为 Howson 没有给出关于背景知识的合理的构成规则（Chihara, 1987: 554）。Howson 的回应是，不同个体可能对他们的知识的组织方式不同（Howson, 1991: 550），没有客观标准，删除 {E} 反映了主体看问题的方式，这与（《科学的推理：贝叶斯主义进路》一书中所采用的）主观贝叶斯主义理论是完全一致的，而要求一个删除 {E} 的客观方法则是一个错位的要求（Howson, 2006: 300）。但问题恰恰是，不删除 {E} 也不违反贝叶斯演算公理。因此，我们必须进一步追问引入反事实置信度是不是主观贝叶斯主义在面对旧证据问题时的一个特设性修改？背景知识反事实删除 {E} 的理由是什么？ Howson 对此问题简单地诉诸直觉是不可接受的。

第二种解决方法由 Daniel Garber、Ellery Eells 和 Richard Jeffrey 等人共同持有，此方法将确证一个假说的任务从证据 E 本身转移到假说和证据间的逻辑关系：H ⊢ E。假说不是被经验证据本身所确证，而是通过假说和证据间的逻辑关系，通过发现 H ⊢ E 来确证（Garber, 1983: 120）。虽然 E 是旧的，属于背景知识，P(E)=1，但确证假说的是 H ⊢ E，而 H ⊢ E 是认知者新学习到的，不属于背景知识，因此 P(H ⊢ E)<1，从而解决了旧证据问题。

然而，根据主观贝叶斯主义，认知者学习到新的逻辑关系是不可能的，因为认知者对某假说的主观置信度的赋值必须满足下述概率演算公理：

1）P(a) ≥ 0

2）P(T)=1

3）P(a ∨ b)=P(a)+P(b)，如果 a 和 b 相互不一致（inconsistent），也就是 a&b ⇔ ⊥（Howson, 2006: 16）。

其中 p 表示概率函数，T 表示逻辑真，⊥ 表示逻辑假或矛盾。认知者要使其赋值满足概率演算公理，他就必需是一个逻辑全知者，也就是要已知所有的逻辑关系，因此他就不可能发现任何新的逻辑关系。基于此，Garber 认为旧证据问题正是源于逻辑全知的假设，而逻辑全知的假设不符合认知的实际情况，现实中不存在逻辑全知的认知者。逻辑全知是整体贝叶斯主义所要求的，为此 Garber 提出了更加人性化的局部贝叶斯主义模型。在这个模型中，认知者只针对具体的研究情境，掌握部分命题及它们之间的逻辑关系，并且允许认知者所持的主观概率可以不确定。

Eells 和 Jeffrey 都同意 Garber 对整体贝叶斯主义和局部贝叶斯主义的划分，他们解决旧证据问题上方向一致。这一解法实际是分两步走，先设定局部贝叶斯主义模型，使认知者可以获得新的逻辑知识，如 H ⊢ E。再把确证假说的任务从证据本身转移到假说和证据间的逻辑关系上。即通过发现 H ⊢ E，来提高 H 的确证度。因为 H ⊢ E 是新获得的，所以 P(H ⊢ E)<1。

这一进路受到的主要批评都集中在第二步。通过假说和证据间的逻辑关系 H ⊢ E，确证假说 H，与科学常识不符。此外，旧证据问题说的是证据 E 对理论 H 的确证关系，而 Garber 等人是用认知者学习到 H ⊢ E 时对理论 H 的确证度是否提高这个问题来取代旧证据问题，但没有论证或解释这种取代的合理性，而这两个问题不仅在语义上不等，而且甚至在外延上也不等（Earman, 1992: 130）。可见，虽然 Garber 等人二步走的解难策略清晰明了，但与 Howson 方案一样，面临的困难也不容忽视。

事实上，这两种解法都没有深入探讨旧证据问题产生的根源，因此无法拿出解难方案。旧证据问题产生的根源之一在于贝叶斯主义承接了逻辑经验主义对证据的简单界定：证据即经验事实。由于对证据的宽泛理解，导致了著名的乌鸦悖论。贝叶斯主义也没有对证据加以限制，理论上讲，在计算一个假说的后验概率时，任何经验证据都可以代入贝叶斯公式。但是在科学实践中，说到证据，一定是相对于某个假说而言的，而且只有与特定假说具有某种关系（如解释的、逻辑的）的经验事实才是该假说的证据，其他经验事实都与该假说无关。旧证据问题产生的另一个根源就是逻辑主义纲领。逻辑经验主义和证伪主义都给出了对确证的逻辑刻画，贝叶斯主义继承了这个逻辑主义的纲领，用概率公式刻画确证关系。没有考虑在真实的科学实践中，假说和证据间的非逻辑关系（广义上讲，包括数学关系）。当然，这两个根源是内在联系着的。第三种方法则在不同程度上涉及了旧证据问题产生的二大根源。

挖掘新证据、新事实（novel fact）的定义，旨在反对 Glymour 的以时间为标准的旧证据定义。如果 Glymour 所谓的旧证据都是新证据，P(E)=1 就不成立，旧证据问题自然化解。Richmond Campbell 和 Thomas Vinci 总结了文献中所谓的认识论的新证据：E 相对 H 是认识论的新，恰好是相对于 H 形成时可获得的背景知识 B 来说，没有假说 H，E 将是不可能的，即 P(E/￢H&B) 的值很低（Campbell and Vinci, 1983: 316）。根据这个定义，Glymour 旧证据中的第一种类型，即反常，就变成了新证据。如水星近日点的异常进动，相对广义相对论就是新证据。此定义清晰表达了证据是相对于某个假说的，从而排除不相关经验事实。但由于它本质上还是用概率来刻画新证据，因此无法解决后两种类型的旧证据问题。

Ilkka Niiniluoto 把隐含在 William Whewell 著作中的对新事实的界定挖掘出来，新事实是"科学共同体不知道特定理论解释的事实"（Niiniluoto, 1983: 376）。即没有得到理论解释的事实，理论与事实间的解释关系没有被发现。该定义即强调了证据是相对于某个理论的，又明确将假说和证据间关系界定为解释关系。但 Niiniluoto 对解释的理解还是逻辑蕴含，因此按这个定义，Glymour 的前两种类型的旧证据都是新事实，但第三种类型的旧证据还是旧证据。将解释理解成假说和证据间的逻辑关系，相当于 Carl G. Hempel 的 D-N 模型，而 D-N 模型面临着一系列众所周知的困难，从而催生了科学解释的因果模型。

以因果解释为核心的最佳解释推理（inference to the best explanation, IBE）从根源处为旧证据问题提供了一种可行的解法。

三、最佳解释推理与旧证据问题的解决

什么是 IBE？IBE 的倡导者 Peter Lipton 在《最佳解释推理》一书中，给出了 IBE 的要点：1. 解释指因果解释。2. 最佳修饰解释。最佳解释指最可爱的、潜在的解释。可爱性就是"提供了最大理解"（Lipton, 2005: 57），而理解就是知道原因（Lipton, 2005: 30）。因此，最佳解释，即最可爱的、潜在的解释，也就是由最可能原因提供的解释。

我们常常引用机制、精确性、范围、简单性、丰富性或多产性，以及和背景信念的协调等评价推理，这些也可视为解释的优点（Lipton, 2005: 122）。它们是可爱性的体现，是对最可能原因给出的解释的评价，因此可能原因是可爱性最基本的意义，而机制、精确性等可以看作是对解释的评价。3. 推理指广义的归纳推理，即非演绎的推理。4. 解释与推理的关系：解释引导推理。

IBE 如何解决旧证据问题？Lipton 认为贝叶斯学派和 IBE 是互补关系，解释上的考虑可以促进贝叶斯机制的运作，是可能性的一个指导（Lipton, 2005: 107-108）。解决旧证据问题的关键是，在 E 为旧证据的前提下，证明 $P(E)<P(E/H)$，从而得出结论：Glymour 所谓的旧证据如科学史所言，提高新理论的确定度。在 IBE 的框架下，有解释上的考虑指导可能性，概率的取值就有了依据，$P(E)$ 是否小于 $P(E/H)$ 就有了评判标准。$P(E)$ 相当于 $P(E/B)$，背景知识 B 对证据 E 提供的解释，成为 $P(E)$ 取值的指导。亦即，B 对 E 提供的解释越好（按 IBE 的标准），$P(E)$ 的取值就越高。同理 H 对 E 提供的解释越好，似然性 $P(E/H)$ 的取值就越高。解决旧证据问题成了两个概率值的比较，因此不需要计算出两个概率的具体值（计算具体值是非常困

难的）。

基于解释对概率的引导，我们依次分析三种不同类型的旧证据。第一种，反常现象。以水星近日点为例，广义相对论解决了水星近日点异常进动这一牛顿理论的反常，为其提供了因果解释，而不包含广义相对论的背景知识未能对其提供解释，显然 $P(E)<P(E/H)$。第二种，唯象理论所描述过的现象，如伽利略的落体定律所描述的落体现象，没有得到因果解释，而牛顿理论则给出了因果解释，所以 $P(E)<P(E/H)$。第三种，旧理论给出因果解释的现象，如燃素说对燃烧现象的解释，是因果的。氧化说也为燃烧现象提供了因果解释。如何评价两个因果解释？这需要动用机制、精确性、范围、简单性、丰富性或多产性，以及和背景信念的协调等标准。显然，氧化说给出的因果解释更可爱，主要因为它与背景知识更协调，因此 $P(E)<P(E/H)$。

通过在主观贝叶斯主义中融入 IBE 思想，不仅可以解决旧证据问题，而且使得贝叶斯主义确证理论更加完善：一方面，从假说和经验事实之间的解释关系入手，深化对证据的认识；另一方面，对认知者的主观置信度的赋值加以限制，使之不仅要受概率演算公理的制约（当然不是在逻辑全知的意义上受限制），还受解释的引导。这使贝叶斯主义确证理论更符合科学实践。

参考文献：

[1] Campbell, Richmond and Vinci, Thomas (1983). "Novel Confirmation". *The British Journal for the Philosophy of Science*, Vol.34, 315-341.

[2] Chihara, Charles S. (1987), "Some Problems for Bayesian Confirmation Theory". *The British Journal for the Philosophy of Science*, Vol.38, No.4, 1987: 551-560.

[3] Earman, John (1992). *Bayes or Bust? A Critical Examination of Bayesian Confirmation Theory*. Cambridge, MA: MIT Press.

[4] Eells, E. (1990), "Bayesian problems of old evidence". In *Scientific Theories,* ed. C. Wade Savage, Minneapolis: University Of Minnesota Press, 205-223.

[5] Garber, D. (1983), "Old Evidence and Logical Omniscience in Bayesian Confirmation Theory". In *Testing Scientific Theories*, ed. John Earman, Minneapolis: University Of Minnesota Press, 99-131.

[6] Glymour, Clark. (1980), *Theory and Evidence*. Princeton: Princeton University Press, 1980.

[7] Howson, Colin (1984), "Bayesianism and Support by Novel Facts". *The British Journal for the Philosophy of Science*, Vol.35, No.3: 245-251.

[8] Howson, Colin (1985), "Some Recent Objections to the Bayesian Theory of Support". *The British*

Journal for the Philosophy of Science, Vol.36, No.3, 1985: 305-309.

[9]　Howson, Colin (1991), "Discussion the 'Old Evidence' Problem". *The British Journal for the Philosophy of Science*, Vol.36, No.3, 1991: 547-555.

[10]　Howson, Colin and Urbach, Peter (2006), *Scientific Reasoning: the Bayesian approach* (3rd ed). Chicago: Open Court.

[11]　Lipton, Peter (2005), *Inference to the Best Explanation* (2nd ed). Routledge.

[12]　Niiniluoto, Ilkka (1983). "Novel Facts and Bayesianism". *The British Journal for the Philosophy of Science*, Vol.34, No.4, 375-379.

The Problem of Old Evidence and Its solution

Minghong Ni

School of Philosophy, Fudan University

Abstract: The problem of old evidence, advanced by Clark Glymour, poses a big challenge to Bayesian confirmation theory. Roughly, the strategy to meet the challenge is: to introduce the notion of conterfactual degree of belief, or to shift the duty of confirmation from evidence itself to the logical ralation between theory and evidence, or to redefine the notion of novel fact. All of them, however, suffer from some difficulties. The definition of novel fact signals a promising way, along with which this paper offers a solution to old evidence's problem in the model of inference to the best explanation.

Key Words: Old evidence's problem; Confirmation; Inference to the best explanation

"事实"概念的认知与逻辑重建

◎王　策

西安邮电大学人文社科学院

摘　要："事实"概念的不断演进和内涵的扩展反映着西方哲学认识论的历程，也导致传统哲学与现代分析哲学的分野。本文从近代认识论出发，探讨了在自然状态下、近代认识论框架中以及现代科学认识中的"事实"世界的不同内涵，即从"事物"到"知觉事实"，再到"科学事实"。以维特根斯坦为肇始，把"事实"放在语言和逻辑的框架内来理解，认为事实只有被表达为命题或者说事实就是命题，这个思想开创了现代分析哲学的革命。

关键词：事实；知觉事实；逻辑

事物与事实

"事物"（thing）与"事实"（fact）是一对易于等同和混用的概念，从哲学和逻辑上，二者之间既有联系，又有巨大区别。常识态度下，事物指"我们周围的世界"，即日常世界的诸多对象，万事万物。对"事物"概念作如此区分，不存在任何理论依据，乃一种纯粹自然的态度。每一"日常"事物都可看作一个"事实"，因为它们的存在是真实的，虽然时时刻刻经历着变化，但那种真实存在性却是公认的和不证自明的。譬如，罗素对"事实"一词的界定比较宽泛，一种说法是："世界上的每一件事物我们都把它叫作一件'事实'，我所说的'事实'的意义就是某件存在的事物，不管有没有人认为它存在还是不存在。"[①]显然，罗素的界定乃纯粹的自然态度，他认同那种"我们周围的世界"给予人们直接的、当下的事实。

从近代认识论的主客关系来讲，世界中的事物即自然对象，乃是人的知觉表象的结果，它以知觉经验的形式呈现于人或者知觉主体。关于主体知觉到的事物的特征，胡塞尔与罗素持同样的态度，认为我和我周围的世界就是自然，即"前理论"下的世界。在现象学考察自

---

①　罗素：《人类的知识》，张金言译，商务印书馆，1983年，第176页。

然态度的设定及排除的理论中，胡塞尔说道："我意识到一个在空间中无限伸展的时间，它在时间中无限地变化着，我意识到它，这首先意味着：在直观上我直观地发现它，我经验到它。通过我的看、摸、听等等，而且以不同的感官知觉方式，具有某一空间分布范围的物质就直接对我存在着，就在直接的或比喻的意义上'在身边'（Vorhanden），不论我是否特别注意着它们和在我的观察、考虑、感觉或意愿中涉及它们。有生命的存在物，如人，也直接对我存在。此外，它们也在我的直观中呈现为现实事物。"①

将事物看作人的感觉经验，看作主体的知觉对象，这就涉及认识的问题。从字面上讲，"事物（thing）"一词包含两方面的内容，一方面指"事（event）"，另一方面指"物（material）"。前者可理解为已经发生的、正在发生的或将要发生的事件，时间性是它的根据；后者指物质、材料、构成要素等具有形体和刚性性质的东西，空间性是它的主要特征。下面对"事物"意涵的分析，着重依据第二个方面。

从认识论上讲，自然态度的认识以经验开始，并始终局限于经验之内，那种"给予的直观"（胡塞尔语），就是给予的经验，而最原初的经验便是知觉。根据这种意义，经验到某事物就是知觉到某事物，我的经验的世界就是我的知觉世界，二者是一回事。由此一来，"我"的含义就发生转变，"我"从一个日常中有血有肉的自然人转变成主体性的东西。"我"成为"知觉主体"——"主体性（Subjectness / Subjektität）"和"主观性（Subjectivity / Subjektivität）"二者稍有区别，这两个词的含义还经历了一个哲学上的演变过程。主体 [Subject] 是一个近代哲学产生的特定概念，它来自拉丁文 Subjectum，意为"在底下的东西"。该词在亚里士多德那里意为一切性质、变化或状况的载体，实际上是"基础"、"实体"的意思。从 17 世纪近代哲学开始，"主体"一词渐渐有了今天的意思。它表示意识的统一，即奠定一切感觉、一切知觉、一切思维（知性、理性）和意旨基础的东西。因此"主体"常被用作"自我"或"我"的同义词，表示心理学及认识论意义上的、与对象或客体相对的个人，它是认识的主体，也是行动的主体。或者说，近代思想框架下的"主体"具有笛卡儿所肇始的"自我意识（self-consciousness）"之意，即我现在讨论的具有"主客对立"形态的且作为"主体性"存在的人类心灵实体。——从此，世界中的事物对于我就是关于"我的"经验的世界，事物成为"我的"和知觉中的事物，它在"我的"知觉中呈现，并且呈现为经验，呈现为经验中的事实。

一般地说，近代哲学的主要问题乃关于认识和知识的问题，简言之，是主体根据何种认

---

① 胡塞尔：《纯粹现象学通论》，李幼蒸译，商务印书馆，1992 年，第 89 页。

识原则并如何确定知识的问题，在特定原则下被理解和被框定了的事物就是知识。如此一来，"事物"一词在这种哲学氛围下就有着被限定的含义，事物是主体的知觉结果或是主体之经验，理解知觉主体与知觉对象（客体）的关系就成为理解"事物"的前提和基础。当"我们周围的世界"的信念被给予分析之前，人们就对事物存在于"外部"世界这一点加以肯定，并认为这些事物就像他们感知它们存在那样自己存在着。由于事物只是作为主体的知觉经验，所以人们就对外部世界提出问题：近代哲学中"事物"的本性是什么？它在怎样的意义上是实在的？这种本性又会反映什么样的"事实"呢？

近代经验论哲学家认为，人对外部世界的知觉可分为以广延和运动构成的第一性质，以及由颜色、声音、气味、冷暖、软硬组成的第二性质。洛克说道，第一性质的广延和运动是客观的，它是事物的本质属性，与主体的知觉存在与否没有关系；第二性质的诸多属性则与主体有关，它们是主体运用知觉主观活动的结果。贝克莱证明，我们永远不能认识不以某种方式依赖于认识者的事物。所以说，就关于"第一性"和"第二性"性质的知识而言，它们全都在同样的意义上取决于观察者，而非洛克把所谓"第一性"属性排除在观察之外，"第一性"属性仍然是主体知觉的结果。

近代哲学把认识的过程分为三部分：主体，即认识的能力；客体，即主体要认识的对象；还有认识的过程，即主体与客体之结合从而形成知识的方式。这种肇始于笛卡儿的划分方式是二元性的思维基础，认识主体与物质性客体分属独立实体，二者不存在任何联系，皆处于"真空"状态。经验论哲学与此恰相反，被经验到的实在以某种方式毫不分离地与"认识者"实在、即某个特殊"主体"的实在相互交织。在一切可能的"主体"当中，我们（人）无可辩驳都作为"主体"只认识"我们自己"。我们自己的第一人称经验是一切知识和理解的唯一基础，凡是未进入我们经验中的，或未与我们的经验以确定的和可决定的方式联系起来的东西都必然永远不会为我们所认识，并且也不可能被认识，也不可能关涉到我们的分析。换言之，"我"作为"经验"的多重且永远在变化的复合体的焦点而存在着，只是因为"我"在经验，我才知道"经验"一词表示什么以及"具有经验"意味着什么。颜色、气味和声音的"知觉"都是"我"的知觉，也是"他人"的知觉，我与他的经验是类似的（亦即，作为经验主体，"我"与"他"是类似或相同的，"我"成为普遍抽象主体的代称），因而我们知觉到的外界事物也是类似的，或是相同的。简言之，"我"的本质全部表现为一系列奔腾不息的经验之流。正是在这个意义上，马赫才说"（事）物是感觉的复合"，即是，事物是我的全部知觉到的经验复合在一起的形成物，作为主体的"我"被外化为"存在"的"事物"，反言之，"外界"之"事物"的存在又映射出有一个"我"的存在。如此一来，笛卡儿意义上形而上学（Metaphysic 本意为"物理学之后"，或亚里士多德的"第一哲学"，因"形而上学"一词已被通用，故本文采取第一译法）的"我思"实体与"物质"实体之间相互对立的鸿沟就被这种纯粹的经验论方式抹平了。

何谓笛卡儿"心灵"实体与"物质"实体之本质，依休谟看，这样的提问方式就成问题，因为根本不存在所谓卓然独立的实体。休谟说："我们并不具有与关于特殊性质的观念不同的关于外部实体的观念。当我寻思我自己时，我怎么也不能不感知到某些别的东西而只感知自我；我也不能感知这些知觉以外的任何东西。因此，正是这些东西的组合形成自我。"[1]从论证方式看，以经验论哲学家的观点来反对观念论者的观点，对于哲学本身来说毫无意义，此处只是扩充对"事物"这一日常用语在哲学上的可解释性，以澄清这个词被纳入哲学解释之后所发生的意义变形。当日常意义的"事物"一词的所指和意义出现变形和断裂，那么"事实"一词的含义也必然随之发生变化。

如上所分析，所谓的"事物"只是人们的知觉经验而已。然而，"经验"乃一种两极性的多重体或复合体（如马赫之理论），它的实在性集中于一个"认识者"（再次我避免用"主体"一词，因为它散发着独立实体的意味）和一个"被认识者"之中。但是，"认识者"和"被认识者"二者本身在被称为"经验"的两极复合体之外都没有任何实在性。它们不是什么独立"存在"的形而上的或其他类型的"实体"，而是在包含着它们两者的一个实在中的关系，这实在本身又只能依赖它们两者而存在。人们通常在经验意义上视作"主体"和"客体"的东西只是远远超越了原始经验关系的"认识者"和"被认识者"的复合的和扩张了的解释而已。从这个意义上讲，一般所谓"主观的"和"客观的"区别是毫无意义的，因为在任何给定的时刻，知觉到的任何东西都是当下"存在"，并且永远是以同样的方式"存在"，即作为我们第一人称经验的内容。"主观的"和"客观的"之区别只是作为批判性反思的产物而出现的。

在对"经验"或"知觉事实"进行分析时，我们不是中立的或被动的，而是从外面看待"经验"的观察者，并且也永远不可能是这样的观察者。相反，我们被"认识者"和"被认识者"这两极复合体如影随形地"擒住"，本身处在两极之中。我们只能够"从里面"看经验、看事物。诚然，我们把作为"认识者的自己"和"被认识的客体"在理智上相区别，我们甚至可以专注经验的客体一极，并把它当作独立的东西看待，就像在日常生活和科学中那样；但是，我们绝不可能完全摆脱经验这个统一的实在，我们迟早要被扔回到主客体关系上来。我们不得不把这个经验关系作为基础，由之出发不仅建构"我们周围的世界"，而且建构我们

---

[1]　休谟：《人性论》，关文运译，商务印书馆，1983 年，第 105 页。

自己的"经验自我"。因此，当我们听到"物质本身就是一种观念"①这句话时，也就不难理解了。

通过以上讨论，马赫的"（事）物是感觉的复合"就获得了多个不同的说法，即事物是一种知觉现象、一种知觉经验。在这里，"事物"和"事实"这两个概念已经完全脱离了罗素那种宽泛的界定方式和胡塞尔所采取的"自然的态度"。如果非要以"事实"（fact）这个词来称呼，我们可以在同等意义上说，事物就是人们所"知觉到的事实"，我把它命名为"知觉事实"。

物理学与知觉事实

物理学是研究事实的科学，如果细致分析，"事实"这个词在物理学中是不易界定的。究竟什么才算是物理学中的事实呢？物理学家怎样在光怪陆离的大千世界中遴选它们所要研究的事实呢？哲学中我们所谓的"知觉事实"与物理学中的事实是一致的还是有区别的？

众所周知，自近代人们研究自然以来，物理学以观察经验为起点，而且是对经验现象进行宏观的观察。牛顿运动物理学研究之初，它先选择有形体、有质料构成和有刚性的物体，然后对这些宏观物体给予必要的理想化抽象和假想，抽象和假想的方式就是去掉物体"本身"的一些属性，诸如颜色、软硬、冷热、几何形状，最后只剩下一个抽象的质点。之所以要做这样的抽象，乃因为观察者心目中的上述诸多"知觉事实"和要素对于描述物体本身的运动毫无必要。物理学描述物体运动的纯粹形式，这种纯形式最终以数学定律来表达，或者以抽象概念来概括。例如，物理学最基本的力学定律表述为 $F=ma$，F 代表物体运动时的力或能量，m 代表物体质量，a 为物体运动的加速度。在这个力学公式中，观察者先前的观察经验或"知觉事实"已经被抽空，荡然无存。于是，这里又冒出一个老问题：究竟什么才是真实的存在呢？数学公式表达的物理学定律是一种反映物体运动的实在吗？观察者对运动物体的"知觉事实"难道不也是一种实在吗？"科学的任务是要从观察事实推导出那些由符号组成的并且由逻辑运算联系起来的普遍原理。"②且不说物理学定律和知觉事实二者谁更"实在"一些，我们看到，知觉事实与物理学中要讲的"事实"并非一回事，二者往往有着天壤之别。这种区别在牛顿的古典物理学中已经表现出来，而在 20 世纪以来的微观物理学对事实的解释中更是

---

① 舍尔巴茨基：《佛教逻辑》，宋立道、舒晓炜译，商务印书馆，1997 年，第 593 页。
② 菲利普·弗兰克：《科学的哲学》，许良英译，上海人民出版社，1985 年，第 319 页。

不可思议。

上一节我已经分析道，人们关于事实的知识皆从知觉获得，即人们从"外界"获得的经验知识乃是"知觉事实"本身。这个论断使人相信，"知觉事实"就是外界物体向人们所显现的那个样子（原样），据此，"知觉事实"也应是物理世界知识的基础性来源，因为它反映着"客观"世界的本来面貌。众所周知，物理学不但依靠经验观察，数学计算和逻辑推理也是它的主要方法。从科学史上讲，物理学家都从素朴的实在论出发，从那种认为外界物体完全等同于自身显示的样子的信念出发，由此归纳并确定关于自然的知识。然而，物理学知识是从"知觉事实"推论出来的说法却在现代微观物理领域遭受了严重的质疑和挑战。

相比于古典物理学，20世纪后的物理学已经发生了很大的改观，其中的一些基本概念和假定得到了修正："第一，由事件组成的一个四度簇代替了空间与时间簇；第二，因果律不足以确定个别事件，而只表示统计上的分布；第三，变化看来很可能是不连续的。"[1]在上述三种修正中，第一种关涉到时空观念，第二和第三种只能描述微观现象，而像观察者通常所谓的"知觉事实"则是宏观的物理事件。如果这样，物理学中的微观解释与宏观事实之间就会出现巨大鸿沟，致使"知觉事实"中"事实"概念难于界定。

这个问题的核心仍然绕不过何为"实在"的问题。譬如，物理学的空间关系存在于人们知觉不到的电子、质子、中子甚至夸克之间；而人类视觉所看到的"事实"的空间关系存在于我们知觉到的东西之间，并且最终存在于带有知觉特征的物体之间。这两者的区别有三种：第一，深度不同，深度大时二者的差别就会缩小，知觉到的"事实"的深度往往是十分微小的；第二，定时不同，例如，我们现在看见太阳所在的地点相当于8分钟以前物理上的太阳所在的地点；第三，知觉事实在物理学家看来，受到了非所观察的事物内部变化的一些情况所支配，例如，由于云、斜视、望远镜、显微镜等意外或必然的影响而产生的那些变化。可这样说，"知觉事实"与物体之间的对应只是近似的，物理学家所谓的太阳和人们直接感知到的太阳并不是一回事，它和月亮之间长达上亿公里的距离也不是人们同时看见视觉中的太阳和视觉中的月亮时，两者之间的空间关系。

这里的中心问题，即我所谓的"知觉事实"究竟是什么意思，以及它怎样能够成为关于它本身以外的某种东西的知识来源？"知觉事实"，根据词义来说，就是指人们日常所说的看到、听到、嗅到、触觉到某种事物或者通过其他感官确信自己意识到某种事物的存在时所发生的那种情况。人们相信太阳永远存在，但不是每时每刻都能够看见太阳。人们看见太阳的

---

① 罗素：《人类的知识》，张金言译，商务印书馆，1983年，第243页。

全部场合彼此之间都有一种相似，这种相似使看见太阳的人从婴孩时期就学会了在适当的场合下使用"太阳"这个词。当人们看见太阳时，他们的知觉印象如果用描述性的语言来说就是：一个总是热乎乎的、明亮的、圆形的物体。这种纯粹描述方式下的对象，就是知觉到的纯粹事实。因此，所谓"看见太阳"这个事件，就是介乎"观察者"和"被观察物"之间的一种关系，在发生这种关系时，"观察者"就正在知觉到太阳。如此一来，"知觉事实"的全部内涵就是知觉者与知觉对象之间所发生的那种关系和过程。

但是，当对这个"知觉事实"在实践上确立"事实性"的时候，物理学进行了令人难以置信的干涉。物理学明确告诉人们，太阳并不总是"明亮的"，如果根据生理学知识理解这句话的意思，太阳是对于眼睛、神经和大脑具有某种效果的光线的来源，从而在人们的视网膜上形成那种"明亮的"知觉；但是在由于光线不接触活的有机体因而产生不了这种效果时，就不存在什么确实可以叫做"明亮的"东西。完全同样的理由和分析也适用于"热的"和"圆的"这两个词，因为"热"和"圆"也肯定是人们看太阳时同时产生的"知觉事实"。另外，尽管人们现在看见太阳，根据"看见"而推论出来的那个物体却存在于 8 分钟之前；如果太阳恰恰就在这 8 分钟之内消失的话，人们仍然会一点不差地看见他们正在看见的东西，并且相信太阳仍然是存在着的。因此，物理学上的太阳与人们看见太阳这个"知觉事实"很难等同起来，作为"知觉事实"的太阳已经在物理学解释中失去了它的"事实性"；但是，看见太阳仍然是人们相信物理学上的太阳的主要理由，而且这个信念还相当坚定。

假定物理学完全正确，而"知觉事实"的"事实性"（而非"真实性"）又不能令人满意，那么物理学定律中又有哪些东西可以作为从所谓的"知觉事实"推论到物体的合理根据？人们所知觉到的东西在物理学中能够占据到什么地位呢？维也纳学派创始人之一菲利普·弗兰克（Philipp Frank），讲道："观察材料和语言材料都是在人类历史进程中发展起来的。它们的生长取决于社会的和心理的因素，用比较熟悉的语言来说，人们时常把这些因素叫做'事实'和'观念'"。[①]"我们把空间、时间、原因等等都叫作'观念'……这些关系包括某种感官观察所能提供的东西，我们就用'观念'来表达那种由精神本身所供给的元素，为了得到知识，它必须同'感觉'结合起来。"[②] 从物理学研究本身看，"知觉事实"在形成物理"观念"时起到了源始性奠基作用；换言之，就是运用归纳法总结观察经验以形成物理定律。但是，物理学除了为物理定律寻求经验证实外，也从来不会涉及"知觉事实"本身，如果物理定律不讲"知觉事实"，那么"知觉事实"又怎能证实这些作为"抽象观念"的定律呢？

---

①②　菲利普·弗兰克：《科学的哲学》，许良英译，上海人民出版社，1985 年，第 320 页。

实际上，"知觉事实"在物理学中所占的地位问题与"知觉事实"在认识上所占的地位问题在性质上是不同的，尽管两者时常纠缠在一起。一个"知觉事实"的产生有着一系列的先在条件，而且这些先在条件处于特定的时空运动中。譬如说声音，物体振动产生的声波穿过空气到达耳朵和大脑，我们就叫做"听见声音"的那个"知觉事实"的经验可以确定是和物理学因果链条中大脑这个环节同时的。因此，如果要把"听到声音"这个"知觉事实"纳入到物理学的因果链条中去，人们就必须把它和跟它同时发生的大脑中的事件所占据的时空领域联系起来，把声音作为某种被知觉到的事物来看待。唯一与这种声音有直接关系的时空领域就是听者当下的大脑状态，这个状态与声音的物理来源的关系则是间接的。同样，把其他"知觉事实"纳入物理学中也适合于这样的分析。但是，根据以上的比较，物理学事实有其自身的特点，那就是被认定之物（而非"可知觉物"或"可观察物"）的可测量性。这意味着"知觉事实"要想成为物理事实，要想在科学中变成某种确定性的东西，关键在于它能够被设定为可测量的对象并根据这种可测量性而被限制在特定的测量过程中。海德格尔说："所有现实之物的理论所进行的追踪——确定的过程都是一种测算。诚然，我们不应在数字运算的狭义上理解这个名词。广义上的、本质意义上的计算是指：估计到某物、将某物列入观察范围、指望某物，也就是期待着某物。所有对现实之物的对象化都以此方式而是一种计算，无论这种对象化是一种对原因所造成之成果的因果解释性的追设，还是一种对对象的词法学的构想，或是一种对一个结果联系、顺序联系之根据的确定。"①一言以蔽之，物理事实被科学研究确定为"对象"性的东西，它有着被操作和认知的一套特定方式，而"知觉事实"能够作为关于物理知识的来源，乃因为"知觉事实"以物体作为起点，是物理学抽象作用发生时的源始性的奠基。

至此，可以看到，"知觉事实"与物理事实的关系模糊不清，二者很难调和起来。如果用物理学来解释"知觉事实"，那么在大多数情况下，后者难免不会失真，即"知觉事实"的"事实性"降低了。然而，降低了"事实性"的事实还能够叫作"事实"吗？这里产生的困难也与科学本身对人的迷惑有很大关系，物理学在研究这些问题时常常假定有一个正常的"观察者"，像经纪人一样，在某种程度上这个人是虚构的，从古典物理学来讲，但却不是达到了完全无用的纯粹虚构。同时，由于人们把"知觉事实"当作心理现象，而把产生它的原因（即所谓的"客观物体"）又当成物理现象，所以这种混淆再次把人们拉入身心关系的老问题

---

① 海德格尔：《科学与沉思》，倪梁康译，节选自《海德格尔选集》，孙周兴选编，上海三联书店，1996年，第969页。

中。身心关系问题，从认识论上讲就是什么是真正的"实在"的问题。所以说，认为"知觉事实"就是"事实本身"，就会产生物理学的干扰。至于什么才是"事实本身"，依据认识论和对"事物"分析的方法是难以界定的。

事实与语言、逻辑

通过上面两节的分析，我对"事实"一词的辩解还没有形成一个确切的概念和意指。在第一节中，把事物当成事实显然只能停留在日常语言或知觉经验的层面上，但无法对"事实"一词的理解充入应有的哲学气息。第二节的讨论虽然对"知觉事实"和物理学中的"事实"进行了区分，但给人的感觉好像是后者把前者的"事实性"给毫不留情地解体了，"事实"本身变成了不确定的和无从把握的东西。总之，如果从知觉经验和对"物"的分析角度来谈论事实的话，"事实"概念和意指只能停留于"知觉事实"的层面，并且他还受到物理学的干扰。因此，只有另辟一条新路，只有脱离知觉经验分析的影响，"事实"才具有自身独立的概念并获得应有的哲学地位。

这条新路就是，"事实"必须和语言结合起来进行理解，才能够澄清自身并获得独立的意义；只有把事实看成一种语言现象，看成语言自身的逻辑单位，"事实"的概念才能免受传统认识论的侵犯和干扰。

从科学研究来讲，人们总是在描述和抽象这两个水平上谈到事实。其中第一个是日常经验的水平，第二个是科学普遍原理的水平。由此一来，科学的中心问题是运用最普遍的原理来描述尽可能广泛的经验事实，反映到科学哲学层面上，其核心问题就转化为从常识的陈述得到关于科学原理的普遍陈述。这种普遍的科学原理就是科学语言。相应地，"关于事物和事件的知识只能通过概念来描述。"[①]

只有超越了把事物或事实当作知觉经验的水平，而从语言哲学来把握它，"事实"才能在被陈述的过程中得以使用并扩充自身。那么，事物本身和用来指称它的概念之间的关系是什么呢？首先，概念并非事物的"摹本"。概念虽然可以用极其贴切于"主体"经验的知觉内容来表述，但概念不是从实在的或想象的对于"事物"的相似来取得它的意义，即是说，概念与事物之间的关系不是一种"摹写"的关系。根据胡塞尔的意向性理论，概念是从一种意向关系中通过意向对象（事物）来取得其意义的，在这种意向关系中并通过这种意向关系，具

---

① W.H. 沃克迈斯特：《科学的哲学》，李德容等译，商务印书馆，1996年，第101页。

有认知能力的心灵把具体的事物（知觉经验、知觉事实）幻化成声音或问题符号。换言之，唯有"意向指出"的行为能给予事物概念以意义。就像在科学中，科学概念也不直接处理知觉经验到的经验事实，而只处理这些事实的"理想极限"。既然概念并非事物的"摹本"，那么"意向指出"蕴含何种意义呢？

康德在其《纯粹理性批判》中说道："每个概念本身都是具体相关的经验片段的集成规则。"①譬如说我看见一只苹果，我就断定："那里有一只苹果"。显然，我说的"一只苹果"所意指的不只是我的知觉事实，而且还包括了在我的心灵中对各种知觉事实的想象性综合和集成。即是说，我把颜色、甜味、香味、光滑感、圆形这些直接的感官经验通过想象力综合在一起了，从而不但形成了苹果，还获得了"苹果"这个概念。这种想象和综合本身在纯粹的知觉经验中并不存在，它是心灵固有的一种能力。换言之，知觉所给予的纯粹经验和通过想象添加给"意向对象"的一切，都是根据一种心灵的综合能力结合起来和集合而成，构成集合的基础就是在想象性综合或计划中起作用的规则，即是"苹果"这个知觉事实的概念。每个事物或知觉事实给予主体的纯粹经验都是零碎的和分散的，心灵的综合能力按照一种连续性和统一性的逻辑要求把这些独立的和转瞬即逝的知觉经验集合成统一整体，由此形成一个具有持续性的复合概念。从此，诸如"苹果"等名词只是按照确定的心灵法则构成了对知觉经验的永久性集成和表达，继而作为概念性的事物和事实被纳入到人类的抽象性知识视野。

把事物或"知觉事实"与概念联系起来的过程就如上所述，据此可以说，事物只有在被赋予概念能力的意义上才算是一件事实。即便如此，这个理论仍然招致了许多反对意见，因为用概念来标注事物以形成事实，这种"事实"的意指和涵盖范围还是显得过于狭窄。譬如，罗素的界定就超出了这种模式。罗素不但认为世界上的每一件事物都是一件"事实"，它还说道："太阳是一件事实；恺撒渡过鲁比孔河是一件事实；如果我牙痛，我的牙痛是一件事实。如果我作出一个陈述，我作出的这个陈述是一件事实。并且如果这句话为真，那么另外还有一件使它为真的事实，但是如果这句话为伪，那就没有那件事实。"②

罗素本人对"事实"概念的界定虽然比较随意和宽泛，但它还是超出了仅仅把事物或"知觉事实"当作全部事实的狭隘规定。罗素对"事实"一词的涵盖范围实际上仅指两类：一是概念所涉及的事物，即"对象（object）"，另一类是"已经或正在发生的事情（event that has been occurred 或 event that is occurring）"。然而，罗素的分类与界定仍未使"事实"与语言

① 康德：《纯粹理性批判》，邓晓芒译，人民出版社，2004年，第140页（A141、B180）。
② 罗素：《人类的知识》，张金言译，商务印书馆，1983年，第176页。

和逻辑紧密结合，他甚至根本没有做到这一点。如果说要把"事实"概念和意指完全纳入语言当中，把"事实本身"当作形而上学性的纯粹语言形式来看待的只有一人，他就是奥地利哲学家维特根斯坦。

维特根斯坦在其核心著作《逻辑哲学论》中主要阐明了他关于世界、事实和语言的概念及其关系，以及"语言（逻辑）实体"的形而上学思想。这本著作的开篇之词就是："世界是一切发生的事情"（TLP1）；"世界是事实（英：fact；德：Tatsache）的总体，而不是事物的总体。"（TLP1, 1）①在关于世界与事实之关系的讨论中，这两个命题有着至关重要的意义。首先，维特根斯坦的逻辑思路是从世界的构成开始，然后进入思想、命题等等。但这个世界仅仅是逻辑构造上的一个假设，就是说，是为了说明后面的论题而预先设定一个框架。它是用世界这个概念来引出事实与命题的关系。所以，他所谓的世界与语言、实在与句子之间的同构关系，完全是他构造出来的形而上学关系。其次，关键之处在于，维特根斯坦史无前例地把"事实"与"事物"这两个纠缠不休的概念毫不留情地分离开来，断定语言构造的"世界"只与"事实"有关，而与"事物"无涉。如果这样讲，那么维特根斯坦意义上的"事物"与"事实"之间就存在着巨大区别。它从语言哲学的角度讲，所谓"事物"就是简单对象，用概念来表达的对象是孤立的，对象只有指称，但没有意义可言。"对象是简单的"（TLP2, 02）；"对象构成世界的实体，因此它不能是复合的。"（TLP2, 021）②那么，作为《逻辑哲学论》核心概念之一的"事实"有何指呢？罗素在对这本书的导言中，它对维特根斯坦关于逻辑语言和事实之间关系的思想进行了总结："语言的基本职能是断言或否认事实。给定一种语言的句法，只要知道各组分词的意指，一个语词的意指即随之确定。为使某个语句能断言某个事实，不论语言如何构成，在语句的结构和事实的结构之间必须有某种共同的东西，而这也许就是维特根斯坦先生的理论中最根本的问题。"③罗素所暗含的那个"最根本的问题"，就是维特根斯坦在《逻辑哲学论》中一再强调的核心概念——"逻辑图像（logical picture）"或"逻辑形式（logical form）"。语言（命题）与世界的关系就在于语言与世界具有共同的逻辑图像。因此，组成世界（由语言或命题构成的抽象世界）的事实只能是语言中的事实，只能是由命题表达出来的事实，只能是与实在共享逻辑形式的逻辑事实，仅此而已。例如，假如我们说"柏拉图爱苏格拉底"，在"柏拉图"这个词和"苏格拉底"这个词之间出现的"爱"这个词，就是在两词之间建立了一定的关系，正是具有此种关系，这个句子才能断言用"柏拉图"和

① 维特根斯坦：《逻辑哲学论》，贺绍甲译，商务印书馆，1996年，第25页。
② 同上，第27页。
③ 同上，第6页。

"苏格拉底"两个词来命名的两个人之间的某种关系。"我们必不可说,复合记号'aRb'说的是'a 和 b 处在关系 R 中',而必须说'a'和'b'处于某种关系中这一事实,说的 aRb 是这一事实。"(TLP3, 1432)[①]维特根斯坦还说到,事实的逻辑图像是思想(英:thought;德:Gedanke)。图像可与事实符合或不符合,与此对应的命题可以为真或为假,但是在这两种情况下它都与事实共享逻辑形式。举例来说,"苏格拉底是雅典人"这句话所表达的实际内容并不是这个事实的思想,而那个与"苏格拉底是雅典人"的命题共同的逻辑形式"A is B"才是它的思想。不难看出,维特根斯坦精心构筑的"事实世界"就是纯粹的语言和逻辑世界,是由命题推展而成的世界。因为,只有命题对实在有所断言,也只有命题表达出来的东西才是有意义的。在维特根斯坦那里,事物与事实的区分在于,事物仅仅为名称所命名,它们不能作为构成世界的基本单位;而事实则是事态存在的基本样态,是以命题的形式表达出来的内容,由此构成了我们可以谈论的思想。另外,事实与事物之间的联系的确是通过逻辑配置完成的,但这样的配置其实就是命题的逻辑结构。世界中的事物是无法自行完成所谓的逻辑配置的,因而对世界本身来说并不存在所谓的"事实"。"事实"只能是以命题的形式表达出来的事物之间的逻辑配置。更进一步说,这样的逻辑配置使得事实显示出来,并且可以说是命题和语言使得事实成为可能。

世界由事实构成,但事实是不能定义的,相对于命题而言,事实是那种使得命题为真或为假的东西。罗素在同样的意义上说此话:"事实是使叙述为真或为伪的条件。"[②]维特根斯坦把事实分为原子事实和复合事实(不存在分子事实),一个不以其他事实为组成部分的事实,就是一个事态(英:state of affairs;德:Sachverhalte),而这个事态的发生或真实存在就是一个原子事实。相应地,复合事实由一个以上的原子事实组合而成,即"苏格拉底是一个聪明的雅典人"就是一个复合事实,它由两个原子事实构成,即"苏格拉底是聪明的"和"苏格拉底是雅典人"。但诸如"苏格拉底"、"聪明的"、"雅典人"则不成为事实,从逻辑上讲,它只是事物或对象而已。对于命题而言,断言一个原子事实的命题(为真或为假)就是原子命题,所有原子命题在逻辑上都是彼此独立的。相应地,分析命题是由最基本的原子命题结合而成。"事实只有进入到命题之中才能成为事实。而所谓语言就是命题的总和,命题既是实在的投影,那么命题的总和就是实在,那么实在与语言就别无二致。语言的限度也就是实在的限度。我们说维特根斯坦把世界净化为实在,就在于他把隐藏在'世界'中的价值因素剃光,

---

① 维特根斯坦:《逻辑哲学论》,贺绍甲译,商务印书馆,1996 年,第 33 页。
② 罗素:《人类的知识》,张金言译,商务印书馆,1983 年,第 176 页。

只保留它的事实语言（Discurse），即具有命题性的东西，即实在——逻辑原子。"①根据以上叙述，可以说"原子事实"或"原子命题"与实在之间共享的逻辑形式，是维特根斯坦逻辑哲学的原点和根基，犹如笛卡儿的"我思"（Cogito，即"思"本身）一样，它是绝对坚实的、不可动摇的"形而上学实体"。

通过以上阐述，维特根斯坦把"事实"彻底纳入到纯粹语言和逻辑当中，从而使"事实"概念获得了与传统认识论意义上的"事物"或"知觉事实"截然不同的哲学意蕴，他给后世哲学家开启了用现代逻辑形式化方法来探讨"事实"的道路，认为事实就是概念、是特殊命题、是普遍命题、是逻辑模型、是科学原理或普遍事实等。总而言之，关于"事实"世界的解释并未结束，而是以传统哲学为借鉴，继续行走在探索的道路上。

---

① 陈春文：《栖居在思想的密林中——哲学寻思录》，兰州大学出版社，1999年，第207页。

Cognition on Concept of Fact and it's Logical Reconstruction

Ce Wang

School of Humanities & Social Science, XUPT

Abstract：The evolution and extension of concept of "fact" reflects the process of epistemology in western philosophy, thus can be made the division between traditional philosophy and analytical philosophy. In the following essay, the concept of "fact" has been discussed in three dimensions, the first is in "natural attitude", the second is in modern epistemology and the last is in scientific framework. The different concept of "fact" is following: "things", "perceptions" and "scientific fact". Ludwig Wittgenstein, as the beginner of analytical philosophy, he realized that a "fact" is just a proposition in language; this kind of thought initiated the evolution of analytical philosophy.

Key Words：fact; fact of perception; logic

浅析金岳霖所与理论与实在论的关系问题

◎ 崔治忠

上海师范大学哲学学院

摘　要：金岳霖通过对"正觉"、"所与"和"外物"概念的独特分析，提出了他的所与理论。他认为通过正觉活动官能者就可以官能到外物或外物的一部分，由于肯定感觉内容和感觉对象的直接同一，他的所与理论就是一种实在论。但在金岳霖那里，"外物"具有两种存在方式，因此，所与理论不是严格意义上的直接实在论或间接实在论，而是两者的复合。此外，作为客观呈现的所与，其主要作用不是为基本信念提供辩护，而是为知识体系输入关于外在世界的信息。在这种意义上，所与理论不是应对怀疑论挑战的辩护理论，而是为知识提供材料的知觉理论。

关键词：正觉；所与；外物；知识材料

　　"所与"是西方知识论的一个重要概念，更是金岳霖知识论的一个核心概念。但金岳霖对所与的理解不同于西方哲学家，他认为所与的主要任务不是为基本信念提供辩护，而是为经验知识提供材料。就内容而言，所与是官觉内容；就对象而言，所与是具有对象性的外物或外物的一部分。通过所与感觉内容和感觉对象就能达到直接同一，因此，所与理论就是一种实在论。在当代西方知识论中，实在论包括直接实在论和间接实在论两种，而且是作为知识的辩护理论出现的。由于金岳霖对所与的独特理解，使得所与理论既不是直接实在论也不是间接实在论，而是两者的复合。在他那里，所与理论的作用不是为经验知识提供辩护，而是为知识体系输入关于外在世界的信息。

一、所与理论是一种复合实在论

　　金岳霖站在常识和实在主义的立场构建知识论体系，其主要目的是对客观存在的知识进行说明和解释，而不是对我们所谓的知识（在极端怀疑论者看来充其量是信念）进行辩护。

他承认日常生活中存在关于外在世界的知识，并且把科学知识建立在日常知识的基础之上。要获得日常知识就必须满足两个条件：一是承认外在事物的客观存在，二是存在正常的官觉活动。既然他肯定知识之有，就必然要接受"有正觉"和"有外物"这两个命题。金岳霖没有对这两个命题进行论证，而是把它们作为知识论的出发命题直接接受下来。在官觉活动中，所与是连接正觉和外物的中间环节，一方面它是正觉的内容，另一方面又是外物或外物的一部分。

正觉不同于一般的感觉，而是正常官能者的正常官能活动。其中，"正常"的根本特征是具有类型性。就官能者而言，正常就是遵守包含该官能者在内的官能种具有的官能法则；就官能活动而言，正常除了遵守官能法则外，还必须遵守官能活动背景（主要包括官能者和官觉对象之间的几何关系、媒介质情况，以及该官能活动的因果关系等）的秩序。因此，正觉就与其他非正常的官能活动，如梦觉、幻觉、错觉和野觉（短暂的幻觉）区别开来。

此外，与其他知觉理论所说的感觉相比，正觉还具有以下特点：首先，正觉的内容是外物或外物的一部分。通过正觉活动，官能者能够直接获得关于外物的知识材料，对这种材料进行摹状就能得到意念，然后以意念作为接收方式规律所与就可以形成关于外在世界的命题，其中的真命题就是知识。其次，正觉是不可错的，因为它已经排除了错觉、幻觉等非正常官能活动。当然，这并不是说官能者在感觉活动中不会犯错。出现官觉错误的原因不是正觉有问题，而是官能者没有处于正觉活动之中。再次，正觉具有类型性，而类型性就必然涉及"官能种"概念。实际上，金岳霖对知识的考察不仅以知识者个体的主体视角为维度，更以官能种，甚至所有知识类的立场为维度。最后，正觉是客观存在的。金岳霖从两个角度进行了论证：从正面来说，我们的日常生活稳定有序，有关于外在世界的知识，从而证实正觉之有；从反面来说，如果离开正觉，我们的日常生活就会变得不可能，也不会存在关于外在世界的知识。但这与事实不符，因此，正觉是客观存在的。

在正觉的基础之上，金岳霖指出，我们能够认识独立存在的外在世界。但问题是：对外在世界的认识是直接实现的抑或是间接实现的？对此问题的不同回答就形成直接实在论和间接实在论。然而，很难以之对金岳霖的所与理论进行明确定性，原因在于他所说的外物有两种不同的存在形态。就本然的外物而言，他的所与理论是间接实在论；就有观的外物或作为自然的外物而言，是直接实在论。因此，他的所与理论可以说是一种复合实在论。但为了确证这一结论，还须作进一步的分析和论证。

一般来说，直接实在论有朴素的直接实在论（naïve direct realism）和科学的直接实在论（scientific direct realism）之分。前者认为所有的感觉内容都是对外在对象的真实反映，而后者将外物的性质进行了区分。其中，关于形状、大小、流动性、硬度等性质的感觉内容是对外物的直接反映；而关于声音、颜色、味道等性质的感觉内容完全与外物不相符合。前一类性质被洛克称作"第一性的质"（primary qualities），后者被称作"第二性的质"（secondary qualities）。虽然两种直接实在论存在上述区别，但具有一个共同的特征：感觉内容（至少关于"第一性的质"的感觉内容）就是客观外物本来的样子。①

金岳霖没有区分第一和第二性的质，他认为正觉能够直接官能到外物或外物的一部分，也就是说正觉的内容（所与）是外物或外物的一部分。因此，他的所与理论似乎就是朴素的直接实在论。然而，他又认为对同一官觉对象，不同官能种在不同官能背景下的所与是不同的。既然所与是外物或其一部分，不同的所与就意味着存在不同的外物。那么，该官觉对象与不同外物（所与）之间是什么关系？哪一种外物才是真正的官觉对象？这些都是金岳霖必须要回答的问题。他认为，之所以出现不同所与或外物，原因在于正觉具有类型性。也就是说，所与具有官能种的相对性，即不同官能种对同一官觉对象的所与不同。如对"红布"之所见，牛类不同于人类。所与的不同就导致外物的不同，这里的外物是有观的外物。对同一官觉对象，不同官能者在不同官能活动背景下的有观外物（所与）不同，但各自背后无观的外物或本然的外物是相同的。换句话说，对同一官觉对象的所与可以不同，所与的不同不是官能者私有影响的产物，而是官能种与官能活动背景等客观因素影响的结果。可见，有观的外物是受官能类和官能活动背景影响的外物，从而不是直接实在论所说的客观存在的本然外物。在这层意义上讲，金岳霖的所与理论不是严格的直接实在论。

"所与是外物或外物底一部分"，这里的外物不是本然的外物。那么，所与和本然的外物之间是什么关系？对此，金岳霖认为，"所与底形色状态间接地就是个体底形色状态。"②这里的"个体"是本然的个体，也就是不可觉、但可知的个体。既然不可觉，怎么知道所与的形色状态间接地就是个体的形色状态呢？对此，金岳霖认为只能通过推论得出。而推论的过程大概是这样的：有观的外物以本然的外物为基础，或者说就是处于官觉关系中的本然外物，所与是相对有观的外物而言的，有观的外物之所以有所与那样的形色状态，原因在于本然外物具有那样形色状态的潜质。或者说所与是影像，本然外物是原型。既然所与的形色状态间接地是本然外物的形色状态，那么，在本然外物的维度，金岳霖的所与理论就是间接实在论。

不管作为直接实在论还是间接实在论，金岳霖所与理论都面临一个所有知觉理论都必须

---

① 参见 Dancy, Jonathan (1985), *An Introduction to Contemporary Epistemology*. Oxford: Basil Blackwell, ch.10.
② 金岳霖：《知识论》，中国人民大学出版社，2010 年，第 429 页。

面对的难题：如何解释知觉错误，换句话说，如何证明我们的官觉不是梦觉或幻觉？对此，他认为正觉不会出错，官觉错误出现于幻觉、野觉、梦觉和错觉之中。那么，知觉错误问题就变成如何区分正觉和非正觉的问题。金岳霖认为不能从一般的觉中区分出官觉，从官觉中区分出正觉。相反，只能以官觉为标准去校对梦觉、幻觉和官觉；以正觉为标准去校对错觉、野觉和正觉。至于官觉和正觉之有，他认为现实生活已经给出充分证实。但是，怀疑论者可以继续追问，为什么一半在空中一半在水中的筷子看起来不直，而在空中看起来是直的？按照金岳霖的所与理论，前一种情形的不直和后一种情形的直都是正觉的产物，或者说都是所与，不存在矛盾。那么，如何解释一根筷子既直又不直呢？金岳霖认为，这根本不存在矛盾。具体来说，一种背景下的不直和另一种背景下的直完全可以兼容。推而广之，在不同官能活动背景中，官能者对同一官觉对象的所与完全可以不同，但必须一致。如此一来，知觉错误对金岳霖的所与理论构不成实质威胁。此外，由于一开始就将正觉与梦觉和幻觉区别开来，他的所与理论也就不存在证明正觉不是梦觉或幻觉的问题，这样就排除了极端怀疑论对所与理论的挑战和威胁。

但是，对另一种普遍性的挑战，即我们关于外物的感觉内容是不是外在对象本来的样子，金岳霖的所与理论能否给予有效回应呢？通过前面的分析可知，针对外物的不同存在形式，金岳霖的所与理论既可以理解为直接实在论，又可以理解为间接实在论，而这个挑战就是针对间接实在论而言的。那么，如何证明所与的形色状态就是本然外物的形色状态呢？由于金岳霖知识论不是回应怀疑论挑战的产物，他甚至依据常识将极端怀疑论排除出知识论研究的范围。因此，他没有对这样的问题给予专门分析和回应。然而，依据其所与理论，可以对这个挑战作出模拟回应：在金岳霖那里，"所与底形色状态间接地就是个体底形色状态"，其中的"间接地就是"并不是"间接地等于"。因为对不同的官能者和官能活动背景而言，对同一官觉对象的所与是不同的。而且，不同的所与具体表现为不同的形色状态。由于不同的形色状态不可能间接地等于"个体底形色状态"，因此，"间接地就是"只能理解为"间接地兼容于"。此外，由于本然的个体不可觉，"所与底形色状态间接地就是个体底形色状态"就不是一个经验命题。对于该命题的真值情况只能通过推理而得知。既然金岳霖肯定了"有外物"、"有正觉"以及因果关联等，他从这些前提就可以推论出上述结论。这样一来，怀疑论者的挑战就转变为对上述推理前提的质疑，但这已经超出所与理论的范围而属于知识论出发方式所考虑的问题了。

二、所与及其对基本信念的辩护

在当代知识论中，知识辩护的基础主义者认为一切经验知识都建立在观察语句或基本信念的基础之上，而基本信念就是建构我们关于外在世界信念体系的基础。这样的信念无须辩护，但可以为其他信念提供辩护。基本信念的内容是由知觉（perceive）直接提供的，但问题是：作为知觉内容的所与（the given）是不是外在世界的本来面目，基本信念能否提供关于外在世界的真正信息？为了回答这些问题，直接和间接实在论就被提出来。既然金岳霖的所与理论是一种复合实在论，它就能够为知识体系提供关于外在世界的信息。但是，它所提供的信息是不是世界的真正形色状态？为了回答这个问题，我们有必要先了解一下当代知识论中所与概念及其对基本信念的辩护。

自笛卡儿以来，所与就成为经验知识辩护的核心概念之一。但是，不同哲学家对"所与"的具体理解不一样。总的来说，所与就是知觉活动中的"直接感知"、"理智直观"或"心灵反省"等。由于知识论存在理性主义和经验主义两种导向，因此，所与的具体所指也存在两种不同的观点。理性主义者认为"理智直觉"、"心灵反省"是所与，而往往反对把"直接感知"当作所与。与此相对，经验主义导向的知识论学家则认为"直接感知"或"感觉的当下显现"才是最重要的所与。既然哲学家最关注的是关于外在世界的知识，那么最基本的所与就是感觉活动中的直接感知或感觉呈现。换句话说，所与"是我们能够有直接的认知接近的经验的内容——在目前的情况中，就是在知觉上给予我们的东西。"[①]

不站在经验主义或理性主义的立场，所与就不一定只是感觉状态，还可以包括直觉、理智直观等精神活动。不管那种形式的所与，它们共同的特征是直接显现。那么，所与会不会出错？换句话说，所与有没有确定性？对此，不同的哲学家给出不同的回答，有些人认为所与会出错，有些认为不会。经典的基础主义者一般认为所与就是我们对客观外物的直接感知，这种直接感知的内容能为基本信念提供辩护，而自身无须进一步的辩护，因而所与就具有确定性。温和的基础主义者认为有些所与会出错，有些不会。不会出错的所与就能为基本信念提供辩护。例如，奎屯（Anthony Quinton）将直觉分为两种：心理学意义上的直觉和逻辑意义上的直觉。他认为前者缺乏认知意义，没有自明性，不能为信念提供辩护。与之相反，后者是确定性的，能为其他信念提供辩护。温和的融贯论者认为所与是可错的，而且不能为信念提供直接辩护，充其量是信念辩护的可能证据。而极端的融贯论者直接否认所与的存在。

---

① 徐向东：《怀疑论、知识与辩护》，北京大学出版社，2006年版，第554页。

他们认为没有概念和命题成分的所与根本无法被人们所知，因此对知识的辩护没有任何意义。

就所与发挥的作用而言，主要有两个：一是输入关于外在世界的信息；一是为信念提供最终辩护。对当代知识论的不同辩护理论来说，两者的地位也不一样。具体来说，辩护的基础主义者承认所与具有这两种作用，但更强调它对基本信念的辩护作用。正是由于所与能为基本信念提供最终辩护，而自身不需要进一步的辩护，从而可以解决信念辩护的无穷后退问题。但是，辩护的融贯论者最多只承认所与的前一种作用，否认它能为信念提供辩护。原因在于：所与要么具有概念和命题内容，要么不具有这些内容。如果具有概念和命题内容，所与就能为其他信念提供辩护，但同时它自身也需要这样的辩护；如果没有概念和命题内容，所与自身不需要辩护，同时也就不能为其他信念提供辩护。总之，无论何种情形，所与都不能解决信念辩护的无穷后退问题。在这个意义上，所与就是神话。[1]

对于这种观点，基础主义者进行了批评。首先，他们认为，没有关于外在世界的"信息输入"，即使再融洽的信念体系也有可能是虚假的。例如，很多虚构小说很融洽，但绝不是真正的知识体系。其次，如果没有所与，各自融洽的信念体系何者才是真正的知识体系，以及选择信念体系的标准是什么？对融贯论者来说，这些都是非常困难的问题。如果以有利于产生真理为标准，那就需要一些关于外在世界的"信息输入"。如此一来，温和的融贯论就无法与温和的基础主义明确区分开来。再者，几乎所有的知识论学家都重视关于外在世界的知识，如果没有将我们与外物连接起来的所与，就不可能形成这样的知识。最后，基础主义者认为，在认识活动中非概念性的所与是客观存在的。"很多心理学家已经表明，我们确实具有一种只是被某个感觉特点直接吸引的注意力，即使我们无法或者没有时间对那个特点进行概念化或者范畴化。"[2]而这样的"直接吸引的注意力"被认为是所与的一种情形。总之，在基础主义者看来，所与不是神话。

三、所与能够提供外在世界的信息

金岳霖是在经验知识的立场上使用所与概念的，他认为所与就是感觉内容，而且是正觉的内容。此外，所与具有确定性，这种确定性是由所与（正觉）的类型性所保证的。但问题是：官能个体如何确证自己的官能活动就是正觉活动，自己的感觉呈现就是所与呢？对此，

---

[1] 参见 Bonjour, Laurence (1985), *The Structure of Empirical Knowledge*. Harvard University Press, ch.4.

[2] 徐向东：《怀疑论、知识与辩护》，北京大学出版社，2006 年，第 559 页。

金岳霖在常识的基础之上，提供了类似于内在主义和外在主义的两种论证。就前者而言，他肯定正觉之有，而且正觉一开始就不同于错觉、野觉、幻觉和梦觉。在各觉之中，梦觉和幻觉需要官觉来校对；错觉和野觉需要正觉来校对。用官觉校对梦觉和幻觉，实际上还是利用官觉中的正觉来校对。或者说，一个人也许处在任何一种官能状态，但他只能利用正觉来校对他的官能活动。如果他一直处于正觉状态，那他很容易利用关于自己所处正觉状态的信念确证当下的正觉活动；如果处于其他官能状态之中，那就需要等正觉状态恢复之后才能校对先前的非正觉状态。

但是，上述回答只是说明如何将正觉与非正觉区分开来，没有真正回答正觉为什么就是正觉，而不是梦觉或幻觉。金岳霖自己也说，处在梦觉或幻觉状态的人自以为处于正觉状态之中，但实际上他是把非正觉状态当作正觉状态。那么，如何排除我自己始终是处于梦觉或幻觉状态的这种可能性呢？对此问题的典型论证就是笛卡儿的"邪恶精灵"说或普特南的"缸中之脑"说。这两个论证的主要内容可以简单表述为：我关于外在世界的感觉很可能是邪恶精灵或万能科学家通过一定方式赋予我的，由于我无法证明自己不受邪恶精灵的欺骗或无法证明自己不是缸中之脑，我就不知道关于外在世界的一切知识。同样，如果我们不能证明自己的官能活动是正觉的话，就不能说我们有关于外物的客观呈现，从而就不能说拥有真正的经验知识。

对许多哲学家来说，这是一个非常具有威胁性的挑战。但是，对金岳霖来说，这根本就不是个问题。他依据常识认为，正常的官能者都会有正常的官能活动。即使有时处于错觉或幻觉状态，只要官能活动恢复正常，他就可以校对先前的非正觉状态。至于一直处于幻觉状态的人，金岳霖认为这样的人就不是正常的官能者。站在常识的角度，这样的回答没有问题。但在极端怀疑论的立场，这样的回答是无效的，因为常识具有不确定性，它怎么能充当证明正觉之有的前提呢？但是，金岳霖知识论并不认同极端怀疑论，而且通过肯定"有外物"、"有正觉"直接回避了极端怀疑论的挑战。当然，这仅仅是回避挑战而已，因为怀疑论者可以继续质疑金岳霖知识论的出发原则。

虽然正常的官能个体能够拥有正觉活动，但是，使官能活动成为正觉的原因不在于该官能个体的独特性，而在于该官能活动具有类型性。也就是说，这样的官能活动只受官能种的影响，不受官能个体的私有影响。那么，如何保证官能个体的官能活动具有类型性？金岳霖认为这需要满足两个条件：一是正常的官能者；二是正常的官能活动。要保证这两个条件就要求同一官能种的各官能者在相同的官能背景下具有相同的呈现。然而，由于官能背景非常复杂，对不同的官能活动来说，不可能具有完全相同的官能活动背景。因此，只要各官能者对同一官觉对象的呈现能够一致，就能证明各自的官能活动是正觉活动。显然，金岳霖对正觉和所与类型性的这种说明非常类似于知识辩护的外在主义。总之，他通过对正觉类型性的说明，保证了所与的确定性。

由于金岳霖的知识论不是回应怀疑论挑战的产物，因此，所与的主要作用不是为基本信念提供辩护，而是为知识体系提供关于外在世界的信息。正是在这个意义上，金岳霖认为，"任何知识，就材料说，直接或间接地根据于所与，就活动说，直接或间接地根据于正觉。"①可见，金岳霖的所与理论和基础主义具有一定的相似性，两者都强调所与的重要性，都把它作为知识的基础。经典的基础主义者认为包含所与的信念（命题）是真的，而且无需进行辩护。这样的信念就是基本信念，而基本信念是知识大厦的基础。但是，金岳霖认为以所与为材料的命题可真可假，其真假情况取决于该命题与现实的符合情况。他认为，经验命题（信念）不仅包含所与，而且包含一些概念和连接词。即使所与不存在错误，所与、概念和连接词之间也很可能出现错误的匹配与组合。

金岳霖虽然对所与作了详细的分析与说明，但他认为，"呈现或所与，严格地说，是无法说的。"②之所以无法说，是因为所与缺乏概念和命题成分。也就是说，所与是纯粹的感觉内容，需要用意念或概念去规律。以意念作为接受方式收容所与形成的命题才能描述或指称具体的所与。这里需注意两点：首先，"可以说的所与"是经过抽象活动加工处理过的所与，或者说是被意念接受的所与；其次，这样的收容过程并不改变所与的具体内容和结构。当然，在接受所与的具体过程中有可能出错，这就是认识活动会出现错误的原因。

总之，金岳霖的所与理论属于实在论，但又不是严格意义上的直接实在论或间接实在论。之所以如此，原因在于对"外物"概念的独特理解。同样，金岳霖的所与理论不是为基本信念提供辩护的实在论，而是为知识体系提供关于外在世界信息的知觉理论。

---

① 金岳霖：《知识论》，中国人民大学出版社，2010年，第136页。
② 同上，第379页。

On the Relationship between Realism
and the Jin Yuelin's Theory of the Given

Zhizhong Cui

College of philosophy, Shanghai normal university

Abstract：Jin Yuelin offers a distinctive theory of the given in which the concepts of normal sense, the given and the world are interpreted specially. In his opinion, perceivers could become aware of the whole or part of external world in their activities of sensation. Because of asserting the identity of content with object of sensation, the theory of the given is a kind of realism. Due to two forms of world of which one is objective, the other is influenced by a set of perceivers, strictly speaking, the theory of the given is neither direct realism or indirect realism but a combination of them. And besides, the given supplies the information of external world to system of knowledge other than justification to basic beliefs, so the theory of the given is theory of perception more than theory of justification replying to challenges raised by skeptics.

Key words：Normal sense; the Given; World; Stuff of Knowledge

[语言哲学]

约定与公共语言

◎ 陈常燊

上海社会科学院哲学研究所

摘　要：本文借"三角测量"和反思平衡方法考察戴维森对语言约定论和公共语言观的批判：基于说者、听者和共享的世界之间三角关系，得出对单纯主体间约定的反驳，以及对说话者内省性约定的反驳，否认约定在语义和语用中扮演必不可少的角色；对公共语言观和私人语言观两面开战，转而支持一种个体主义语言观。语言理解的核心不是约定，而是交流；意义不是理解的必要条件，成功的理解所共享的乃是意图而非意义。

关键词：规则；约定；意义；意图；三角测量；反思平衡

存在若干种语言观，而意义理论首先涉及选择何种语言观作为立论基础。关于语言的性质，多数语言学家和哲学家都认为语言乃是基于约定的社会产物。索绪尔将约定性（conventionality）当作语词的一个基本特征。围绕达米特提出的基本问题——"我们是应该把公共语言看作首要的，还是应该把对它的私人理解看作首要的？"①换言之，作为言语交流之必要条件的是公共语言（common language）还是个人习语（idiolects）？包括达米特在内的语言哲学家的共识是，人类语言是某种超越个人习语并为所有操这种语言的说者所共享的东西；同一门语言对于所有说者来说都具有同质性；语言的约定通过语义规则和句法规则支配人们的语言实践；在学习语言时，一个人获得按照一套精确的、可指明的句法规则和语义规则来操作的能力；口头交流依赖于说者和听者分享这样的能力，并且仅仅要求这个。戴维森则力排众议，一方面批判语言约定性对言语交流的优先性和必要性，另一方面反思语言在何种意义上是公共的，又在何种意义上不是公共的；此外，在强调语言的非公共性的同时通过准确地强调语言的个体主义（individualism）特征，从而避免陷入弗雷格所批判过的心理主义（psychologism）泥潭或对维特根斯坦所批判过的私人语言（private language）的支持。

---

① Dummett, Michael (1993), *Origins of Analytical Philosophy*. Duckworth, 147.

一、四种语言观

关于语言的性质，语言学家和哲学家当中至少存在以下四种观念：

（1）语言逻各斯主义，认为语言有一种"超语言意义"（language-transcendent meanings）。这种"超语言意义"超越所有具体语言，比如汉语、英语，并为所有的具体语言所共享。意义不是主体心灵中的观念，并不依赖于主体间的约定，也不依赖于语词与客观对象的关系：它是某种诸如柏拉图"理念"那样的超自然物，故亦被称为柏拉图主义语言观。它在分析传统中表现为某种逻辑主义语言观，比如弗雷格式的含义（Bedeutung）、罗素的逻辑原子主义，以及维特根斯坦前期的语言本质主义。这种意义是客观的，在传统哲学和当代语言学中都不乏它的影子，譬如笛卡儿"普遍数学"（*Mathesis Universalis*）、莱布尼兹的普遍算术以及乔姆斯基的语言理论。达米特、伯奇（Tyler Burge）和普特南认为，语词可以有说者和听者都不知道的意义。尽管达米特更加支持公共语言观点，但他对个人习语首要地位的批判以及对公共语言的过分强调，使他的语言观中保留了一些他原本反对的"柏拉图神话"的痕迹。①

（2）"公共语言"观，认为语言有一种由语义句法规则所支配的集体实践系统；语言有一种"有律则的"意义理论；每一门具体的语言就是一种社会语言的基本单位，比如英语、汉语。受索绪尔影响，通常的语言科学也持一种公共语言观。比如索绪尔认为，语言两大基本特征是任意性和约定性；任意性依赖于约定性，它是任意约定的。维特根斯坦和德里达则认为语言是一种更为松散地组织起来的集体实践。在某种意义上，我们在（克里普克所解释的）维特根斯坦后期哲学，以及在达米特、某些文本中的蒯因和戴维森前期哲学中也能找到它的影子。这是一种文化函项主义（cultural functionalism）理论。在这些否认逻各斯但又保留语言的社会性和共同体特征的人看来，一个语言表达式在其规定范围的意义就是它在给定时间里文化角色中的函项。因此某个个体说话者首先是某种语言的说话者，语言的这种公共性（相当于索绪尔的"语言"（langue））取得了相对于个人习语（相当于索绪尔的"言语"（parole））的优先权，它具有超越说话者控制的意义。这种意义是主体间的，意义的主体间性成了主体性的基础。语词的意义是由公共的和文化的现象所决定的。说话者所意谓的东西与她的语词所意谓的东西是相同的，话语的个体性在这里被主体间性所遮蔽了；决定说者话语的意义公共的意义而不是说者的说话意图，个人话语的意图被公共语词的意义所遮蔽了。就它仍然具有在一个语言共同体内部超越个体的特征而言，这种语言观仍具有超越性。

---

① 参见 Dummett, Michael (1993), *Origins of Analytical Philosophy.* Duckworth, 152-153.

（3）个体主义语言观，某些文本中的蒯因和戴维森后期持有这种语言观，他们认为个人话语或个人习语（idiolects）置于优先地位，将个人意义（the individual's meanings）放到了原初的、首要的位置。这种意义是主体的同时又是一种"自我－他人－世界"三角关系（triangulation）中的存在。一方面，语言不是意义的存储器，其功能的实现并非完全依赖于约定和规则，在此意义上语言不是公共的；另一方面，语言是说者与诠释者之间的交流性互动（communicative interactions），而非无人能懂的内心独白，在此意义上语言是公共的。

（4）私人语言观，认为存在私人（感知）语言，以及基于私人赋值和（根据克里普克的解释）私下遵守语法规则的意义。这种意义是主观的。这种语言观与意义的观念论有一定联系，正如我们在洛克哲学中所见。

二、约定、规则与交流

约定的语言观主张，语言源于或基于一个语言共同体的诸多成员之间在语言活动中的互相盘绕、相互同意和补充，以及心理状态、倾向性的相互作用。蒯因几乎将"约定的"与"分析的"视为同义词。他在《经验论的两个教条》中批判了分析－综合的二分法，在《约定真理》《卡尔纳普与逻辑真理》以及《语词与对象》中批评了一种广泛的观点，即逻辑和数学纯粹是分析的，或者说，是约定的。刘易斯（David Lewis）则在《诸语言与语言》和《约定论》中试图通过论证约定性的广泛存在来捍卫分析性概念。蒯因和刘易斯围绕约定论的分歧体现了各自对分析性的态度。

戴维森不在分析性层面讨论约定性问题，他要回答的问题是，彻底解释和言语交流是否以语言的约定性为必要条件。戴维森否认了约定在语用中扮演了一种哲学上非常重要的角色，在语义学中可以找到相应的观点，即戴维森否认"存在语言这种东西，如果这里所说的语言就是多数哲学家和语言学家所假定的那种"①。但是这一主张遭到了包括达米特和哈金等人的反驳。哈金将这种否认约定起支配作用的语言观称为语言哲学中的"语言无政府主义"（linguistic nihilism）。他说："是否不再存在构成语言哲学的那种语言？……在语言 L 中为真，乃是戴维森哲学的核心。倘若没有像语言 L 这种东西，那语言哲学中还会剩下什么？"②

---

① Davidson, Donald (2005), "A Nice Derangement of Epitaphs". in *Truth, Language and History: Philosophical Essays*, with Introduction by Marcia Cavell, Oxford: Clarendon Press, 107.

② Hacking, Ian (1986), "The Parody of Conversation". in *Truth and Interpretation: Perspectives on the Philosophy of Donald Davidson*, ed. E. Lepore, Oxford: Blackwell.

　　笔者认为哈金误解了戴维森，"语言 L"并不单指由约定和语义、句法规则所决定的公共语言，而是至少包括了一种并不依赖于约定和规则的个体化语言。为了取代那种由一系列约定所界定的公共语言，戴维森提出了一幅通过将他对说话者的以言行事（illocutionary）力量的说明相匹配的以言表意行动（locutionary action）而"侥幸成功"的图景。如果一个说话者意图通过说出语句"Snow is white"来意指"雪是白的"，她的听众理解了她通过说出这么一句话来意指雪是白的，于是她通过说"Snow is white"来与她的对话者（interlocutor）顺利完成了关于"雪是白的"的意指和交流。如果她的听者看出了她的话话后面的意图，也就是说，如果他们最终相信她意图用自己的话语去表达心中的意思也就是她的意图，这幅图景的关键于说话者"侥幸成功"地完成了她的以言表意行动。说话者话语的意思正好就是说者意图要表达的意思，也就是她被理解为所指的那个意思。交流是可以成功的，不仅在那些缺乏约定的场合能够成功，作为一种彻底解释，甚至可以完全不管这些约定是否存在。

　　比如，语词"关节炎"不能由说者意图表达的概念来确定，因为她对此的任何一种使用都可能被理解关节炎与我们将之诠释为持有某种意图的某些概念相符合；如果每一种使用被理解为符合这些概念，一个使用又同样可能被理解为违背这些概念，因此这里既没有符合也没有冲突，也没有任何创意图标表达的概念。

　　维特根斯坦发现了"遵守规则的悖论"，达米特则发现了"语言的悖谬"：一方面，语言的实践必须遵循正确性标准，可另一方面，又不存在从外部将这些标准强加给使用者的绝对权威。不妨将之概括为：（1）规则在先；（2）规则并无强加给使用者的绝对权威。达米特也注意到了维特根斯坦对规则悖论的一种解决方案，即维特根斯坦在《哲学语法》和《哲学研究》中将语言看作自然现象，不是先学会规则再遵守规则，也不是先有约定再有交流，人们遵守语言用法是从语言的习得过程中自然而然"生长"出来的。对语言的习得和交流与对语言规则的掌握是在一个同时进行的过程中摸索出来的，就像婴儿凭借反射作用摸索到妈妈的奶头然后进行吸吮一样，我们在展示经过训练而获得的技巧（比如语言能力）时所作出的行为也大都是通过反射作用来完成的，在此意义上，"我盲目地遵守规则"，就像婴儿"盲目地"摸索母亲的奶头一样，规则的作用并非源于刻意的遵守，而是凭自然本能和反射作用。

　　达米特的解决办法不同于维特根斯坦。达米特首先区别个人习语（idiolects）、方言（dialects）和语言（language）。语言乃是基于两方面的约定：一是主导任何一种语言（比如英语、汉语）之如何言说的约定，可称之为语言内部约定；二是决定不同语言之间的标准转译模式的约定，可称之为跨语言交流的约定。他认为包括弗雷格在内的许多哲学家都以这种方式看待语言，即将一种语言在严格意义上等同于由某个人在其一生的某个时期所操持的语言，也就是一种个人化语言。个人化语言之间的充分叠合（overlap）构成了一种共同的方言，而它们之间不那么深远的叠合进一步构成了一门语言。蒯因也在《经验论的两个教条》一文中提出一种语言图景，即在一种完全个人化的明确表达的句子网络中，所考虑的语言只能是被理解为一个特定说者的个人习语。

达米特认为上述语言观既没有抓住方言的本质，也没有抓住个人化语言的本质。进而给出自己的看法，即一种方言只不过是说一种语言的方式，正如口音是它的一种发音方式一样，一门语言处在一种比它的任何方言和个人习语都更高的抽象层次上。这种个人习语和方言无非是由一名说者对一种语言的不尽完善的把握所构成的，因此个人习语的概念不可能先于关于一种共同语言的概念。

希金波坦（James Higginbotham）论证了个人习语与语言的社会特征之兼容性："我们在如下意义上持个人习语的语言观，即将诸如反常言语、部分理解、历史演变这样的社会现象视为从种种不同个人语法的相互作用中派生出来的；在如下意义上持社会语言观，即语言依赖于种种社会变量。"[1]达米特也坦承个人习语是大量存在的，并且认为它对于意义理论也是十分重要的，他否认的是个人习语相对于公共语言的基础地位，他将个人习语还原为说者对公共语言的掌握不尽完善。为此达米特区分了陈述与信念。前者是指语词在公共语言中的意义，后者指个人化语言或命题态度语言。"当一个陈述被作出时，说者所说出的东西依赖于他的词语在公共语言中的意义；可是，如果他借此表达的是一种信念，那么这种信念的内容便取决于他对这些词语的个人理解，从而取决于他的个人化语言（这对于其他'命题态度'也适用）。"[2]那些信念表达式在不顺利的情况下就可能无法纳入共同语言中的任何表达式的意义，这样无法形成对信念内容的完全准确的理解。意义理论的工作就变成为揣测说者意图的工作。为此达米特区别了陈述的意思和意义——不仅要将意思与它借语词在语言中所意指的东西而得的那种意义区别开来，还要将意思与说者认为它具有从而想加以传达的那种意义区别开来。意义是它在其中得以表达出来的（共同）语言所特有的，而意思则要以与我们借以评定某人作出某种非言语行为的动机的同样的方式加以评定。这样，"意义"对应于公共语言，"意思"对应于个人化语言及诸如隐喻、反讽、夸张等言语行为动机或意图。

然而，达米特又说意义理论不必对我们借以识破某一说者背后的意图的方式作出解释，尽管我们必须承认意图的测评在交流中所起的作用。意义理论是为公共语言服务的，对说者

---

① Higginbotham, James (2006), "Languages and Idiolects". in *The Oxford Handbook of Philosophy of Language*, eds. Ernest Lepore & Barry C. Smith, New York: Oxford University Press, 142.

② Dummett, Michael (1991), *The Logical Basis of Mathematics*, Massachusetts: Harvard University Press, 88.

意图的揣测不是意义理论的主要工作，意义理论无法为个人习语提供一种规范解释，这不是意义理论的缺陷，而是个人的语言能力缺陷。一种意义理论无需也不应当被期望成为一种为语言陈述提供因果说明的理论。要勾画出一种意义理论模型，就必须把装饰那些语言的个人化使用忽略过去。可是这样一来，就等于承认基于约定性的意义理论在解释力上不得不带有很强的局限性。

不管是维特根斯坦，还是达米特抑或戴维森，都认可一种语言观，就是语言是一种社会现象，只有将说者与听者以及双方所在的群体结合起来，才能判断语言使用的正确与否，从而才能形成意义理论。然而分歧就出现了他们对语言社会性的理解。如果社会性意味着，语言共同体和约定性必须被视为为语言意义提供说明的必要条件，那么这是蒯因和戴维森所反对的；如果社会性意味着只有在说者与听者之间形成某些刺激－反应的互动关系，并且还存在一个为他们所共享的客观世界，那么这是蒯因和戴维森所支持的。而达米特所支持的恰恰又是蒯因和戴维森所反对的那种语言社会性，所以达米特才难以理解为何蒯因在《经验论的两个教条》中所坚持的个体主义语言观与后来在《语词与对象》中强调的语言社会性之间不一致性。

达米特和戴维森都受维特根斯坦语言观的影响，但又对后者的语言游戏理论和遵守规则理论采取了不同的理解。至于维特根斯坦本人实际上会更多地站在达米特一边还是戴维森一边，这是一个有趣的问题。维特根斯坦说："这就是我们的悖论：任何行为过程都不可能被一个规则决定。因为每个过程都能够被解释为与此规则相符合。答案是：如果每个东西都能被解释为与此规则相符，那么它也能够解释为与之相悖。因此这里既无相符也无相悖。"[1]我盲目地遵守规则，规则没有先约定再遵守，而在实践中自然生长而成。但维特根斯坦仍然强调，说者与解释者遵守一样的规则，这一点对于一个成功的语言游戏是至关重要的。语言的使用、交流、实践优先于语义和句法规则的约定。

在《维特根斯坦论规则与私人语言》中，克里普克认为，这种怀疑悖论（sceptical paradox）的唯一出路，便是再一次诉诸他的语言共同体标准。但严格说来这是克里普克所解释的维特根斯坦（Kripkenstein），至于维特根斯坦本人如何看待约定在语言游戏中的地位，规则在下棋活动与语言游戏中所扮演角色是否有所区别，以及他是在多大程度上支持语言的个体主义或反对公共语言观，这些都是有待考察的。

---

①   Wittgenstein, Ludwig (2009), *Philosophical Investigations*. 4th edition, eds. P. M. S. Hacker and J. Schulte, trans. G. E. M. Anscombe, P. M. S. Hacker, and J.Schulte, Oxford: Blackwell, § 201.

维特根斯坦和达米特都常将语言交流比作下棋游戏，将语言规则比作下棋规则。达米特指出，象棋移动的意义来自比赛规则，而不是来自棋手对这些规则的认识；懂得可遵守规则是下棋的必要条件。我们可以只参照规则来解释移动一步棋的意义，而无须解释棋手对规则的认识究竟是什么。游戏一旦没有了规则，就不成其为游戏，而一旦一个词没有了正确的和错误的用法，这个词也就失去意义了。语词的正确用法决定其意义何在；而正确的用法就是权威的用法，既定的用法，也就是它是否得到了公认。这是语言的一个社会特征。然而，笔者认为，将语言习得和言语交流比作下棋有些引人误导，这与戴维森大异其趣。因为在没有完全掌握下棋规则之前，就不能下棋；但语言的习得和交流并不依赖于事先就完全掌握了语言规则。语言规则不是象棋规则，象棋是规则层面上的存在，可以说是游戏规则决定了游戏的本质。但语言的规则并不决定语言的本质，语言没有像规则这样的本质属性。有规则才能违反规则，规则是一种经验概括而不是先验规定。只有共享的实践可以回答维特根斯坦的问题，即什么将遵守规则与仅仅认为某人在遵守规则区分开来。

若脱离克里普克的解释，直面维特根斯坦的文本，那么就能发现维特根斯坦关于语词的规则与使用之间，以及关于语言游戏中的参与各方（简单情形下是双方）之间，以及在语言约定和遵守规则问题上，持一种反思平衡立场。①一方面，他认为规则和约定对语言使用的制约性；另一方面，他又认为语言习得和交流过程本身又反过来形成、改变和制约语言的约定和规则。最好不要将语言游戏视为一种简单的约定性行为，遵守规则和形成约定均非语言游戏的必要条件，它们只是在程度上促进或阻碍游戏的进行。不管是规则还是约定，都不是一个一劳永逸的过程，而是在语言游戏的具体场下游戏各方之间的相互作用的过程。因此不宜将维特根斯坦的语言游戏看作公共语言的一种典型版本。戴维森的彻底解释理论也可以在这个框架下得到理解，只不过他的言辞更为激进一些。

三、反对逻各斯主义语言观和公共语言观

如上所述，在公共语言与个人习语的关系问题上，达米特支持公共语言的优先地位，支持语言的约定和规则相对于其交流和使用的优先地位。然而，戴维森支持相反立场：他赞同语言的社会性，但坚持认为语言的社会性并非以约定而是以交流为其必要条件。

关于意义的一个老生常谈是，要么意义是个人想法所决定的，就像观念论所认为的那样，

---

① 见拙文《从反思平衡看维特根斯坦后期哲学》，载《哲学分析》2012 年第 4 期。

要么语言是由某种精神团体所支配着的规则系统，就像柏拉图主义者所认为的那样。语言的公共论者在反驳逻各斯主义的客观性语言时，仍然为规则的客观性保留位置。规则论者主张每一个说者都有义务遵守语义和句法规则。达米特认为，在使用英语词汇的时候，我们必须对于那些词汇的社会上已接受的用法负责，否则就不能交流。但是如果不能交流之威胁就是遵行的理由，责任是不相关的：达米特可以较少偏见地写道，如果我们想要交流，我们应该按其社会上接受的方式来使用语词。责任是主体对某件他有自由决定做还是不做的事情所可能导致的后果的承担，而义务是主体对某件他没有自由决定做还是不做的事情所可能导致的后果的承担。遵守语义、句法规则是说者的义务而非责任，因为他并没有决定遵守还是不遵守的自由，规则是给定的，强加的。

许多哲学家将语言视为一种由约定所支配的系统，说者被强制遵循的就是掌握意义的假定的规范性。如果语言取决于约定和规则，那么这种规则就具备了一种特殊的语力，不妨称之为"约定力"（conventional forces）。这种约定力具有超个体的功能，可以普遍地适用于一种语言的所有个人习语之中。然而修辞并没有这种功能，因为修辞力不可能存在于脱离说者的"干瘪"的语句当中，它在"有意图的意义"中，在说者话语而非语句之中。

关于语义句法规则、约定和语言实践的作用，蒯因和戴维森都说，语义规则要么是一种神秘化的东西，要么是一种像德里达所说的"语言逻各斯主义"。戴维森更进一步认为，文本和语言在某些方面超过了话语解释的不确定性。传统认为确实的逻辑主义的语言观，反而是不确实的。语言用法不能被约定限制，也不是语义和句法规则能完全控制的，因此无法被一种清楚说明使用规则的理论（规则理论）完全描述。它是"无律则"的。在话语的解释和交流中，共享的世界取代了语言规则的地位。说者和解释者各自的范畴化模式在共享的客观世界中聚集、交汇。一个客观世界（object world）也只有作为一个共同世界（common world）才可能是被看作是共享的。信念是所有思想的基础，只有存在着信念或者其他的超值承担者，"客观的世界"的对照者，即主观世界，才能被产生出来。如果所有的真值承担者都以共同的世界为前提条件，那么"主观世界"（subjective world）就依赖于客观世界。

对于意义的适当解释必须以同样的方式来测试接下来发生的事情，也就是说，像之前被说出那样继续讲话。对于像以前那样继续进行什么这个问题的回答需要参考社会交互作用。那些坚持共享实践对于意义是必要的人对了一半：为了使意义——甚至命题思想，我想说——出现，一定存在一个相互作用的群体。必要的那种相互作用要求每个个体发觉其他人必须像他那样对于共享环境作出反应；直到那时教学才可能发生，并且适当的预期才可能被引起。由此断定意义这种东西需要，总的来说，一个人遵照他自己的实践，而这个实践可以被其他人理解。但是根本没有理由实践必须是共享的。

公共语言对于蒯因的"彻底翻译"和戴维森的"彻底解释"都不是必要的；他们并不假定翻译者（解释者）与被翻译者（被解释者）处于同一个语言共同体之中；解释你的母语的说者与解释一门完全异己的语言的说者，之间没有原则区别，尽管前者在操作上要容易得多。

戴维森的兴趣并不是描述实际应用（actual practice），而是决定什么对于语言交流是必要的。这里我认为我清楚地看到了（并且现在仍然看到）有理由质疑那种语言（如果语言被看作是意味共享的说话方式）是必要的。同样的质疑适用于遵守规则、从事实践或遵循约定这个概念，如果这些被看作蕴含着这样的共享的话。一开始就存在这样的事实，即几乎没有两个人分享所有的语词。并不存在也不需要这样一本翻译手册。如果我们采用将两种说话方式联系起来的翻译手册来界定我们通过同样的方式说出我们的意思，那么我们可能终究在某种程度上挽救了以下主张，即交流需要共享的实践。但是这并不是任何人所称为共享一种语言的东西，也不是任何人通过一种惯例或一套共享的规则或约定所指的东西。大量成功的交流继续发生而不依赖于先前习得的惯例，这是重要的，因为认识到这点有助于我们认清在多大程度上理解（甚至说者话语字面意义的理解）依赖于共享一般的信息和非语言体系（一种"生活方式"）的熟悉度。

以隐喻为例。在哲学家和修辞学家当中持有一个普遍的看法，即当一个诠释者掌握了一个说者的诠释含义时，在这名说者的话语当中除了第一意义之外，或者取代第一意义的，就是可以找到第二意义或者隐喻意义。如果诠释者理解了说者所表达的一个隐喻，那么就意味着诠释者掌握了比说者话语的字面意义更多的东西。于是，一种诠释理论就需要在以塔斯基风格的真之理论为模版的意义理论之外，再加上关于语力的语用学。然而对于语言哲学家们当中如下的共同主张，戴维森是持否定态度的：完全可能建构一种理论，以便表明一个言语行动的语力是如何系统地从语言和非语言的约定当中派生出来，而这种约定是为说者和诠释者所共享的。

按照达米特，修辞格及其他故意不标准的用法是不同的，一个说者认为他自己对于那种他意图在讲的语言或方言中的语词和表达的普遍意义是有责任的；在意识到共同语言中的语词意义出错时，他取消或纠正他所说的话的意图因此将错误的使用与故意不正常的使用区别开来。但戴维森认为，如果我们想要交流，我们全部需要担心的是我们的实际听众将如何接受我们的语词。只有某人意识到共同语言中的语词意义出错并且愿意纠正的时候，义务感才会出现。由于无知而以不标准的方式使用一个语词可能是一种失礼正如在宴会上用错餐叉一样，但是它与交流无关正如用错餐叉与营养本身无关，只要语词被理解，餐叉起作用。在我们的孩子或者某个诗人、作家的情况中，我们必须或事实上制定免责条款，但是通常我们对于严重离经叛道的个人言语特点的容忍受限于完全的实际考虑。无论如何，这都没有造成自立的义务。对于语言有义务，这是荒谬的；就语言的要点来说，我们唯一的义务（如果用这个词的话）是以这样的一种方式说话以至于通过如我们所愿和意图的那样被理解来实现我们的目的。如果这要求我们像共同体中的其他人那样讲话，那是个意外，尽管是很可能的意外。

按照社会接受的用法说话就是这样的一种规范，但是，它与交流无关，除非说者的听者碰巧像他那样说话，在此情况下，该规范是相关的并不是因为它是一个共享的实践或约定，而是因为遵循该规范导致了理解。戴维森的建议起于这个观察：要紧的——语言或讲话或者无论你想称呼它为什么的要点——是交流，用其他人像你要他们那样地解释（理解）的语词，使他们理解你的想法。讲话有无穷个其他目的，但是没有任何一个称为这一个目的的基础：它不是说出某人所想为真的话语的终极或普遍目的，也不是像某人认为其他人那样讲话的话语的终极或普遍目的。

戴维森通过拒绝派生这种结论的假定拒斥了这种怀疑式结论。这种假定就是，语言是由一个共同体的约定所编写的规范系统。文化和族群方式的词汇从来都不是一样的。个人习语也从来都不是一样的。公共语言论者用作反对逻各斯主义语言观的部分理由，同样可以作为个人习语论者（例如戴维森）用来反对公共语言的部分理由。比如，公共语言论者会认为，不存在建立神秘地逻各斯的"规则"，但公共语言的社会本质的就蕴含着意谓与含义（meaning and sense）在语言内部的不确定性。

戴维森并不认为，说者通过提供话语背后的逻各斯就能成功消除话语的不确定性。相反，还会增加不确定性。他对约定和规则的批判就相当于他的反公共语言论证。在戴维森看来，公共语言观也是一种"语言本质主义"。

反驳一，词汇或句法的一致性并不是交流所必要的。如果理解交流对于理解语言是首要的，则关于词汇与句法的约定（按照某种平均标准或规范）并不是语言所必不可少的。个人话语经常存在对规范和规则（norms and regularities）的有意反对（比如修辞）和无意反对（如错误用词），但解释往往也是成功的。所有用到修辞之处都如此，这种诠释的成功性比人们愿意的广泛得多。规则使诠释更容易具有某种程序性，这样就错失了很多个体性的东西（比如说者意图不能得到完全的考虑），哲学逻辑学家意义上的"相同语言"（same language）——不管是逻各斯语言还是公共语言——永远不可能在两个人的习语之间达成，但这对于诠释和交流并不是必要的。而规则和约定对于语言的理解和交流都不是必要条件，相反，"语言是拥有约定的一个条件"①。

反驳二，同样不存在公共语言神秘地建立的"规则"。

反驳三，对于语言是社会的和意义是"有律则的"这种看法，诠释的不确定性是无法消除的。

反驳四，公共语言预设了公共心灵的存在。

然而乔姆斯基另一方面却又认为，"共同的、公共的语言……仍然是神秘的……对于任何形式的理解解释者没有用处的。"②戴维森也认为，被构想为社会实践集合的语言是一种不确定的和模糊的存在物。他不否认存在英语和汉语的说者，但他认为这些语言应当被含糊地等同于彼此交叠的个人语言的集合。这样一来，个人习语就取得了相对于公共语言的优先地位。公共语言的一大特点是受规则的制约，然而在个人习语这里规则不再扮演不可或缺的作用。

戴维森反对意义的文化函项主义，他否认话语真值条件是由社会决定的，当然也反对这种真值条件是由逻各斯支持的规则（logos-supported rules）所规定的。他否认语言意义的还原论，是一名"非还原的个体主义者"（对应于"非还原的物理主义者"），否认个人话语的意义可以还原为脱离个人的公共语言意义和超语言意义。

多数人认为，语言本质上是一种社会现象。但戴维森与其他哲学家的区别在于，他将语言的社会性理解为语言是一种"自我－他们－世界"三角关系之中的存在，而不仅仅是主体间的约定或者人们受规则约束的话语行为。实际上，公共语言本身是含糊的、可变的和不确定的，尽管表面上看起来个人习语更为含糊、可变和不确定。公共语言的这些不确实性质源于语言的公共性和社会实践而非个人习语。正如戴维森的合理性理论所说，违反合理性也是由于合理性的存在。维特根斯坦"合用性"实际上是反对精确的、有规则的定义的。这种合用性本身已经有"个人习语"的味道。这里规则及其运用存在一种下面要说到的"反思平衡"的关系。

然而值得注意的是，戴维森在另一个层面坚持认为语言是社会的。如果没有其他人与说者一起建构起一个共享的客观世界，并且如果没有信念与真信念之间的对比，那就没有思想或者语言。只有在说者－诠释者－世界的三角测量模式中，语言的公共性和社会性才能得到辩护。这种模式中的"规范"（norms）相当于一些粗线条的引导规则（rules of thumb），它一方面被用来促进交流，另一方面又可以被成功地违反。用"三角测量"模式来理解，它之所

---

① Davidson, Donald (1984), "Communication and Convention". III, 280.

② Chomsky, Noam (1995), "Language and Nature". in *Mind*, No. 104, 48.

以有助于促进交流，乃是由于规则的主体间性维度是三角测量模式的三重维度之一；它之所以可以被成功地违反，乃是因为它有时会与三角测量的其他两个维度（主体性维度和客观性维度）不一致。主体间的规则并没有超越于三角测量之上的特权，相反，规范和规则只有在三角关系中才能实施其价值。在三角测量模式当中，说者和诠释者的主体性以及他们共享的客观性永远是不可忽略的。这就不难理解，基于这种三角关系的话语意图比单独基于主体性规范的表达式意义具有更多的确定性。

可是，说者意图或者诠释者意图并不是决定因素，虽然它们对于成功的交流都是不可或缺的。唯一的决定因素就是由说者、诠释者与共享的世界所构成的三角关系。对戴维森而言，理解是纯朴的。被公共语言理论家们当作公共语言基本成分的"语言规则"，实际上是解释者以希望被精确诠释的人们的深谋远虑的理想和方法指出。然而事实上并不是规则使得理解和交流得以可能，相反，正是通过彼此的期待以及交流的意图，"规则"的效果才能被体现。尽管追随规则和期待在大多数时候是实践上有效的，但它不是必不可少的。严格来说，规则对语言交流的重要性甚至连充分条件都算不上。对于"规范"的偏离恰好就是尼采和维特根斯坦这样的哲学家的"风格"（style）和类型（generes）的体现，这些哲学家就不受任何特定条条框框的束缚，他们能够找到新颖的方式而无须屈尊于说别人在这种情况下也会说的话。

古德曼对"反思平衡"的经典表述是："如果一条规则产生了我们不愿意接受的推理，那么，它就会被修改；如果一种推理违背了我们不愿意修改的一条规则，那么，它就会被拒绝。辩护的过程是，在规则与公认的推理之间作出一种微妙的相互调整（mutual adjustment）；并且，各自需要的唯一一辩护在于所达到的一致。"[1]在语言活动中，规则并不扮演着一种基础性的、决定性的角色，它可以与我们的实际使用之间相互调整。我们不是要否定规则的存在，而是要否认规则在说话和诠释的双向互动过程中起着某种最终决定作用，换言之，"符合规则"并非在任何情况下都是话语使用和理解的必要条件。相反，没有任何特别的语言规范或规则是交流所必不可少的。但戴维森主张，一大批被共享的概念化是必不可少的。任何两个说者都必须大抵上同意什么与什么相同，尽管他们可能对于什么称作什么有意见分歧。共享优先于命名。客观世界成为说者和听者共享的世界，一种共同的范畴化模式即关于相同性的共同判断。客观世界进入主体间维度，说者和听者为了在世界观上追求相同而互相校正对方的过程。真和假是在这种三角关系和反思平衡中得到的，这两个概念都是拥有语言所必需的，它们处于三角关系和反思平衡当中。

---

[1] Goodman, Nelson (1983), *Fact, Fiction and Forecast*. Cambridge, Mass.: Harvard University Press, 63-64.

意义根本上是语言性的，它不是独立于语言的精神实体，也不是语言背后或者语言所表达出来的某种东西。被共享的概念化不依赖于语言规范或规则，它是追求共同性的结果而不是前提。共享的概念化不是被规定的，而是被建构的。规则与它的被共享、被运用之间形成一种古德曼式的"反思平衡"关系。康德说，艺术就是天才的规则。真正的天才在于创造规则和引领时尚，而不是被规则死死束缚。规则只不过是一种理想，无论多么美好也不等于现实。何况理想未必就有我们看上去那么美好。规则主义是理想主义的一种版本，这样它就分享了理想主义的许多优点和缺点。

戴维森说："像语言的概念一样，约定或是规则的概念不能用来证成或是解释语言行为；这些概念至多有助于描述（即定义）语言行为。"①彻底解释并不以语言的约定性为条件，甚至并不预设解释者与被解释者处于同一个语言共同体之中；它所赞成的是一种没有约定的公共语言，它所强调的语言的社会特征基于语言的交流性而非约定性。形成约定性或许有助于语言习得，但它不是语言交流的必要条件；而不管对于说者还是解释者来说，都不存在一项事先存在的不可更改的语言规则。规则是在语言交流中逐步形成的，通常处于一种"盲目遵守"的状态，而且这些规则原则上随时都有可能被打破或改写。"我们每一个人应该给另一个人提供作为语言可理解的某事物。这是说者所必须有的意向；但是，实施这个意向虽然可能需要另外一个人认识到一定程度的一致性，但它并未涉及遵循共享的规则或是约定。"②

四、个人习语：解释中的意义、意图与意见

达米特说："从个体说者所说的东西过渡到他所想的东西，即从他说出的语词在公共语言中所意谓的东西过渡到他的信念内容，是以他个人对语言的理解为中介的。"③这里，"所说的东西"或"语词在公共语言中所意谓的东西"相当于通常所说的"意义"（meaning），"所想的东西"或"信念内容"相当于"意图"（intention），而"他个人对语言的理解"相当于"个人习语"。话语的表达总是离不开特定的意图，正如戴维森说："任何话语都必须至少具备所有的如下意图：某人使成嘴形、摆好舌位并以特定方式呼吸以便发出想要的声音的意图，发

---

① Davidson, Donald (2001), "The Second Person". in *Subjective, Intersubjective, Objective*, Oxford: Clarendon Press, 111.

② Davidson, Donald (2001), "The Second Person". in *Subjective, Intersubjective, Objective*, Oxford: Clarendon Press, 114.

③ Dummett, Michael (1993), *Origins of Analytical Philosophy*, Duckworth, 147.

出某种具有一定的（字面上的）真值条件以便让听众理解的意图，以特定的语力（断定、询问、祈使）说出语词的意图，使听众认为那些语词表达了相应的语力的意图，以及提出了进一步的、非语言的，意在让某人以一匹马作为赌注或者探究房子着火的信息或者了解现在几点钟的意图。如果一名说者要被理解，他的听众必须掌握以上所有的意图，尤其是最后一个意图（非语言意图）。"[1]

某人说一句话，意思是什么，一方面取决于说者本人的意图——他想要表达什么内容；另一方面与听者的理解和诠释关系密切——自然是站在听者立场上对说者意图的揣摩和诠释。比如，A说："×××"。听话者B如果试图听懂A的意思，那么他的理解和诠释是，B说：A刚才说"×××"，意思是A认为×××。诠释的过程是一个去引号的过程。在戴维森的彻底解释理论中，如果某人赞成一句话语或者认可一个句子为真，那么可能是因为他对相关话语的信念，也可能由于相关话语在他的语言中的意义。我们将解释者对被解释者的某个话语的信念视为一种意见（opinion），而意义是他为这个话语所赋予的真值条件。区分意义与意见涉及戴维森意义理论的两个重要原则，一是融贯性原则（the Principle of Coherence），二是符合性原则（the Principle of Correspondence）。融贯性原则促使解释者在说者话语中发现信念的内在融贯性或行动的逻辑一致性——这是合理性（rationality）的两个主要准则。符合性原则促使解释者将说者的反应视为在一个共享的世界中作出的，而解释者自己如果被置于说者同样的环境下也会做这种反应。这两个原则是善意原则（principle of charity）的两个方面，前者赋予说者大致足够的逻辑，后者赋予说者关于世界的信念大致为真的程度。典型的交流和理解都是一种主体间层面上的存在，这里的两个原则体现了主体间性的一个重要特征，即主体跳出其一己之身的个人色彩，以一种"推己及人"、"将心比己"的方式，从一种超越的非个人立场上看问题。

维勒（Samuel C. Wheeler）说："与大多数语言哲学家不同，戴维森坚持，在话语的真值条件是由个人的意图而不是由语言共同体的实践所决定的含义上，语言可以是私人的。"[2]然而笔者反对这种看法。话语的真值条件并非由个人意图决定，而是由说者、诠释者和共享世界的三角关系决定的。因此语言只能是个人的（individual），而不是私人的（private）。那种完全脱离这种三角关系的依赖于说者内省性"约定"的私人语言，是不可能的。

---

[1] Davidson, Donald (2006), "The Perils and Pleasures of Interpretation". in *The Oxford Handbook of Philosophy of Language*, eds. Ernest Lepore & Barry C. Smith, 1059.

[2] Wheeler, Samuel C. (2003), "Language and Literature". in *Donald Davidson*, ed. Kirk Ludwig, Cambridge: Cambridge University Press, 196.

达米特基于个人习语与私人语言之间的下述区别得出，个人习语是一种"偶然的"私人语言：个人习语是一个个体把他的话语的意义附加到一种语言的所有表达式中，并由此把这种语言的语句理解为表达了思想，而不必有其他任何人懂或曾经懂这门语言。显然，这种只被一个人所掌握的语言肯定是可以想象的，但达米特认为这种个人习语并不受到维特根斯坦反对私人语言论证的制约，因为这种个人习语只是一种"偶然的"私人语言，即一种尽管实际上只有一个人懂得但原则上他人也可以学会的语言，而维特根斯坦的论证表明只是反对可以有"本质上的"私人语言，即一种原则上只能被一个人所掌握的语言。

维特根斯坦反私人语言的核心论证是，除非语言为人们所共有，否则不可能区分正确地使用语言和不正确地使用语言；只有与他人的交流才能提供客观的检验。在私人语言问题上，戴维森与维特根斯坦的两个最大区别是：（1）前者反私人语言的理由截然不同于后者（他反约定和规则，而据克里普克解释，维特根斯坦依赖约定和规则来反私人语言；（2）前者不仅反私人语言，还反公共语言。戴维森将个人意义（the individual's meanings）放到了原初的、首要的位置。因为社会实践网络，也就是共同体的个人习语总汇，从来不允许一种确定的意义，无法根除诠释的不确定性。没有说者的话语比有说者的话语更加不确定，尽管有说者，话语仍然具有某种不确定性。在三角关系中，没有说者的话语缺少了一个角——说者。公共语言（public language），原初语言（primary language），诸如引喻（allusion）和风格（genre）都是原初的。公共语言与个体语言似乎有一种"类型"（type）与"殊型"（token）的关系。自然语言是一种类型，个人习语是一种殊型。个人话语不仅是个人的（individual's），还必须是当下的（passing）。早期的彻底解释并不是一种真正意义上的原初解释，因为它被看作用来解释公共语言而非个人习语。

然而，戴维森并不将个人习语看作一种"偶然的"私人语言。戴维森前期未能有意识地区分公共语言（public language）与个人话语（personal utterance），但他同样没有预设被解释者的语言与解释者的语言同属于一个语言共同体。在他后来的著作中，[①]他注意到，说者在不同场合下针对不同的听者可能采取不同的词汇和措辞表达自己的意思，这样就没有必要再将某个词汇或措辞视为某个个体在特定场合下的（公共）语言，而视为特定说者在特定场合下倾向于对特定听者所说的（个体）语言。他为这种发生在两个个体之间的"语言"提供了一种解释理论，将这种语言视为"个体语言"或"个人习语"。

---

① 比如 Davidson (2005), "A Nice Derangement of Epitaphs". in *Truth, Language and History: Philosophical Essays*, with Introduction by Marcia Cavell, Oxford: Clarendon Press.

　　彻底解释如果只针对公共语言，那它就不是真正彻底的，真正的彻底解释并非针对公共语言，而是个人话语。需要特别注意个人话语与私人语言之区别。个人习语（idiolects）才是首要的、原初的（ordinary）。离开了说者的说出来的话本身，不管是以口头的形式存在还是以书面的形式存在，都只不过是第二位的。个人习语或者个人习语是真理定义的基本对象和意义的首要的、原初的处所。任何两个人都具有不同的信念、经验和愿望，所以任何两个人的个人习语都是不同的，这是这种主体性和相对性决定了个人习语是优先地位。一个人如何理解另一个人，将由戴维森所说的一种"当下理论"（passing theory）来刻画。一个当下理论就是对一个"居先理论"（prior theory）的一种调整。我们所构成的解释另一个人话语的"理论"当然可能是不完整的，不确定的，但它将包括关于这个个人右边外一些情景中大概会说什么的一些假设。

　　按照戴维森，对于一个话语的诠释至少部分地反映了话语的意图。这种意图来自相反的两个方向，其一是说者的表达意图，其二是解释者的解释意图。对说者而言，她总想说出点什么；对听者而言，他总想听懂一点什么。此外，由话语所承载的意图本身也包含两个层面，其一是直陈式意图，即那些直陈式话语的意图和非直陈式话语的直陈式理解；其二是非直陈式意图，它只存在于非直陈式话语当中。这方面最好的例子是说谎，谎言本身表达了一种直陈式或者可以还原为直陈式的意图，这时的说者也就是说谎者，说谎者的成功取决于他成功地使对方为他的话语提供了一种直陈式理解。显然，他的意图是二阶的，因为他并非为了表达一个直陈式话语，而是通过试图让对方相信一个直陈式话语来实现自己的二阶意图，即欺骗他人。对于诠释者来说，成功地识破一个谎言恰好是同时识别出谎言的一阶意图和二阶意图。这里不难看出，说者（说谎者）和诠释者之间完全无法实现"双赢"的结果，说谎者的成功就是诠释者的失败，反之，诠释者的成功就是说谎者的失败。这与一般的话语交流模式是很不一样的。由于说谎并非在道德上中立，体现出话语的实践维度与理论维度的区别和张力。

　　隐喻和玩笑等通常的修辞与说谎并不相同，因为隐喻和玩笑的成功极大的依赖于说者与诠释者的配合。显然，善意原则在隐喻和玩笑的解释中要发挥关键性的作用。用辞错误是第三类非直陈式话语。错误的用辞并不是一种修辞（至少最典型的错误用辞并非修辞，当然也不排除有人把故意把话说错当修辞的），因此与隐喻和玩笑不同；错误用辞并不是故意的，而且在道德上中立，所以又与说谎截然不同。把握错误用辞话语的说者意图，是一种什么情况需要分析。

　　意图并不是一种基本的、自在解释着的精神性的思想语言（language of thought）。戴维森并未假定意图就一定是由语词背后的某种"逻各斯"或语言所表达的"约定含义"所构成的。

至于意图如何附加到话语上从而成为有意义的话语，这依赖于交流尝试。有意义的话语就是达成成功交流的话语。意图本身可以是不确实的，但相对于脱离说者的语句的意义而言，却是比较确定的。戴维森"解释的不定性"理论是对脱离说者的语句意义的不确定性的恰当刻画，但未必适合于对说者意图的不确定性的刻画。有意图的意义比越个体的意义更加确定。离开了说者，诠释的确定性将会下降，因为这是缺乏经由说者意图通过语句意义的途径。这种情况使得我们认为，为个体当下的话语的"第一意义"提供"当下理论"的诠释，是话语交流的最典型情形。这就是意图与"超语言意义"和"约定性意义"的区别所在，尽管意图也属于宽泛的意义范畴。

戴维森注意到了说者通过话语中得以成功表达并且得以被成功理解的意图，与说者的头脑中的思想或者"心理内容"并不全然相同，因为话语一旦脱口而出，成为一种客观上有迹可循的主体间之物，这就意味着它至少部分地依赖于或者受制于话语的"文本"（语义和句法事实等）和语境。但我们不能就轻率地认为，话语中的意图相对于大脑中的"真实意图"来说，会是更加不确定的。说者、解释者和世界共同构成一个"三角关系"。正是以真之概念为基础的这种"三角关系"，才使得思想和语言的同时产生成为可能："最初由对世界万物的相互作用作出一致反应的两个（特别是两个以上的）人组成的三角关系，由此就提供了可能产生思想和语言的框架。根据这种解释，思想和语言都不是在先的，因为它们相互需要。这表明没有在先性的疑难：讲话、知觉和思想的能力相互促进，逐渐发展。我们是通过语言，就是说通过拥有语言，而知觉到这个世界。"[①]这表明，既不是语言在思想之先，也不是思想在语言之先：它们相互需要。

对于直陈式话语的诠释通常是一种逻辑学的解释，当然在实践上并不排除由于曲解而成为某种修辞学解释的可能性。这种诠释能够取得一种"逻辑力"（logical forces）。直陈式意图依赖于真值条件，但非直陈式意图与直陈式意义（或意图）是分离的，依赖于"当下理论"和"第一意义"，因此对于非直陈式话语的解释是修辞学上的（比如隐喻、玩笑）、语境上的（比如用词错误），或者实践上的（比如说谎）。它们都是不受语义和句法规则所完全控制的（也许一定程度上要受制约），非直陈式语句尤其如此。这种诠释可以取得一种"修辞力"（rhetorical forces）、"语境力"（context forces）或"实践力"（practical forces）。而真值条件或满足条件给予每个有一种修辞力的话语以一种"概念内容"。

---

① Davidson (2005), "Seeing Through Language". in *Truth, Language and History: Philosophical Essays*, with Introduction by Marcia Cavell, Oxford: Clarendon Press, 142.

　　结合逻辑和修辞两种情况，典型的话语是带有真值条件和意图的语句的产物。维特根斯坦的语言游戏理论有助于理解意义与意图之关系。哪个在概念上是基本的，个人习语还是语言？如果是前者，那么社会规范的明显缺席使其何以能解释交流上的成功。如果是后者是首要的，那么其风险是规范与实践没有清楚明白的关系。戴维森论证了，分享这样一种事先掌握的能力对于成功的语言交流既不必要也不充分。他主张（并且现在依然主张）人们典型地带入对话场合的语言技能可能并且的确相当不同，但是相互理解是通过想象力的操练，诉诸对于世界的常识以及对于人情味和态度的意识而完成的。当然，他并不否认在实践中人们通常依赖于他们已经习得以相似的方式使用的语词和语法装置的供给。他否认的是，这样的分享对于解释我们的实际交际成就是充分的，并且更重要的，他甚至否认这样有限的分享是必要的。

　　虽然不像达米特所认为的那样，只有两个个体头脑中分享了相同的意图时，他们才能分享共同的个人习语，才能发生语言交流，但无论如何给予个人习语表达式的意图乃是说者头脑中的东西。这样一来，达米特就指责意图理论带有弗雷格在分析哲学发展初期所反对的心理主义嫌疑：如果我的听者对我所说的东西的理解取决于他头脑中的东西，那么除了通过信念，我又如何能知道他像我意向的那样理解我呢？换言之，如果我们不预设一种使我们易于通向语词背后心灵的公共语言，我们如何能够设法把命题态度场景归属于他人呢？

　　基于笔者理解，戴维森用反思平衡方法和"三角测量"模型回应了达米特的质疑。解释者是通过揣测说者意图的方式与说者发生交流的，这种揣测一方面依赖于解释者头脑中的原有信念，解释者借自己的信念内容来校正说者的信念内容，另一方面也依赖于说者对这个信念之表达的反应，说者的信念内容会对解释者的信念内容有所校正：正是这种相互作用的过程，使得言语交流顺利进行。更为重要的还在于，说者与解释者都共享了一个客观的世界：一个客观的真之概念使得说者与他的话语的真值条件之间形成了一种外延关系（extensional relation）。这种外延关系或外部论思想使得不管是说者的信念内容还是解释者的信念内容都是可以通过与外部世界进行对照而得到确认的。客观的世界并不绝对凌驾于说者与解释者的主观性之上，而是与他们分别发生了反思平衡的关系：说者与解释者都是通过各自与外部世界的相互作用中所获得的信息来与对方发生反思平衡关系的。这样一来，说者、解释者与他们共享的世界之间就形成了一种"三角测量"关系。

　　语言的基本用途是交流，而交流依赖于理解。理解的过程是说者与解释者之间的相互作用的过程，也是就是一个互动（interaction）过程。说者与解释者之间是一种反思平衡的关系，而这个三角关系的第三方即世界，作为反思背景出现。说者出错时，解释者依据其与世界的关系来校正说者,当解释者出错时,说者依据其与世界的关系校正解释者,这种相互校正的过程促使了整个交流的螺旋式上升。借用罗尔斯的区分,跟话语规则与话语实践之间的狭义的反思平衡相比,这种涉及反思背景的方法属于广义的反思平衡。

理解并不以超语言的意义为必要条件,相反,理解是意义的必要条件。换言之,并非意义在理解之先,而是理解在意义之先。成功的理解所共享的是意图,而不是意义。没有规范同样可以有实践,规范并不是实践的必要条件。没有规范并不意味着支持私人语言的存在。语言交流的成功并不以语义和句法规范为必要条件。对一个说者来说,他曾意图被理解并的确被理解的方式就是在那种场合下他及他的话语在字面上意味的意思。因此,对我来说,一个词或句子的"意义"概念让位于说者意图用他的词语怎样被理解和听者怎样理解它们这个概念。在理解匹配意图的地方,我们可以——如果我们高兴的话——谈论"那个"意义;但是正是理解给予意义以生命,而不是倒过来。如果我们牢记意义概念是一个不能解释交流而只能依赖于交流的理论概念,我们就可以无害地以任何我们认为便利的方式将这个概念与成功的交流联系起来。如果没有无穷的成功交流的实例,那么意义概念就毫无用处,并且我们给予意义概念的任何进一步的使用都有赖于存在这样的实例。带着以某种特定方式被理解的意图去说话,并且这个意图依赖于他关于他的听者的信念,尤其依赖于他相信或假定他们会怎样理解他。①

参考文献:

[1] Chomsky, Noam (1995), "Language and Nature", in *Mind*, No. 104.

[2] Davidson, Donald (2001), *Essays on Actions and Events*, Oxford: Clarendon Press, 2nd edition.

[3] Davidson, Donald (2001), *Inquiries into Truth and Interpretation*, Oxford: Clarendon Press, 2nd edition.

[4] Davidson, Donald (2001), *Subjective, Intersubjective, Objective*, Oxford: Clarendon Press.

[5] Davidson, Donald (2004), *Problems of Rationality*, with introduction by Marcia Cavell and interview with Ernest Lepore, Oxford: Clarendon Press.

[6] Davidson, Donald (2005a), *Truth, Language and History: Philosophical Essays*, with Introduction by Marcia Cavell, Oxford: Clarendon Press.

[7] Davidson, Donald (2005b), *Truth and Predication*. Cambridge, Mass.: Belknap Press of Harvard

---

① 在戴维森之外,希金波坦的如下观点可被视为对达米特之心理主义质疑的另一种回应:就其特征而言,个人习语的语言观可与外部事物(包括他人在内的世界诸对象)与实质性角色相兼容;这种语言观并不暗含内在主义。参见 Higginbotham (2006), "Languages and Idiolects". in *The Oxford Handbook of Philosophy of Language*, eds. Ernest Lepore & Barry C. Smith, New York: Oxford University Press, 144-146.

University Press.

    [8]   Dummett, Michael (1991), *The Logical Basis of Mathematics*. Massachusetts: Harvard University Press.

    [9]   Dummett, Michael (1993), *Origins of Analytical Philosophy*. Duckworth.

    [10]   Goodman, Nelson (1983), *Fact, Fiction and Forecas*t. Cambridge, Mass.: Harvard University Press.

    [11]   Kirk, Ludwig (ed.) (2003), *Donald Davidson.* Cambridge: Cambridge University Press, p. 196.

    [12]   Lepore, E. (ed.) (1986), *Truth and Interpretation: Perspectives on the Philosophy of Donald Davidson.* Oxford: Blackwell.

    [13]   Wittgenstein, Ludwig (2009), *Philosophical Investigations.* 4th edition, eds. P. M.S. Hacker and J. Schulte, trans. G. E. M. Anscombe, Oxford: Blackwell.

    [14]   陈常燊："从反思平衡看维特根斯坦后期哲学"，载《哲学分析》2012 年第 4 期。

Convention and Common Language

Changshen Chen

Institute of Philosophy, Shanghai Academy of Social Sciences

Absrtacts: In this essay, I use Donald Davidson's "triangulation" and John Rawls's "reflective equilibrium" to investigate Davidson's criticism of "linguistic conventionalism" and "public language": based on the triangulation between the speaker, listener and the shared world, come to a disputation on purely intersubjective convention, and a disputation on the speaker's introspective convention, deny the essential role which conventions plays in semantics and pragmatics; both spurn the conception of common language and private language, then in favor of an individualistic view of language. The core of language understanding is not convention, but communication; meaning is not necessary to understanding, the shared thing for successful understanding is intention rather than meaning.

Keywords: rules; convention; meaning; intention; triangulation; reflective equilibrium

起源谬误 *

◎ 刘小涛 ①

上海大学社会科学学院哲学系

摘　要：在关于语言起源以及类似论题的学术讨论里，可以发现一类推理谬误，我称之为起源谬误。论文第一节对"起源"作些必要的语义分析；论文第二节尝试阐明起源谬误的一般推理形式；既是例释，也算批评性评论，论文第三节考察两个案例；论文第四节会比较起源谬误和一类有效的起源推理，以期表明起源谬误之产生的可能原因；最后，我们补充一个关于语言起源论题的评论。

关键词：语言起源；起源谬误

翟振明（2007）曾忧心忡忡地指出，迷失在"诉诸后果"的逻辑谬误中可能给我国哲学学术造成何等后果。在关于语言起源以及类似论题的讨论里，可以发现另一类推理上的谬误，我称之为起源谬误。和"诉诸后果"谬误一样，起源谬误也常常被才智之士忽视，甚至，在许多提供逻辑训练的读物里都找不到它的影子。我本人（2010）在这个问题上栽过跟头，尽管不是一些语言学家所指责的那样 ②；论文的第三节会表明，某些极谨严的哲学家以及科学家在这个问题上也缺乏清晰认识。尝试加深人们对这一谬误的理解，可能，会有些裨益。

接下来，论文第一节对"起源"作些必要的语义分析；论文第二节尝试阐明起源谬误的一般推理形式；既是例释，也算批评性评论，论文第三节考察两个案例；论文第四节要将起

* 基金项目：国家社会科学基金项目"语言知识论研究（11CZX024）"和复旦大学"985工程"三期整体推进人文学科研究项目"以实在性、规范性、合理性为核心问题的科学哲学研究新纲领（2011RWXKYB041）"的阶段性研究成果之一。翟振明、黄敏、颜青山、何朝安、谭力扬等师友曾先后阅读论文初稿并提出修改意见；论文曾在2012年全国分析哲学（山东大学）研讨会上宣读，陈常燊等学者与我有实质性讨论，谨表谢忱！

① 作者简介：刘小涛（1980—），哲学博士，上海大学社会科学学院哲学系副教授。

② 吴文、郑红苹（2012）指责刘小涛、何朝安（2010）对乔姆斯基关于语言进化论的态度的判断是错的，并力图说明何以乔姆斯基应该坚持语言进化论立场。这里，我们无意回应这种指责。用"跟头"一词，我指的是，它也潜藏着某种形式的起源谬误。

源谬误同一类有效的起源推理进行比较，以期表明起源谬误之产生的可能原因；于第五节，我们补充一个关于语言起源论题的评论。

一、"起源（origin）"的语义分析

在逻辑研究里，非形式谬误的典型特征是谬误根源于（或者说决定于）推理中前提和结论所包含的弗雷格意义上的概念内容。这里要分析的起源谬误与事物起源的谈论有关。

哲学家热衷于解释某些事物的起源，或者，根据 A 起源于 B 这样一个广泛接受的事实来建立某些重要或不重要的结论。不过，不是所有人都清楚当她说"A 起源于 B"时究竟是什么意思。

不同领域的探究都可能谈及起源。因为这个语词意义丰富，对起源谬误形式的分析，就它作为一般性的非形式谬误而言，未必能应用于所有谈论起源的推理。出于这个考虑，有必要先对起源一词的日常用法作些讨论。

某些语境里，这个词不太容易引起争议。比如：

（1）长江起源于唐古拉山。

（2）这种宗教仪式起源于中世纪。

（3）那场火灾起源于一个烟头。

（4）"先验形式"的概念起源于康德。

"起源"一词在上述例子中的四种用法分别指的是地理意义上的源头，特定事物出现的时间，因果链条上的原因归属，以及某物（或观念）的发明或发现。就语义而言，它们清晰地几乎没有为理智健全的人留下讨论空间。或许出于对哲学性质的理解，或许仅仅是偏见，我以为，哲学家大概也对它们不怎么感兴趣。当然，一个有历史爱好的哲学家也许会认真考虑例（4）的真确性。

除上述情况以外，哲学文献里还经常出现些值得讨论的例子。这么说的时候，我首先想到的是达米特那广为人知的著作——《分析哲学的起源》。一定意义上，达米特（2005）著作的一个明显学术后果是让这一问题变得更为复杂。因为语义分歧和哲学取向的偏好，分析哲学的起源这一问题所包含的两个关键概念指向许多候选答案，这还不包括引入各种有趣的限制或者是微妙的组合之后可能产生的变化。且不管其中的"分析哲学"概念，单单只考虑"起源"。看起来，例（1）—（4）的任何一种义项都可能是合适的选择。或许，这是为什么有人强调把分析哲学的实际诞生"定位在 20 世纪之初的剑桥"（冯·赖特，2001：5）；有人坚

持认为"分析哲学的历史（如果应当写的话）并非必须开始于 20 世纪"（彼得·哈克，2001：40）；也有人认为分析哲学是在发生"语言转向"的时候诞生的，"第一个清晰的例子出现在弗雷格 1884 年的《算术基础》中"（达米特，2005：5）。在意识到"起源"意义的多样性之后，这些论述在表面上的分歧就变得不那么实质。

"起源"一词的上述义项（或用法）不是此论文要讨论的重点。特别容易促产起源谬误的是这个词同进化论相联系的用法。比如：

（5）人类起源于动物；或者，人类语言起源于动物语言。

主要因为达尔文及其追随者的贡献，人们对例（5）里"起源"一词的意思有些共识。如果暂不考虑进化论基本理论框架的内部分歧和新近发展，我们大致可以说：B 起源于 A，当且仅当，在生物进化链上，B 是因为生存压力和适应环境的需要从 A 进化而来。①这里的"A"和"B"，可以是生物物种，某些情况下，也可以指生物器官，乃至器官的结构或功能。

无谓的言辞之争自然是进行实质性讨论应尽量避免的，不管那些丰富的意义和组合的可能性多么富有启发。接下来，本文将主要在进化论（也就是例（5）的情况）的意义上分析起源谬误，并且假定，我们关于起源一词的语义有了些共识。

二、起源推理与起源谬误

以起源谬误（origin fallacy），我特指与进化论谈论相关的一种非形式谬误。它与逻辑学家所说的发生谬误（genetic fallacy）有些差异。后者通常被阐释为"根据某物在以前环境里的情况来评价它的当前境况，而忽视之间的某些变化可能已经导致事物特征的改变。"（Damer, 2009: 93）

在一些文献里，人们用以下例子来例释发生谬误：

甲：你可不能戴婚戒哦！要知道婚戒原本是象征防止妇女从丈夫身边逃跑的脚镣手铐，你不希望你的行为表现出性别歧视吧。

乙：……

清醒或者不清醒的逻辑学家都会认为甲的言谈犯了发生谬误。从这个例子可以看出，这类谬误体现的一般推理形式是：A 以前是 Y，所以，A 现在也是 Y。

---

① 从逻辑的角度说，如何解释"起源"的进化论意义对于文章的论证不是特别关键，不满意于等式右边的读者不妨换用自己认为正确的表达（如果有的话）。

与发生谬误一样，起源谬误也属于不相干前提谬误，因为推理所运用的前提与结论的真假不甚相关。但是，在一般推理形式和产生谬误的心理根源上，二者有些区别。

在与进化论相关的谈论里，可以发现两种起源谬误的推理形式。

第一种推理形式如下：

（a）B 起源于 A。

因此，

（b）B 在本质上就是 A。

或者，

（c）B 具有和 A 一样的本质特征 Y。

通过对第一种推理做否定后件式推理，可获得第二种推理形式：

（a）B 具有本质特征 Y，并且 A 不具有特征 Y。

　　或者，

（b）B 本质上不是 A。

因此，

（c）B 不是起源于 A。

依据这两种推理形式作出的推理，我统称为起源谬误。我先阐明它们为什么是谬误，然后在下一节分别给出具体例释。

因为主题限制在关于进化论的谈论，在这个意义上，起源谬误或许不具有其他非形式谬误的域一般性。不过，证明论提供的一般技术手段可以覆盖一个特殊域的推理。根据逻辑学家的教导，如果一个推理形式有效，那么它的所有推理实例都有效。要证明起源推理是推理谬误，我们只需要构造一个推理实例，使得推理的前提为真，而结论为假。构造这样的例子不算特别困难，试看以下案例：

（a）脊椎动物起源于无脊椎动物。

因此，

（b）脊椎动物本质上就是无脊椎动物。

如果（b）为真，并且设定无脊椎动物的本质特征是"无脊椎"，可得：

（c）脊椎动物具有本质特征"无脊椎"。

这个结论荒诞的例子也适用于第二类起源推理。根据脊椎动物不具有"无脊椎"这一无脊椎动物的本质特征，可以轻易推出脊椎动物不是起源于无脊椎动物的结论来。

值得说明的是，用自然语言表述的论证不必然完全符合形式化的推理形式。遇到这种情况，只需自然语言论证所表达的概念内容体现了起源推理的形式，或者经过逻辑分析之后可以表达成起源推理，或许，我们就可以说，这样的自然语言论证犯了起源谬误。

三、 语言进化论与人的攻击本能

杰瑞·福多和欧内·勒珀尔曾抱怨，要在文献中为一种有争议的论证找到清晰表述的实例颇为困难。（Fodor & Lepore, 1992: 26）意欲用具体文献例释起源谬误会遇到同样的麻烦。对起源谬误的逻辑结构有了理解，我愿意以一种粗略的方式，指出当代学术讨论中犯了起源谬误的两个典型情况作为例释，希望能满足不算特别挑剔的眼光。第一个例子是乔姆斯基反对语言进化论的论证；第二个例子是康拉德·洛伦兹关于人的攻击本能的论述。

虽然以倡导生物语言学著称，乔姆斯基向来对语言进化论持保守态度。按我的理解，乔氏对语言进化论的诸多负面评论可以有些不同的诠释。

第一种诠释是，语言进化论是错的，因为它假定动物的"语言"和人类的语言（I 语言）是功能和作用原理类似的生物系统，进而认为人类语言作为较高级的生物系统乃是从较低级的生物系统进化而来，但实际情况不是这样；第二种诠释是，像语言、数学、音乐之类的人类高级认知能力，仅仅诉诸进化论概念不能提供一个充分解释，换言之，语言进化论者还需要援引其他概念资源才能为语言起源提供一个充分解释；第三种诠释是，语言进化论还没有提供能满足理智要求的解释，比如，没有在动物语言和人类语言二者间建立起进化上的联系；决定成功变异和复杂生物机体本质的定律尚不为人知，因此，语言进化论者声称的解释与当代的智识要求还不相称。

显然，如果将这三种诠释理解成是对待语言进化论的学术立场，则它们在强度上是递减的。第一种诠释最强，它也要求最强的论证和论据。

当乔姆斯基以赞赏的口吻提及华莱士反对达尔文的理由时，作第二种诠释是合乎情理的；（Chomsky, 2005: 1-22）在许多地方，乔姆斯基会感叹某些语言问题的"神秘"，语言起源问题的一些神秘方面自然可以让读者作第三种诠释。（参乔姆斯基，1992）对乔氏而言，第三种诠释几乎是一个不需要任何辩护的立场，只需列举种种语言使用的未得到解释的方面即可。乔姆斯基对波普尔语言进化论的评论，特别容易引导读者作第一种诠释。（Chomsky, 1968: 67-68）这种诠释包含一个论证，它可以简略地表达为：人类语言具有许多动物的呼号所不具有的典型特征，比如创造性，因此，动物的呼号和人类语言就不仅仅是程度上的差别，人类语言也不是从动物的呼号进化而来。

可以看到，这个论证是起源推理的一个实例，它的半形式化表述是：

（1）人类语言有特征 X。

（2）动物呼号不具有特征 X。

因此，

（3）人类语言不是起源于动物语言。

需要提醒，说乔姆斯基式的论证犯了起源谬误，当然并不意味着语言进化论就是对的。毋宁说，如果语言进化论是错的，它必定出于别的理由，而不仅仅是因为人类语言具有某些动物呼号所没有的特征。同理，基于人类语言和动物语言之间共有某种特征推论人类语言起源于动物语言的运思也同样犯有起源谬误。

无独有偶。在《论攻击》一书里，在考察过珊瑚鱼、鹅和老鼠等社会性动物的攻击（aggression）行为之后，洛伦兹致力于推广这一想法：攻击性行为是老鼠等社会性动物的一项本能，人是从动物进化而来，因此，人类也具有攻击性本能，人类历史上无数的战争就是人类攻击本能的结果。（Lorenz, K., 1966）

洛伦兹的基本想法可以表达为：

（1）人是从动物进化而来。

（2）动物具有攻击性本能。

因此，

（3）人也具有攻击性本能。

对洛伦兹论证的重构，需要为其合理性辩护，不过，诉诸雷斯利·斯蒂文森的研究算得上是个偷懒的办法。（Stevenson, L., 1974: 116）对我而言，重要的是，它也是起源谬误的一个实例。

不管是乔姆斯基还是洛伦兹，认为他们的立论仅仅依赖于起源推理，这会显得极其鲁莽。然而，具有洞察力的眼光能看到，起源推理确实在他们的思路里起了顶重要的作用。类似的思考结构，我相信，在别的地方也还可能发现。

四、 一种有效的起源推理

一方面，逻辑推理谬误通常具有域一般性，这个特征容易使得人们认为，一切运用了起源推理形式的论证在逻辑上都是无效的。另一方面，虑及起源一词的歧义性，就有理由担忧：是否存在某种推理特例，能够通过对"起源"一词的语义作出特殊限定，从而使得该类推理逃出一般性起源谬误的范围。

有趣的是，如果不在进化论的意义上使用"起源"这个词，则确实存在一类有效的起源推理。按照我的判断，导致人们犯下起源谬误的原因之一就是，这类推理的合理性诱使人们将起源推理的适用范围作了不恰当的推广。

可以借助一个思想实验来说明这类情况。

倘若有一个人类学家，在某洲的大山深处，发现两个与现代文明隔绝的临近小村庄。一个村子里的居民骨架高大、黄头发、蓝眼睛；另一个村子里的人身形稍小、黑头发、黑眼睛。什么样的解释能够满足人类学家的好奇心呢？也就是说，如何解释两个村子里居民的差异呢？可以设想，在这个虚构的例子里，假如人类学家通过考察发现：因为某些历史原因，一个村子的先祖源自东欧；另一个村子的先祖源自中国的南方。因为文化习俗的缘故，他们虽然和谐共处，但彼此之间绝不通婚。大概，人类学家就能对自己的疑问感到释怀。

就上述例子而言，人类学家的推理是这样的：东欧人骨架高大、黄头发、蓝眼睛，第一个村子里的居民源于东欧，所以，他们骨架高大、黄头发、蓝眼睛。看起来，它的一般推理形式是：B 有特征 Y，A 起源于 B，因此，A 有特征 Y。显然，它是我们所说的起源推理，并且，几乎不会有人怀疑，人类学家的解释中包含的推理是合理的。

关于语言起源的谈论和人类学家的推理其差别何在呢？

对语词意义敏感的哲学家会想到，案例里的人类学家所谈论的"起源"跟"语言起源"中的"起源"意思不太一样，前者虽然也有生物学意义，但并不是一个进化论概念。这个判断的准确性毋庸置疑，然而，按我的意见，它还不是问题的关键。

人类学家的推理，如果进一步精释的话，可以表述为：

（1）具有基因 G 的东欧人眼睛是蓝色的。

（2）给定其他情况相同，所有具有基因 G 的人的眼睛都是蓝色的。

（3）第一个村子里的居民源自东欧。

（4）他们拥有和蓝眼睛东欧人一样的基因 G。

因此，

（5）他们有蓝色眼睛。

精释的一个有益后果，是帮助我们看到这一推理实际包含的生物学普遍定律。[①]因为基因

---

① 颜青山教授提醒我，在生物学哲学里，是否有严格的生物学定律这个问题富有争议。虑及仍然有哲学家抱有将生物学定律、心理学定律、社会科学定律还原为物理学定律的愿望，就至少可以希望这里的假定不会感染论文的其余部分。

决定像眼睛的颜色等体貌特征之类的表现型，特定基因型和特定表现型之间的必然联系充当亨普尔心目中的一般定律，得以保证人类学家推理的有效性和解释的合理性。反之，在关于语言起源的谈论里，至今还没有发现任何类似的定律能起到保证推理有效性的作用。诚然，语言进化论者的基本判断是将语言机能看作是生物进化的结果，进而推想语言机能是受基因决定的一种生物特征（或者，生物器官）。可是，在联系基因和语言之间的定律还没有得到阐明的情况下，语言进化论在最好的情况下，仍不过是一个假设，或者是一个助探原则。

看起来，是否有普遍定律的支撑，这是真正区别有效起源推理和无效起源推理的东西。倘若在解释或推理里没有实际起作用的定律可依靠，仅仅诉诸同样的推理形式就会犯起源谬误。

五、关于语言起源的一个评论

譬如医生治病，若是知道病症的起源，自然容易想出医治的法子。谈到人类战争、核武器这些问题的时候，历经战患的洛伦兹就是这么想的。热衷于讨论语言起源的语言哲学家也会觉得这个想法很自然。然而，这么类比特别容易误入歧途。

我以为，知道事物 A 的起源对于理解事物 A 是什么不一定充分，也不一定必要。

说它不充分，是因为即使 A 起源于 B，这并不意味着 A 就是 B，或者本质上只是 B。比如，现代人大抵都接受达尔文的教诲——人起源于动物。不过，关于人类起源的这个进化论解释并不能充分表明人就只是动物，或者人本质上就只是动物而已。换言之，人起源于动物这个事实还不能构成一个关于人的本质的解释，尽管有些动物行为学家会认为它应该是关于人的本质的解释的核心要素之一。

说它不必要，是因为即使 A 起源于 B，这并不意味着一个关于 A 的本质的解释（不管它是希望了解功能，结构，还是其他）必然需要诉诸或包含对 B 的本质的解释。以医学为例，完全可以设想，某个医生知道艾滋病的机理，甚至某天发明出能轻易治愈艾滋病的药物，但他不知道艾滋病究竟是起源于非洲或是北美，究竟是起源于人类自身还是某种动物。

一个比较哲学些的例子是：对于思考数的本质的数学哲学家而言，不管他是唯名论者，还是实在论者，都不会费心去研究数的起源，尽管某些数学哲学立场可能需要承诺一种对数的起源的解释。看起来，就像数学哲学家关心数的本质但不必要不关心数的起源一样，语言哲学家对语言本质的关心也不必要依赖于一种语言起源论调。通过探究语言的起源以探究语言的本质，或多或少，这种运思都落下了起源谬误的病根。

参考文献：

[1] Chomsky, N. (1968), *Language and Mind*, Harcourt Brace Jovanovich, Inc.

[2] Chomsky, N. (2005), "Three Factors in Language Design". in *Linguistic Inquiry*, Vol 36, No 1.

[3] Damer, E. (2009), *Attacking Faulty Reasoning: A Practical Guide to Fallacy-Free Arguments*, Wadsworth Cengage learning.

[4] Fodor, J & Lepore, E. (1992), *Holism: A Shopper's Guide*, Blackwell Publishers.

[5] Lorenz, K. (1966), *On Aggression*, Methuen & Co. Ltd.

[6] Stevenson, L. (1974), *Seven Theories of Human Nature*, Oxford University Press.

[7] 迈克尔·达米特：《分析哲学的起源》，王路译，上海译文出版社，2005 年。

[8] 彼得·哈克："分析哲学：内容、历史与走向"，载《分析哲学——回顾与反省》，江怡译，四川教育出版社，2001 年。

[9] 冯·赖特："分析哲学：一个批判的历史概述"，载《分析哲学——回顾与反省》，陈波译，四川教育出版社，2001 年。

[10] 刘小涛、何朝安："从动物语言到人类语言的进化"，载《哲学动态》2010 年第 6 期。

[11] 乔姆斯基：《乔姆斯基语言哲学文选》，徐烈炯等译，商务印书馆，1992 年。

[12] 吴文、郑红苹："乔姆斯基的语言进化论倾向——与刘小涛、何朝安商榷"，载《外国语》2012 年第 1 期。

[13] 翟振明："迷失在'诉诸后果'谬误中的中国哲学学术"，载《学术月刊》2007 年第 10 期。

On Origin Fallacy

Xiaotao Liu

Philosophy Department, School of Social Sciences, Shanghai University

Abstract: In the philosophical literature concerning the origin of language and other similar topics, there is a kind of fallacy of reasoning which I call origin fallacy. First of all, this paper analyzes the meanings of origin in some typical ordinary contexts, clarifies the general logical form of origin fallacy. For the purpose of further explaining, two examples are provided in section 3. By comparison with a valid reasoning form, an attempting account of the cause of origin fallacy is outlined in section 4. In the end, based on the analyses of origin fallacy, I supplement some remarks on the thesis of the origin of language.

Key Words: origin; fallacy; the origin of language

"意义盲人"假设及论证

◎ 王海东

云南省社会科学院哲学研究所

摘　要： 为进一步辩护"意义即用法"这一观点，在《心理学哲学评论》中，维特根斯坦提出"意义盲人"这一假设，并对其进行了大量的论证；通过这一理论假设，对"意义即用法"和"语言游戏"等观点进行澄清和辩解，从而实现对它们的理性限定，找出其界限，以免语言和理性的撞墙和越界。

关键词： 意义盲人；意义即用法；语言游戏

"意义即用法"这一著名的维特根斯坦式的论断，确定了语境原则，既在一定程度上瓦解了独断论和本质主义，又在一定程度上克服了相对主义。这一原则与家族相似性、语言游戏论、遵循规则等诸多理论，一起对西方思想上的本质主义、独断论和相对主义构成合围之势。

这一理论，维氏在后期倾注了大量的心血。他从正反两个维度对其进行了论证。在《哲学研究》中，维氏正面论证了"意义即用法"何以可能；而在《心理学哲学评论》中，他则从反面论证了这一观点的正确性及其限度。本文基于这两个文本，侧重于梳理"意义盲人"这一假设，考察其从反面论证"意义即用法"的合理性。

一、"意义即用法"的正面论证与辩护

与早期的宏大抱负，即建立一套精准的人工语言，解决一切哲学问题相比，后期维氏已经意识到逻辑语言的局限性，即语言不可能脱离生活而独立存在"词只有在生活之流中才有其意义。"（维特根斯坦，2002：12）"想象一种语言意味着想象一种生活"；语言的开放性和复杂性超乎我们的想象"我们的语言可以被看作是一座老城，错综的小巷和广场，以及在不同时期增建改建过的房舍。这座老城四周是一个个新城，街道笔直规则，房舍整齐划一。"（维特根斯坦，2003，卷4：16）一个词的用法就是其意义，词语无法脱离语言而仍然具有意

义，这犹如鱼与水的关系："只在语言中某物才是一个命题。理解一个命题就是理解一种语言。"他努力将语言从光滑的理想界面拉回到粗糙的表面："我们把语词从形而上学的用法带回日常用法。"（维特根斯坦，2002：73-74）也正是这种改变，使得维氏新的语言哲学观真正得以形成。

同时，维氏后期关于哲学的看法也发生了变化。"我对建筑一座大厦毫无兴趣，而有志于获得一种对这座可能的大厦的基础的清晰认识。""必须摧毁你的那座傲慢自负的大厦，这是一项极其艰难的工作。"（维特根斯坦，2003，卷11：11-36）他逐渐放弃了对宏大叙事的追求，不再执着于构建庞大的哲学体系，反倒要摧毁体系，转而对哲学进行诊治，重新考察哲学的基础："哲学家诊治一个问题；就像诊治一种疾病。"（维特根斯坦，2002：137）哲学病的原因主要在于偏狭和语言的误用："哲学病的一个主要原因——偏食：只用一类例子来滋养思想。"（维特根斯坦，2002：235）见此不见彼、顾首失尾、一叶障目这些都是造成哲学病的重要因素；"哲学的谬误在于语言的空转。"（维特根斯坦，2002：77）哲学家对语言充满了幻想，无法节制语言解释的冲动，解释欲的过度膨胀，导致更多的问题出现，使得哲学的战场更加乌烟瘴气，是非混淆，真伪难辨。"哲学的最大障碍之一是期望新的、深层的 // 闻所未闻的 // 阐明。"（维特根斯坦，2003，卷12：89）而对新东西的盲目期盼恰恰阻碍了哲学的发展："哲学可以不干涉语言的实际 // 现实 // 用法 //……不干涉它实际上所说的东西 //，它最终只是描述性的。"（维特根斯坦，2003，卷12：42）维氏反对"解释"的滥用，应当慎用之，他倾向于"看"和"显示"："哲学只是把一切摆在我们面前，既没有解释，也没有推导出任何东西。"（维特根斯坦，2003，卷12：43）"我们在实际生活中并没有遭遇到哲学问题（如果有的话，例如，只是自然科学问题）。我们只是在构造句子时没有按照实际的目的；而是根据我们语言中某些相似的东西才会遭遇到它们。"（维特根斯坦，2003，卷12：50）解释反而会引发更多的误解和错误，稍不注意就陷入过度诠释和臆断之中。

而对哲学的错误观察、对语言概念的误解，也是导致混乱的重要因素。维氏讲道：

可以说，哲学中的混乱来自于我们错误地观察、错误地看待哲学，即仿佛将哲学分割为（无限的）纵线条，而非（有限的）横线条。我们观念中的这种倒转现象造成最大的困难。我们似乎愿意把握无限的纵线条，并抱怨不能将它分为一块一块的。如果人们把一块一块理解为无限的纵线条，那就能作到这一点。但我们的工作并不因此而结束！当然不能，因为工作没有尽头。（我们想用对语言事实冷静思考取代纷乱的猜想和解释）（《全集》，卷11，纸条集，§447。）

一贯的定势思维模式，使得我们不会换个角度观察，就像用一条腿站久了，而忘记还有另一条腿，以至于不会及时换换腿站。"对我而言，重要的是在探究哲理时要不断改变姿势，不要让一只脚站立太久而变得僵硬。"其实，只要改变一下"姿势"，换一个角度考察哲学，某些所谓的哲学问题就消失了。

因此，维氏提出一个关于哲学的看法，即哲学研究得对概念进行研究，考察概念在不同语境中的意义。"哲学研究：概念研究。形而上学的本质：她模糊了事实研究和概念研究之间的区别。"（维特根斯坦，2003，卷 11：225）只有在语言游戏中，才能清楚地把握词的意义。"我还将把语言和活动——那些和语言编织成一片的活动——所组成的整体称作'语言游戏'。"（维特根斯坦，2002：7）

在《哲学研究》的第二节和第六节中，维氏对"语言游戏"进行了细致的勾画：

> 我们的清楚简单的语言游戏并不是为将来给语言制定规则所作的预备性研究——仿佛它们是向充分的规则走出的第一步，暂不考虑摩擦和空气阻力。毋宁说这些语言游戏立在那里作为参照物，它们将通过相似性以及不相似性来帮助我们领会我们的语言是怎样一种情形。（PI，§130。）
>
> 在最含混的句子里也一定藏着最完满的秩序。（PI，§98。）
>
> 日常语言游戏中藏着最完满的秩序，同时也藏着约束这一语言游戏的规则。
>
> 而想象一种语言就意味着想象一种生活形式。（PI，§19。）
>
> "语言游戏"这个用语在这里是要强调，用语言来说话是某种行为举止的一部分，或某种生活形式的一部分。（PI，§23。）

语言是和生活形式融为一体的，在这样的游戏中，人们无法做到只考虑一个因素，而暂不考虑其他因素，事实上，各种因素都是同时共在，一起影响着语言游戏；在语言游戏中，暗含着规则，即使是再混乱的游戏，都有秩序在其中。任何一场语言游戏，都意味着我们对某些"规则"的"承认"，这些认同又与生活形式密不可分。

而某些规范、约定和被承认的东西，恰恰就是"意义即用法"得以成立的重要条件。基于诸多人类不得不认可的隐性秩序，维氏提出"词的用法"和"词的意义"之间具有同一性的关系：

> 首先，我提出"词的用法"替换"词的意义"，因为词的用法包含了"词的意义"所说的更大的内容。理解一个词也就会知道它的用法，它的应用。词的用法是由规则确定

的东西，正像国际象棋中国王的法是由规则确定的。

解释一个词的意义，就是描述它的用法。

让我们把"理解一个词"看作是知道它的用法。(《全集》，卷5，第182-183页。)

一个词在语言中的用法就是它的意义。(《全集》，卷4，第51页。)

一个词的一种意义就是对于该词的一种使用。(《全集》，卷10，第202页。)

在维氏的意义里，词的用法与词的意义是一回事，词的用法就是它的意义；理解一个词就意味着知道如何运用它。

二、"意义盲人"："意义即用法"的反面论证与限定

维氏并没有只满足于正面对"意义即用法"的论证与阐释，在《心理学哲学评论》中，他进行了大量的反面论证，其中，以"意义盲人"尤为突出。通过这一假设，进一步澄清"意义即用法"，明确其界限，使其避免陷入独断论的困境。

在考察"意义即用法"这一命题时，维氏对"意义"也作了一番思考。

"意义"是一种非本质的和非目的性的东西，它神秘莫测，很少能在形而上学的层面给出一个确切的描述；通过解释，也难以作出一个令人满意的判断。它随着词的用法才能得到确定，只能在具体的语境中，才能对其进行一个"即兴"般的勾画；就像我们无法在整体上说出水的样式，只有根据其当下所处的容器的形状来判断一样。"意义"的神秘莫测性，不是由词决定的，而是其所在的生活形式和人性决定的；当然也是人，才真正使得世界、思想和语言具有"意义"。维氏论述道：

"意义"这个概念可以用于把那种可以称为语言中变幻莫测的构造的东西与那种本质的、处于语言的目的之中的东西区别开来。

"意义"概念把一个新的观点引入对词的用法的描述之中。

人的本性决定了那种变幻莫测的东西。

"意义"是一个原始概念。"这个词意指这个"这种形式，是这个概念的一个部分，也就是说，通过指示动作来解释一种意义。在某些情况下，就某些词而言，这种形式能发挥很好的作用。可是，一旦把这个概念扩展到其他词，困难就出现了。(《全集》，卷10，第67页。)

面对"意义",我们人何如才能把握它？维氏所给出的方案就是学习和训练。也就是在训练中，反复练习对词的理解和运用，直到我们能较好地领悟词在不同语境的运用和意义。维氏说道：

> 我是通过训练而学会意义，因而也学会这同一种意义。
>
> 人们可以在一种训练中把（其他）种类的训练区别出来。因而也可以在一种语词用法中把其他种类的语词用法区别出来。（《全集》，卷10，第71页。）

在学与习的活动中，逐渐实现对词语用法的正确把握和运用，以达到对意义的正确领悟和描绘。

在对"意义"进行的探索之中，维氏提出了"意义盲人"这一有趣的假设，通过对其的论证，从另一个维度达到对"意义即用法"这一观点的证明。

在《心理学哲学评论》中，维氏对"意义盲人"进行了大量的论证，到底什么样的人，可以称其为"意义盲人"，维氏没有从通常的意义上给出一个定义，以便人们根据定义的内涵和外延来确定某些人是否为意义盲人；他只是根据不同的表征，对"意义盲人"进行了描绘，使其面相呈现出来而已。

语言游戏得以可能的一个必要条件就是：正常的人；一个智力正常的人，才可能学会和正确运用词语，才可能正确理解规则，参与到游戏之中来。对于一个根本摸不着北的人来说，他永远无法与人进行有效的语言交谈。所以维氏表明：

> 能参与语言游戏的人，自然其智商是正常的，一个智力有障碍的人是无法理解语言游戏的；也就是难以正确地理解词的用法。
>
> "当我们开始谈论时，我想你的意思是……"我的这句话与他的话语的开端以及我当时所有的想法是联系在一起的。——某个人从来不做任何这样的事情，这自然是可能的。可是，我假定他可能会最终回答这个问题："我谈论的是哪一个N？"如果我在说出我的故事的前面一些词之后提出这个问题，那他会以其他方式对此作出回答，这当然是可能的。因此，是否他不理解这个问题："是否你一开始就立刻知道我说的是谁？"——如果他此时不理解这个问题，是否我不会简单地把他看作是弱智的？我的意思是：是否我不会简单地假定他的思想不是真正地清楚的，或者他不再记得他当时所想的事情，如果他当时想任何事情的话？这就是说，我们在这里通常使用了一种与我所建议的图画不同的另一种图画。（《全集》，卷9，第57-58页）

此外，还有一种情况可能是，语言游戏者不是智力有问题，而是没有真正搞清楚某些东西；这在语言初学者身上尤为明显，由于其尚未搞清词语在各种场合中的意义，很可能与交谈者意指的东西各异。你意指的是这个"N"，而他可能指的是那个"N"，甚至对于所谈的"N"都有不同的理解，以至于搞不清楚是在谈论哪一个"N"了。

弱智者在倾向上更接近"机器人"，而"意义盲人"则与之相去较远；面对一个孤立的词，前者做不到将其融入一个句子，后者则不同，在一定程度上是可以构造语句的，言语生成和构造的能力正常，只是反应有些迟钝。维氏阐释为：

> 然而，真实的情况是：我们对弱智者往往有这样的感觉，仿佛他们比我们更加像机器人那样说话。如果某个人是我们称之为"意义盲人"的那种人，那么我们会认为这个人一定会给出一些没有我们那样生动的印象，而更加"像机器人那样"行动。
>
> 可能有那样的情况：当有人向某些人说出一个孤立的词，这些人立刻用这个词构造出某一个句子，而另一些人则做不到这一点；前者是智慧的标志，后者是迟钝的标志。
> （《全集》，卷9，第58页）

"意义盲人"无法像常人一样，对语言的"意义"有着丰富的体验；他可能只有语法的正确性，少有情感上的体验性。"当我对'意义盲人'的事例作出假设时，那是由于对意义的体验在语言的使用中似乎没有什么重要性。因而也由于似乎那个意义盲人可能没有多少损失。"（维特根斯坦，2003，卷9：59）然而，这种情感体验对一个常人来说，损失很大，但对"意义盲人"而言，其损失感并不强。为了不至于陷入独断论，维氏进一步自省道：

> 现在我应当说些什么：说意义盲人不能够作出这样的反应，或者说他只不过没有断言他当时体验到这种意义，——因而他只不过没有使用一个特殊的图像？
>
> 因此，意义盲人是不是这样一种人，他不说"整个思想过程一下子出现在我面前"？这是否就是说，他不说"现在我知道它了"？
>
> 一个弱智的人肯定不会说："当你开始谈话时，我想你的意思是……"——现在，人们会问：是否因为他总是立刻作出正确的理解？或者，是否因为他从来不需要改正自己？或者，在他心中发生了那种也在我心中发生的事情，只是他不能把它表达出来？
> （《全集》，卷9，第60、63页）

另一种可能便是，"意义盲人"难以做到对整个思想的把握，也许他能理解一个词，但是却无法把握一种语言，更无法把握一种生活形式。虽然他也许能体验到这种意义，但是没有及时作出相应的反应，"或者，在他心中发生了那种也在我心中发生的事情，只是他不能把它表达出来？"也可能是他没有使用我们常人都能理解的那种图像。

事实上，在我们的言语和行为中，有一部分言语是不带实际功利性的；并非任何一句话或行为都包含着目的或意图；而这样的言语行为，却往往会被人们误以为是"不正常的行为"，维氏进行了大量的论证：

> 并非我所做的一切事情都是怀着一种意图做出的。（我一边走，一边吹口哨，如此等等）。可是，如果我现在站起来，走出房间，然后又走回来，对于"为什么你这么做"这个问题，我回答说："没有什么特殊的理由。"或者"我只是这么做——"那么人们会认为这是很奇怪的。一个人往往做某些事而没有特别的意图，那他就大大背离常规。是否他一定是人们称之为"低能儿"的那种人呢？
>
> 设想那样一个人，关于他人们会说，他从来记不起任何意图，除非他回忆起关于一种意图的表达。
>
> 某个人可能做我们在正常情况下"怀有一定意图"做出的事情，而不怀有那样的意图，可是它仍然表明是有用的。在那样一种情况下，我们也许会说，这个人是怀着没有意识到的意图行事的。
>
> 例如，他突然登上一把椅子，然后又跳下来。别人问他"为什么"，他不作回答；不过，他此时报道说，他从椅子上看见某个东西，仿佛他登上椅子是为了观察那个东西。
>
> 难道一个"意义盲人"不可能如此行事吗？（《全集》，卷9，第66页）

在"怀有意图"言语行为的观念指引下，我们就难以理解那些不带功利性的言语行为，就像我们搞不懂一个人"突然登上一把椅子，然后又跳下来。"你以为他可能是怀有目的地干了这一事情，他可能不愿告诉别人，同时，他也可能只是这样行动了一下而已，不怀任何目的。这也许会给人造成误解，以为是一个"低能儿"的行为，但事实上，他只不过是一个有些不同于常人的"意义盲人"，也就是没有完全按照游戏规则行动，该及时作出相应的反应时，他保持沉默；该怀有目的时，他并不在意；一系列的反常行为，使得人们难以理解其行为的意图。

对于常人而言，不但拥有正常的视觉印象、记忆心象和想象虚象，还能够通过联想和虚构，使得语言也成象，通过言语行为我们可以勾画出那些具有具体所指对象的语言合象。当我们一起谈论一个医生时，尽管我未曾见过他，但是从你的言语行为所涉及的姓名、身高、样貌、性格、医术等等语言材料和我对其他医生的具体经验相结合，我就能合成这个医生的模样来，甚至还能到他所在的医院找出他来。维氏假设：

> 我对我的邻居谈到他们的医生；此时在我心中出现这个医生的形象，——可是，我从来没有见过他，只知道他的名字，也许我是根据名字形成他的形象。这个形象如何能够表征我谈论的是他呢？——可是，当时我心中的确出现这个形象，直到我回忆起丝毫不知道这个人是什么样子。对我而言，他的形象丝毫也不比他的名字更好地表现出他。
>
> 如果我把意义在脑海中的浮现与做梦相比较，那我们在言谈时通常是没有做梦的。
>
> 因此，"意义盲人"是一个在言谈时总是没有做梦的人。（《全集》，卷9，第68页）

在这个语言合象的游戏中，象与那个名字对于"意义盲人"而言，几乎是同一的。他并没有获得像常人那样的语言"意义"。这就像是对"梦"的理解一样，尽管"意义盲人"也能够分清楚梦和现实的差别，但是他不一定能读懂"梦"的意义；而我们常人则可以从自己的"梦"中，领悟到一些东西。

甚至，"意义盲人"能够和常人一样，知道一词多义，并能够指出其对应的图像，只是他们并不愿意去做；他们没有常人所具有的那种行为方式和观念。维氏说：

> 我们玩这个游戏：这里有一些图像，一些词被说了出来，我们必须指出与一个词相应的那个图像。在这些词中，也有一些有多重含义的词。我在听到一个词时想到一种意义，并指出一个图像，然后我想到另一种意义，并指出另一个图像。意义盲人能够做这件事吗？当然能够。——可是，对下述情况又怎样呢？一个词被说出来，我想到它的一种意义。我不说出这种意义，而去寻找图像。在我找到图像之前，我又想到这个词的另一种意义；我说："我刚刚想到第二种意义。"此时我解释说："起初，我想到这种意义，然后想到这种意义。"意义盲人能这样做吗？——难道他不能说，他知道这个词的意义，可是没有把它说出来？或者，难道他不能说，我刚刚想到这种意义，可是没有把它说出来。——我觉得他能够说出这两者。然而，在那种情况下，肯定也会说："当你说出这个词时，我首先是在这种意义上意指它的"？（《全集》，卷9，第70-71页）

常人所关心的东西，"意义盲人"不一定在乎。我们想到一种意义，就会意指与该词相关的图像及其相关的东西。而"意义盲人"则对相关的对象不那么关心。好比，当有人向我们说起"贝多芬"和"莫扎特"这些名字时，我们会肃然起敬，他们的伟大事迹和贡献就会接二连三地显现出来，以致这些名字本身就成了一个个意义世界的崇高标签。维氏陈述：

> 请你回想一下著名的诗人和作曲家的名字怎样似乎在它们自身中显示出一种特殊的意义。因此，人们可以说："贝多芬"和"莫扎特"这些名字不仅听起来不同，而且伴随有不同的性格。如果你必须更加细致地描述这种性格，那你展示的是他们的肖像还是他们的音乐？
>
> 现在再来看看那个意义盲人：他不会感觉到名字在被听见或看见时是通过某种不能准确估计的东西而相互区别。是否他会因此而损失什么？——可是，如果他听见一个名字，他可能首先想到一个承担者，后来又想到另一个承担者。(《全集》，卷9，第70-71页)

但是，"意义盲人"却不会犯这种可笑的毛病，他们只是将名字与对象相连，但不会将那个被世俗眼光泡涨了的意义世界粘连在一起，更不会赋予其光环。常人看到"贝多芬"和"莫扎特"等名字，就会和崇高、伟大之类的东西扯上关系，而"意义盲人"反倒心态平和，显得更为淡定，透出几分众生平等的气息。

"意义盲人"有自己的行事风格；他们与常人的模式不同，对于常人而言，这种"你必须把这个词听成……然后你会正确地说出这个句子"的方式是有效的，但对"意义盲人"却是无效的。

为进一步细分"意义盲人"与常人的差异，维氏条分缕析：

> 人们可能说，意义盲人将用下述方式表现自己：人们不可能有效地对这种人说："你必须把这个词听成……然后你会正确地说出这个句子。"这是当人们演奏一段音乐时发出的指令。"演奏这个，仿佛它就是答案。"——人们也许对此做出一个手势。
>
> 可是，一个人如何把这个手势翻译到演奏之中？如果他理解我，他会更好地按照我的愿望去演奏这段音乐。(《全集》，卷9，第72页)
>
> 舒曼的"仿佛来自远方"这个指令。是否每个人一定理解这样一个指令？譬如说，是否每个人都理解"不要太快"这个指令？一个意义盲人所缺乏的能力难道不就是这种能力吗？

是否一个人能够牢牢把握住对一种意义的理解，就像把握住心象那样？如果我突然想起一个词的意义，这种意义是否也能停留在心中呢？（《全集》，卷9，第73页）

他的名字看起来与他的著作相称。——它看起来是怎样相称的呢？唔，我也许这样地表现自己：——但这就是一切吗？——仿佛这个名字与这部著作形成一个坚固的整体。如果我们看见这个名字，这部著作就出现在我们心中；如果我想到这部著作，我就想到这个名字。我们怀着崇敬的心情说出这个名字。

名字变成一种手势；变成一种建筑形式。

如果某个人不理解这一点，也许我们就把他称为"平凡枯燥的"。是否这就是"意义盲人"之所以为"意义盲人"的那种东西？

我把那些不能理解和使用"把这个符号看作箭头"的人，称为"意义盲人"。

对他说"你必须尝试把它看作箭头"，这是没有意义的，用这种方式对他不可能有所帮助。（《全集》，卷9，第96-97页）

对"意义盲人"而言，其困难之一，是难以将一个符号与丰富的意义迅速连结起来。对于"名字变成一种手势；变成一种建筑形式"之间的转换，难以把握其中的关系。在音乐演奏中"把这个手势翻译到演奏之中"有一定的难度，很难做到对意义的理解就像对心象的理解那样；而在语言游戏中，往往也会遇到一些困难，那就是虽然对那些有所指对象的词的理解不会出什么差错，但是对那些没有所指对象的词的理解就容易陷入困惑，对一些需要构造语境的指令的理解也难以到位，比如"仿佛来自远方""不要太快"这类指令，他们的就有点丈二和尚摸不着头脑。相比常人而言，"意义盲人"的意义世界要小一些，显得有些枯燥乏味。

三、结语

维氏所假设的"意义盲人"，即是一种间于常人和弱智儿之间的一种人；他们不像后者那样无法正常参与语言游戏，但是也无法像前者那样能够灵活运用语言，并根据语境对词的意义作出及时而准确的反应；甚至有时，他们脱离了常人系统，即使是知道词的意义，也不会及时说出来；常人所追求的那种"积极"、"上进"和"崇高"，在他们的意义世界并没有太重的分量。

在某些境遇里，也许是"意义盲人"难以将一个词与其意义和生活世界全部关联起来；当然，有时是常人无法判断其是否把握了，因为他们的沉默和漠不关心，使得我们的判断毫无根据。

"意义盲人"对意义的体验有限，不如常人丰富；他们在词语和意义之间的转换上，不似常人那般灵活；对意义的整体把握也有限。当然，造成这些问题的原因比较复杂，难以排除的是"意义盲人"不像常人那样怀着目的去进行事，他们有时不过是随性而为，不含任何目的。

维氏通过对"意义盲人"的考究，进一步澄清"意义即用法"这一理论的内涵，将那些被默认的东西，道说出来：语言游戏的前提便是人的正常性，也就说一个不正常的人，主要指的是智力的缺陷，是无法深度参与语言游戏的，这也是"意义即用法"的前提；另一个前提就是生活形式和语言这两个共同体，只有在共同的生活形式和语言中，才可能有效地完成语言游戏；"词只有在生活之流中才有其意义"（维特根斯坦，2003，卷9：59）。

对"意义盲人"这一理论假设和论证的目的，不在于其本身，而在于对"语言游戏"和"意义即用法"进行划界，以免陷入独断论的深渊，从而进一步接近维氏所要达到的目标，要真正解决这种哲学问题，就是消灭哲学："哲学的真正事业是消灭哲学——当我想搞哲学的时候我能够停止这么干。"与语言进行搏斗，消除因语言的误用而带来的问题"我们正处在与语言搏斗之中"（维特根斯坦，2002：77-78）。以至于不少学者将维氏的哲学看成是一种治疗性的哲学，"哲学家是那种在达到常识性观念之前必须先治疗自身的许多理智疾病的人。"（维特根斯坦，2003，卷11：61）维氏把对语言的正确使用、概念的澄清和意义的考察当成哲学的重要方法"哲学方法：语法的 // 语言的 // 清晰表现。"（维特根斯坦，2003，卷9：39）哲学家的工作就是为某个特殊的目的收集提醒物。"哲学。澄清语言的用法。语言的陷阱。"（维特根斯坦，2003，卷9：46）而达到避开语言的陷阱，实现论证的明确性，"目标：论证的清晰。公正"（维特根斯坦，2003，卷9：39）。"哲学的目的是在语言停步之处竖立一面墙。哲学的结果是揭示这个或那个明显的胡说，是理智在碰到语言的界限 // 终点 // 时起的肿块。这些肿块让我们理解了 // 认识到了这个发现的价值。"（维特根斯坦，2003，卷9：49）为语言寻找界限，避免越界，不至于使语言和理性撞墙。

参考文献：

[1] 维特根斯坦：《哲学研究》，李步楼译，商务印书馆，2002。

[2] 《维特根斯坦全集》卷4，涂纪亮主编，河北教育出版社，2003年。

[3] 《维特根斯坦全集》卷9，涂纪亮主编，河北教育出版社，2003年。

[4] 《维特根斯坦全集》卷10，涂纪亮主编，河北教育出版社，2003年。

[5] 《维特根斯坦全集》卷11，涂纪亮主编，河北教育出版社，2003年。

[6] 《维特根斯坦全集》卷12，涂纪亮主编，河北教育出版社，2003年。

"Significance of the blind" hypothesis and argumentation

Haidong Wang

Institute of Philosophy, Yunnan Academy of Social Sciences

Abstract: As a further defence the view of "meaning as use", in comments on the philosophy of psychology , Wittgenstein puts forward "the significance of the blind" hypothesis, and has carried on the massive demonstration; through this hypothesis, to clarificated and explained the view of "meaning as use" and "language game" etc. in order to achieve their rational limit, find out its boundaries, so as to avoid language and rational wall and cross.

Key words: the significance of the blind; meaning as use; language game

真之条件的语义学与循环性问题

◎ 周志荣

中南财经政法大学哲学院

摘　要：意义解释的循环性问题常常被真之紧缩论者用以挑战戴维森的意义理论即真之条件的语义学。有学者提出表层语义学，试图将紧缩论与这种意义理论结合起来。但这种方案并不能彻底消除循环性问题的威胁。本文证明了真之条件的语义学仅仅是刻画句子意义的理论，它全赖于经验的证据标准来确保其正确性，它不需要而且实际上也没有使用真概念来解释任何东西。最后推论出，不管真概念有没有内容，真之条件的语义学都不会造成循环性问题。

关键词：戴维森纲领；真之条件的语义学；循环性问题

戴维森纲领主张用塔斯基的真之理论来构造意义理论，由此可以通过归纳地给出一种语言中每个句子的意义对该语言提供解释。该主张的特别之处在于：在同样一个真之理论中，塔斯基用意义来解释真，而戴维森相反是要用真来解释意义（Davidson, 1976: 35）。为了实现这一纲领，戴维森提出了真之条件的语义学。然而，他的主张使得这种意义理论面临一个严重问题：由于塔斯基在真之理论中预设了意义（翻译）概念，如果在相同的理论中再用真概念来解释意义概念就会导致解释上的循环性问题。基于这个理由，霍维奇与其他紧缩论者一样对真之条件的意义提出了猛烈抨击①。他认为，"真（truth）……不应该在哲学理论中被赋予重要的作用。它不能是意义、确证或逻辑观念的基础。"（Horwich, 2010: 16）。如果这是正确的，那么真之条件的语义学似乎就是完全不可接受的。对于紧缩论者的这种批评，威廉姆斯（Williams）和科布尔（Kölbel）提出了不同的看法（Williams, 1999; Kölbel, 2001）。他们

---

① 其实最早发现循环性问题的人是达米特，他显然并不是紧缩论者（Dummett, 1959）。我们在后面将指出，就戴维森纲领的主张而言，无论真概念是否具有实质的内容，真之条件的语义学都面临着循环性问题的威胁。不过，紧缩论者对戴维森的这种意义理论批评尤为激烈，因而本文会较多地关他们就循环性问题提出的责难。

试图证明，真概念在戴维森的意义理论其实仅仅起到了"语法上的填充作用"而非真正的解释性的作用，因此不存在循环性问题。接着他们认为，由于真之条件语义学中的真概念具有紧缩论的特点，可以将紧缩论的真概念与这种语义学结合起来，构造一种所谓的表层语义学（skim semantics）来调和紧缩论与真之条件的语义学之间的分歧①。本文将首先指出，表层语义学的方案并不能帮助真之条件的语义学消除关于循环性问题的责难，因为它本身就存在这个问题②。本文还将证明，戴维森提出的这种意义理论实际上根本不会产生循环性问题。真之条件的语义学摆脱困境的关键并不是因为它能够与紧缩论相结合，而是因为，作为刻画句子意义的理论，它全赖于经验的证据标准来确保其正确性。它并不需要而且也实际上也没有使用真概念来解释任何东西，真概念是否具有实质的内容对它毫无影响。

一、真之理论与循环性问题

膨胀论（inflationism）和紧缩论（deflationism）是两种对立的真观念。按照真之膨胀论，"真"是真正的谓词，它表达了一个实质的、有内容的概念，即真概念。而紧缩论者则认为，真谓词与其他谓词（例如"红色"、"动物"）不同，如果说它有任何价值，那么它的价值仅仅体现在语言表达的便利性上。例如它是实现语义攀升或下降、表达语句的无穷合取以及指代语句的语法工具。在语言中，真谓词的作用是"非谓述性的（non-predictive）"和"非解释性的（non-explanatory）"（Horwich, 2010: 15）。戴维森的意义理论（即真之条件的语义学）之所以常常被指责存在解释上的循环性问题，主要因为戴维森纲领主张如下的解释路径（其中 T 表示真之理论；M 表示意义理论。在戴维森那里，T 与 M 表示相同的东西，即塔斯基的真之理论）：

（I）意义概念 ——T——► 真概念 ——M——► 意义概念

威廉姆斯和科布尔提出的表层语义学试图证明紧缩论可以与戴维森的意义理论相结合而避免循环性问题。然而，这种尝试并不奏效而且适得其反。因为按照一般对戴维森纲领的理解，无论采取哪一种真观念，他的意义理论似乎都有可能会面临循环性问题。

---

① 周振中教授在最近的一篇论文（周振中，2010）中对这种表层语义学进行了扩充，进而提出了一种基于"修正的扩展的紧缩论的真概念"的"相对纯粹的表层语义学"。这种语义学的适用范围由本国语言扩展到"陌生的外国语言"，但它的核心观点并没有发生变化：紧缩论的真概念能够在戴维森的意义理论发挥基础作用。因此，本文只讨论一般的表层语义学而不再专门论述这种扩展的表层语义。

② 这也是为何戴维森反对将紧缩论与他的意义理论结合起来的原因所在（Davidson, 1990）。

（1）如果像一般观点认为的那样假设戴维森的意义理论（即真之条件的语义学）中的真概念具有实质的内容，可用以解释其他概念，那么如果它是用真概念来解释意义概念，那它就一定是循环的。因为它所使用的真概念同样是在塔斯基式的真之理论中得到解释的，对真概念的解释本身预设了意义（即翻译）概念。霍利斯克认为这在解释上并不存在循环。因为，真概念和意义概念在戴维森那里并不是还原与被还原或解释与被解释的关系，而是一种相互并列（reciprocal）的关系（Horisk, 2008: 291）。尽管戴维森会认为，在意义理论中真概念先于意义概念；而在真之理论中意义概念先于真概念，但在霍利斯克看来，这种在先性并不意味着一个概念需要借助另外一个概念才能得到"解释"或如果不理解一个概念就不能理解另外一个概念。这种在先性仅仅意味着，"在正常的成长中"，儿童会先理解一个概念而后理解另外一个概念，这种先后次序不存在依赖关系。因此，说真概念先于（或后于）意义概念，这并不是说，要使用真概念去解释意义概念或相反。霍利斯克说，"就像戴维森已经很清楚地表明的那样，他并没有提供一种还原分析，他提供了一种并列分析，即通过概述真概念与意义概念，以及其他概念之间的联系来丰富我们对于意义的理解"（Horisk, 2008: 291）。如果对于一个概念的理解果真仅仅在于辨明它与另外一个概念的关系，那么在先性假设就没有意义了。如果在内容上，一个概念并不包括另一个概念，那么也就不存在能不能使用一个概念去解释另外一个概念的问题。因此，戴维森对于真概念与意义概念的解释就不会出现循环性问题。

尽管霍利斯克说，他所论证的东西是戴维森本人"很清楚地表明"的观点，但他并没有拿出切实的证据来令人信服地证明这一点。另外，我们还要注意到，戴维森明确主张过，没有真概念我们就不能理解意义，意义概念"明显地"包含真概念（Davidson, 1996: 274, 278）。而且戴维森认为"真概念与信念和意义概念有着本质的联系"（Davidson, 1990: 295），他反对霍维奇和达米特等人的如下观点，即"我们理解意义必须不能直接求助于真概念"或"对于意义的解释基于断定或使用概念，它们并不求助于真概念"，他主张"我们不能在没有真概念的情况下理解一个句子"（Davidson, 1996: 275）。这些证据表明，情况并不像霍利斯克想象的那样简单。如果戴维森坚决执行他的计划，正如库珀（Cooper）和恩格尔（Engel）所言，"当戴维森的真之条件理论想要同时阐释真和意义时，它就会遇到[循环解释]这样的问题"（Cooper and Engel, 1991: 5）。从戴维森自己的论述看来，循环性问题似乎是基于膨胀论的真之条件语义学所无法避免的。

（2）按照威廉姆斯和科布尔的观点，表层语义学是紧缩论与戴维森的真之条件语义学的结合物。这种结合物依然无法使戴维森的意义理论避免循环性问题。紧缩论的基本观点依赖于对塔斯基的 T-语句的说明。根据紧缩论，真谓词的全部意义都在所有 T-语句中得到阐明。

而一个完善的紧缩论不仅要能蕴含所有形如"'p'是真的，当且仅当p"的 T- 语句，还要能蕴含所有形如"s是真的，当且仅当m"的 T- 语句（其中"s"是对象语言中的句子的名字，"m"是该句子在元语言中的翻译）。因此，一个完善的紧缩论必须作出这样的预设（这个预设同样包含在塔斯基的真之理论（T- 约定）中）（Field, 1994: 272; Horwich, 1998: 108）：

（MT）如果s意味着m，那么s是真的，当且仅当m。[1]

而戴维森的意义理论所预设的是：

（TM）如果s是真的，当且仅当m，那么s意味着m。

即便在这两个预设中，真谓词仅仅具有表达语法的功能，只要在戴维森的理论中（在紧缩论的含义上）真谓词的确是通过所有 MT- 语句得到说明的，以及意义是通过所有 TM- 语句得到说明的，那么他的理论同样会存在循环解释的问题。因为，戴维森要保证意义理论所蕴涵的形如"s意味着m"的定理都是真的，就要保证 T- 语句中的"s"的替换实例所指示的语句与"m"的替换实例表达相同的意义。要实现这样的保证，他必须预设同义或翻译概念，也即意义概念。可见，表层语义学本身就会造成解释上的循环。

要走出循环性问题的阴影，一种可能的策略是将对意义概念的解释替换为对句子意义的刻画，以此来修改（Ⅰ）。但这种策略似乎并不彻底，因为我们在后面将会看到，戴维森纲领还可能隐含另外一种解释意图，即意义概念是通过给出句子的意义来解释的，这种解释路径可以表示如下：

（Ⅱ）句子意义 $\underline{\quad M\quad}$ 意义概念 $\underline{\quad T\quad}$ 真概念 / 真之条件 $\underline{\quad M\quad}$ 句子意义

这个路径同样存在循环性问题。彻底解决问题的策略是放弃真概念或真之条件在解释中的任何作用，无论是实质的还是表层的作用。取而代之的是与塔斯基真之理论具有相同组合性的结构的 t- 理论（即它同样符合塔斯基的形式恰当性原则）。这种理论将蕴含具有如下形式的定理：

（t）s是t，当且仅当m。

这个理论将借助其他东西（例如证据概念以及宽容性原则）而非意义（翻译）概念本身来排除错误的 t- 语句，从而保证"s"的替换实例所指称的语句与m的替换实例总是具有相同的意义。这样一来，意义的解释路径就变成了：

---

① "s意味着m"的准确的英文表达是"s means that m"，它与"s意味着m（s means m）"有重大的区别，在前者中，"m"的替换实例是句子，而后者中"m"的替换实例是名字，它指称"s"的替换实例所指称的句子之意义。因而如果形如后者，就无法将之转化为相应的 T- 语句（即"s是真的，当且仅当m"）。

（III）非意义概念 ___M___➤ t-条件 ___t___➤ 句子的意义

如果一种意义理论遵循这种解释路径，显然不会存在循环性问题，即便这里的 t-理念就是真之理念，t-条件就是真之条件。现在我们回到前面的问题：戴维森的意义理论是否的确是解释上循环的？这个问题的回答需要我们首先判定戴维森纲领是否可以容许（III）这种解释路径，以及真之条件的语义学事实上遵循了何种解释路径。本文将就这两个方面分别进行探讨。

二、戴维森纲领的双重意向

如前所述，既然无论真之条件的语义学采用膨胀论还是紧缩论的真观念，都可能会面临循环性问题，这是否意味着戴维森纲领破产了？在某种含义上，的确如此；但在另外一种含义上，又并非如此。如果戴维森要严格遵循解释路径（I），即在他的意义理论（即真之条件的语义学）中使用真概念解释意义概念，而真概念又需要在同样的理论中借助意义概念得到解释，那么他的理论就是解释上循环的。然而，如果在他的意义理论中并没有真正地使用真概念来解释意义概念，又或者他的意义理论实际上并没有解释意义概念，而仅仅是刻画了具体句子的意义，那就有可能避免循环性问题（因为对具体句子的意义的刻画并非必定需要借助于意义概念（或翻译概念））。应该在哪一种含义上来看待戴维森的意义理论（即真之条件的语义学）呢？这个问题不容易回答。主要原因在于，戴维森自己对这个问题的论述本身就不是十分明确，我们可以看到，他在这两种含义上存在明显的摇摆，他对意义问题的纲领性论述似乎包含了两种不同的意向。

戴维森明确说过："塔斯基试图（在 T-约定中）借助意义概念（以意义的相同性或翻译的形式）来分析真概念，我的想法相反。我将真考虑为核心的初始概念，且希望，通过详述真之结构来达到意义（get at meaning）"（Davidson, 1984: xiv）。这句话的前半段说得很清楚（他想借助真概念解释意义概念）；问题出在后半段：戴维森说通过"详述真的结构"来"达到意义"，而非"详述真概念的结构"来"达到意义概念"。他在这里究竟是想说"解释意义概念"还是"刻画句子的意义"？从戴维森的论述语境来看，他指的应该是前者，但他在别的地方谈论意义理论的目的时说得更多的还是后者。他说过，"一种语言的意义理论表明了'句子的意义（meanings）是如何依赖于语词的意义（meanings）的'"；当谈到塔斯基的真之定义与意义理论之间的联系时，他指出，"这种联系就是：那种定义通过对每个语句为真给出充分必要条件而起作用，而给出真之条件（conditions）正是给出语句意义（meaning）的一种方式"（Davidson, 1967: 310）；"一种真之理论应该为句子'给出意义（giving the meaning）'"（Davidson, 1984: 60）。从这些论述又可以看出，戴维森借用塔斯基的真之理论主要目的不是为了解释意义概念，而是为了"给出"（即刻画）每个句子的意义。

戴维森以这样一种看似混淆的方式讨论问题也许是有原因的。他认为，"意义（meaning）不仅是一个比真（truth）更为难懂的概念；它［即意义概念］还明显地包含了它［即真概念］：如果你知道一个话语意味什么，你就知道了它的真之条件（truth conditions）"（Davidson, 1996: 278）。这似乎表明，在戴维森看来，真与意义在概念层面上的联系能够通过句子的真之条件与句子的意义之间的联系体现出来。这一点是否正确暂不讨论。需要注意的是，戴维森对"意义"一词的论述明显体现了两层含义：在第一层含义上，"意义"指的是意义概念；而在另一层含义上，指的则是具体的句子的意义。戴维森关于意义理论的任务的讨论相应地也包含了两个层面，（1）借助真概念来解释意义概念，和（2）借助一个句子的真之条件来刻画它的意义。戴维森并没有明确，他想要让他的意义理论完成哪个层面的任务。戴维森的表面上不恰当的、容易引起混乱的论述体现出了两种意向，即他想要解决这两个层次上的意义问题。甚至人们可以推测，他很有可能是想借助塔斯基的真之理论来同时完成这两项任务。也许对于戴维森而言，一种意义理论应该既要给出句子的意义，同时又要解释意义概念。

如果这种推测是正确的，那么戴维森的意义理论就会像众多学者所讨论的那样包含着循环解释的危险［参照解释路径（I）和（II）］。但是，如果戴维森的失误仅仅在于，他没有意识到他看似混乱的表述实际上包含了两种不同的意向，或者他意识到了但没有能够将它们清楚地区别开来因而才会显得摇摆不定，那么所谓的循环性问题则有可能自动消解。另外重要的是，戴维森的纲领表现出来的意向如何是一回事，他构造的意义理论即真之条件的语义学实际上实现了何种理论目的则是另外一件事。如果这种意义理论只能达到刻画句子意义的目的而不能解释意义概念，或者它能借此解释意义概念而不需要借助意义概念来给出句子的意义［参见解释路径（III）］，那么循环性问题对戴维森的意义理论而言不过是一个伪问题。就不同的意向或理论目的而言，戴维森的纲领其实隐含地提出了两种不同类型的意义理论，循环性问题是否是伪问题，取决于真值条件的语义学究竟属于何种类型的意义理论。

三、两种类型的意义理论

真之条件的语义学之所以被质疑存在循环性问题，主要原因在于，戴维森的含混的论述令人们以为，他要在该意义理论中借助真概念解释意义概念，同时给出一种语言中每个句子的意义。破除这种误解的关键"在于区分'意义理论'这个术语的两种含义"（Williams, 1999: 552），并且还要认识到，真之条件的语义学仅是其中一种含义上的意义理论而已。威廉姆斯认为，广义上的"意义理论"目的在于解释意义概念；但狭义上的"意义理论"则是一个公理理论，它所产生的定理刻画了某种语言的所有句子的意义。戴维森纲领关于意义理论的观念同时包含了这两种含义，而且他的狭义意义理论影响了他的广义意义理论：在前者中，戴维森"很自然地"将意义等同于真之条件，于是在后者中，他就坚持意义可以借助真（之条件）得到解释。但需要作出区别的是："意义"和"真之条件"在狭义意义理论中指的都是具体的、个别的，即某个（任意的）句子的意义和真之条件。换句话说，意义或真之条件就是处于一个 T- 语句等式右边的那个句子所表达的内容（例如在"'Snow is white'是真的，当且仅当雪是白的"这个 T- 语句中，"雪是白的"所表达的内容就是"Snow is white"这个句子的意义，同时也是它的真之条件）；而"意义"和"真（之条件）"在广义意义理论中则分别指意义概念和真（之条件）概念。借助一个句子的真之条件来解释它的意义，这是一回事；而借助真（之条件）概念来解释意义概念，这显然是另外一件事。这里首先需要弄清楚的就是"解释"这个词。就一个句子的意义而言，"解释"指的是对句子内容的展开、表明，与之具有类似用法的术语有："给出"、"把握"或"明确"等等。就概念而言，"解释"意味着"分析"、"定义"或"还原"：用于解释的概念必须比被解释的概念要更为基础和清晰或者至少应该先于后者而得到解释。其次还需要说明的是，即使这两种类型的意义理论中都预设了真概念，借助真概念解释句子的意义与借助真概念解释意义概念也完全不同。因为真概念的含义在前一个"解释"下不必包含在句子的意义中，而在后一个"解释"下则一定会包含在意义概念的含义中。这就意味着，给出一个句子的意义可以不需要解释真概念。根据上述区分，狭义意义理论可被称为关于句子意义的理论；广义意义理论可被称为关于意义概念的理论。尽管这两种意义理论也许存在这样的联系，例如，对意义概念的解释可有助于解释句子的意义，或者对句子的意义的解释有助于解释意义概念，但必须明确的是，这两种解释并不能等同起来。也就是说，解释了意义概念并不等于就解释了句子的意义，反之亦然。因此，这两种意义理论并不能被视为同一种理论。

真之条件的语义学应该是哪种类型的意义理论？戴维森的论述给人们的印象是，他在这种意义理论中既希望解释意义概念，又希望刻画语句的意义。但事实上，真之条件的语义学并没有能够达到解释意义概念的目的：尽管戴维森强调他的纲领是要用真概念来解释意义，但在他所构造的意义理论中，他并没有真正做到这一点，意义概念并没有得到任何分析或还原。按照威廉姆斯的论述，戴维森的意义理论"对于特殊的说话者而言，是在说话者的习语中给出每个句子的意义的一种手段"，在戴维森那里，"解释特殊的句子意味什么并不是解释什么是意义。甚至求助于真也不是为了解释意义"（Williams, 1999: 556）。在这种含义上，真之条件的语义学应该被更准确地描述为是"明确意义的"或者说"是解释某种对象语言的句子的意义的"（Williams, 1999: 557）。威廉姆斯的判断是正确的，而且戴维森自己也说，"一种自然语言的语义理论的目的是给出所有有意义的表达式的意义"（Davidson, 1984: 55）。由此，我们可以确定，戴维森以塔斯基的真之理论为基础首先想要构造的是一种狭义的意义理论，而且这种理论（即真之条件的语义学）实际上所做到的事情至多也只是明确一种语言的每个句子的意义。在这种理论中，真概念顶多被用以解释句子的意义而非意义概念，更何况我们将证明真概念事实上连这一点作用也没有起到①。

四、对意义的彻底解释

既然戴维森所构造的意义理论（即真之条件的语义学）并没有解释意义概念，即使该理论使用了真概念，而在相同的理论中，真概念是借助意义（即翻译）概念得到定义的，这也不会造成概念解释上的循环性问题。似乎循环性问题就此解决了。然而，我们不应该忽视，戴维森完全有可能想要借助给出一语言中所有句子的意义这一点来解释意义（翻译）概念，正像如果说塔斯基定义了真概念，那么他所做的不过是给出了所有句子的真之条件。如果意义（翻译）概念的解释需要借助给出句子的意义，那么我们就不能完全排除戴维森纲领有主张（Ⅱ）这种意义解释的路径。他的意义理论到目前为止还没有完全走出循环性问题的影响。戴维森自己也注意到了这一点：我们之所以知道 T- 语句能够给出一个句子的意义，那是因为我们知道等式的右边是左边被命名语句的翻译。他承认，"我们现在的麻烦源自这样的事实，即在彻底的解释中，我们不能假设 T- 语句满足翻译标准"（Davidson, 1984: 139, 150）。于是，他建议，"我们不能事先假设正确的翻译能够被确认而不必预先具备彻底翻译的观点；在经验的应用中，我们必须抛弃这个假设"（Davidson, 1984: 134）。真之条件的语义学要彻底摆脱循

---

① 我同意周振中教授的观点：事实上，在真之条件的语义学中，真概念也没有得到真正的使用。真正可以起作用的是句子的真之条件，即处于 T- 语句（即具有"s 是真的，当且仅当 p"形式的句子）右边的句子（即"p"的替换物）所表达的东西。该句子是"s"替换物所指示的（对象语言的）句子的翻译。因此，真之条件的语义学就是将一种语言中任意被解释的句子与它的（元语言的）翻译进行配对的理论。"真之条件"这样的用语完全可以被替换为"翻译"这样的用语。不过，后面我们将指出，一旦真之条件的语义学放弃使用翻译概念，真之条件的作用就被取消了。

环性问题的困扰，就要寻求对意义的彻底解释，即遵循解释路径（III）。

事实正是如此：为了替代意义（翻译）概念在解释中所起的作用，戴维森求助于为他的意义理论寻求证据标准（evidential criterion）或证据基础（evidential basis）。他说，"然而我们一直忽视的是，我们已经使用了一个替代的标准：这个标准就是全体 T- 语句应该……最好地与那些关于被外国的说话者所认为真的句子的证据相一致"（Davidson, 1984: 139）。T- 语句不再借助翻译标准而是借助证据标准来保证其正确性，排除与意义刻画无关的怪异的 T- 语句。戴维森给出下面这个例子：

（T）"Es regnet" 当其被 x 在 t 时间说的时候在德语中是真的，当且仅当在 t 时间在 x 附近正在下雨。

这个 T- 语句的证据有就是这样一类语句，即：

（GE）$\forall x \forall t$（如果 x 属于德语共同体，那么（x 在 t 时间认为 "Es regnet" 为真，当且仅当在在 t 时间在 x 附近正在下雨））

可见，证据就是一类语句的集合，这类语句总是被外国的说话者认以为真（held true）[1]，并且语义学的构造者将被国外的说话者认以为真的语句与相同情景下本国的说话者认以为真的语句相对应，并把后者作为对前者的翻译。借助证据标准，意义理论的构造者（尤其是语言学家）就能为真之理论提供恰当的经验检验，这足以使其成为一种意义理论。

由于证据标准假定了，一个句子被所有人在所有时候认以为真的时候就是真的，但实际上又难免会出现反例，戴维森于是强调："这个办法毋宁说是最合适的一种"（Davidson, 1984: 136）。为了弥补不足，戴维森采取了如下构造程序：首先基本的一阶逻辑的结构对那些达成广泛一致的语句进行解释，然后解释带索引词的语句，最后处理剩下来的没有达成广泛一致的语句。他认为，"我共同接受或拒绝的语句越多（不管是否借助中间的解释过程），我们理解余下的语句就越好，不管我们关于它们是否达成一致"（Davidson, 1984: 137）。另外，在戴维森看来，还应该在解释中引入宽容性原则：将被认以为假的语句当作被认为以真的语句的翻译，这一点虽然是难免的，但也不是多大的错误（Davidson, 1984: 27）。上述的构造程序以及宽容性

---

① "认以为真"是一种信念或命题态度，戴维森有时候分别用对语句的"接受（accept）"或"同意（accede）"来表达相同的概念。他还认为，"认以为真"这个概念与其他信念概念不同，因为我们可以很容易而且正确地分辨什么时候一个说话者认为一个句子是真的，而无须知道他用那个句子意味着什么、他当时有什么样的信念以及意图（Davidson, 1984: 144）。另外，我们还需要注意的是，霍维奇（Horwich）在他的意义理论中也使用了这个概念，它与戴维森的使用有着严格的区别：霍维奇是要将意义概念还原为这个心理学的信念概念，即后者构成前者；在戴维森那里，这个概念不过是提供了一种经验检验的标准来保证 T- 理论的正确性，它并不构成意义。关于霍维奇对这个概念的使用请参见周志荣（2012）的论述。

原则作为补充，完全可以保证满足证据标准的真之理论可以成为解释句子意义的意义理论。

真之条件的语义学由于借助了证据的经验检验标准可以对语句的意义提供彻底的解释。显然，这种意义理论遵循了解释路径（III），因而不会产生循环性问题。但我们也可以看到，由于它依靠外在的经验的检验来保证真之理论即 T- 语句的正确性，不仅翻译概念被放弃了，真概念也同时被放弃了。戴维森纲领主张通过真之理论明确一个句子的真之条件来给出句子的意义，然而就彻底的解释而言，给出句子的意义并不需要将明确句子的真之条件作为中间媒介。通过证据标准可以检验一个真之理论是否是正确的，但它并不保证被检验的一定是真之理论。类似 T- 语句的等式左边的谓词是"是真的"，还是"是 t"以及"t"是什么，对于证据标准而言并不重要。真概念、真之条件并没有对意义解释作出任何贡献；塔斯基的真之理论的唯一重要性就是为意义理论提供了归纳构造的形式，从使得解释无穷多语句成为可能。因此，真之条件的语义学完全不必建立在塔斯基的真之理论的基础上，只要有这样一种理论（即 t- 理论），其蕴含所有如此形如 t- 语句的定理，如果这种理论满足证据标准，那么它就能成为一种戴维森式的意义理论。当然，称之为"真之条件"的语义学也许不再是恰当的，然而这有什么关系呢？

五、结论：循环性问题的消解

尽管戴维森纲领主张基于塔斯基的真之理论构造意义理论以便用真来解释意义，而他实际构造的真之条件的语义学仅仅是刻画句子意义的理论，它没有用真概念解释意义概念。因而，紧缩论者的责难显然毫无根据，表层语义学的建议无疑也是枉费心机，而且还适得其反。不过，正如威廉姆斯和科布尔所试图论证的那样，在真之条件的语义学中真概念对句子意义的刻画并没有起实质性的作用，换句话说，它不需要使用真概念或真之条件来刻画句子的意义。事实上，它也没有使用。因为它放弃了翻译概念，取而代之的是借助经验的检验即证据标准来保证 T- 语句的正确性。塔斯基的真之理论正是使用了翻译概念才保证 T- 语句右边的句子表达了左边被命名的句子的意义。于是，对于句子的意义解释而言本质性的东西是提供这样的保证，而这样的保证并不是由直接真概念或真之条件提供的。因此，可以说戴维森的意义理论根本就没有使用真概念来解释任何东西。既然在刻画句子意义的过程既没有借助真概念或真之条件（因而真概念有没有实质的内容对它没有任何影响），也没有借助意义概念或句子的意义，那么真之条件的语义学根本就不会存在循环性问题。换句话说，循环性问题对这种理论而言不过是一个伪问题。

参考文献：

[1]　Cooper, N. & Engel, P. (1991), *New Inquiries into Meaning and Truth*. New York: Harvester Wheatsheaf and St. Martin's Press, Inc.

[2]　Davidson, D. (1967), "Truth and Meaning". *Synthese*, 17, 304-323.

[3]　Davidson, D. (1976), "Reply to Foster". in G. Evens & J. McDowell (eds). *Truth and Meaning*. Oxford: Clarendon Press, 33-41.

[4]　Davidson, D. (1984), *Inquiries into Truth and Interpretation*. Oxford: Oxford University Press.

[5]　Davidson, D. (1990), "The Structure and Content of Truth". *The Journal of Philosophy*, 87, 279-328.

[6]　Davidson, D. (1996), "The Folly of Trying to Define Truth". *The Journal of Philosophy*, 93, 263-278.

[7]　Dummett, M. (1959), Truth. *Proceedings of the Aristotelian Society*, 59, 141-162.

[8]　Field, H. (1994), "Deflationist Views of Meaning and Content". *Mind*, 103, 249-285.

[9]　Horisk, C. (2008), "Truth, Meaning and Circularity". *Philosophical Studies*, 137, 269-300.

[10]　Horwich, P. (1998), *Meaning*. Oxford: Clarendon Press.

[11]　Horwich, P. (2010), *Truth-Meaning-Reality*. Oxford: Oxford University Press.

[12]　Kölbel, M. (2001), "Two Dogmas of Davidsonian Semantics". *Journal of Philosophy*, 98, 613-635.

[13]　Williams, M. (1999), "Meaning and Deflationary Truth". *The Journal of Philosophy*, 96, 545-564.

[14]　周振中："真值条件意义理论中的真概念",《自然辩证法研究》2010 年第 11 期。

[15]　周志荣："霍维奇论意义、真与使用",《自然辩证法研究》2012 年第 10 期。

Truth-conditional Semantics and the Problem of Circularity

Zhirong Zhou

School of Philosophy, ZUEL

Abstract：Circularity in explaining meaning is the very problem that has always been used by deflationists to challenge Davidson's theory of meaning, namely truth-conditional semantics. Some scholars proposed skim semantics to attempt to combine the theory of meaning with deflationism. However, this proposal can not really remove the threat caused by the problem of circularity. In this article, I prove that truth conditional semantics is just the theory only characterizing meaning of sentences, and that it depends wholly on the evidential criterion that ensures its correctness. Then it doesn't need, and in fact, it hasn't used the concept of truth to interpret anything. Finally, it follows that truth-conditional semantics is impossible to generate the problem of circularity, no matter whether the concept of truth has substantial content or not.

Keywords：Davidson's program; truth-conditional semantics; problem of circularity

指称，真理与符合[*]

——戴维森能否成功地拒斥符合论？

◎ 李主斌

上海交通大学马克思主义学院

摘　要：众所周知，戴维森对符合论的态度前后有一个显著的变化，即起先对符合论的肯定与接受到后来的否定与放弃。但人们较少注意的是，使这一转变之可能发生的根本原因是戴维森对指称概念的理解。对真理论之公理化的追求使戴维森持有一个非常弱的、形式的指称概念，后者支持他放弃语义性真理论是符合论。但与此同时，戴维森又不愿意放弃关于对象和事件的实在论，从而不愿意放弃指称概念。本文试图表明，正是这一立场使得他不可能真正地拒斥符合论。此外，通过考察戴维森放弃符合论的一个关键动机，本文还试图表明，戴维森也没有必要拒斥符合论。

关键词：戴维森；符合论；事实；指称

一

颇为惭愧的是，虽然符合论是哲学史上最重要的真理理论，但要辨认出何种理论是符合论却不是一件容易的事情。那些被认为是经典的符合论者，如亚里士多德、早期维特根斯坦、逻辑原子主义时期的罗素、奥斯丁以及塔斯基等，他们的观点差异非常大，但他们却共享"真理符合论"的名号。因此，一个自然而然的问题就是：什么东西对他们的理论而言是共同的？真理符合论的本质教条是什么？对此问题，多德（Julian Dodd）认为真理符合论的本质存在于这样一种直觉中，即对每一个真理，在世界中都存在一个使其为真的实体。（Dodd，2008: 2-3）例如，奥斯丁曾说过："当某个陈述是真的时，当然存在一个使其为真的事态。"（Austin，1950: 117）罗素也曾谈道："当我谈到事实时，我是指某种使命题为真或者为假的东

───────────

* 本文得到复旦大学"985工程"三期整体推进人文学科研究项目的资助（项目批准号：2011RWXKY—041）。

西。"（Russell, 1918: 182）

当这样理解符合论的本质时，人们就会发现，在戴维森（1969）的文本表述中我们可以找到某种类似的东西。戴维森曾这样来解释真理："真理可以通过求诸语言与世界的关系而予以解释。"（Davidson, 1969: 37）当然，如果仅仅是这样，则远远达不到符合论的要求。问题是，怎样求诸语言与世界的关系来解释真理？戴维森提供了两种可能：

第一，求诸事实的本体论，即一个句子（或陈述、命题等）是真的，当且仅当它符合某个事实。如果采用上述使真者的表述方式，即是：一个句子是真的，当且仅当存在一个使其为真的事实。在《对事实为真》的开篇，戴维森即说："一个真陈述即是一个对事实为真的陈述。"（Davidson, 1969: 37）

第二，求诸对象（指称）的本体论，即一个句子是真的，当且仅当它符合某个对象（的状态或行为等等）。关于这一点，戴维森在论证语义性真理论是符合论时论证道，语义性真理论之所以是符合论是因为它使用了"满足"概念，而满足概念作为指称的一般形式，它将语言与世界联系起来。

众所周知，对于上述两种刻画符合论的方式，戴维森前期的态度是迥异的：他拒斥基于事实概念的符合论，因为事实的合法性无法得到辩护；但他接受基于指称的符合论，认为语义性真理论即是一种对符合论的成功辩护。

但这一立场至少自20世纪80年代末（1987）开始发生了动摇，此时，他一方面一如既往地拒斥基于事实的符合论，另一方面又认为早期将语义性真理论看作是符合论是一种用语不当（1987）甚至错误（1990）。在《真理概念的内容与结构》这篇著名论文中，他谈到：

> 我本人过去论证说，塔斯基表明其如何产生的那种理论是一种符合论。我这么说的理由在于：如果不使用像指称或者满足这样的概念，它们将表达式与世界中的对象联系起来，便不可能给出这样一种理论。

"现在在我看来，把这样的理论称为符合论是错误的。"（Davidson, 1990: 302）

为什么把求诸指称或满足等概念的真理论称作符合论是错误的？戴维森的理由**表面看来**仅仅是：语义性真理论并没有使用诸如"事实"或"事态"这一类的实体。（Davidson, 1990: 303; 1996: 268）这种回答的贫乏性是显然的，因为当我们问为什么基于指称概念不能构建符合论时，在符合论或者基于指称或者基于事实的前提下，我们问的不过是，为什么不基于事实就不能构建符合论？所以问题依然是：为什么基于指称不能建构某种符合论？

注意这里的用语："表面看来"。在本文中，我试图表明，使戴维森放弃语义性真理论是符合论的深层原因在于，他追求一种公理化的真理进路，这一进路使他只需要一个形式的、弱的指称概念，这种形式的、弱的指称概念削弱了基于指称的符合论的基础。然而颇有意思的是，戴维森的实在论立场迫使他不愿意放弃关于对象和事件的实在论，在我看来，这一立场将使他不可能真正地拒斥符合论。

但在进入这一主题前，我认为有必要考察一下戴维森反驳事实的论证。前面已经说过，戴维森从一而终地反驳事实的合法性，从而反驳基于事实之符合论的可能性。在放弃基于指称概念的理论是符合论后，对事实的合法性反驳成为他反驳符合论的全部。但正如我将要表明的，戴维森的这一反驳困难重重。

二

戴维森对事实的反驳从正反两个方面进行。一方面，戴维森论证说，事实是不可能的，因此基于事实的符合论也不可能；另一方面，戴维森说，事实是不必要的，他构建了一套事件的语义学来取代事实语义学。

求诸事实的符合论所要求的一个基本条件是：使特定命题为真的是某个特定的事实，而不是任意一个事实。但戴维森论证说，如果一个真句子符合某个事实，那么所有的真句子符合同样的事实，即大事实（the Great Fact）。戴维森的论证借助于两个替换原则：（SS）两个逻辑等价的句子相互替换不会改变原句子的指称；（TS）一个表达式的某个单称词项被另一个共指称的单称词项所替换，该表达式的指称不会发生改变。从某种意义上说，这两个原则都是弗雷格的。（Neale, 2001: Chapter 3）

戴维森说，如果我们接受这两个原则，那么一个很简单的论证就可以得到上述结论。他在几乎每一个讨论符合论的场合都或者显在地提到或者潜在地应用了这个论证。①而且，正如Neale 所考察的，除了对事实概念的反驳外，这个论证在戴维森对概念框架与经验内容之二分的批评，对表征主义的批评等中都具有至关重要的作用。（Neale, 2001: Chapter 2）因此，不妨先来看看他的这一论证。

假定 R 是一个真句子，由于 R 与（此唯一的 x（x= 第欧根尼 &R）= 此唯一的 x（x= 第欧根尼））是逻辑等价的，因此根据 SS,R 与（此唯一的 x（x= 第欧根尼 &R）= 此唯一的 x（x=

① 如：1969：41-43；1973：69-70；1974：193-194；1983：139；1990：303-304；1996；2000。

第欧根尼))符合相同的事实。又因为（此唯一的 x（x= 第欧根尼 &R））与（此唯一的 x（x= 第欧根尼 &S））指称相同（假设 S 是一个真句子），所以根据 TS，（此唯一的 x（x= 第欧根尼 &R）= 此唯一的 x（x= 第欧根尼））与（此唯一的 x（x= 第欧根尼 &S）= 此唯一的 x（x= 第欧根尼））符合相同的事实。再次运用 SS 原则，有：（此唯一的 x（x= 第欧根尼 &S）= 此唯一的 x（x= 第欧根尼））与 S 符合相同的事实。于是，R 和 S 符合相同的事实。由于 R 和 S 是任意真句子，这就意味着任何两个真句子都符合相同的事实，即所有的真句子符合同一个事实。

令 !x 表示"此唯一的 x"，d 表示"第欧根尼"，用"·"表示"&"，则上述四步可以分别形式化如下：

（1）R

（2）!x(x=d·R)=!x(x=d)

（3）!x(x=d·S)=!x(x=d)

（4）S

其中，（1）和（2），（3）和（4）是逻辑等价的，（2）和（3）包含共指称的单称词项。

可以看到，从形式上看，这个论证非常简单，但它的结论却具有爆炸性的效果，（正因如此，它获得了"弹弓论证"的名称）。无疑，它的结论明显违背我们关于事实的直观，所以，对此论证，人们的倾向性反应即是，它所依据的前提必定是错的。考虑到本文的目的并非是与戴维森作这一城一池之得失的争论，而是试图更系统地理解戴维森对符合论之态度的变化，并在一般的符合论的大背景下考察和评论这一变化，因此，我打算先来看看这一论证在戴维森哲学中的位置，然后再简略地对这一论证给予正面回应。关于前一部分，正如我们马上将看到的，弹弓论证在戴维森哲学中是很尴尬的。

我们发现，这个公式何其眼熟！在《真理与意义》这篇文章中，为了反驳单称词项的意义即其指称这一观点，戴维森也给出了这样一个论证，他得出结论认为："所以，任何两个语句，如果它们具有相同的真值，则它们具有相同的指称。并且，如果一个语句的意义即是它所指称的东西，则所有在真值上相同的语句就必定是同义的——一个无法容忍的结论。"（Davidson, 1967: 19）我们注意到，戴维森还在所引文本的一个脚注中提到："或许值得一提的是，这个论证不依赖于对语句应指称的那些实体的任何一种特定的识别。"（同上）即是说，当把句子当作单称词项处理时，无论是认为它指称意义，命题，还是事实，都将面临弹弓论证的"决定性"反驳。

但是，戴维森在还支持符合论的时候就已经注意到，在语义性真理论中，一个真语句被所有的对象序列所满足。这个威胁，戴维森开始时通过认为在语义性真理论中不同真句子通达其真理的途径不同而给予了消除。在放弃符合论后，他开始把它作为一个反驳符合论的真正的弹弓论证：

"满足概念的有趣工作体现在对开语句之语义性质的刻画中，但它最后变成了：一个闭语句是真的，当且仅当它被一些序列所满足。这可能使人认为，我们在这里表达了一种符合论，但它是一个弗雷格式理论，因为每一个序列满足每一个真句子。你可以说这并不是塔斯基的本意，但他间接地证明了弗雷格的弹弓论证。"（Davidson, 2000: 11）

假设用 A 表示上述基于（SS）和（TS）构建的弹弓论证，用 B 表示语义性真理论意义上的"弹弓论证"，那么 A 与 B 的相似性在于：（1）它们都是在句子层面谈论弹弓论证；（2）它们的结论都认为任一个真句子被任一个事实（或对象序列）所符合（满足）。而它们的区别在于：（3）B 并不运用（SS）和（TS）这两个替换原则；（4）B 并不如 A 一样，预设一个句子所符合的实体，即事实。考虑到戴维森在不止一个场合认为语义性真理论也提供了弹弓论证，那么如下想法可能是非常合理的：（SS），（TS）以及句子所符合（指称）的实体对于弹弓论证都不是必要条件，任何一种满足（1）和（2）的论证就足以被戴维森接受为弹弓论证。但问题就在这里：在这样一种情况下，弹弓论证不只是真理符合论和意义指称论将面临的，戴维森自己构建的真值条件意义理论似乎也难逃一劫。不妨来看一下这一点。

真值条件意义理论认为，一个可接受的意义理论必须将所有具有如下形式的语句作为自己的逻辑后承：

（T）x 是真的，当且仅当 p

其中，x 由对象语言所论句子在元语言中的名字替换，p 为元语言中的一个句子替换。众所周知，这是塔斯基的约定 T。但是塔斯基的目标是要定义真理概念，所以他合法地使用了一个意义概念，即翻译。按照他的意见，p 是 x 所命名的那个句子在元语言中的翻译。由于戴维森的目标是要通过真理概念来谈论意义概念，因此他就不能允许（T）语句中预设翻译概念。于是，现有的资源仅仅是：p 和 x 所命名的语句只是具有相同的真值，即"当且仅当"是实质等价。倘如此，我们马上可以发现弹弓论证的影子。

（A1）"雪是白的"是真的，当且仅当雪是白的

（A2）"草是绿的"是真的，当且仅当雪是白的

根据（A1）和（A2），雪是白的与草是绿的意义相同，都是"雪是白的"。如果用任意一个与"草是绿的"具有相同真值的句子替换（A2）中的"草是绿的"，得到的结果都会是此句子的意义等同于雪是白的。于是，很快我们就可以得到，所有的真句子都具有相同的意义。

　　戴维森当然不认为真值条件意义理论会面临弹弓论证，他的理由是真值条件意义理论还有一些限制，比如其中的一个关键限制是：真理理论是一种经验理论，其公理和定理不得不视为定律，支持反事实论断。于是，我们就可以排除（A2）这种情况，因为它不支持反事实论断。另外的一些限制还有：整体论、诉诸解释者、指示词对真理施加的限制，等等。这些限制的名单可以很长，但它们必须都是外延性的。

　　即使不考虑这些限制条件对于挑出给定句子之意义的真值条件是否足够充分，[①]从弹弓论证的角度来看，上述限制也是不可接受的。我的意思是说，这些限制条件并不一定为戴维森纲领所独有，如果它们可以为戴维森纲领辩护，那么其中的一些或者某些类似的限制也可以为符合论辩护。考虑一下语义性真理论。戴维森曾经说过，按照语义性真理论，虽然任何真语句都被所有的对象序列所满足，但每一个真语句通向自己真理的道路是不同的。这句话的意思不过是说，弹弓论证对于语义性真理论是不足为害的。这个立场比较弱，但是一个类似它的说明却提示着一个强的立场。假如我们问，为什么"雪是白的"被所有的对象序列所满足，而"煤是白的"不被任何对象序列所满足？因为语义性真理论是通过递归方法来表征满足概念的，因此对这一问题的回答必然是采取回答下述问题的方式予以回答的：为什么开语句"x是白的"被对象序列〈雪，x2，x3，…〉而不被对象序列〈煤，x2，x3，…〉所满足？后者将我们引入了开语句被满足的情形。由于每一个开语句被满足的方式是不同的，因此这意味着，语义性真理论提供了一种刻画特定真句子的独特方式。在这一个意义上，弹弓论证被避免了。

　　我并不是说，上述回应是一个对弹弓论证的正面回应，我只是表明：真值条件意义理论与语义性真理论在面临弹弓论证方面其处境是相同的。这就暗示着，也许弹弓论证的破坏力过于大了，大到戴维森本人不能容许的程度。

　　对弹弓论证的正面回应是这样的：无疑，当认为（此唯一的x（x=第欧根尼&R））与（此唯一的x（x=第欧根尼&S））指称相同时，弹弓论证便依赖于对指称概念的一种理解，特别是对于限定摹状词的理解。根据弗雷格，限定摹状词是一种复杂的单称词项；根据罗素，限定摹状词是不完全符号，并不指称东西。上述论证只有在坚持摹状词是单称词项的前提下才可能成立，而这时候戴维森就需要提供一种摹状词理论以表明：（a）R 和 !x(x=d·R)=!x(x=d)是逻辑等价的；（b）!x(x=d·R) 和 !x(x=d·S) 是共指称的。但是，一方面，戴维森并没有在其公开出版的文献中给出他关于限定摹状词的理解，另一方面，上述关于提供一种摹状词理论的

---

① 　根据叶闯，只要这些限制都是外延性的或者属于新大陆解释，它们就不充分。（叶闯，2006：186）

要求似乎也不可能，因为如果限定摹状词是单称词项，那么（1）式即是 R，而（2）式即为 d=d，说这两式逻辑等价似乎很荒谬。如果限定摹状词是不完全符号，那么按照罗素对限定摹状词的分析，确实容易表明（1）式和（2）式逻辑等价，但此时说 !x(x=d·R) 和 !x(x=d·S) 共指称就无意义。看起来是，弹弓论证使用了两种摹状词观念：从（1）到（2），从（3）到（4），摹状词被理解为不完全符号，从（2）到（3），摹状词被理解为单称词项。这是不可接受的。无论如何，要辩护弹弓论证，戴维森似乎需要提供一种极其精致的摹状词理论，以满足上述（a）、（b）两个要求。但这与戴维森关于指称概念的素朴理解在精神上不一致。这一点，我们暂且放在下一节讨论。因此，按照 Neale 的看法，与其说弹弓论证反驳了事实概念的合法性，不如说它为一个合格的事实理论给出了限制条件，按照这一限制条件，很多的事实理论将被排除，而罗素的事实理论却能生存下来。（Neale, 2001: 44）

我同意 Neale 这一结论的前半部分，而不认可后半部分，其理由不仅在于我认为罗素的摹状词理论太反直观，更重要的在于我接受哥德尔的这样一种看法：罗素的摹状词理论虽然消解了弹弓论证，但某些隐藏在这之下的东西并没有被安全揭示出来。（Gödel, 1944: 123）在我看来，事实的本性便属于这没有被完全揭示出来的东西。

塞尔曾将事实界定为使命题为真的东西，也即一个命题据之为真的真值条件。假设用"雪是白的"代替 R，塞尔说，第欧根尼与命题"雪是白的"是否为真没有关系，因此从（1）到（2）的推理是无效的。类似的，从（3）到（4）的推理也是无效的。（塞尔，1995: 186-191）Barwise 和 Perry 也认为，事实与其所关于的主题相关，第欧根尼与（2）式有关，而与（1）式无关，因此（1）式和（2）式不可能符合相同的事实。（Barwise and Perry, 1983: 25）这些论点都是反（SS）原则的。不能说这种反驳是判定性的，[①]但它确实引出了关于事实的艰深讨论。在这个问题上，戴维森是沉默的。

三

已经清楚，无论是因为何种原因，出于何种动机，戴维森起先认为、后来又否定语义性真理论是符合论。我已经说过，使戴维森这样做的深层原因在于他对指称概念的独特理解，

---

① 因为如果接受《逻辑哲学论》的事实概念，那么重言式不被任何事实使其为真，因此使（1）式和（2）为真的东西是一样的，也即两者符合的事实是一样的。（4.0312，4.645，5.44）此外，这种事实观不止早期维特根斯坦持有，比如兰姆赛也认为，逻辑推论的结果必然在某种意义上包含在前提中，而非某种新的东西。

在这一节中我将给这一概略性的说法展示更多的细节。但是，我的结论不妨提前给出：戴维森的这一做法会至少面临两方面的困难，其一来自戴维森自己，主要是他关于指称公理是理论不可消除的这一观点；其二来自塔斯基，来自塔斯基的困难主要有两个方面，一方面是塔斯基本人坚定地认为语义性真理论把握了古典真概念的直觉，另一方面是戴维森关于没有任何指称公理是有特权的这一想法只有在将语义性真理论公理化进路中才有可能，但塔斯基认为这是不可能成功的。

一般认为，指称概念必不可少的原因是我们拥有一些发挥指称作用的单称词项，但实际情况可能并非如此。假设某种语言只拥有有限的名字、谓词和句子连接词，即这种语言只拥有有限的原子语句。此时，我们可以为每一个原子语句构造一个 T 语句，从而得到一个可接受的意义理论。在这样一个理论中，指称概念并没有发挥作用。但是，如果语言的名字和谓词是无限的，那么我们就不可能使用这样一种方法。例如，虽然每一个 T 语句都是对真理的部分定义，但由于存在潜在无限的语句，所以，真理定义就无法在 T 语句的基础上构建。众所周知，塔斯基最后放弃了通过约定 T 直接构造真理理论的企图，转而走一个较为迂回的路，即通过满足（指称的一般形式）来构造真理理论。所以，看起来是，指称概念的必要性是量词强加于我们的。此外，戴维森说，语句的潜在无限性还要求真理论必须采取公理化的进路或者递归方式，因为否则的话，我们还是无法理解潜在无限的语句。

这样，对于"Snow is white"这样的英语语句，我们就可以在汉语中为它构造如下的公理：

（Ax.1）$\forall s\,(\mathrm{Ref}\,($"snow"$,s)=$雪$)$

（Ax.2）$\forall s\,(s$满足"snow is white"$\equiv\mathrm{Ref}\,($"snow"$,s)$是白的$)$

其中，"s"表示对象的无限序列，$\mathrm{Ref}\,(x,s)$表示 x 在序列 s 中的指称。（Ax.1）是关于名称的指称公理，（Ax.2）是一条谓词公理。

类似的，我们还需要为句子连接词以及量词构造相应的公理。

既然是公理化进路，那么我们当然可以为"snow"这样的英语名字建构一种不同于（Ax.1）的公理，如：

（Ax.1*）$\forall s\,(\mathrm{Ref}\,($"snow"$,s)=$煤$)$

对谓词，句子连接词和量词等，情境是类似的。戴维森把这一点称之为：没有任何具体的公理集是有特权的，是不可替换的。

至此，我们已经提示了戴维森关于真理理论的两个关键性看法：其一，因为一个可接受的真理论以是否能够推出约定 T 的所有实例作为标准，因此与真理相关的基本单位是作为整体的句子，而非句子的组成部分，如单称词项、谓词等。其二，虽然句子由单称词项、谓词等组成，但在公理化进路下，句子的内在结构如何发挥作用，这一点（至少在表面上）是不相关的："只要真值条件没有受到影响，那么意义理论如何将非句子表达式映射到对象上去，这个问题就无关紧要。"（Davidson, 1984: xxi）看起来是，指称概念似乎仅是一种理论上的预设。无疑，戴维森正是这样看待指称的：

> ……为了摆脱这种关于指称的两难处境，我们需要区分理论**内部**的解释和对理论的解释。在理论内部，一个句子的真值条件是通过诉诸所假定的结构以及像满足或指称这样的语义概念来刻画的。但是，当解释作为整体的理论时，正是真理概念，它被应用到闭语句，必须与人类的目的和活动联系起来。与物理学的类似之处是显然的：我们通过假定不可观察的微观结构来解释宏观现象，但是理论是在宏观层次被检验的。诚然，有时我们很幸运地发现了原先假定结构的额外的（或者更直接的）证据，但是这对物理学事业来说不是必不可少的。我建议，语词，语词的意义，指称以及满足都是我们需要用来实现真理理论的必要设定。它们并不需要独立的确证或经验基础来完成这一目标。（Davidson, 1977: 221-222）

这样一种关于指称的理解，当然不足以支持符合论，即在这种关于指称的理解下，戴维森可以无需符合论而构建真值条件意义理论。

但是，戴维森同时认为，虽然没有任何具体的公理集是不可被其他公理集所取代的，但是公理集自身却是理论不可消除的，即如果不诉诸指称或满足等语义概念，就不可能构建一个可接受的意义理论。在戴维森看来，塔斯基的工作使得如下一点变得显然：

> 对于一个具有像自然语言的表达力之类东西的语言而言，如果不引进如满足那样的关系，后者将语词（单称词项，谓词）与对象联系起来，该语言的真句子类不可能被刻画。（Davidson, 1990: 298）

于是，一个句子的真就这样被确定：

> 在放弃框架与世界的二元论后，我们并没有放弃世界，而是重建了与人们熟悉的对象之间无中介的接触，其中，这些对象的行径使得我们的句子和意见为真或者为假。

（Davidson, 1974: 198）

一般认为，戴维森认为是世界本身作为一个整体使得我们的句子真或者假，但是上述引文表明，戴维森显然还认为某个对象的具体行径或状态使得关于该对象的某个特定描述为真或者为假。如果我们注意到，将符合论与事实的首次联姻是一件发生在 20 世纪初期的事件，是一件归功于摩尔和罗素的事情，而在此之前漫长的历史中，人们都是将符合论界定为陈述或判断等与对象的一致，那么，戴维森的上述想法就是符合论的。且看几个对符合论的古老表述：

（Aris-T）说是者非，或非者是，即为假；说是者是，非者非，即为真。（Aristotle, 1991: 1011b26-27）

（Aqui-T）真理是理智与对象的一致（agreement）。（Aquinas, 1949: q.1,a.1；转引自 Künne, 2003: 102）

（Phil-T）陈述与事物的一致（concordance）产生真；相反，它们的不一致（discordance）产生假。（Philoponus, 1898: 81:29-34；转引自 Künne, 2003: 102）

无疑，虽然分析哲学在罗素和摩尔之后普遍地将符合论与事实相关联，但在欧陆传统中，比如海德格尔，依然将真理与对象联系在一起。[①]此外，在分析哲学传统中，人们依然没有放弃这样一个想法，即符合论可以通过联系语言与对象的指称概念进行刻画。[②]于是，当戴维森否定语义性真理论是符合论时，看起来他对符合论有一个错误的界定，即他把符合论限制为必须求诸事实。这样，在他看来，虽然语义性真理论成功地把握了古典真概念的直觉，但两者都不是符合论的。（Davidson, 1996）[③]

戴维森虽然放弃了事实作为实体，但他的实在论立场使他并没有放弃对象和事件作为实体的存在。戴维森只是说，我们不需要一种指称关系，更不需要一种指称理论。在给定了求

[①] 对这一段历史的详细梳理，请参见 Künne, 2003: 93-114。

[②] 比如 Smart 就反对基于事实的符合论，而赞赏戴维森在《对事实为真》中将语义性真理论界定为符合论的做法。参见 Smart (1999)。

[③] 无疑，戴维森对亚里士多德的解读是非常反正统理解的。至少自托马斯·阿奎那开始，人们一直将亚里士多德的经典表述，即说是者非，或非者是，即为假；说是者是，非者非，即为真，看作是符合论的。当然，正如戴维森所理解的，这一表述没有预设事实、事态等实体，它是将符合论界定为，如果正统的理解是正确的，陈述或判断等与对象的一致。关于亚里士多德这一表述的讨论，请参见 Künne, 2003: 93-103。

诸对象的符合论后，我看不出来这样一种指称观如何可以将符合论拒斥出去。附带地，我们会发现，这样一种指称观将无法解释这样一个问题：!x(x=d·R) 和 !x(x=d·S) 在何种意义上是共指称的？因为我们要判断两者是共指称的，我们就需要一个足以判断这一点的指称理论，但这是戴维森所禁止的。

此外，毫无疑问，塔斯基本人坚定地认为语义性真理论是为了把握古典真概念的直觉，在《形式化语言中的真概念》，《科学语义学的建立》以及《语义学的真概念和语义学基础》等文章中，塔斯基一再谈及这一点。而所谓古典真概念的直觉，塔斯基说，用现代话语表示就是"语句之为真在于它与实在相一致（或它符合实在）"（Tarski, 1944: 343）。塔斯基甚至还谈到事实、事态等词项："真句子是这样一个句子：它说事态是如此如此的，而且事态确实是如此如此的。"（Tarski, 1933: 155）前面提到，当把符合论限制为必定求诸事实后，戴维森认为塔斯基的理论不是符合论的主要理由是语义性真理论并没有提到事实或事态之类的东西。于是，对于塔斯基的上述表述以及其他谈及事实或事态的表述，戴维森叫我们不要当真。（Davidson, 1996: 266-267）

要回应这一困难，戴维森当然可以简单地说，意图并不等于实际的结果。但这种做法依然面临很大的难题。已经很清楚了，戴维森关于"无指称的实在"得以成立的基础，是他所理解的语义性真理论的公理化进路。一方面，戴维森认为塔斯基的工作判定性地告诉我们，真理概念是不可定义的。另一方面，这一结论并不意味着真理概念本身是一个不重要的概念。真理概念是一个初始概念。我们可以通过公理化的方法确定真谓词所适用的外延。按照戴维森，约定 T 为所论语言的每一个句子都提供了一个 T 语句，从而确定了该语言的真谓词的外延。这样，每一个 T 语句都可以被看成是该语言的定理或者公理。

对于戴维森关于语义性真理论的公理化，塔斯基会怎么看？按照 Halbach，塔斯基是现代讨论形式公理化真理理论的第一人，早在 1933 年，塔斯基就证明了一些公理化理论的基本结论。（Halbach, 2011: 17）但他并没有采用公理化进路，而是试图为真理概念提供定义。塔斯基的这一选择本身就是基于他对公理化真理论的理解，即后者是不可能的。我们从戴维森对约定 T 的公理化开始。与戴维森赋予约定 T 的巨大作用不一样，[①]塔斯基认为约定 T 只是一个真理理论是否可接受的必要条件，而远非充分条件。他认为，一个可接受的真理论至少要能推出矛盾律，但基于约定 T 的公理化做不到这一点：

---

① 戴维森在回应 Segal 时曾说过，仅须知道一个语言的 T 定理所陈述的东西就足以理解该语言。参见 Davidson, 1999: 54. 戴维森甚至还私下谈到，知道一个语言的 T 定理所陈述的东西甚至可能超出了理解该语言所必要的东西。关于这一点，请参见 Neale, 2001: 23.

　　考虑命题涵项"x∉Tr or ¬x∉Tr。"∈ Tr"是真理谓词,"∉Tr"是否定的真理谓词,"¬x"是指称"x"的否定。在这个涵项中,如果我们用句子的结构描述名字替换变量"x",那我们就得到数量无限的定理,对它们的证明(它基于从约定 T 所获得的公理)并没有呈现出丝毫的困难。但是,一旦转到(pass to)命题涵项的概化,即一般的矛盾律,情况就从根本上发生了改变。从直觉来看,这些定理的真本身已经是对矛盾律的证明;矛盾律表征了,比方说,这些特殊定理的"无限逻辑积(infinite logic product)"。但是,这完全不意味着我们可以实际地、通过平常使用的正常的推论模式,从刚才提到的公理或定理中导出矛盾律。相反,通过对定理Ⅲ细微的修改可以证明,矛盾论不是所描述的公理系统的后承(至少不是在这个词的存在意义上)。(Tarski, 1933: 257)

　　那么,如果增加新的公理,比如矛盾律和排中律,到由约定 T 所确定的公理集中,情况会怎样?戴维森依然认为这一做法的前景是消极的:

　　"当然,我们可以通过增加一系列独立于上述公理系统的一般句子(general sentence)到该系统中从而扩大该系统。我们可以如[将]那些断定真句子的后承是真句子以及所有所研究科学中属于真句子类的原始语句[看作是新公理一样],将矛盾律和排中律作为新公理。定理Ⅲ可以以这种方式扩展到扩大的公理系统中,但是我们并没有从这一程序中获得任何重要的东西。因为看起来是,每一个公理系统的这种扩大都包含着偶然因素,它依赖着非本质的因素,比如,该领域中实际的知识现状。"(Tarski, 1933: 257-258)

　　因此,有一点应该是很清楚了:在塔斯基看来,语义性真理论与公理化真理论并不只是两种研究真理的进路,实际情况是,公理化进路是不可能的,而语义性真理论是我们的良好选择。戴维森曾数次提到,如果我们将语义性真理论递归定义的最后一步(即明确定义闭语句之真假的那一步)去掉,我们就能将语义性真理论不看作是真理定义,而看作是一种公理化的真理理论。在给定了塔斯基的上述论点后,如果不首先回答公理化真理理论的解释力问题(即必须能推出矛盾律和排中律)以及现有知识状况对公理选择的限制作用,戴维森就无法令人满意地辩护他自己的进路。

　　当然,我并没有讨论这么一个问题:公理化真理理论本身(而不是在塔斯基看来)是不是可能的?即是说,我并没有否定这一点:语义性真理论在某些进一步的工作下是可以支持戴维森的观点的。我只是要表明,在这些进一步的工作还没有做出的情况下,戴维森的论点得不到强有力的支持。

四

至此，我已经考察了戴维森拒斥符合论的主要论证，但就戴维森拒斥符合论的动机和理由来说，不得不说上述考察依然是不完全的。在其哲学发展中，就真理观而言，戴维森展现了一条明显的脉络，即早期对符合论和实在论真理观的辩护，到后来试图融合符合论与融贯论（1983），再后来拒斥实在论真理观与认识化真理论的二分并拒斥两者（1990）。戴维森（1990）在回忆其早期对符合论的辩护时认为他的目的仅仅是否定性的，即认识化观点是错误的。当他认识到真理并非只有实在论的和认识化的两种可能时，符合论就不是必然的了，相反，它的种种特征（如真理概念与人的态度与旨趣无关，试图为真理提供实质性的定义）使他开始拒斥符合论。

我无意说戴维森上述拒斥二分的态度是错的（实际上我接受他的这一拒斥），我也无意说传统的符合论不是他所描绘的那样子，但我认为如下一点依然是可能的：戴维森打错了靶子，符合论并不必然是他所描绘的那样子。正如本文一开始所表明的，符合论的本质教条是：真理存在于它与世界的关系中，是客观的世界及其特定组成部分使真理为真。至于这世界的特定组成部分是对象还是事实对符合论来说是内部争论。无疑，戴维森接受这一点，只是他否定这即是符合论。我已经表明，戴维森的这一否定基于对符合论之历史的一个错误判定。然而，上述问题依然存在：符合论是否认为真理与人的态度和旨趣无关？符合论是不是试图提供真理定义？

戴维森在描述真理与人的态度、信念等相关时是将真理置于诠释的背景下，并且认为真值承担者是话语（与时间和说话者相关）和信念，而非抽象对象，如命题或句子类型等。但是，如果这是反符合论的，那么这种反驳是在一种非常弱的意义上而言：首先，真值承担者的问题不是反符合论的，符合论并没有承诺某种特定的真值承担者，它承诺的只是某种特定的使真者；其次，在诠释背景下将真理与人联系起来，它并没有表明符合论是错误的，它仅是表明符合论是不充分的。我接受戴维森的这样一种观点，即符合论无法将真理与人的态度和旨趣等联系起来，但是我怀疑我们为什么要求符合论做到这一点？

按照目前一种已被广泛接受的区分，真理定义与真理标准是两个虽然相关但截然不同的东西，定义是要给出"真理"或"是真的"等词项的意义，而标准是要给出判定一个句子是否为真的方法。前者与人，人的态度、能力和认知等无关，而后者与它们有关。在给出定义与标准之区分的情况下，符合论完全可以仅仅提供真理定义，而不去关心它所提供的真理人们能否认识。但问题是：真理定义是否可能？由于塔斯基富有说服力的证明，现在已经很少有人认为真理是可定义的。但我认为，符合论也不必然要给真理进行定义。

真理定义与真理标准的区分实际上隶属于一个更一般的区分，即研究真理的形而上学方案与辩护方案的区分。定义属于形而上学方案，而标准属于辩护方案。但形而上学方案不必然采取定义的方式，因为给出语词的意义不必然是给语词下定义。[①]这一点在现代逻辑产生后，特别是在语言哲学的照耀下，显得特别清楚。定义当然属于对意义的分析，但它不是意义分析的唯一方式，它属于意义分析的强纲领。因此，情况很可能是这样的：符合论者放弃定义真概念的努力，而致力于澄清"真"或"是真的"等词项的意义。于是，问题是这样的：说一个句子，如"雪是白的"，是真的，这是什么意思？根据戴维森，这个问题以一种必要的方式转化为：什么东西使得一个句子，如"雪是白的"，为真？正是在这里，符合论发挥了作用，即是世界的客观存在，世界中具体的对象和事件，或者事实，使得特定句子为真。这个论点的前半部分正是戴维森的观点。

上述论述无疑是对符合论的一个辩护，但我并不是要说真理与人无关，恰恰相反，我认为一个可接受的真理论必须能将真理与人联系起来。这正是我接受戴维森拒斥实在论与认识化之二分的原因，也是我认为符合论不充分的原因。但符合论仅仅是不充分的，而不是错误的；符合论需要的是补充一个真理的辩护，而不是消除。

参考文献：

[1] Aquinas, Thomas (1949), *Quaestiones disputatae de veritate*. Turin: Marietti.

[2] Aristotle (1991), *Metaphysics*. Princeton: Princeton University Press.

[3] Austin, J. L. (1950), Truth. *Proceedings of the Aristotelian Society*, Supplementary Volumes, Vol. 24, Physical Research, Ethics and Logic, 111-128.

[4] Barwise, J. and Perry, J. (1983), *Situations and Attitudes*. Cambridge, MA: MIT Press.

[5] Davidson, D. (1967), Meaning and Truth. in Donald Davidson, *Inquiries into Truth and Interpretation*, 2nd ed., 2001, Oxford: Clarendon Press.

[6] Davidson, D. (1969), True to Facts. in *Inquiries into Truth and Interpretation*.

[7] Davidson, D. (1974), On the Very Idea of a Conceptual Scheme. in *Inquiries into Truth and Interpretation*.

[8] Davidson, D. (1977), Reality Without Reference, in *Inquiries into Truth and Interpretation*.

[9] Davidson, D. (1984), Preface to the Second Edition, in *Inquiries into Truth and Interpretation*.

[10] Davidson, D. (1990), The Structure and Content of Truth, *The Journal of Philosophy*, Vol.87, 279-328.

---

① 关于形而上学方案与辩护方案之间区分的更详细的讨论，请参见李主斌，2011。

[11] Davidson, D. (1996), The Folly of Trying to Define Truth, *The Journal of Philosophy*, Vol.93, 263-278.

[12] Davidson, D. (1999), Reply to Gabriel Segal. in Urszula M. Zeglen (ed.), *Donald Davidson: Truth, Meaning and Knowledge*, London and New York: Routledge.

[13] Davidson, D. (2000), Truth Rehabilitated. in Donald Davidson, *Truth, Language, and History*, 2005, Oxford: Clarendon Press.

[14] Dodd, J. (2008), *An Identity Theory of Truth*. London: Macmillan.

[15] Gödel, K. (1944), Russell's Mathematical Logic. In P. A. Schilpp (ed.), *The Philosophy of Bertrand Russell*, Evanston: Northwestern University Press, 125-153.

[16] Halbach, V. (2011), *Axiomatic Theory of Truth*, Cambridge University Press.

[17] Künne, W. (2003), *Conceptions of Truth*, Oxford: Clarendon Press.

[18] Neale, S. (2001), *Facing Fact*, Oxford:Clarendon Press.

[19] Philoponus (1898), Aristotelis Categorias commentarium, In *Commentaria in Aristotelem Graeca* XIII 1, Berlin: Reimer.

[20] Russell, B. (1918), The Philosophy of Logical Atomism, in R. C. Marsh (ed.), *Logic and Knowledge: Essays 1901-1950*, London: George Allen and Unwin 1956, pp.177-281.

[21] Smart, J.J.C. (1999), Correspondence, Coherence, and Realism, in *The Philosophy of Donald Davidson*, Hahn, L.E. (ed.), Open Court, 1999.

[22] Tarski, A. (1933), The Concept of Truth in Formalized Languages, in *Logic, Semantics, Metamathematics*, 2nd ed., Indianapolis: Hackett 1983, pp.152-278.

[23] Tarski, A. (1944), The Semantic Conception of Truth: and the Foundations of Semantics, *Philosophy and Phenomenological Research*, Vol.4, pp.341-376.

[24] 李主斌："符合论 VS 融贯论？"《自然辩证法研究》，2011 年第 9 期。

[25] 塞尔，约翰·R.:《社会实在的构建》，李步楼译，上海世纪出版集团，2008 年。

[26] 叶闯:《理解的条件——戴维森的解释理论》，商务印书馆，2006 年。

Reference, Truth and Correspondence

Zhubin Li

School of Marxism, Shanghai Jiaotong University

Abstract: As is known to all, there is a noteworthy change in Davidson's attitude toward correspondence theory of truth. He accepted and defended correspondence at the beginning, while he discarded such standpoint and rejected correspondence at last. Davidson advanced an axiomatic approach to truth, and such position allowed he to utilize a lean and formal notion of reference. It is just because of such concept of reference that, I want to demonstrate in this paper, Davidson discarded correspondence. However, he never gave up his realism of objects and events, that means, he never gave up the concept of reference. Since reference, as a semantic concept, connect language and the world, Davidson could not really reject correspondence on the ground that correspondence could be explained by appealing to the relation between truthbearers and objects.

Keywords: Donald Davidson; Correspondence; Fact; Reference

[心灵哲学]

现象概念不存在吗? *

◎王 球 ①

上海交通大学科学史与科学文化研究院

摘 要： 当现象概念成为大多数心灵哲学家用以理解现象意识的共同承诺时，泰尔和鲍尔却声称现象概念并不存在。他们据此清算了由知识论证所支撑的反物理主义主张，同时也抛弃了现象概念策略，转而以知觉内容的直接实在论为物理主义的证成另辟蹊径。本文旨在针对鲍尔的论文《现象概念不存在》，为相反的观点即现象概念的存在提供辩护。笔者通过介绍人类学家斯佩博和霍希所做的关于直观概念与反思概念的区分，表明鲍尔的第一个立论基础，即由外在论蕴含的概念从他原则和概念持有标准，事实上是有条件的。继而引入查默斯对纯粹现象概念的刻画来反驳鲍尔的第二个立论基础，即现象概念的可表达性。最后将结合以上理由，为释放前的玛丽所拥有的关于颜色视觉的信念状况给出解释。

关键词： 现象概念；外在论；从他原则；直观概念；反思概念

当代心灵哲学家通常把知觉经验、身体感知等心理状态叫作现象意识或现象经验。当你遇到一朵带刺的红玫瑰时，你看到它的视觉经验"感觉起来"与被它扎破手指时引发的触觉感知"感觉起来"是不一样的。这种"感觉起来是什么样的（what it is like）"，便是经验的现象特征（phenomenal quality）。如果某人当下拥有一个红色的视觉经验，当她内省这个视觉经验，想着"这就是看到红色的样子"，便有一个关于红色的现象**信念**，它指称了此人当下体验到的红色经验。正如信念或其他命题态度作为心智表征的一种形式，而概念则是信念的构成成分一样，现象概念是现象信念的构成成分。在某个人的现象信念中，[红色]②这个现象概念，指称她体验到的红性（phenomenal redness）。相比之下，对于一个非现象概念，例如"老

---

* 国家社科基金青年项目："'心灵 - 行动'哲学视野下的进化心理学研究（13CZX026）"。

① 作者简介：王球（1983—），浙江淳安人，哲学博士，上海交通大学科学史与科学文化研究院讲师，研究方向：心灵哲学、认知科学哲学、形而上学。

② 为把现象概念与普通概念区别开来，本文统一用中括号"[ ]"来标记现象概念。

虎"，人们直觉上会认为，"老虎"与 [红色] 这个现象概念非常不同。一个人可以从未见过或有过关于老虎的视觉经验（包括描绘老虎细节特征的各种表象，诸如照片、影视和图画等），但她仍然可以持有"老虎"这个概念或拥有关于老虎的各种信念。而某人要想获得一个现象概念 [红色]，除非她拥有或至少曾经拥有红色的视觉经验。

正当越来越多的哲学家相信，现象概念是破解"意识难问题"的一把关键钥匙时，泰尔（Michael Tye）及其弟子鲍尔（Derek Ball）却声称并不存在着这种特殊的概念类型。考虑到泰尔是受了鲍尔的启发（Tye, 2009: 1），且鲍尔在著名哲学杂志《心灵》（Mind）上刊发了《现象概念不存在》这篇颇有影响的论文，因此这里的讨论只针对鲍尔此文的观点及其论证。

一、鲍尔论现象概念不存在

通观全文，鲍尔无非想得出以下两个结论。

T_1：在知识论证里，对其中某个前提唯一恰当的理解，就是认为它承诺了现象概念；

T_2：现象概念不存在。（Ball, 2009: 962）

先看 T_1。事实上，T_1 可被现象概念论者接受，就像帕皮诺（David Papineau）所说的，"现象概念是一枚几乎当今所有研究意识的哲学家的通行货币。持二元论观点的人将之视为指称了独特的非物理（现象）属性，而大多数物理主义者却认为，现象概念的这种独特性仅限于概念的层面。"（Papineau, 2006: 111）我们知道，知识论证是二元论者用来反对物理主义的利器之一，它通过构建了一个诉诸直觉力量的思想实验，试图迫使物理主义者放弃本体论物理主义。杰克逊让我们设想，有一个叫玛丽的天才科学家，她知道关于颜色视觉的一切物理信息，然而自从出生后她就一直被囚禁在一间黑白屋子里，这使得她从未经验过颜色。杰克逊辩解说，玛丽在屋子里不知道红色看起来是什么样的，当她离开黑白屋后，她学到了新的东西。顺着努梅林（Nida-Rümelin）给出的构造（Nida-Rümelin, 2002），鲍尔将知识论证表述如下：

> P_1 在释放以前，玛丽拥有关于人类颜色视觉的完备的物理知识。
>
> C_1 所以在释放以前，玛丽知道关于人类颜色视觉的一切物理事实（facts）。
>
> P_2 在释放以前，某些（类型的）关于人类颜色视觉的知识玛丽是没有的。
>
> C_2 因此（得自 P_2）在释放以前，玛丽不知道某些（类型的）关于人类颜色视觉的事实。

————

C_3 因此（得自 C_1 和 C_2），存在着一些关于人类颜色视觉的非物理事实。

鲍尔首先表明，知识论证的关键在于 P_2。对 P_2 的最佳理解是，释放前的玛丽缺乏某种用以思考人类颜色视觉的概念，也就是所谓的（关于颜色视觉的）现象概念。鲍尔认为，若使整个论证可行，仅当 P_1 为真并且 P_2 推出 C_2。所以在知识论证这个思想实验中，它所加予给我们的直觉影响的重心就在 P_2。P_2 的意思是说，玛丽不知道某些信念内容 B。对此又有两种理解方式：要么玛丽可以思考 B，但 B 不是知识；要么玛丽在释放之前无法思考 B。鲍尔通过引入努梅林构想的玛丽安娜（Marianna）例子来论证，如果情形如前者所述，那么 P_1 就不能为真。[5] 因此我们只能认为，玛丽压根就无法思考 B。B 是一个信念内容，且我们知道，信念的内容是由概念构成的。然而至此我们不能直接得出结论说，玛丽之所以无法思考 B，是由于玛丽缺乏用以思考 B 所必需的那些概念。两种例外情形可供考虑：(1) 玛丽或许持有用来思考 B 所需的全部概念，但她可能无法有效整合这些概念去形成 B；或者，(2) 虽然玛丽可能持有思考 B 所需的全部概念，不过这些概念中的其中一部分是索引式的（indexical），而玛丽在黑白屋中缺乏这些索引概念所需的情境。第一种情况可以直接排除，要知道玛丽是一个功能健全的思考者，给定了用以思考 B 的全部概念，没什么能够阻止她拥有 B。第二种情况也不对，因为没有明显的理由表明，这里的索引概念不该指称物理事物。给定 P_1 和 C_1，玛丽拥有完备的物理知识，知道一切关于颜色视觉的物理事实，所以玛丽并不缺乏索引概念所要求的各种情境。排除了上述两个备选项，那么玛丽所缺乏的，只可能是一些关于人类颜色视觉经验的概念，这类概念可以归类为所谓的现象概念。鲍尔由此证得出 T_1。（Ball, 2009: 942-944）

在开始考察 T_2 之前，现在的疑问是，什么叫作持有一个现象概念呢？这个问题可由两个子问题构成：第一，现象概念的标准（phenomenal concepts criterion，以下简称 PCC）是什么？第二，持有一个概念的标准（criterion of concept possession，以下简称 CCP）又是什么？

不得不承认，关于现象概念"是"什么的正面定义，哲学家们至今尚未给出一致的答案。大致说来，现象概念论者认为，人类有两种用以思考意识经验的途径或视角：一种是非现象概念，例如日常概念和物理-功能概念等；另一种就是直接的、内省式的现象概念。反物理主义者相信，前者指称的是物理-功能属性，后者的指称对象是区别于前者的、独特的、非物理的现象属性。物理主义者表示，两者的区别只停留在概念层面上，不会深入到本体论的层面以至于它们分别指称不同的属性。世界上只可能存在着物理实体及其相应的物理-功能属性。无论如何，鲍尔通过参考这两派现象概念论者相关的论述文本，并考虑到一些可能的例外情形，将 PCC 阐述如下。概念 C 是一个现象概念，仅当：

（1）存在着某个现象经验类型 e，以及某个属性 p，一个经验个例因其与 p 相关联，从而归入 e。

（2）C 指称 p。

（3）在正常情形下，一个人仅当拥有一个经验类型 e 时，她才能持有概念 C。

结合条件 (2) 看，引入条件 (1) 只是为了表明，就现象概念所指称的究竟是内在的现象经验的属性还是外在的客观对象的属性问题，鲍尔对此保持中立的态度。仅有条件 (1)、(2) 还不能满足现象概念的要求。一个非现象概念，例如"C 神经纤维激活"，同样可以指称 p。因此条件 (3) 才是现象概念区别于其他概念类型的实质所在。（Ball, 2009: 939）就像前文提及的那样，一个人可以从未拥有关于老虎的视觉经验，她仍然可以持有"老虎"这个概念。但持有一个现象概念 C，就必须要求概念持有者拥有相关的那个经验 e。

所谓持有一个概念，鲍尔给出的定义是：若 s 在其思想中用到了（exercise）C，s 就持有概念 C。以下我们将这个定义称为概念持有标准——CCP。在这里，"用到了"一个概念 C 与"持有了"C 之间的区别，就是概念（concepts）——和观念（conceptions）的区别。概念作为心智表征的最小单元，是思想或信念的构成成分；观念是与概念相关联的一组信念的集合。"老虎"是一个概念，而"老虎是猫科动物"则是一个关于老虎的观念。鲍尔借用了普特南（H. Putnam）和伯奇（T. Burge）的心理内容外在论，得出了一个他为 T_2 找到辩护资源的重要结论。也就是说，一个思考者可以持有一个概念 C，即使她拥有有关 c（小写 c，指的是外在对象）的观念是贫乏的或不准确的。（Ball, 2009: 944-948）例如普特南相信，某人可以持有"山毛榉"和"榆树"的概念，尽管她对山毛榉和榆树的观念相当贫乏。类似地，在伯奇的例子里，某人持有了"关节炎"这个概念，尽管她对于关节炎的观念可以是错误的。我们将会在下一节里详细讨论这种语言现象，现在我们只需要理解，语义内容和心智内容的外在论给予我们的教诲在于：某人持有一个概念 C，是因为她与自身所在的外部环境或语言群体有着交互作用，一个概念的意义及相应的指称，是由它所处的语言社群整体的使用情况来决定的。举例来讲，虽然一个人没能正确地相信关节炎是发生在关节上的病症（相反，她认为关节炎可以发生在大腿上），但她可以顺从（defer to）其他人（特别是专家）的判断，经由专家的证词（testimony）来校正她原有的信念，从而最终完全持有了或正确使用了"关节炎"这个概念。这样就能表明，s 可以持有概念 C，即使 s 关于 c 的观念是贫乏的或不准确的。我们把这种有关概念持有的语言现象，称作为概念的"从他原则"（principle of deference，以下简称 PD）。（Ball, 2009: 948）

至此为止，我们不难猜测接下来鲍尔论证 T_2 的大致思路。鲍尔要做的就是，PD 和 CCP 同样可以介入知识论证。黑白屋里的玛丽虽然无法拥有关于颜色的视觉经验，但是她拥有关于人类颜色视觉的全部物理知识，并且给定她拥有与外界语言群体互动的条件，即便释放前的玛丽所拥有的、关于颜色视觉经验的信念极其贫乏且不准确，然而结合 PD 和 CCP，她仍然能够持有一些关于人类颜色视觉经验的现象概念。

既然玛丽在释放之前就能获得这类概念，而知识论证就其构造上表明，玛丽只有在离开黑白屋子后才能持有这类概念（要求符合 PCC 中的条件（3））。鲍尔认为，给定外在论以及它所蕴含的 PD 与 CCP 没有问题并且被哲学家广为接受，那么出问题的只可能是知识论证了。这是由于，PD 与 CCP 要求了玛丽在释放前就已持有知识论证所倚重的这类概念，然而释放前的玛丽并不拥有任何关于颜色的视觉经验，因此这就违背了 PCC 中的条件（3）。如果 PD 与 CCP 坚不可摧，那么 PCC 就出了问题。由于 PCC 是现象概念的必要条件，PCC 失败了，那么现象概念就是子虚乌有了。要知道，PD 与 CCP 是从外在论那里一脉相承而得的，鲍尔的论证就其本质而言，就是在坚持心理内容外在论的前提下，拿 PD 与 CCP 来挑战 PCC。在他看来，因为 PD 与 CCP 成立，就不允许有 PCC 许诺的那种例外。

鲍尔对 T_2 辩护并没有就此结束，他还进一步考虑了升级版的现象概念标准 PCC*，以及现象概念能否被公共语言所表达的问题。在探讨这些问题之前，让我们先来看看被鲍尔奉为圭臬的 PD 与 CCP 能否成立，若能成立，它的应用会不会是有条件约束的呢？

二、直观概念与反思概念

在一篇批评泰尔的书评中，福多（J. Fodor）以他惯有的调侃风格，指责外在论与柏拉图的"理念"、贝克莱的"存在即被感知"等过往的哲学主张一样，都是些用来治疗疾病、却比疾病本身杀伤力更大的药方。他认为普特南孪生水的思想实验所彰显的语义学直觉普遍被误解了。这种直觉带给我们的，并不是说我们需要一个外在的意义理论，而是说我们根本不需要任何关于意义的理论。（Fodor, 2009）当然，福多拒斥语义外在论以及概念的意义设定，出于他捍卫概念原子论的考虑。在这一节里，我将给出一个独立理由表明，即使外在论为真，由它蕴含的 PD 与 CCP 也是有条件限制的。我们要论证的是：并非所有类型的概念都是从他性的（deferential）。

上文已提及到，在鲍尔看来，PD 与 CCP 的得出，可通过伯奇著名的"关节炎论证"来阐明。一般情况下，关节炎是关节炎症，不可能发生在大腿上。这是一个事实，也是大多数人的常识。但我们可以设想，张三并不知道这个常识，她错误地认为自己的大腿患有关节炎，并对自己说，"我的大腿患有关节炎"。有一天她将这个信念告诉了医生，医生指出说，关节炎是关节炎症，不可能发生在大腿上。考虑到医生是真诚的并且是该领域的专家，于是张三顺从并接受了医生的证词。伯奇表示，虽然张三此前拥有的"我的大腿上患有关节炎"这一信念是错误的，但张三在那时就已然持有了"关节炎"这个概念。

伯奇用了反证法来捍卫他的这个结论。大致而言，他从反对意见出发考虑，若想反驳这个结论，即否认张三持有"关节炎"这个概念，最佳策略就是认为张三拥有一个在对象层面上为真的信念，但这个信念并不涉及"关节炎"这一概念。相应地，张三持有的真实概念可被认为是"大腿关节炎"（tharthritis），大腿关节炎可以发生在关节上也可以发生在大腿上。因此，张三真实的信念应该是"我的大腿患有大腿关节炎"。伯奇指出，在同一个语言群体中（例如汉语或英语），如果张三持有的是其他概念（例如"大腿关节炎"）而非"关节炎"，那么张三就无法与人分享她的信念。所谓分享信念，也就是说，医生相信张三所患的不是关节炎，张三也同意医生的判断；反之如果张三不持有"关节炎"这个概念，她就不可能顺从医生的证词。更重要的是，假如这个反对建议是正确的话，即张三持有的概念是"大腿关节炎"而非"关节炎"，那么可以设想，当医生告诉张三关节炎不会发生在大腿上的时候，张三会否认医生的证词，并且她会认为医生就"关节炎"这个语词的意义在跟自己抬杠。这当然是荒谬的，因为张三的信念就其本身便是错误的。

"关节炎论证"是一个关于相关信念不准确、却能持有目标概念的例子。这个论证的要义对那些相关信念极度贫乏的例子（例如普特南"榆树"与"山毛榉"的例子）同样有效。无论哪种情形，概念能够以语言群体的充分互动而获得。给定了外在论，PD 与 CCP 就能成立。现在的问题是，就算我们承认外在论是成立的，PD 与 CCP 就一定正确吗？要获得一个概念 C，无论它是哪种类型的概念，真的仅仅只须与所在的语言群体交互作用（于是拥有一些相应的、用以思考 c 的观念，并且可以通过顺从他人的陈词来校正自己的观念）就可以了吗？

法国人类学家、认知科学家和哲学家斯佩博（Dan Sperber）为我们思考这个问题提供了很好的进路。斯佩博认为，就像玉可以分为硬玉和软玉这么两种表面特征相似、化学成分不同的物质一样，人类的信念也分为两种：直观信念和反思信念。直观信念是最根本的认知范畴，只能在心智构造（architecture of mind）的层面上得以解释。直观信念的心理语汇只包括直观概念。除此之外，人们还能拥有无限多的各种高阶的或"反思的"命题态度，它们中有许多都是信经式的（credal）——即符合 PD 要求的，这就是反思信念。之所以认为存在着反思信念，是因为有一些别的信念，把由它们所支持的那个反思信念的来源（source）描述为可靠的，或者它们为其支持的那个反思信念提供了明确的证据。反思信念的心理语汇不仅包括直观概念，也包括了反思概念。（Sperber, 1997: 67）基于斯佩博的工作，霍希（Richard Horsey）指出，外在论以及由它蕴含的 PD 与 CCP，作为一种吸引人的流行理论，在心理学上其实并不绝对靠谱。PD 在概念获得与应用方面的作用，远非通常认可的那么意义重大。（Horsey, 2000）最重要的是，霍希认为，PD 无助于我们获得或维持一个直观概念，该原则作为一种常规的认知方式，只能应用于反思概念。如果霍希的结论可靠，那就意味着，在鲍尔的论证中，其中一块重要的基石——PD 与 CCP——至少是有条件的。

霍希的思路大致是这样的。首先，根据大量的经验证据表明（包括斯佩博的工作），概念可被划分为两类，这两类概念有着不同的属性，即它们的认知处理模式是有差别的。我们把其中的一类称作直观概念，其余的叫作反思概念。直观概念必须来源于一些知觉模板（template），以致它们能被特定的认知模块（module）进行处理，这些模块支持了某种可以让人获得概念的推理类型，并且这些模板的初始化只能基于知觉经验而非任何其他认知加工。换言之，当我们以知觉经验的方式获得一个关于对象 x 的直观概念时，这意味着我们初始化了一个关于 x 的知觉模板，把 x 的表现特征（syndrome）作为真实的事态自动地刻录进我们的知觉模板并得以保存，于是就形成了一个关于 x 的直观信念。其次，原则上说，任何直观概念都可以被一个反思信念表征所用，但反思概念则不能被直观信念表征所用。直观信念仅涉及直观概念；反思信念既可涉及直观概念，也可涉及反思概念。第三，在一个关于对象 x 的反思信念中，如果缺乏直观概念"X"，那么该信念中的反思概念"X"只是"占位符"式的反思概念（"placeholder" reflective concept），它只是一个与"X"这个词相联、却与关于 x 的事实信息没有（或者很少有）联系的反思性概念。也就是说，在某些情形中，我们缺乏关于 x 的直观概念"X"，却仍然拥有关于 x 的反思信念，但这并不意味着我们真正持有了直观概念"X"。

且让我们设 Φ 是一个直观信念，Ψ 是一个反思信念，x 是一个直观概念，y 是一个反思概念。那么我们拥有的全部信念条目将会是：Φx, Ψx, Ψy 和 Ψ[y]（"占位符式"反思概念）。结合"老虎"的例子考虑，假设张三从未有过关于老虎的视觉经验，那么张三在咨询了某个研究老虎的动物学专家、进而顺从了该专家的证词前后，她所拥有的全部信念只会是 Ψ[y] 和 Ψy。因为张三无法持有直观概念 x，她就无法拥有直观信念 Φx，从而只能拥有反思信念 Ψ。在张三顺从专家的判断之前，由于她或许仅仅听说过"老虎"这个词，但对老虎的事实信息几乎一无所知，她拥有的只能是 [y] 和 Ψ[y]。然而，当专家对张三说，"老虎是猫科动物，体型如同狮子一般大小"，并告知关于老虎的其他知识之后，那么张三就拥有了 y 和 Ψy。无论如何，在这个例子中我们可以发现，张三对对专家判断的顺从，只可能作用在 y 上，对能否获得或维系 x 并无影响。给定斯佩博和霍希的工作是可靠的，我们就能得出结论说，PD 与 CCP 是有条件的，它们与直观概念无关。

三、纯粹现象概念与玛丽的信念状况

让我们重新回到鲍尔那里。我们知道，鲍尔之所以坚定地维护 PD 与 CCP，源于他相信语义内容外在论加予我们的直觉力量。根据上一节的分析，现在我们知道 PD 与 CCP 至少是有条件的，在某种意义上和福多一样，我们愿意承认，或许对外在论恰当的理解，并不像一些哲学家所声称的那样极端。尽管很难说鲍尔会与我们分享类似看法，但他貌似慷慨地为我们考虑到了这一可能。

考虑到潜在的反驳，鲍尔站在现象概念论者的立场修改了现象概念标准，将之由 PCC 升级为 PCC*。概念 C 是一个现象概念，仅当：

（1*）存在着某个现象经验类型 e 及某个属性 p，一个经验个例因其与 p 相关联，从而归入 e。

（2*）C 指称 p。

（3*）在正常情形下，一个人仅当拥有一个经验类型 e 时，她才能非从他地或完全地持有概念 C。

PCC* 作为 PCC 的升级版，在原有的条件（3）上作出了改进，排除了现象概念 C 是经由从他而获得的可能。略过具体细节不谈，接下来鲍尔大致沿用了反驳 PCC 的策略，试图说明 PCC* 仍然是 PD 和 CCP 的一个例外。（Ball, 2009: 952-954）然而根据我们上一节得到的结论，一旦 PD 和 CCP 是有条件的，即它们无法应用到直观概念的获得或维系上，并且如果 PCC* 符合直观概念的条件，那么只要鲍尔在反驳 PCC* 时继续把宝押在了 PD 和 CCP 上，他的反驳无论如何都将是无效的。现在的关键问题就是，PCC* 是否符合直观概念的条件呢？

就直观概念与现象概念之间的关系，斯佩博和霍希倒是没有给出说明。不过我们可以认为，当某人内省她的直观概念所指称的内在现象特质时，这个直观概念就能被当作一个现象概念。这是因为，现象概念的必要条件——无论是 PCC 还是 PCC*①——与直观概念的必要条件是兼容的。二者都要求仅当主体在拥有某个知觉经验的前提下，才能持有相应的概念，并且它们能够指称知觉经验或该经验所归属的外部对象。换言之，所谓拥有一个直观信念，就是说，我们要么是以即时的知觉经验，或是以事后的知觉想象这两种方式中的其中一种来激活该信念中的直观概念的知觉模板。当某个经验主体"在现象上"注意了存储在该模板中的知觉经验时，就意味着她将这个直观概念"用作"相应的现象概念。举例来说，如果张三此时确实看到了榆树，她自然就持有"榆树"这个直观概念（无论她是否知道**这种**乔木就是榆树）；当她注意到榆树的各种细节特征时，她所思考的，就是这个直观概念所对应的知觉模板中那些信息的内在现象特质。一旦如此，我们就认为张三持有了对应于"榆树"这个直观概念的现象概念。当然，这样的现象概念是纯粹现象概念，不能用"榆树"这个语词来表达。相反，根据查默斯的理解，我们可以说，这时的张三可能会持有以下四个相互关联的现象概念，它们分别是：公共的关联性现象概念"（当下由榆树的知觉经验导致的）[榆树]"、个人的关联性现象概念"（当下由我的关于榆树的知觉经验导致的）[榆树]"、索引性（indexical）现象概念"看到那个的感觉"，以及纯粹现象概念"如此这般的（such-and-such）"。前三个都属于关联性的现象概念，可以在公共语言中用语词或短语表达。纯粹现象概念则不一样，原则上它是不可表达的。（Chalmers, 2003: 225）

让我们来看看这个结论是如何得出的。查默斯指出，当我内省我的视觉经验时，我会想到自己有着如此这般的现象特质。这个信念指称视觉经验中红色的特质，这其中涉及几个不同的概念，它们使得这个为真的信念得以形成。举例来说，当玛丽拥有一个信念"那就是看到红色的样子"时，我们暂且（像鲍尔一样）认为，如果玛丽持有了一个现象概念 [红色]，那么这个现象概念是由"红色"这个词来表达的。"红色"这个词，常常出现在诸如"红色的经验"或"现象上的红色"之类的表达式中。这些表达式的指称，是通过与外在世界、尤其是一些典型的红色物体发生关联的方式来得以确定的。因而在这些表达式中，"红色"这个词对应的现象概念 [红色]，是一个关联性的现象概念。关联性现象概念 [红色] 又可分为两种，一种是公共的关联性现象概念 [红色 C]，另一种是个人的关联性现象概念 [红色$_I$]。前者通常指的是，在我所处的语言群体中，正常人因典型的红色物体（例如熟透的西红柿、中国的国

---

①　事实上在这里只须讨论 PCC 即可。因为根据接下来给出的理由，仅 PCC 就符合了直观概念的条件，而直观概念当然不可能是从他性的（不过，"非从他"地持有一个概念 C，也许并不等同于"完全地"持有概念 C，鲍尔在这个细节上是模糊的）。若站在我们当下的立场上，把现象概念作为直观概念看待的话，那么鲍尔给出 PCC 的升级版 PCC*，倒像是画蛇添足了。

旗或伦敦街头的电话亭等）所导致产生的那个现象特质。后者指的是个人（比如我自己）因典型的红色物体导致产生的那个现象特质。在正常人那里，[红色$_c$]与[红色$_1$]有着共同的所指。但对一些特殊的人而言——例如一个在视觉经验上红/绿光谱倒置的人——二者的所指是不同的。（Chalmers, 2003: 225-226）

除此之外，现象特质的所指也可用索引方式（indexically）得以确定。当我们看到一只西红柿时，我可以用"那个特质"或"这种经验"等类似的表达，索引性地指称与这些表达式相关的视觉经验特质。且让我们把这些表达式中所包含的指示性概念（"这个"、"那个"等）标记为 E。如同其他指示性概念一样，E 在一个情境中，通过挑取出（pick out）出现在这个情境里的现象特质来确定它的所指。在这个意义上讲，现象概念 E 也是关联性的。（Chalmers, 2003: 227）

"红色$_c$"、"红色$_1$"和 E 都可指称相同的特质，即现象上的红色。在其中每种情况下，它们的所指都是关联性地得到确定的。不过还有另外一个关键的现象概念没有考虑到，这个现象概念的指称方式并非关联性的，它因其内在固有的现象本质，直接挑取它的所指。这就是纯粹现象概念，我们把它标记为 R。在查默斯看来，R 很难用公共语言表达。我们充其量也只能讲，R 大概可以被说成是"如此这般的"（such-and-such），而"如此这般的"却又很难说得清道得明。例如张三品尝了一口榴莲，由于我从未品尝过这类热带水果，当我问张三榴莲吃起来是什么样的（what it is like），张三告诉我说，"榴莲尝起来是如此这般的"。事实上这在我看来相当于什么也没说。或者虽然张三可以详细地把"如此这般的"用一长串摹状词来替换，但这仍然不等于她就此表达了 R 本身。要知道，无论张三怎样努力向我描述榴莲的味道，她最终还是无法用语言把榴莲的味道精确地传达给我。（Chalmers, 2003: 228-230）

假如纯粹现象概念是不可表达的，而 PCC（当然也包括 PCC*）所承诺的便是纯粹现象概念，那么 PCC 及 PCC* 就与 PD 和 CCP 不相干了。这是因为，考虑到伯奇和普特南的例子，他们在论述概念持有的条件时，都要求概念在公共语言中是可表达的或可交流的。一旦纯粹现象概念是无法表达或不可交流的，那么鲍尔连 T_2 的论证前提都无法站住脚了。

事实上鲍尔在拿外在论反驳 PCC 的过程中就考虑到了这个前提。他声称现象概念是可表达的，为此给出了以下两个理由。第一，根据知识论证的描绘，当玛丽获得一个现象概念时，她可以自己的信念表达为"那就是看到红色时的样子"这句话。在这个句子里，"那"（'that'）、"红色"和"看到红色时的样子"这三个语词或短语，必有一个表达了现象概念。第二，也许现象概念论者会认为，现象概念仅能用索引词或明示词（比如"这个"或"那个"等）来表达，而普特南和伯奇的论证并不能用于类似索引性概念。然而并没有显见的理由表

明，索引性概念一定不可被其他语词或短语（例如 red-p）来替代。（Ball, 2009: 956-957）

基于查默斯的区分，我们发现，即使这两个理由都能成立，玛丽在其信念中所能表达的现象概念，也只不过是关联性现象概念。正如鲍尔想要竭力证明的那样，玛丽在释放前的确能够持有一些有关红色视觉经验的信念。例如玛丽相信"成熟的西红柿通常导致红色的经验"、"看到红色是一个现象状态"或"如果 p 是一个数字，那么 p 就不可能是看到红色时的感觉"等等。不过在我们看来，结合上一节对直观概念 x 与反思概念 y 的讨论，玛丽的这些信念只可能是反思信念 Ψ[y] 或 Ψy。由于玛丽没有经验过红色，她当然无法获得关于红色的直观概念 x，因此她的这些信念就不可能是 Φx 或 Ψx 了。正如 y 作为对 x 的知觉模板（以及作为尚未被初始化的"占位符"模板）的理性加工的结果一样，关联性现象概念也可被看作是纯粹现象概念的概念作用结果。关联性现象概念表达式的语义内容只能由这些表达式与纯粹现象概念之间的外在（因果的或是索引的）关联来得以界定。或者，用帕皮诺的话来说，我们可以认为关联性现象概念仅仅是"提及了"（mention）现象经验，只有纯粹现象概念是通过"使用了"（use）知觉经验本身来"提及"它所指称的现象经验。（Papineau, 2006: 124）

结语

总结起来，我们很乐意赞同鲍尔对 T_1 的辩护，即知识论证若在构造上是可行的，它就必须承诺现象概念标准 PCC。但在现象概念是否存在的问题上，鲍尔至多只是证明了释放前的玛丽可以持有关联性现象概念，这与 PCC 或 PCC* 并不冲突，因而 T_2 是不成立的。这是由于，首先，根据斯佩博和霍希对从他原则 (PD) 以及概念持有标准 (CCP) 的条件约束，我们发现，PD 和 CCP 无助于直观概念的持有和应用。其次，基于查默斯对关联性现象概念和纯粹现象概念的区分，我们认为，只有纯粹现象概念才能够被视为是直观概念的一个子集，并且正如反思概念区别于直观概念一样，释放前的玛丽持有关联性现象概念并不等于她持有了纯粹现象概念。第三，我们证明了，真正满足 PCC 或 PCC* 的只能是纯粹现象概念，并且纯粹现象概念是不可表达的。综上所述，释放前的玛丽能够持有的全部概念，都无法满足 PCC 或 PCC*，所以知识论证就其本身而言是融贯的、符合直觉的，并且玛丽所拥有的信念以及相应的概念持有的情况，都能在直观概念与反思概念的区分框架中得到自然主义的解释。现象概念因而是存在的。

除了泰尔和鲍尔，也有少部分哲学家质疑现象概念是不存在的。与泰尔和鲍尔的思路完全不同，他们的质疑理由，仅仅只是说这种符合 PCC 的心理实体（mental entities）不能归入

"概念"这种认知范畴。例如普林兹（J. Prinz）就认为，概念必须涉及工作记忆模块，而现象概念则与之无关。（Prinz, 2007）不过，正如威利特（B. Veillet）指出的那样，我们无需在概念是什么这一问题上做技术性的纠缠，只须考虑现象概念是现象信念的构成即可，它与现象概念能否存储在记忆之中无关。（Veillet, 2008: 46-47）

参考文献：

[1] Ball, D. (2009), "There Are No Phenomenal Concepts". *Mind*, vol.118, 935-962.

[2] Chalmers, D. (2003), "The Content and Epistemology of Phenomenal Belief ". in Q. Smith and A. Jokic (eds.), *Consciousness: New Philosophical Perspectives*, Oxford: Oxford University Press, 220-272.

[3] Fodor, J. (2009), "It Ain' t In the Head". *The Times Literary Supplement*, October 16, 2009, http:// entertainment.timesonline.co.uk/tol/arts_and_entertainment/the_tls/article6878087.ece

[4] Horsey, R. (2000), "Meaning Postulates and Deference". http://cogprints.org/3257/

[5] Nida-Rümelin, M. (2002), "Qualia: The Knowledge Argument". in Edward N. Zalta, (ed.), *The Stanford Encyclopedia of Philosophy*, http://plato.stanford.edu/archives/fall2002/entries/qualiaknowledge/

[6] Nida-Rümelin, M. (1996), "What Mary Couldn' t Know". In Thomas Metzinger (ed.), *Conscious Experience*, Ferdinand Schoningh Verlag GmbH, 219-241.

[7] Papineau, D. (2006), "Phenomenal Concepts and Perceptual Concepts". in T. Alter and S. Walter (eds.), *Phenomenal Concepts and Phenomenal Knowledge: New Essays on Consciousness and Physicalism*, Oxford: Oxford University Press, 111-144.

[8] Prinz, J. (2007), "Mental Pointing: Phenomenal Knowledge Without Concepts". *Journal of Consciousness Studies*, vol.14, 184-211.

[9] Sperber, D. (1997), "Intuitive and Reflective Beliefs". *Mind and Language*, vol.12, 67-83.

[10] Tye, M. (2009), *Consciousness Revisited: Materialism without Phenomenal Concepts*. Cambridge, MA: MIT Press.

[11] Veillet, B. (2008), *Consciousness, Concepts and Content*, Dissertation submitted to the Faculty of Graduate School of the University of Maryland, College Park.

Are There No Phenomenal Concepts?

Qiu Wang

School of History and Culture of Science, Shanghai Jiao Tong University

Abstract: Derek Ball argues that there are no phenomenal concepts, to which is the key target that in this paper I am going to argue against. The main motivation Ball rejects phenomenal concepts together with the so called "phenomenal concept strategy" that most contemporary physicalists prefer to, is the consideration of externalism about mental content. Rather contrary, I hold that externalism merely applies to reflective concepts rather than to intuitive concepts, and the procession condition of intuitive concepts is in turn quite like that of phenomenal concepts in the architecture of our mind. Therefore Ball's endeavor is doomed to be dumb in the face of taking this further consideration.

Key words: phenomenal concepts; externalism; principle of deference; intuitive concepts; reflective concepts

生成知觉：知觉二元论的新破解 *

◎ 孟　伟 [1]
聊城大学哲学系

摘　要： 作为主流理论的现代信息加工知觉理论受二元论框架的约束。涉身认知立足身体与环境的交互活动来理解知觉，这种新物理主义解释形成了对信息加工知觉理论的挑战。现象学不仅揭示了知觉的现象特征，而且提供了与物理主义兼容的知觉"分析"。生成知觉认可知觉是一种现象呈现，同时主张将知觉现象归结为感官 - 运动能力在环境中的活动呈现。知觉的生成观是一种摆脱二元论解释框架的新途径，但在理论与实践上仍需深入探索。

关键词： 知觉；二元论；生成

克服在知觉问题上的二元论解释模式一直是一个挑战。独立心灵的观念往往更利于支持知觉的多样性或者说支持独特知觉感受性的存在，反之，后者也往往成为独立心灵的一种存在依据。不过，当代科学家和哲学家大多表达了对这种二元论解释的不满，例如普特南认为这样做意味着回归一种形而上学的神秘，[2] 而克里克则希望消除这种令妻子迷惑不解的"活蚕豆"（living bean）的唯心主义观念。[3] 在现代知觉研究中，二元论框架下的知觉理论表现为信息加工知觉理论的主流形式，同时因其在实践上的易操作性而长期保持这种主流地位。不过，在知觉的理论解释上，物理主义框架的知觉解释一直试图挑战信息加工知觉理论，例如除了克里克等基于大脑神经分子团块活动来消除二元论解释之外，还出现了涉身认知框架下的基于感官运动能力的新物理主义解释，后者因认知科学实践的支撑而愈益受到广泛关注。

---

* 基金项目：国家社会科学基金重大项目"认知科学对哲学的挑战 ——心灵与认知哲学重大理论问题研究"（11 & ZD187），国家社会科学基金一般项目"梅洛 - 庞蒂与当代认知科学哲学研究"（13BZX021）。

① 作者简介：孟伟（1973—），山东东阿人，哲学博士，副教授，研究方向为心灵哲学、现象学与认知科学哲学、认知与文化理论等。
② Hilary Putnam, *The Threefold Cord: Mind, Body, and World*, Columbia University Press, 1999: 4.
③ 克里克：《惊人的假说——灵魂的科学探索》，汪云九等译，湖南科学技术出版社，2004年，第 3 页。

一、二元论框架下的信息加工知觉理论

笛卡儿主义二元论框架一直强烈影响着知觉的科学与哲学解释。基于二元实体论，笛卡儿将思维与知觉完全对立起来，或者说知觉与思维之间存在着一种不连续性，进而思维心灵成为知觉活动的主导者。行为主义则试图通过单纯物理生理器官对外界刺激的反应来理解知觉，以此来克服二元论。当代信息加工知觉理论虽然克服了行为主义的简单化做法，但是其对孤立心灵的依赖与默认在某种程度上又回归了二元论立场。

信息加工知觉理论在当代的主要代表有福多和皮利辛等人。在他们看来，信息加工知觉理论有两点基本主张。一是知觉依赖于推论（inferences）。由于推论预设了独立心灵的存在，因此知觉依赖于这种心灵。同时，由于推论是一种通过前提得出结论的历时过程，因此知觉与记忆之间也存在着某种内在关联。二是推论的心理机制表现为心理表征的转换，这不仅肯定心灵对外部环境表征的存在，而且知觉可以由此被看作是基于表征的某种计算活动。①

总体看来，信息加工知觉理论接受了二元论框架。因为，承认知觉依赖于推论，表明存在着某种实施推论的独立心灵；同时，承认表征的存在，表明信息加工知觉理论进一步肯定了心灵与外部环境双方的存在，因为表征就是心灵对外部环境的反映。由于信息加工知觉理论在知觉模拟等科学实践上取得较大成功，因此这一理论一直被视为主流的知觉理论。

二、基于涉身认知框架的知觉解释

信息加工知觉理论延续了二元论传统，同时这一理论也是当代功能主义心灵观与表征计算认知观的必然产物。随着在当代哲学和科学领域对计算主义认知观的深入反思，尤其是涉身认知观的产生与发展，信息加工知觉理论也开始受到挑战与质疑。

涉身认知的理论框架总体上与二元论框架是相悖的。一方面，涉身认知观怀疑甚至否定独立心灵的存在，坚持对认知进行某种物理主义的解释；另一方面，涉身认知观则是怀疑甚至否定表征的存在，更多倾向于主张认知具有无表征的特点。这样一来，在涉身认知理论框架下相应产生了一些反二元论的知觉解释。这些知觉理论的基本思想是反对信息加工理论对

---

① Jerry A. Fodor and Zenon W. Pylyshyn, "How Direct Is Visual Perception? Some Reflections on Gibson's 'Ecological Approach'", in Alva Noë and Evan Thompson (ed.), *Vision and Mind: Selected Readings in the Philosophy of Perception*, 167-168.

知觉的二元论解释倾向，强调知觉不是基于独立心灵的推论，而是一种基于身体与环境交互的生成性活动。

归纳来看，涉身认知框架下的知觉理论主要有这样一些形式。第一种形式是吉布森较早提出的生态主义知觉理论。生态主义知觉理论批判信息加工知觉理论，它主要强调了知觉的这样几个特征。一是知觉功能形成机理上的整体性，即知觉不是大脑某个功能组织参与的孤立活动，而是知觉主体整体参与的活动；二是知觉活动的无表征性，即知觉不是反映环境有限感官信息的表征组合，知觉无需感官表象及其表征，它是直接性的；三是知觉功能的交互性，即知觉的功能在于保持知觉主体与环境的密合交互，知觉直接源于行动并且即时指导行动。第二种形式是瓦雷拉、马图拉纳（H. Maturana）等人概括的生成主义进路（The Enactive Approach）知觉观。生成主义知觉观在吉布森生态主义理论的基础上进一步强调了理解知觉的这几个方面：一是知觉形成机理上的感官－运动系统功能区的重要性，这一物理区域主要是指包含大脑和身体在内的知觉－运动区域（the perceptuo-motor domain）；二是感官－运动系统的神经系统活动机制是一种自组织活动；三是神经系统形成知觉不依赖于反映外部世界信息的内在表征假设，其机制具体可以归纳为有机体与其环境的一种结构性耦合（the structural coupling），例如颜色视觉就是通过有机体与自身环境的知觉－运动耦合而生成的。第三种是巴拉德的能动视觉（Animate Vision）的人工智能研究实践。与马尔所提出的广为流行的表征计算主义视觉研究不同，能动视觉研究放弃了基于静态视网膜意象及其抽象模型的知觉设计，相反，能动视觉更为注重眼动和凝视这一感官运动循环，立足于与情境相关的行动以及与行动相关的视动模块来设计知觉。

通过涉身认知框架下的这些知觉理论与实践，可以看到，与信息加工知觉理论不同，涉身认知框架下的知觉理解具有两个重要特征：一是它们放弃了基于表征、独立心灵推论的二元论的解释倾向；二是它们发展了传统的物理主义和行为主义，将知觉的物理基础从大脑的某些特定功能区域扩展到包括大脑和身体在内整体关联的感官－运动系统，同时强调了知觉与当下情境中行动的交互性。

三、认知的现象学"分析"及其知觉观

现象学方法本身不同于分析哲学基于某种理论前提的细致论证，但是，如果宽泛地将分析理解为一种对认知现象的科学解释，那么，可以说现象学对认知的解释本身也蕴含着一种类似的物理主义"分析"元素。

从整体上看，现象学与分析哲学不同，因为在认知理解上，为了呈现认知现象，现象学反对二元论、物理主义等任何预先的理论预设，而分析哲学则首先对某一理论前提作出承诺，而后为认知的理解展开相应的分析与论证。除了这种区别之外，在消除理论预设之后，现象学还对于所呈现的无任何理论预设的认知现象进行了某种解释或者构造，这就体现出了某种物理主义的分析特点。所以，现象学的认知解释并不全然和先天构成对物理主义等"分析"模式的抵触，两者之间存在着可以兼容的元素。

因此，就现象学而言，可以作出两点澄清和辩护。一是现象学与物理主义不是绝然排斥的，例如胡塞尔和梅洛－庞蒂都给出了关于感官的一种构造和解释，并且创造性地提出了动感和肉身感知的物理主义解释。二是现象学与自然科学也不是相互排斥的。现象学家反对的是极端提升科学思维的实证主义理论预设，他们本身都非常尊重并且利用自然科学研究。上述两点共性也受到一些当代哲学家的认同，例如凯利认为，诸如塞尔和德雷福斯等分析哲学家与现象学家在本体论上的争论源于某种误解，双方都认可第一人称视角的意识体验，但是这并不表明双方必然是唯心主义，二者都有着实在论的思想。凯利说："早期的胡塞尔是一位实在论者，尽管海德格尔以某种语气似乎否认宇宙的独立存在，但是就海德格尔的文献来看，他是实在论者还是唯心主义者仍然没有定论。众多周知，德雷福斯对海德格尔提供了一种强实在论的辩护，这一实在论辩护表明他与塞尔在本体论上一致而非对立：两人都对宇宙本质提供了一种实在论的辩护。"[1]

正是由于现象学本身蕴含着这些科学的"分析"元素，因而使得涉身认知的研究者非常重视现象学家的思想，尤其是梅洛－庞蒂等提出的认知和知觉思想。就梅洛－庞蒂的相关论述来看，可以作出如下两点归纳。第一，梅洛－庞蒂批判了认知和知觉上的二元论等理论解释框架，以无理论预设的方式将知觉体验自身原本呈现出来。例如，梅洛－庞蒂在幻肢知觉意识的理解上同时批判了经验主义和理智主义两种解释。经验主义将幻肢意识视为一种客观生理因果意义上的肢体自动替代，或者将其在生理学上解释为一种内感受性刺激的延续，而理智主义则将其视为先验意识的主动替代，或者是在心理学上将其解释为一种意识对于原有肢体感受的主动回忆。与之不同，梅洛－庞蒂试图从这些理论预设中走出来，从身体（主体）与环境（客体）交互存在的本然层面上来解释幻肢意识现象。他尤其指出，幻肢意识的出现恰恰表明肢体不仅是被动的物体而且还是主动参与活动的主体，恰恰表明知觉意识取决于身

---

① Sean Kelly. "Closing the Gap: Phenomenology and Logical Analysis", *Harvard Review of Philosophy*. 2005(2): 5.

体活动，"拥有一条幻胳膊，就是仍能面对只有胳膊才能完成的所有活动，就是保留在截肢之前所拥有的实践场"。①第二，梅洛－庞蒂明确了感官运动能力与情境交互在知觉意识呈现上的决定性作用。例如，就视觉活动而言，眼睛之所以能够摆脱眼睛"背后"的意识或者心灵，眼睛之所以能够充当知觉活动的主体，原因在于眼睛本身体现了感官运动能力的整合。梅洛－庞蒂说，就我们能够看到一个事物而言，"视觉联接着运动，这也是真的。人们只能看见自己注视的东西。如果眼睛没有任何运动，视觉将会是什么呢？"反过来，视觉活动中眼睛的运动也离不开视觉感知能力，梅洛－庞蒂说，"而如果运动本身是反射的或者盲目的，没有确定的方向及观察力，再如果视觉不先于运动，那么眼的运动怎么不会把事物弄得一团混乱呢？"②此外，知觉也离不开当下的情境，梅洛－庞蒂指出，我们所获得的红色、圆形等感知印象不能脱离它们的背景，"每一个点只能被感知为在背景上的图形"。③

四、一种新物理主义的交互知觉观

针对在主观性认知现象及其理解方法上产生的争论，凯利曾经给出这样一个解决路径，即"直接针对世界作出调整的能力，针对环境的诱发因素自我马上行动的能力，这在我看来是我们人类的最基本能力。聚焦这种能力就能够使我们避免将人类认知能力看成是某种魔力。塞尔的中文屋论证应当认识到这种基础能力，而德雷福斯对传统 AI 的批判则应当更加清晰地分析这种能力。"④总体看来，凯利似乎是想通过肯定"针对环境的诱发因素自我马上行动的能力"来解释主体性认知，从而将消除德雷福斯与塞尔之间的争论。

在知觉理解上，诺伊与凯利具有同样的倾向，而前者更为明确地提出了生成认知观的思想。诺伊不仅肯定了现象学"分析"与物理主义科学解释的合理性，而且试图将二者有机地结合起来。在诺伊看来，现象学的分析意味着对于知觉体验性特征的肯定，同时基于感官运动能力的知觉解释则进一步规避了一种从肯定知觉体验性而走向二元论解释的倾向。诺伊等人将这种知觉理论概括为一种知觉的感官运动偶发理论（The Sensorimotor Contingency

---

① 梅洛－庞蒂：《知觉现象学》，姜志辉译，商务印书馆，2001年，第116页。

② 梅洛－庞蒂：《眼与心——梅洛－庞蒂现象学美学文集》，刘韵涵译，中国社会科学出版社，1992年，第129页。

③ 梅洛－庞蒂：《知觉现象学》，第24页。

④ Sean Kelly. "Closing the Gap: Phenomenology and Logical Analysis", Harvard Review of Philosophy. 2005(2): 22.

Theory），同时也将其称为一种生成的知觉理论。这种理论的基本思想由两部分构成：一是接受现象学的关于知觉呈现为一种主观体验的主张；二是进一步指出这种主观体验的呈现源于感官－运动能力及其在情境中的活动。

就第一点而言，强调知觉是一种主观呈现，这接受了现象学消除任何理论假设的思想，肯定了知觉是一种体验，它具备第一人称视角的特征。但是，诺伊等也指出，承认知觉的体验性还需要避免一种糟糕的现象学，这种现象学将知觉完全视为一种幻象。在诺伊看来，丹尼特就是这种现象学的代表，他一方面批判表征主义的快照式知觉观，即视觉过程是眼睛对外部对象的快照式反映的整合活动；与此同时，结合视觉盲点造成视觉的不连续性，丹尼特又将主张知觉体验具有连续性的现象学观点视为一种幻象。诺伊认为，尽管丹尼特对表征主义的批评是对的，因为的确有对象（诸如盲点）无法呈现为表征，因此知觉不是快照式的，但是，由这种批判而主张知觉是幻象，这则是一种糟糕的现象学解释。

诺伊认为，我们可以通过两步来解决知觉呈现问题。第一，"我们需要更加仔细地反思现象学。"在他看来，通过对现象学的反思，"我们清楚地看到，我们对作为整体的猫的感官呈现并不是我们对意识中猫的整体的表征。相反，这种整体的感官呈现就是我们正在感受整体猫（打交道）的事实。"或者说，就手中的一个瓶子而言，即使我们不能知觉所有细节，但是我们仍然能够产生一个关于瓶子的整体知觉，而"瓶子的呈现并不是推论或者概括出来的。这是体验出来的"。这种知觉也可以称为非情态知觉（amodal perception）。"非情态知觉是一种重要现象。它呈现在我们对对象的知觉中，例如，当你将西红柿体验为三维和圆形，即使你仅仅看到它的正面，或者，当你将一把椅子体验为整体和完整的，即使这把椅子部分被桌子阻挡。"第二，这种对整体猫的感受（打交道）的基础是我们拥有的感官运动技巧。[①]诺伊认为，"具体而言，作为基础的此类技巧就是有关我们如何产生感官模拟的实践知识，对这类技巧的占有就构成了感官知觉。"总之，"我们对丰富世界的知觉呈现感受并不是我们在意识中对所有细节的表征。相反，这种知觉呈现感受就是我们当下对所有细节的感受（打交道），就是我们对能够打交道的知识的感受。这种知识就是我们协调我们与当下环境关系的感官运动规则的流畅的掌握。我们对躲在篱笆后面的整体猫的感觉，确切就是我的知识，我的默会的理解，也就是说，通过眼睛或头部或者身体的运动，我能够使得猫的片段形成相应的猫的

---

①　O'Regan, J. K., and A. Noë. "What it is like to see: A sensorimotor theory of perceptual experience". *Synthese*, 2002(29): 79-103.

整体体验。这就是知觉的生成或感官模拟研究路径的核心论断之一。"[①]因此，生成进路表明，"只有我们对环境细节有一种特殊的打交道方式，这种活动由我们熟悉的感官运动依赖模式所控制，知觉世界才会呈现。"[②]

五、结论

传统物理主义往往只通过大脑及其神经活动来解释知觉，其最大问题就是不能说明知觉的体验性，最终难以克服二元论解释。生成进路的知觉观则主张，知觉不是仅仅发生在大脑内部的活动，单单大脑神经活动自身不足以产生视觉，知觉是感官运动偶发构成的一种实践探索活动，或者说知觉是有机体探索环境的某种技能性活动。同时，这种知觉也不是发生于某个个体内部的独特活动，相反，知觉是人际之间的一种互动共享活动。目前看来，尽管生成知觉观提供了一种较有说服力的克服二元论解释的途径，但是它无疑还存在一些有待澄清之处，例如我们还难以明晰在知觉与行动之间存在何种程度上的密切结合，以及这种无表征的面向行动的知觉如何有效地通过科学实践得以实现等，因此，生成知觉这种新物理主义或新行为主义的知觉解释仍然需要更为深入的理论与实践支撑。

---

① O'Regan, J. K., and A. Noë. "What it is like to see: A sensorimotor theory of perceptual experience". *Synthese*, 2002(29): 79-103.

② Alva Noë, "Is the Visual World a Grand Illusion?". *Journal of Consciousness Studies*, 2002(9): 1-12.

Enactive Perception: the New Solution to the Perceptional Dualism

Wei Meng

Philosophy Institute of Liaocheng University

Abstract：As the dominant perceptional theory, the modern information process theory of perception is of Dualism in essential. Embodied Cognition explains perception through the interactive activity between the body and its context; this is a new physicism which forms a challenge to the dominant theory. Phenomenology not only discloses the phenomenological character of perception, but offers an analysis to perception which is compatible to the physicist explanatory framework. Enactive Perception approves perception as an appearance, and argues the perceptional phenomenon as an action by sensory-motor ability in the environment. Enactive Perception is a new solution to avoid Dualism, but it remains tentative.

Keywords：perception; Dualism; enactive

[逻辑哲学]

塔尔斯基论题 [①]

◎ 刘新文

中国社会科学院哲学研究所

摘　要：古典命题逻辑的函数完备性定理是说，每一个真值函数都可以用古典命题逻辑中标准的逻辑常项（如析取、合取、蕴含和否定）来定义。正是有了函数完备性定理，我们可以说，古典命题逻辑无非就是真值函数的逻辑。但是，对于作为现代逻辑的主要研究对象的一阶逻辑，我们却没有类似的结果。阿尔弗雷德·塔尔斯基在 1966 年就什么是逻辑概念提出了一条标准，近年来被称为"塔尔斯基论题"。本文首先综述塔尔斯基论题半个世纪的发展历程，然后以此为基础为一阶逻辑的函数完备性提出一个初步的研究结果。

关键词：塔尔斯基论题；函数完备性；一阶逻辑

阿尔弗雷德·塔尔斯基（Alfred Tarski，1901—1983）是历史上最伟大的逻辑学家之一，在逻辑语义学、命题逻辑、集合论、公理方法、形式系统、关系逻辑、模态逻辑以及算术、代数和几何学等方面取得了卓越的成果，是数理逻辑"四论"之一——模型论——的主要创建人。在塔尔斯基看来，逻辑位于所有理性思想的中心，"被正当地认为是一切其他科学的基础"，逻辑的目标乃是"创造出可为人类知识的整体提供一种共同基础的统一的概念工具"，这一观念影响了他对满足、真、逻辑后承以及逻辑概念等逻辑学这些基础概念的定义。塔尔斯基的广泛声誉主要来自于他对"真"这个概念的定义，他在真和逻辑后承方面的工作是现代逻辑的里程碑，更是深刻影响了数学、哲学、语义学和计算机科学等领域的发展。本文首先介绍塔尔斯基"什么是逻辑概念？"这一经典论文的思想和内容：在塔尔斯基看来，要成为逻辑常项的可能解释就等于要满足某个不变性标准，塔尔斯基在 1966 年提出了这一语义方向上的第一个刻画，作为他在 1936 年提出的一个问题的回答，即"塔尔斯基论题"。我们综

---

① 本文第一至第三部分的初稿以"一阶逻辑函数完备性和逻辑常项问题"为题发表于《科学发展：社会管理与社会和谐》（上卷），北京市社会科学界联合会、北京师范大学/主编，北京师范大学出版社，2011年12月。

述这一问题引发的相关讨论，然后在此基础上为一阶逻辑的函数完备性问题给出一个初步的研究结果。

一

逻辑通常被视为对推理的研究——对于一个命题或一个推论，最高等级的正确性即为"逻辑有效性"。[①]我们有证明论的手段来描述一门给定语言中全部的有效论断，进而完全性定理保证我们已经找到了这一特定推理方式下的"所有结论"。但是除了这种推理能力之外，逻辑还是关于表达能力的。推理需要一种语言来提供"逻辑形式"，那么是什么决定这些逻辑形式的选择呢？逻辑语言包含多种形式的表达式：命题逻辑连结词、量词和模态词等等。我们不仅关心它们在推理中的表现，还要分析它们的含义。但又是什么使得这些特定的概念具有"逻辑性"，而其他的却没有？

通常的函数完备性论证能够保证布尔联结词已经抓住了二值命题推理的全部内容。命题逻辑是（有穷多主目的）真值函数的逻辑。古典命题逻辑的函数完备性定理是说，每一个真值函数都可以用古典命题逻辑中标准的逻辑常项[②]（如析取、合取、蕴含和否定）来定义。正是有了函数完备性定理，我们可以说，古典命题逻辑无非就是真值函数的逻辑。但是，对于作为现代逻辑的主要研究对象的一阶逻辑[③]，我们却没有类似的结果。[④]这种情况可以解释如下：对一阶逻辑来说不存在这样的标准结果，其原因本质上在于不存在一个标准的回答说一阶逻辑是关于什么的，而类似的问题在命题逻辑中是说，命题逻辑是关于真值函数的。[⑤]

函数完备性问题直接与逻辑常项问题相关。那么，什么是逻辑常项问题？为了理解这个问题，我们需要先了解逻辑后承概念。

---

① 威廉·涅尔、玛莎·涅尔：《逻辑学的发展》，张家龙、洪汉鼎译，商务印书馆 1985 年，第 3 页。

② 名词"逻辑常项"首先由罗素在 1903 年的《数学原理》中提道："所有数学常项都是逻辑常项且所有的数学前提都与这些常项有关，我相信，这个事实为哲学家在断言数学乃先验之科学时想表达的意思给出了精确表述。"参见 B. Russell：*The Principles of Mathematics*, Allen & Unwin, 1903: 8.

③ 参见（1）M. Eklund, "On how logic became first order". *Nordic Journal of Philosophical Logic* 1(2), 1996: 147-167；（2）G.H. Moore, "The emergence of first-order logic", In W. Aspray and P. Kitcher (eds.), *History and Philosophy of Modern Mathematics,* University of Minnesota Press, 1988: 95-135；（3）S. Shapiro: *Foundations without Foundationalism,* Clarendon Press, 1991.

④ 参见（1）D. Bonnay, "Logicality and invariance". *Bulletin of Symbolic Logic* 14, 2008: 35；（2）范·本特姆：《逻辑、认识论和方法论》，科学出版社，2012 年，第 2 章。

⑤ 刘新文："论逻辑常项的归约"，《哲学研究》，2011 年第 6 期。

逻辑后承的定义方式各种各样，其中以语义方式和句法方式最为著名。按照语义定义，句子 φ 可以从句子集合 Γ 推出，是说每一个使得 Γ 中所有句子都为真的模型也使得 φ 为真。[①] 按照句法定义，φ 可以从 Γ 推出，是说存在一个以 Γ 中的句子为假设、以 φ 为结论的形式证明。这两个定义（以及每一个合理的定义）都依赖于逻辑符号（逻辑常项）与非逻辑符号之间的区分。从语义学角度来说，非逻辑符号的解释对于不同的模型可以自由变化，而逻辑符号需要在每一个模型中保持自己的解释。而从句法角度来说，形式证明都是以证明规则和公理为基础。系统要为每一个逻辑常项都给出规则和公理，规则和公理通常被认为构成了、或者来自于逻辑常项的意义。但是任何带有非逻辑符号的假设都在证明中以明显的假设身份出现。

如果对这一区分没有概念上的兴趣，逻辑后承的形式定义就会无法解释清楚"有效论证"这个直观概念。以某个特殊划分为基础的定义可能在外延上是正确的，但是如果我们不知道所划界线的原因所在，那么我们也就不会知道我们的定义为什么起到了作用。语义定义在塔尔斯基看来刻画了逻辑后承是形式的这一事实。因为逻辑后承只关心它在其间得以成立的句子的形式，"不受经验知识、尤其是关于这些句子所指对象的知识的影响"[②]。为什么说语义定义为逻辑后承提供了形式性？原因在于它把句子涉及的特殊内容都抽象掉了。非逻辑符号则使句子指称特殊对象，在语义定义中，这些符号所带有的任何内容都由于自由解释而得以消除。但是，这种论证预设了逻辑符号和非逻辑符号之间的区分。只有在句子的形式确实只由逻辑常项的分布来给出、而且这些逻辑常项的意义并不与对象的特殊性质有关，这一论证才是可靠的。为了显示自然语言中一个句子的逻辑形式，一般的做法是把它翻译到一阶逻辑中。通常的观点认为逻辑形式就是命题联结词和量词构成的句法结构。一个问题是，为什么是它们给出了逻辑形式？如果划分的问题没有解决，逻辑形式的思想也就无法解决。

为了对逻辑后承的直观概念有一个完整的说明，仅仅为逻辑后承提出一个概念上的定义是不够的。逻辑后承的定义还需要有所补充，那就是被解释的符号之间的一个概念上的划分。对逻辑后承的各种研究都在解释逻辑常项的特殊之处。在语义方向中，这个问题就是寻找逻辑常项的语义解释的特殊之处。在句法方向中，这个问题则是寻找逻辑常项的公理和规则的特殊之处。

---

① 参见（1）Alfred Tarski, "On the concept of following logically". *History and Philosophy of Logic* 23(3), 2002: 186；（2）Alfred Tarski, *Logic, Semantics, Metamathematics: papers from 1923 to 1938*. Translated by J. H. Woodger, Oxford University Press, 1956: 417.

② Alfred Tarski, "What are logical notions?" *History and Philosophy of Logic* 7, 1986: 143-154.

二

逻辑是其他科学分支都会用到的科学，"逻辑被正当地认为是一切其他科学的基础，我们只要举出一个理由：在每一个论证中我们都应用取自逻辑范围的概念，每一个正确的推论都要遵守逻辑的定律来进行。"[①]逻辑是最具一般性的科学，它的基础作用在于每一门其他科学都要预设它。这对于逻辑常项的刻画有何作用？如果逻辑是最具一般性的科学，那么逻辑常项表达的就是最具一般性的概念，逻辑定律则因为只考虑这些概念而成为最具一般性的科学定律。为使这一思想更为精确，需要衡量一个特殊理论所使用概念的一般性程度。逻辑概念将与这种标准上的最大一般性紧密相关。

塔尔斯基发表于 1986 年的论文"什么是逻辑概念？"为这一问题提出了一个答案，其精神来自于 19 世纪德国数学家菲利克斯·克莱因关于几何的"厄尔兰根规划"，这个规划对几何理论提供了一个系统划分。克莱因的想法是通过比较不同几何理论对变换保持不变的这些变换来比较不同几何理论的一般性程度。变换可以是平移、旋转，也可以是投射等等。这些变换移动对象以穿过几何空间。一个给定的性质对某种类型的变换保持不变，是说沿着该类型的变换移动对象会保持该性质。三角形对平移保持不变，平行移动一个三角形并不会使得它不是成为一个三角形；等腰三角形也对平移保持不变。但是，一个平面平行投射到自己的一个非垂直拷贝上就会把一个等腰三角形变成一个不等边三角形——等腰性并非对平行投射保持不变。一门特殊的几何研究的是一类特殊的几何概念。我们可以考虑使得所有这些概念保持不变的变换类。克莱因的想法是把一个几何定义为对空间的一个给定变换群保持不变的理论。变换群越大，对其保持不变的概念越少，这个几何就更具一般性。在这一精神之下，欧几里得几何研究的是所有对保持距离比例的变换保持不变的概念；拓扑学则与双连续函数群密不可分（双连续函数指的是它们和它们的逆函数都是连续的）。所有保持比例的变换都是双连续的，但反过来不成立。和欧几里得几何紧密联系的变换群严格包含于和拓扑学紧密联系的变换群。所以，拓扑学比欧几里得几何更具一般性——事实上也确实是这样的。塔尔斯基的思想就是要把"对变换保持不变"这一框架应用到逻辑学。由于逻辑是最一般的科学，逻辑所关心的就是对最大变换类保持不变的那些性质；塔尔斯基关注于逻辑常项集合的划分，换句话说，他需要确定哪个逻辑——如果有的话——才是真正的逻辑。

---

① 塔尔斯基：《逻辑和演绎科学方法论导论》，周礼全、吴允曾、晏成书译，商务印书馆，2010 年，第 116 页。

我们现在离逻辑常项的一个刻画只有一步之遥。塔尔斯基这篇论文的原稿是他 1966 年的伦敦演讲稿，1973 年在布法罗又重新报告过这一论文，由科科兰整理发表在 1986 年的《逻辑史和逻辑哲学杂志》。这篇论文所阐述的逻辑概念的观念是以不变性思想为基础的。由于一般性是逻辑的标志，而一般性由相关的变换群来度量，逻辑将与最大的变换群（如果有的话）联系起来。一个变换是空间到自身之上的一个一一函数。因此存在一个最大的变换群：空间上所有排列组成的群。这就得到了以下对逻辑符号的一个可能的刻画：根据塔尔斯基的想法，一个概念是逻辑的当且仅当"它对世界到自身之上的每个一一变换都保持不变"。①这就是著名的"塔尔斯基论题"：②

塔尔斯基论题：给定一个集合 M，M 上的一个运算 Q_M 是逻辑的，当且仅当它对 M 上的所有排列保持不变。

塔尔斯基关于这个论题的论证概述如下：

G.1　逻辑区别于其他理论的最突出的特征在于它是可以想到的最一般的理论；

G.2　与一个理论有关的变换群越大，这个理论也就更具一般性；

G.3　最大的变换群是所有排列组成的类。

所以，逻辑概念是对排列保持不变的概念。

G.3 是一个简单的数学事实。对 G.1、G.2 可能会有疑问。或许关于逻辑是什么的其他一些思想比一般性对逻辑常项的刻画更为相关。因为逻辑不考虑内容、逻辑是规范的这两者之间究竟由谁说明了逻辑具有一般性这一直观还不清楚。也许对变换保持不变并不是一般性最好的说明。几何是对某个变换群保持不变的理论、逻辑是对某个变换群保持不变的理论，这个假设一直以来都具有争议性。并不是所有的理论都可以这样来进行刻画。例如，自然数的自同态群是恒等群。把算术刻画为研究对恒等群保持不变的概念可以说毫无用处。但是，如果认为一般性对概念分析来说是一个好的出发点、不变性提供了恰当的工具以评价有待深入研究的理论的一般性，那么塔尔斯基论题是值得追捧的。

把塔尔斯基的这篇论文和他后期的工作以及之前他与林登保姆合作的论文③进行比较，可以证明塔尔斯基关于逻辑概念的观念本质上具有类型论特征，而且终其一生并没有作任何

---

① 同 190 页注②，第 149 页。

② G. Sher, "Tarski's thesis". in *New Essays on Tarski and Philosophy*, Douglas Patterson (ed.). Oxford University Press, 2008。

③ A. Lindenbaum and A. Tarski, "On the limitations of the means of expression of deductive theories". In Tarski: *Logic, Semantics, Metamathematics*. J. Corcoran (ed.), Hackett, Indianapolis, 1983: 384-392。

重要改变。塔尔斯基讲稿的最后部分基于之前的意见简要讨论了数学概念是否都是逻辑概念这个问题。塔尔斯基评议说，这个问题要和另外一个问题——数学真理是否都是逻辑真理——区别出来。也许有人会问是否可能对这两者进行区分。表面看来，似乎这需要以某种方式使（塔尔斯基意义上的）概念独立于它们之上的真理，而这也根本不是一个中性的哲学问题。我们在这里不对这个问题进行讨论，原因有两个方面，一是因为这个问题会把我们带得很远，二是因为这个问题超出了我们这里所说的塔尔斯基的讨论范围。数学概念是否是逻辑概念这个问题可以归约为以下问题：属于关系"$\in$"是（刚才所说意义上）逻辑的吗？对集合论两个不同的主要研究方向给出了相反的回答。如果我们使用《数学原理》中的、从一个固定的"基本论域即个体域"[①]出发的类型论方法，个体域上的变换导出较高类型的全类上的变换，由此属于关系可以被证明是一个逻辑概念。反过来，如果我们使用策梅洛－弗兰克尔或者冯诺依曼－贝尔奈斯－哥德尔集合论类型中的公理化方法，"一阶方法"，[②] 属于关系并非逻辑概念：它与任何其他关系都没有区别，由公理隐式定义，它不是前面提到的四种逻辑二元关系之一。塔尔斯基最后认为，"对于数学概念是否是逻辑概念这一问题"，他的建议本身并不蕴含"任何回答"。[③]

我们如何来评价塔尔斯基论题？首先需要来看接受它会得到什么样的后果。一阶逻辑中我们所熟悉的逻辑概念在这个标准上确实是逻辑概念。存在量词检验论域的某个子集（满足被量化的开公式的对象集合）是否为空集，如果不是空集就会得到真值 T。对于论域上任意一个排列，取一个子集的像。作为一个非空子集的像，它可能是一个不同于这个非空子集的子集，但仍然也是一个非空子集。因此，非空性、从而存在量化对排列保持不变。

另一方面，关于排列不变的其他一些事实却只会带来更多麻烦。对所有排列保持不变的概念远远超出了一阶逻辑的范围，甚至于远远超出了通常所说的逻辑概念的范围。每一个基数量词都对排列保持不变。量词"存在不可数多个 x 使得……"和存在量词"至少存在一个 x 使得……"同样被当作是逻辑概念。这不符合直观，因为"不可数"的意义应该由集合论而不是逻辑来定义。那么，对排列保持不变性的逻辑是哪一个？给定一个论域 M，基于对排列保持不变的运算之上的哪个逻辑足以定义所有这些运算？这个问题由麦基在 1996 年的论文"逻辑运算"中第一次给出了精确的答案：这个逻辑正好就是无穷逻辑 $L_{\infty,\infty}$——可以对任意大

---

① ② 同 190 页注②，第 152 页。
③ 同 190 页注②，第 153 页。

的公式集合取析取运算、可以对任意大的变元集合进行量化。[1]但是，这样一个系统是一个集合论观念，与我们更为熟悉的逻辑语言那种广受欢迎的句法简单性旨趣甚远。

2008 年，波奈在论文"逻辑性和不变性"中认为塔尔斯基论题及其一般性论证需要修正。[2]我们现在来叙述他的这一意见。

波奈认为，几何中考虑的变换刚好都是空间到本身之上的一一函数。这样，由定义，最大的变换群就是所有排列组成的类。但是不变性的思想主要不是与排列联系在一起。在数学结构的世界中，不变性是这样一种性质：如果两个结构是相似的，那么该性质无法区分它们。在对变换保持不变这一框架中，两个结构是相似的，仅当一个结构可以通过一个恰当种类的变换而变成另一个结构。取一个空间，平移这个空间中的每一个对象，得到另外一个空间。不计平移的话，这两个空间就是相似的。欧几里得性质都对平移保持不变，因此从欧几里得几何观点来看，这两个空间是相等的。在逻辑中，这意味着如果我们采纳塔尔斯基论题，任何逻辑性质都无法区分两个结构 M 和 M′，其中 M′是 M 在 M 上的一个排列之下的像。需要用双射而非仅仅是排列来对塔尔斯基论题进行扩展。"逻辑概念是对双射保持不变的概念"在文献中被称作"塔尔斯基－西尔论题"[3]，是塔尔斯基论题的直接推广。由此，如果不能把两个结构中的一个通过双射变换成另外一个就不能说它们是逻辑上类似的，也就是说，如果它们不是同构的，它们就不是逻辑上相似的。数学和逻辑学中还考虑了结构之间大量其他种类的相似性关系，如嵌入、同态以及潜同态等。相对于同构来说，它们要求的条件较少。一个同构是一个同态，两个结构之间即使不存在同构，但可以存在一个同态。由此，为了追随不变性标准，对同态保持不变应该比对同构保持不变更为恰当。推而广之，考虑刚才提到的这些相似性关系会比塔尔斯基论题中的同构更好。

与塔尔斯基论题有关的一般性论证依赖于变换不变性这个框架。但是这个框架省略了一个隐含的假设，即没有用到比同构更为粗糙的相似性关系。在克莱因规划中这个假设没有问题：几何中用到的变换都是（特殊的）同构，例如仿射变换是关于中间性关系的同构。塔尔斯基把克莱因规划推广到逻辑是很成问题的。关键就在于需要依赖的不变性标准，由此采纳对变换不变性这一框架就事先限定了不变性标准范围。在塔尔斯基论题基础上，太多的概念被当作逻辑概念也就不足为奇了。一般性论证所依赖的对一般性的分析是有问题的，所选框

---

① V. McGee, "Logical operations". *Journal of Philosophical Logic* 25, 1996: 567-580。关于无穷逻辑的内容可以参考李小五：《无穷逻辑》（上、下），社会科学文献出版社，1996、1998 年。

② D. Bonnay, "Logicality and invariance". *Bulletin of Symbolic Logic* 14, 2008: 29-68。

③ 同上注①，第 576 页。

架中的最大一般性并不是绝对最大的。

对一般性论证的反对并没有破坏这个论证的结构，而是破坏了它所使用的背景框架。我们改变这一框架从而修正这一论证。新的框架必须不会对相似性关系的范围有隐藏的约束从而限制一般性论证的范围。

首先来研究波奈在 2008 年提出的解决方法。他的意见是把对变换保持不变这一框架替换为"对相似性保持不变"这一框架。一个相似性关系是结构之间任意一个自反的关系：同构于、同态于或可嵌入于都是相似性关系。ASB 的意思是说 A 按照 S 类似于 B。与通常对逻辑性的讨论一样，我们只关注类型 2 的运算。这样一个运算 Q 可以等同于一类一阶结构。一个运算 Q 是 S- 不变的，当且仅当对于所有的结构 A 和 B，如果 ASB，那么，A $\in Q$ 当且仅当 B $\in Q$。

现在举例说明。存在量词 ∃ 的解释 Q∃ 是一类结构 M = $\langle M, P \rangle$，其中 $P \neq \varnothing$。与 ∃ 的满足定义的联系是（M 是一阶模型，$\varphi(x)$ 是公式，σ 是 M 上的指派，$\sigma[x := a]$ 是把 σ 中的 x 替换成 a 所得到的指派）：

M $\models \exists x\, \varphi(x)\, \sigma$，当且仅当存在一个 $a \in |M|$ 使得

M $\models \varphi(x)\, \sigma[x := a]$

当且仅当 $\| \varphi(x) \|_M, \sigma \neq \varnothing$，其中：

$\| \varphi(x) \|_M, \sigma = \{ a \in M : M \models \varphi(x)\, \sigma[x := a] \}$

当且仅当 $\langle M, \| \varphi(x) \|_M, \sigma \rangle \in Q$∃。

那么 Q∃ 是否同构 – 不变的？答案是肯定的：假设 $\langle M, P \rangle$ 同构于 $\langle M', P' \rangle$，P 是非空的当且仅当 P' 是非空的，所以 $\langle M, P \rangle \in Q$∃ 当且仅当 $\langle M', P' \rangle \in Q$∃。

这一框架应该解决了塔尔斯基框架中的问题。由于 S 可以是任意的自反关系，对什么是相似性就不存在限制：结构之间任何合理的相似性概念都可以说一个结构相似于它本身。同构 – 不变性是对双射保持的不变性，而那个并非真正最大一般性的对应不复存在。与前面把一般性和不变性要求联系起来一样，对于任何关系 S，如果同构真包含于 S，那么 S- 不变者比同构 – 不变者更具一般性。

减少了不变性的人为限制之后，新的框架可以修补之前的一般性论证。其自然方式如下：

激进的一般性论证

EG.1　逻辑区别于其他理论的特征在于它是可以想到的最一般的理论；

EG.2　与一个理论有关的相似性关系越大，这个理论也就更具一般性；

EG.3　最大的相似性关系是 X。

所以，逻辑概念是对 X 保持不变的概念。

给出 EG.3 中 X 的解。什么是最大的相似性关系？不是别的，正是全关系，即把任意两个结构中的任何一个都作相似于另外一个。哪些运算是全关系 – 不变的？只有两个，空类和所有结构组成的类。因此似乎只有两个逻辑概念，假（空类）和真（所有结构的类）——更确切地说，对于任何函数类型，存在两个不变性函数，等于 T（真）的常函数和等于 F（假）的常函数。很明显，这个结果无法令人满意。教训是：这个一般性需要被限制——完全的一般性只能得到平庸性。

如何避免平庸性？最简单的方式至少是要求一些熟悉的概念也是不变者。在此基础上，波奈在 2008 年的论文中提出在相似性关系上添加两个限制以保证谓述和存在量化都是逻辑概念。首先，两个明显不同的结构不能当作是相似的。"明显不同"的意思是说，结构中有些独特的对象相对于这些关系来说有不同的行为，例如，在结构 $\langle M, P, a \rangle$ 和 $\langle M', P', a' \rangle$ 中，如果 $a \in P$ 但 $a' \notin P'$，那么这两个结构就是明显不同的。不把明显不同的结构处理成相似结构的相似性关系 S 可以称为"保持原子"。在所生成逻辑的层面上，原子保持就保证了谓述或函数应用是逻辑的。此外，存在量化必须是逻辑的，逻辑运算和存在量化能定义的也是逻辑的。精确定义与对象投射有关。如果 Q 是形如 M, a 的结构的类，"对象投射" $\exists(Q)$ 定义成结构 M 的类，使得可以找到一个 $a \in M$ 且 M, $a \in Q$。如果 $Q \in Inv(S)$ 蕴含 $\exists(Q) \in Inv(S)$，那么 S- 不变性"保持对象投射"。[①]

总之，平庸性的避免事先需要谓述和存在量化都是逻辑的。原子保持和通过对象投射的 S- 不变性的保持由相似性关系上的限制对此进行了说明。那么得到的结果是什么呢？为了回答这个问题，需要引入潜同构概念：

定义 1（部分同构）：令 M 和 M′ 是两个结构，$f: |M| \rightarrow |M'|$ 是一个函数。f 是 M 和 M′ 之间的一个潜同构当且仅当存在着 M 和 M′ 的两个子结构 A 和 A′ 使得 f 是 A 和 A′ 之间的一个同构。

定义 2（潜同构）：两个结构 M 和 M′ 之间的一个潜同构 I 是一个非空的部分同构集合，使得对于所有的 $f \in I$, $a \in |M|$（相应地，$b \in |M'|$），存在一个 $g \in I$，其中 $f \subseteq g$ 且 $a \in$ dom (g)（相应地，$b \in$ rng (g)）。

部分同构构成了结构之间的一个局部相似性。两个结构是潜同构的是说存在着在任意方

---

① J. van Benthem & D. Bonnay, "Modal logic and invariance". *Journal of Applied and Non-classical Logics* 18, 2008: 153-173。

向上可以不确定地得到扩张的局部相似性。潜同构在集合论中有着特别的意义，因为 ZFC 的可数传递模型中的任何两个潜同构的结构在这样的兼纳扩张中都是同构的。2008 年，波奈证明了以下结果：

定理 1：潜同构是最大的相似性关系 S，使得 S 保持原子且对象投射保持 $S-$ 不变性。

定理 1 为激进的一般性论证的改良形式提供了基础：

温和的一般性论证

MG.1　逻辑处理具有非常一般性的概念，而非仅仅是平庸的概念；

MG.2　与一个理论有关的相似性关系越大，这个理论也就更具一般性；

MG.3　与逻辑有关的相似性关系必须把谓述和存在量化视为逻辑的；

MG.4　与 MG.3 兼容的最大相似性关系是潜同构。

所以，逻辑概念是潜同构－不变的概念。

温和的一般性论证与前面一样基于相同的思想：一般性是逻辑最突出的特征。MG.1 就是 EG.1 和 G.1，带有额外的附加条件以避免平庸性。附加条件直接来源于激进的一般性论证的破坏性结论：两个真值"真"和"假"是那里仅有的逻辑概念。温和的一般性论证和激进的一般性论证一样使用了相同的框架：第二个前提 MG.2 与 EG.2 是相同的。新颖之处在于第三个前提 MG.3 提供的补充要求以说明 MG.1 中的附加条件。MG.3 是说，并不是任何最大的相似性关系都能充当逻辑性的不变性刻画。原因在于需要把我们认为是逻辑概念的最基本的运算谓述和存在量化包括到逻辑概念中来。定理 1 支持了 MG.4 中的要求：潜同构是满足这些要求的最大相似性关系。在此基础上，波奈于 2008 年提出了潜同构论题以替代塔尔斯基论题：

逻辑性的潜同构论题：一个运算 Q 是逻辑的，当且仅当 Q 是潜同构－不变的。

需要注意的是，温和的一般性论证并没有像塔尔斯基原先的一般性论证那样纯粹。以一般性论证为基础，可以证明谓述和存在量化都是逻辑的。温和的一般性论证预设了这些运算是逻辑的。从这一点来说，它是一个"如果……那么"型论证："如果"接受了某些运算（如谓述和存在量化）为逻辑的，"那么"可以把某个类（即潜同构－不变的运算类）中的所有运算都视为逻辑的。基于对激进的一般性论证中出现的平庸化的考虑，这个弯路似乎不可避免。

三

与塔尔斯基论题的情形一样，我们需要考虑到接受潜同构论题所带来的后果。潜同构－不变性比同构－不变性更为苛刻，但确实解决了一些源于塔尔斯基标准的超常大度所带来的问题。无穷基数量词如 $\exists_{\geq\aleph_0 x}$ 不再是潜同构－不变的。不过，虽然"是无穷的"、"是有穷的"、"是同构于自然数的"或"是良基的"都不能在一阶逻辑中定义，却都是潜同构－不变的。如果潜同构－不变性的逻辑超出了一阶逻辑，那么我们现在得到是又是什么呢？给定一个论域 M，M 上的一个运算是潜同构－不变的当且仅当它是在纯 $L_{\infty,\omega}$ 中可定义的[①]。$L_{\infty,\omega}$ 是无穷形式的一阶逻辑，允许任意大公式集合上的析取运算但量词仍然只约束一个有穷的变元集合（后者与一阶逻辑相同但与 $L_{\infty,\infty}$ 相反）。

温和的一般性论证的"如果……那么"结构还是很有力量的。只须"假定"谓述和存在量化是逻辑的，整个 $L_{\infty,\omega}$ 的运算就会是逻辑的。对此也有两个可能的反应：正面的和负面的。温和的一般性论证给我们一些教益：谓述和存在量化可以统一处理。谓述和存在量化很明显是一阶逻辑的基础而不是 $L_{\infty,\omega}$ 的基础。最终却导致了 $L_{\infty,\omega}$ 的原因可能又是隐藏在对相似性保持不变这个框架中的假设所带来的后果。只是现在的问题和之前的问题不一样了：对相似性保持的不变性为最大一般性留有了余地——这也是需要用温和的一般性论证来替换激进的一般性论证的理由所在。对相似性保持的不变性也许还是太粗糙了。定理 1 是说，如果要把谓述和存在量化视为逻辑的，那么对相似性保持的不变性无法给出比 $L_{\infty,\omega}$ 还要小的逻辑。这意味着对相似性保持的不变性无法区分足够多的不变性运算的类。

费弗曼在 2010 年的论文"逻辑性的集合论不变性标准"中指出，要求"一个"相似性关系来对某个语言中可定义的所有运算的逻辑性进行说明是不是要求得太多了。一个逻辑语言很可能是这样一个语言，对于每一个可定义的运算都会有一个不变性条件使得这个运算对这个不变性条件保持不变，即使不存在不变性条件使得每一个可定义的运算（且仅仅是这些运算）是逻辑的。为了进行说明，费弗曼考虑了一阶逻辑本身。首先回顾卡普在 1975 年为 α-同构给出的定义：

定义 3（α-同构）：令 α 是一个序数，M 和 M′ 是两个结构，一个从 M 到 M′ 的 α-同构 I 是一个序列

$$I_0 \supseteq I_1 \supseteq \cdots \supseteq I_\beta \supseteq \cdots \supseteq I_\alpha$$

使得：对于任意的 $\beta < \alpha$，I_β 是一个非空的部分同构集合，而且，如果 $\beta + 1 \leq \alpha$ 和 $f \in I_{\beta+1}$ 那么对于任意的 $\alpha \in |M|$（相应地，$b \in |M'|$）都存在一个部分同构 $g \in I_\beta$ 使得 $f \subseteq g$ 和 $a \in \mathrm{dom}(g)$（相应地，$b \in \mathrm{rng}(g)$）。

---

① J. Barwise, "Back and forth through infinitary logic". In: *Model Theory*, M.D. Morley (ed.), Mathematical Association of America, 1973: 5-34。

用 iso_α 表示相似性关系"α-同构于"。费弗曼提到由弗雷斯在 1954 年的一个结果可以证明以下定理：

定理 2：Q 是在一阶逻辑中可定义的，当且仅当存在 $n < \omega$ 使得 Q 是 iso_n-不变的。

如果考虑多个相似性关系的话，可能就不至于得到 $L_{\infty,\omega}$。费弗曼认为，定理 2 说明了"在一阶逻辑中，……没有理由把任何强于逻辑的、即对某个 n 来讲不是 iso_n-不变的都当作逻辑的"[①]。

四

根据费弗曼的反对意见，一般性论证应该还需要作进一步的改进。本节就是这样一个初步的尝试。

定理 2 除了费弗曼的解读之外，还说明一个问题：如果把一次只考虑一个关系替换为考虑一类相似性关系，应该会得到一个更为精细的不变性观点。也就是依然采用"对相似性保持不变性"这一框架，只是现在需要表述为"对相似性类保持不变性"。令相似性类 C 是任意一个非空的相似性关系类。一个运算 Q 对相似性类 C 保持不变当且仅当存在一个 $S \in C$ 使得 Q 是 S-不变的。C 大于 C'（$C \geq C'$）是说对于每一个 $S' \in C'$ 都有一个 $S \in C$ 使得 $S' \subseteq S$。C 保持原子当且仅当每一个 $S \in C$ 保持原子，C-不变性保持对象投射当且仅当 $Q \in Inv(C)$ 蕴含 $\exists(Q) \in Inv(C)$。为了得到类似于定理 1 那样的结果，我们需要类 C 反映所对应逻辑的句法方面的复杂性测度。一个被标记的类 $C = \{S_i\}_{i \in I}$ 在以下条件成立时被称为是"正则的"：存在一个函数 $f : I \times I \to I$ 使得如果 $Q \in Inv(S_j)$ 且 $Q' \in Inv(S_k)$ 则 $QQ' \in Inv(S_{f(j,k)})$，其中 QQ' 是 Q 和 Q' 通过函数应用和兰姆达抽象定义出来的任何一个运算。令 $iso_{<\omega}$ 是 $\{iso_n\}_{n<\omega}$。

定理 3：$iso_{<\omega}$ 是最大的正则相似性类 C，C 保持原子、对象投射保持 C-不变性。

定理 3 可以为我们改良的一般性论证提供基础：

改良的一般性论证

RG.1 逻辑处理具有非常一般性的概念，而非仅仅是平庸的概念；

RG.2 与一个理论有关的相似性类越大，这个理论也就更具一般性；

RG.3 与逻辑有关的相似性类必须是正则的，必须把谓述和存在量化视为逻辑的；

---

① S. Feferman, "Set-theoretical invariance criteria for logicality". *Notre Dame Journal of Formal Logic* 51, 2010: 13。

RG.4　与 RG.3 兼容的最大相似性类是 $iso_{<\omega}$。

所以，逻辑概念是 $iso_{<\omega}$ - 不变的概念。

在改良的一般性论证的前提和之前温和的一般性论证的前提之间只有两个区别。第一，对相似性保持的不变性被替换成对相似性类的不变性；第二，相似性类特有的正则性限制被加到 MG.3 从而得到 RG.3。这些看似微末的改变却会带来巨大的收获。$iso_{<\omega}$ - 不变性替换了 iso_p- 不变性，而根据定理 2，我们知道 $iso_{<\omega}$ - 不变性刚好对应了一阶逻辑中的可定义性：不用再怀疑不变性标准的过度生成了。

五

对逻辑常项的研究主要有句法和语义学的方向，这些"形式理论能支持精致的结构，这些结构在非形式语言的不太清晰的背景中更难维持和处理。与其他方法相比，符号处理使得更深刻地洞察一些哲学议题成为可能。最好的例子是真与语言的关系。塔尔斯基对真概念的语义分析的哲学影响怎么评价都不为过。它只能在形式化的背景中发展出来。"[1]在逻辑常项理论的研究中，深刻的结果同样也只能在形式化的背景中发展出来。

改良的一般性论证使我们不再超出一阶逻辑的熟悉边界。这与以前用不变性来分析逻辑的一般性的做法形成了强烈的对比。但是这个结果也有令人失望的地方。改良的一般性论证是一个"如果……那么"型论证，首先需要主观地确定谓述和存在量化的逻辑性；这个论证证明的是从它们的不变性可以推出整个一阶逻辑。但是谓述和存在量化正是一阶逻辑所关心的全部。我们所得到的正是我们所赋予的。这种策略的过多生成（即我们得到的比我们赋予的要多）乃是因为隐藏的、未确认的假设生成过多。更为正面的意义则在于改良的一般性论证突出了我们关于逻辑性直觉的稳定性：从一阶逻辑的基本运算出发，我们不会超出一阶逻辑有限性的句法所给予的范围。一阶逻辑函数完备性问题依赖于逻辑常项问题，由此我们就为一阶逻辑的函数完备性给出了一个说明。

传统上认为，为逻辑建立一个基础的最大的障碍是循环性（无穷倒退），问题的症结在于"理性中心困境"：用谢弗的话说就是，"为了对逻辑进行说明，我们必须预设和使用逻辑"[2]。

---

① 斯文欧·汉森："哲学中的形式化"，《哲学分析》，2011 年第 4 期，第 7 页。

② 参见：（1）H.M. Sheffer, "Review of *Principia Mathematica* by A.N. Whitehead and B. Russell". *Isis* 8, 1926: 228；（2）T.G. Ricketts, "Frege, *The Tractatus* and the Logocentric Predicament". *Noûs* 19(1), 1985: 3.

而用维特根斯坦特殊的表达方式来说就是：为了给逻辑提供一个基础，"为了能够表述逻辑形式，我们必须能够和命题一起置身于逻辑之外，也就是说，置身于世界之外"，但是在逻辑之外没有认知立场。[①]

---

① 维特根斯坦：《逻辑哲学论》，贺绍甲译，商务印书馆，1999 年，4.12。

Tarski's Thesis

Xinwen Liu

Institute of Philosophy, Chinese Academy of Social Sciences

Abstract: Because of the theorem of functional completeness, classical propositional logic is the logic of truth-functions. But no similar result is known for first-order predicate logic, the major working system of modern logic. Alfred Tarski presented a criterion on what are logical notions in 1966, which is named Tarski's Thesis in the recent literatures. This paper surveys the development of the Thesis since then and based on which we present a generalised characterisation of functional completeness for the first-order logic.

Keywords: Tarski's Thesis; functional completeness; first-order logic

[哲学与宗教]

信仰与理性之间关系的宗教哲学考察

◎ 张继选

中央民族大学哲学与宗教学学院

摘　要：本文试图将宗教信仰与哲学理性之间的关系从重要的方面理解为如何从理性的证据原则来确证信仰的合理性，并将认识论的确证路径约束至基础主义的确证机制，在区分出具有潜在确证性的宗教信念之后，通过对确证机制的认识论考察认为，由于基础主义的确证原则的内在紧张性，宗教信念的合理性证明无法在基础主义限度内得以实现，这意味着，如果坚持基础主义立场，宗教信念的合理性问题便依然是一个悬而未决的问题。

关键词：宗教信仰；理性；确证和基础主义

宗教哲学通常讨论的主题大致可以归结为两个基本问题：一个是，假设存在一个超越的必然存在者，如何理解基于这样一个超越的存在者的概念的各种一神论的有神论的宗教断言的内在意义及其一致性问题；另一个是，与这样一个超越者的概念相对应，是否存在这样的必然存在者即存在问题。这两类问题的解决最终都取决于如何理解理性与信仰之间的关系。本文首先提出一个形式化的宗教哲学原则：如果一个人接受某个原理，而这样原理能够为某一宗教信念提供某种解释，那么，持有某一宗教信念就是合理性的，否则，如此持有就是非理性的；然后，借助这个被称为理性的证据原则，在对宗教信仰与宗教信念作出区别后，本文考察了宗教信念是否能够诉诸理性而被确证，最终通过对一般的确证机制的分析得出结论：由于理性的确证机制内部的危机，宗教信念的合理性基础依然是一个悬而未决的问题。

一、引言：考察框架

信仰与理性的关系是宗教哲学的中心问题。作为哲学的一个分支领域的宗教哲学，其主要任务是研究各种宗教理论断言和信念之间的概念关系，以便理性地评价这些宗教断言和信念的系统性意义。既然宗教哲学是从哲学的角度来考察宗教现象、断言和信念，而根据主流的一神论的宗教传统，宗教的基本的或主要的断言涉及一个超越存在者（上帝），这个存在者是全知、全能和全善的，他创造并维持着这个世界，他是一个自足存在的、脱离肉身的、但具有人格性的存在者，因此，所有的宗教哲学问题大致可以归结为两个基本问题：基于这样一个超越的存在者的概念的各种一神论的有神论的宗教断言的内在意义及其一致性问题，这个问题可简称为宗教断言的一致性问题；另一个是，与这样一个超越者的概念相对应，是否存在这样的存在者，简称存在问题。宗教哲学的基本任务就是为这两个问题提供一个理性的答案。我认为，宗教哲学在回答这两个问题时，最终都涉及——直接地或间接地——信仰与理性的关系问题。因此，这个问题是宗教哲学的核心问题。

从宗教哲学来考察信仰与理性的关系时，我们首先需要确定一个考察赖以推进的概念框架，以便规定我们考察的限度和范围。既然我们的出发点在根本上是宗教哲学性质的，那么，一个可能的概念框架将直接取决于对宗教哲学的性质本身的理解。我将通过说明宗教哲学的一般性质来确定讨论信仰与理性的关系的概念框架。首先，尽管宗教哲学研究的对象是宗教，但它本身是哲学，而不属于宗教范畴。实际上，正是由于宗教与哲学的不同或分离，宗教哲学才得以可能。因此，宗教哲学与一般的宗教（研究）不同，它不关心宗教的历史、社会功能，以及仪式实践，它仅仅满足于评价并确证宗教信念和断言，而且这种评价和确证有其特定的立场和原则，这就是一般哲学的理性原则。宗教哲学就是一种从理性的立场和原则来思考有神论的宗教断言和信念的哲学，用约翰·希克的话来说，宗教哲学是"关于宗教的哲学思维"。（Hick, 1990: 1）宗教断言和信念是宗教哲学考察的对象，是被思维的题材；如果说宗教断言和信念也是一种思维，那么，相对于被思维的思维，宗教哲学的思维是属于一种高阶思维，宗教哲学属于"元水平上的研究"。（张志刚，2003: 7）其次，尽管属于宗教内部的神学也研究宗教断言和信念，但是，宗教哲学与神学有更加明显的区别。神学是探究上帝如何被认识的一种科学，一般传统神学区分为自然神学与启示神学，前者是从被创造者的理性，以及理性对被创造的世界即自然世界的知识为出发点来理解或认识一个超自然的创造者即上帝，其传统的议题主要涉及关于上帝存在的知识，即如何证明上帝存在；后者则是以上帝的启示为出发点来理解或认识上帝，其恪守的基本原则是"信仰寻求理解"（*fides quaerens intellectum*），因为根据启示神学，创造者是无限的，人的理性是有限的，具有有限理性的人不可能直接理解或认识一个无限的创造者，除非创造者愿意将自己显示（启示）给被创造者，并且被创造者愿意对这样的显示（启示）作出积极回应（信仰）。既然自然神学是从人的理性原则来论证关于神圣事物的性质和存在，而理性原则是哲学的专属原则，所以，我认为，自然神学不是严格的神学而是哲学（参见张继选，2007: 247），它的论题更多地属于宗教哲学。

尽管如此，宗教哲学并不把自然神学视为当然的，宗教哲学有更充分的自然主义理由反思自然神学从对自然的认识到对超自然的认识过渡的合法性。与宗教哲学真正区别开来的神学是启示神学：启示神学包含两个要素或根源：外在于理性的启示和由信仰所启蒙的理性（见 New Catholic Encyclopedia, vol.13, 2003: 892），特别重要的是，它预设启示和信仰为理性或理解的前提，而宗教哲学在寻求确证宗教断言和信念时则不预设任何理性之外的原则。

最后，我希望消除这样一种误解：既然宗教哲学的原则是理性，当我们把信仰与理性的关系置于宗教哲学的视野，这似乎从一开始就使理性处于优势地位，而让信仰很容易沦入非理性的危险境地。对此，我要强调的是，这种初始的理论偏向或失衡绝不是宗教哲学的适当出发点，宗教哲学的理性原则仅仅意味着这样一种批判的或反思的评价机制——我将把这一评价机制视为讨论信仰与理性问题的概念框架：首先，理性是一种建构原理的能力。当我们评价包括宗教信仰在内的任何宗教信念或断言时，我们必须立足某一评价或解释原理，这一原理必须能够为被评价的宗教信念和断言提供一种恰当的理由，使得当我们做出任何宗教断言，或者持有任何宗教信仰时，我们的"做出"或"持有"因有最低限度的理由而是合理性的。宗教断言和信仰的合理性是由某一能够充当理由的原理所固定的。其次，尽管这样的原理被理性当作确证宗教断言和信念的理由，然而，理性绝不把这样的原理当作是固定的、不可修正的，理性的批判性和反思性恰恰在于，它也能够批判和反思这样的原理，把原理本身当作是可确证的对象，要求原理同样也需接受合理性的评价。既然理性的评价总是基于原理的，那么当它评价它的一阶原理时，它就需要建构另一种二阶原理、甚至更高阶的原理。理性从不偏袒它自己的合理性的原理，也不会把这样的原理从一开始就置于优势的地位，理性不仅批判他者，而且也批判自我，理性是一种自我批判的思维。理性绝不容忍任何给定的、不可移易的原理或真理。在这一点上，以理性原则为基础的宗教哲学与启示神学之间存在着根本的差别，因为启示神学总是将启示视为固定不变的真理或原理，并将对这样的真理的信仰置于理性之上。尽管与神学存在这一显著的差别，但是，宗教哲学的职责绝不是要运用理性原则来驳斥某一宗教信念或神学信仰（因而，宗教哲学与无神论的哲学立场不同），也不是要运用理性原则来为某一宗教信念或神学信仰辩护（因而，宗教哲学与护教论（apologetics）不同），而是运用理性来评价持有或拒绝持有宗教信念的各种正反理由，以确证持有或拒绝持有宗教信念的合理性。然而，这并不意味着，宗教哲学对宗教信念是中立的或无立场的，恰恰相反，宗教哲学坚持毫不妥协的理性原则。简单地说，这个理性原则就是：持有任何一种宗教信念必须是基于某一原理，这原理要么是关于宗教信念的理由的解释（证据主义），要么是关于原初持有宗教信念的功能的解释（改革派的认识论），理性原则拒绝无解释的立场。这也就是说，根据理性原则，如果任何人持有一种宗教信念而没有任何关于持有的解释原理，那么这样的持有就是非理性的。当然，既然我前面说过，原理本身是可修正的或可拒绝的，我们可以将这一基于原理的理性立场用条件句的形式表述为：如果一个人接受某个原理，而这种原理能够为某一宗教信念提供某种解释，那么，持有某一宗教信念就是合理性的，否则，如此持有就是非理性的。

二、理性的假设与问题的制定

宗教哲学所探讨的众多问题可归结为两个基本问题：上帝存在证明问题和包括各种宗教断言和信念在内的一个上帝观念的内在一致性问题。前一个问题涉及从理性原则论证上帝存在：这要么从理性的推论出发先天地论证（本体论证明），要么从理性对自然世界的知识出发后天地论证（宇宙论证明）。上帝存在这一断言是有神论与无神论争论的焦点，宗教哲学在讨论这些证明时既不是要维护有神论的立场，也不是要维护无神论的立场，而只是要评价这些论证和否证的有效性与无效性。宗教哲学之所以有权限评价这些论证和反证，是因为尽管有神论和无神论的立场是截然对立的，但是它们都满足这样一个共同的理性要求：任何论证或反论都必须立足于恰当的前提或理由，而这正是宗教哲学的规范策略。宗教哲学的另一个基本问题即一个广泛的上帝观念的内在一致性问题，这也是有神论与无神论争论的核心问题，其典型问题形式就是"恶的问题"：一个全知、全能和全善的存在者的存在与恶的存在之间是否兼容。有神论者在解决这个问题时发展了各种神义论的学说，其中伊奈乌斯－希克（Irenaeus-Hick）的更大善辩护理论认为，恶的存在与上帝的善的本性是兼容的，因为比之于没有遭受恶的可能处境，遭受恶（如痛苦和苦难）被确证在塑造心灵，发展和提升道德品格上能够带来更大、更崇高的善；恶对更大的善的产生是必要的。因此，即使面对恶，我们依然相信上帝存在。然而，无神论者认为，并非一切恶都具有如此必要性，至少某些恶是非必要的，而非必要的恶的存在至少表明了上帝观念的内在不一致性，因而相信上帝存在这一宗教信念是内在不一致的。我们在这里没有必要讨论有神论和无神论在处理这个问题的细节，我们只想指出，同上帝存在的证明问题一样，宗教哲学对恶的问题的探究依然预设了寻求理由或确证这一理性假设。

然而，这个理性的假设本身也需要加以考察和追问：理性的假设本身是否可接受？宗教信念是否需要诉诸理性才能得到确证和维护？一旦我们反思或质疑理性的假设本身，理性与信仰的问题就开始出现了。根据理性的假设，任何宗教信念可被接受都是基于理性的，更具体地说，是基于证据或理由的；上帝存在的本体论证明是预设这一假设的经典范例：相信上帝存在这一信念是基于理性的论证，在论证中，上帝存在这一结论是以上帝的概念中所蕴含的含义为前提的，从前提到结论的推理是严格的演绎推理，前提和推理为结论提供了充分的（逻辑）理由，正是如此，相信上帝存在这一信念才是理性的。然而，当代大多数宗教哲学家认为，本体论证明实际并不成功，其他各种存在证明同样是失败的。一切试图证明上帝存在的尝试之所以失败，其根本的症结在于它们所预设的理性假设是可疑的。拒绝理性的假设则意味着，接受或持有宗教信念不是根据理性，而是根据信仰。如果说接受或持有某一具体宗教信念是根据信仰，既然信仰本身就是理由，那么看起来这依然预设了寻求理由的理性假设，依然没有突破理性的假设。然而，根本的问题是，基于信仰而接受或持有宗教信念，这是否不再寻求更进一步的理由？"持有信仰根本上取决于（或应当取决于）拥有充分的理由相信一个人的信仰是真的，这在任何意义上是对的吗？这才是信仰与理性问题的真正核心。"（Peterson, 2003: 41）信仰固然是一个人持有别的宗教信念的理由，但是，持有信仰本身是否需要理由？如果信仰本身是终极的理由，持有信仰不再需要任何更进一步的理由，那么，持有无理由的信仰是否是合理的？这个问题本身颇令人感到困惑：如果持有信仰是无理由的，那么至少根据理性的原则，这样的持有显然是不合理的，而继续追问持有无理由的信仰是否合理的，这似乎不再有意义，因为问题似乎不容许有除否定的答案之外的答案。然而，问题要求予以深度地考虑：宗教信仰是否具有这样的独特性，与一切科学信念不同，我们持有宗教信念尽管没有更进一步的理由，但无理由的持有依然是合理的？也就是说，宗教信仰是否具有独特的合理性？显然，回答这个问题需要深度地介入信仰与理性之间的关系，需要理解信仰的性质和合理性的意义。

三、信仰的性质

依照《圣经》的经典定义，所谓信仰指"坚定我们所希望的事情，确信我们未看见的东西。"（Hebrews 11:1, The Holy Bible, 1984）我们所希望的事情是尚未到来的事情，我们何以对尚未到来的事情保持坚定性？我们未见过的事情是不在场的，我们何以能够确信不在场的事情？圣经对信仰的定义从一开始就暗含地将信仰与理性区别开来，信仰是一种坚定而值得确信的信念，它能够确保一个基督徒的希望得到实现，确保一个基督徒所相信的事情是真理，而无须感性的亲见——一般地说，无须理性的证据。因此，通常将这个经典的定义更确切地理解为："信仰为基督徒提供这样的保证，他的灵性希望将得到实现；以及这样的确信，超越来自感性的知识的神圣启示是真的。因此，信仰是对上帝关于许诺和他所启示的真理的言的接受。"（New Catholic Encyclopedia, vol. 5, 2003: 592）信仰是对上帝的许诺的期待，是对上帝启示的真理的接受，期待和接受是一种出自自由意志的选择和行为。信仰上帝的核心是信任上帝，而"作为对上帝的信任的信仰是自愿的"（Swinburne, 2005: 268），因此，信仰首先是一种自由的决定。一个人可以自由地决定相信和信任上帝，成为一个基督徒，也可以自由地选择拒绝相信和信任上帝，成为一个无神论者。正是因为信仰包含意志自由要素，信仰便无需理性的根据，因为如果信仰是以理性为根据的，那么，当理性为信仰提供一种决定性的理由或证据时，尽管这样证据能够为信仰的坚定性提供根据，但它也为意志施加了一种证据强制，从而使意志丧失自由，这样，信仰就是一种不可避免的状态——甚至不再是一种作出的行为，而只是发生在一个人身上的必然事件。信仰是自由地作出的行为，因此，它也是一种值得赞扬的一种美德；如果信仰是在一个人身上必然发生的状态，它就不是个人努力作出的事情，也不是一种值得赞扬的美德。

根据改革宗的基督教神学，宗教信仰一般包含三个主要要素：信仰的内容（*notitia*）、同意（*assensus*）和信任（*fiducia*）。当我们说信仰是一种自由行为或决定时，这主要指的是它所包含的"同意"这一要素，信仰是一种自由的同意行动。在一神论的宗教传统中，信仰的对象是上帝，关于上帝的知识是信仰的内容。信仰，作为一种同意，它所同意的内容就是关于上帝的知识是真的。当然，上帝是全知、全能和全善的超越创造者，作为被创造的存在者的人不可能直接认识上帝，除非上帝愿意自我显示或启示给我们，因此，尽管"信仰的首要对象是上帝本身，而不是启示。但是，由于上帝只有通过启示才可被知道，所以，信仰上帝自然包括一种以相信、信任的方式回应上帝所启示的事情。"（Evans, 2005: 324）信仰就是对启示的回应，信仰的内容就是启示。

一神论的信仰是通过对上帝的启示的回应而对上帝的信仰。然而，"对上帝的信仰"可以区分为两种不同的版本或形式：一是信念（Belief），即相信关于上帝的真理；因为真理是命题的语义属性，因此，通常将作为信念的信仰称为命题版的信仰。我称之为理论信仰。二是信任（trust），即持有宗教信仰的人对上帝的信任，这种信任涉及人与上帝之间存在一种人格关系，以及由这种人格关系所决定的一切行为。信任与信念不同，它不涉及关于上帝的命题的真，因而，通常将作为信任的信仰称为非命题版的信仰。由于这种信仰的核心在于持有信仰的人的行为，因此，我称之为实践信仰。信仰被区分为命题的与非命题的，或者，理论的与实践的，这取决于被信仰的内容即启示的性质，以及信仰本身的双重行为。如果启示是真理，那么信仰作为对启示的回应，这种回应的内容就是具有真属性的命题，相应地，回应所采取的行动是理智的同意即相信，所同意或相信的内容就是一个命题，信仰即是相信关于上帝的命题是真的，如相信上帝存在（是真的）；如果启示不是真理，而是像自 16 世纪的改革宗到现代大多数神学家所理解的那样，是上帝亲临我们的经验，那么信仰作为对启示的回应，这种回应的内容就不是命题，而是人与上帝之间的人格关系内容，相应地，回应所采取的行动就是信任，信仰即是信任上帝。这一信仰观最终可追溯至路德宗的神学思想，因此，理查德·史温伯恩也称其为"路德宗的信仰观"（Swinburne, 2005: 142）。

作为理论信念的信仰，其信仰内容是关于上帝的命题；对于一神论来说，其核心命题是：上帝存在；在这种意义上，信仰上帝就是相信上帝存在（believe that there is a God）。其中，相信属于持有信仰的人与这个命题之间的关系，它表达的是理智地接受这个命题为真的理论态度。而作为实践的信仰，其信仰的内容是对上帝的信任，信仰上帝就是信任上帝（believe in a God）。根据表达这两种版本的信仰的句法形式，有学者将这两种信仰观分别称为"'信仰即是关于命题的信念'理论"（the 'Faith is Belief That' theory）和"'信仰即是信任'理论"（the 'Faith is Belief In' theory）（Mawason, 2005: 223）

那么，这种两种信仰形式究竟有何实质性差别？它们之间的关系是什么？首先，信仰作为理论信念，所表达的意思是，持有这样的信仰的人相信上帝存在（即相信上帝存在这个命题是真的），以及其他关于上帝的命题，这样的信仰在其整个信念系统只占有局部地位，它们不足以构成其全部信念价值系统的基础并规定他的行为和他的整个生命历程，当它们具有确当的根据时，它们只属于神学理论知识，而不是能够指导行为的神学实践知识。而信仰作为实践的信念，所表达的意思是，持有这样的信仰的人不仅相信上帝存在，以及其他关于上帝的命题，而且最重要的是，它们在信仰者的信念系统中占据全局地位，它们构成了其全部价值系统的基础并规定他的行为和他的整个生命历程，它们包括、但不限于单纯的神学理论知识，而也是能够指导行为的神学实践知识。当一个人在信的意义上信仰上帝时，他不仅相信上帝存在，他是全知、全能、全善的超越存在者，而且也相信上帝是包括自己在内一切事物存在的根据和来源，信仰上帝就意味着把自己意识为一个被创造的、依附性的有限的存在者，意识到自己的存在是被赋予了神圣的力量、价值和目的，意识到自己的存在即生存就是通过自己行动去实现被赋予的目的，趋向实现这样的目的就是自己的最大的善即幸福。而他对这一切所持有的态度在宗教实践上就是感激、敬拜和顺从。在信仰中的这种上帝意识也塑造了自己对待一切事物的观点和态度——这些观点和态度不仅是理论的，而且也是富有人格的。阿尔文·普兰丁格对信仰上帝的意义作了如下形象生动的描述：

"信仰上帝意味着信任上帝，接受上帝，用自己的生命向上帝承诺，并生活在他的亲临之中。对于信仰者来说，整个世界就是对上帝的说明。巍峨的山峦，波涛汹涌的海洋，青绿的森林，蔚蓝的天空，灿烂的阳光；还有朋友和家人，各式各样的爱，——信仰者将这一切，还有其他事物，都看作是来自上帝的恩赐。这个宇宙对他来说呈现为一种富有人格的色彩；关于实在的真理就是关于一个人格的真理。"（Plantinga, 183: 18）

信仰上帝的核心是信任上帝，信任上帝包含、但不限于相信关于上帝的命题真理，它的内容更加丰富、深厚。一个人信任上帝同时就意味着他也相信上帝存在，但反过来则不是。一个人可能相信上帝存在而未必信任上帝。这从信任这个词的普通用法就可以看出来。例如，我相信布什发动了伊拉克战争——当然，我也相信发动伊拉克战争的布什存在，但我不信任布什；而如果我信任布什，那么我同时就相信我所信任的布什这个人存在。信任的普通用法也同样适合于宗教信仰。因此，信任上帝的意义强于相信上帝的意义，这也就是说，信任蕴含相信。这意味着，信念是信任的必要条件，没有信念，也就没有信任；信念是信任的最低限度的基本要素。信念的作用在于对信任加以定位或辨识，以明确信任的对象；或如马瓦森所说的那样，信念起一种"抓手"作用："一个人的信任（或不信任）必须有某种与其相关联的信念充当抓手，借此信任抓住他所信任（或不信任）的东西，并明确正是这个东西，而不是别的东西或者根本什么也没有，才是他所信任的。"（Mawason, 2005: 224）

在讨论信仰与理性的关系时，我将把与理性相关联的信仰限制在作为信念的信仰上，即相信关于上帝的命题的信念，其中，最重要的信念便是，有神论的基本信念即相信上帝存在。如上所述，尽管信仰上帝的核心要素是信任上帝，但是既然信念是信任的必要条件，没有信念也就没有信任，所以，我们的讨论也间接地触及宗教信仰的核心。

四、信仰与理性：宗教信念的确证问题

在有神论的宗教传统中，一切宗教信念的核心是信仰上帝。我们已经将信仰上帝区分为相信和信任，并说明了信念是信任的必要因素。现在，我将主要讨论理性与有神论的根本信念即相信关于上帝的命题、尤其是相信上帝存在这一信念与理性的关系。从一开始，我们面对的一个直接问题是：当一个人相信上帝存在即接受上帝存在这个命题为真，这一接受或信念是否是合理的？显然，这样提出问题，从一开始就将宗教信念置于理性的关系中，并暗示将信仰或宗教信念的基础定位在理性之中。这显然是一种理性主义倾向。可是，如果正如信仰主义者德尔图良－克尔凯郭尔所坚持的那样，信仰或宗教信念本身就不服从理性的评价，那么追问其是否是合理的，就是在预设一个非法的、从一开始就注定不可能有肯定答案的问

题。然而，当我们从宗教哲学的立场来考察信仰或宗教信念与理性的关系时，我们既不从一开始就排除理性主义倾向，也不从一开始就排除信仰主义倾向，而是要保持一个开放解决问题的理论态度。如果一个信仰主义者认为宗教信仰是不服从理性评价的，因而拒绝将信仰置于与理性关系之中，拒绝信仰的合理性问题，那么，他不能仅仅拒绝问题，他有责任说明他所拒绝的合理性原则是什么。同样，如果一个理性主义者试图肯定宗教信仰是不合理的，那么他不能仅仅作如此肯定，他有责任说明宗教信仰所不能满足的、因而是不合理的那个合理性原则是什么。这两种情况都要求在拒绝或肯定之前首先阐明：如果存在着宗教信仰的合理性问题的话，那么这样的合理性的原则是什么，以及它的意义范围是什么，这个假言性任务正是宗教哲学要加以完成的，这也是我马上要讨论的问题。

相信上帝存在这一信念包含两个因素：一个是信念，即一个人 S 相信 p（p 表示上帝存在这个命题），一个是，命题的真，即 p 是真的。我们将这两个因素合称为"真信念"（true belief）。我们已经看到，宗教信念或信仰的合理性问题实际集中在这样一个问题上：一个人信仰上帝，其必要的因素是他相信上帝存在这个命题是真的，那么，他持有的这一真信念是否有根据？如果是有根据的，那么我们可以说，该信念在有根据的意义上是合理的。然而，当我们说一个信念是有根据的，这究竟是什么意思呢？从理性的原则来说，当说一个真信念是合理的，这要求真信念对持有该信念的人来说可被确证。一个真信念唯有得到确证才是有根据的，因而是合理地被持有的。确证一个真信念，就是要为持有真信念的人提供一种证据，以证明持有该真信念是有根据的，因而是合理的。确证（justification）是认识论的一个基本概念，让我们首先从认识论的立场来考察一个信念是如何被确证的。

认识论的主要任务是要回答"什么是知识"这个问题。自柏拉图在《泰阿泰德篇》（Theaetetus）中试图为知识提供一个定义以来，哲学家们现在大致确立了一个共同一致的看法：知识即是被确证的真信念（knowledge is justified true belief）。这个定义包含三个要素：命题、信念和确证，因此，标准的定义是："S 知道命题 p，当且仅当 p; S 相信命题 p; S 得到确证而相信命题 p。"（Chisholm, 1982: 43）根据这个定义，一个人 S 知道一个命题 p（是真的），这要求满足至少三个必要条件：1）命题 p 是真；2）S 相信 p 是真的；3）S 得到确证而相信 p 是真的。这三个必要条件合起来构成了 S 关于命题 p 的知识的充分必要条件。

首先，如何理解一个命题的真，这取决于认识论中各种各样的理论对真理的性质不同的解释。由于这里关心的问题是宗教信念的确证，所以，我们对真理的性质问题不作详细讨论，我们只假定真理的符合理论是正确的：一个命题是真的，当且仅当该命题符合某种事实；一个命题是假的，当且仅当该命题不符合某种事实。把这个理论应用到关于上帝的命题，我们可以这样理解："'上帝存在'是真的，当且仅当上帝存在"。这个双条件句的左端引号部分表示命题的名称，"是真的"是真谓词，右端语句表示的是关于上帝存在的事实。在这里，我只满足于说，上帝存在这个命题是真的，是因为这个命题符合某种事实，至于如何理解和辨识这样的事实，我相信，这是一个非常复杂的问题。既然一神论认为，上帝是一个超越的或超自然的存在者，所以，上帝存在的事实一定是一种不同寻常的事实，相应地，我称其为超越的或超自然的事实。上帝存在这个命题的真依赖于超越的世界所是样子。根据上述定义，S 相信 p 这一真信念的必要条件是，p 是真的。如果 p 不是真的，而是假的，那么，S 相信 p，这就不是一个真信念，而是一个假信念。因为我们讨论的焦点不是上帝存在这个命题是否是真的，而是假如这个命题是真的，相信这个命题是真这一信念如何被确证，因此，让我们假定，当一个一神论者 S 相信上帝存在时，他的这一信念至少是真信念。

其次，在 S 相信 p 这一信念中，相信是介于持有信念的人 S 与命题 p 之间的一种关系，它表达的是 S 对 p 的一种态度即命题态度（除了相信之外，命题态度也包括诸如希望、怀疑、欲望等）。相信这一命题态度可区分为三种情形：肯定的、否定的和悬置的。如果命题 p 是真的，S 相信 p，也就是说，S 接受命题 p 是真的，那么，这里的相信就是一种肯定的命题态度。相应地，由肯定态度所表达的信念就是真信念。就宗教信念来说，如果由肯定的态度所表达的命题（上帝存在）是真的，那么这种肯定的命题态度就属于有神论者的立场。如果命题 p 是真的，S 不相信 p；或者，如果命题 p 是假的，S 相信 p，也就是说，S 拒绝接受命题 p 是真的，那么，这里的相信就是一种否定的命题态度。相应地，由否定态度所表达的信念就是假信念。就宗教信念来说，如果由否定的态度所表达的命题是真的，那么这种否定的命题态度就属于无神论的立场。最后，无论命题 p 是真的，还是假的，S 既不相信，也不不相信，而是对命题保持中立态度，那么这里的中立态度就是悬置态度。相应地，由悬置态度所表达的信念既不是真信念，也不是假信念，因为这种态度对命题未作任何倾向性断定。就宗教信念来说，这种悬置态度属于宗教悬置论立场（agnosticism）。我们将关心的议题不是信念态度本身，而是宗教信念或态度的确证，因此，我们假定有待确证的命题态度是肯定的宗教信念态度。

现在，让我们回到本文的焦点问题：信念的确证。S 关于命题 p 的知识不仅涉及真信念，而且这种真信念要求得到确证。确证一个真信念就是要求持有该真信念的人对自己为什么如此持有作出某种解释或说明，简而言之，确证就是回答为什么的问题。如果 S 仅仅持有真信念而没有得到确证，也就是说，没有关于他为什么持有该真信念的解释说明，那么，即使他所相信的命题是真的——即使他持有真信念——也不能说，他知道该命题是真的，而只能说，他碰巧猜测到该命题是真的。假设有两个人都相信同一个真命题：金钟焕的上衣口袋里有 5

枚韩币。其中一个是金的朋友，他之前了解并数过金的口袋里的硬币，基于这个事实，他不仅相信这个命题是真的，而且他知道这个命题是真的；而对另一个人来说，不存在这样的事实，他最多只是相信这个命题是真的，而并不知道的它是真的。两个人在持有真信念上是相同的，差别在于，当被问道为什么持有如此信念，前一个人能够基于他曾经数过金的口袋的硬币这一事实作出恰当的回答，而后一个人则对为什么的问题不能作出恰当的回答。尽管他持有真信念，尽管他侥幸猜测到一个真命题，但是，单纯真信念或单纯猜测显然不是知识。知识还要求确证。只有对 S 来说，p 被确证，才能说 S 知道 p，在这里，确证就是给出事实或理由说明为什么相信 p。如果给出事实或理由说明为什么相信 p，这是表明持有真信念的合理性的一种方式的话，那么，一个信念是否合理地被持有就是一个确证问题。

现在，让我们将给出理由这一概略性的确证观念应用于宗教信念，当我们问道，相信上帝存在这一信念是否是合理的时，这就是在问宗教信念或信仰是否能得到确证。既然确证就是给出理由，而给出理由就是理性的原则即合理性原则，那么，看起来，宗教信念或信仰只能建立在理性的基础上，因为缺乏理性的基础，信仰或信念似乎无法得到确证，而没有确证，宗教信念或信仰似乎就会沦为单纯的猜测：一个人相信上帝存在，如果这一信念不能得到确证，那么，他的有神论宗教信念最多是猜测性的，尽管所猜测或所相信的命题的确是真的，但是，根据知识论的观点，他并不确实知道上帝存在。马克·吐温曾经半开玩笑地说：信仰就是相信你所不知道的事情（见 Clark, 2003: 35）。不清楚马克·吐温在这样说时，他是否想到相信与知识的差别在于确证。但是，根据知识论的确证理论，假定所相信的事情是真的，那么，相信与知道的区别在于，相信缺乏确证，而知道是得到确证的相信。相信你不知道的事情就是在相信你未经确证的事情，而确证原则即是合理性原则，那么，相信未经确证的事情是不合理的。因此，相信上帝存在是不合理的。

简而言之，宗教信念要么是被确证的信念，要么不是；在前一种情况下，宗教信念因能够得到确证而是合理的，在后一种情况，宗教信念因不能得到确证而沦为猜测。面对这一困境，传统的自然神学家拒绝后者，认为宗教信念是被确证的信念。他们所热衷的本体论证明被认为是确证理论的典型应用。相信上帝存在这一信念是被确证的信念，是因为这一信念是以本体论论证中的前提为确证理由的，而且这类理由是最有力的逻辑理由，它们绝对地保证了结论的真。

五、证据理论

如前所述，宗教信念的确证问题在于，当一个人持有某个宗教信念时，他所持有的信念是否能够得到确证。我们也概略地说明了，一个信念的确证，是指对为什么持有该信念这个问题提供某种说明理由。确证就是给出辩护理由。然而，这只是一个尽管是正确的、但也是相当粗糙的确证观念。在认识论中，哲学家们对确证的性质的理解存在诸多的争论，就确证的理论动机或取向而言，这些争论主要涉及两种类型的确证：一种是"道义性的"确证，另一种是"助真性的"确证（Alston, 2005: 15-16）两种类型的确证涉及不同的确证取向：道义性的确证取向在于确证一个人是否应当（或被允许，或有责任）持有某个信念，这种确证包含伦理规范要素；而助真性确证取向在于确证一个人是否有助于达到求真而持有信念，这种确证包含求真的认识要素。然而，对于宗教信念的确证来说，我认为，道义取向与求真取向与其说是两种不同的确证取向，不如说是同一取向的两个不同的方面。这首先是因为，一神教的宗教信念涉及相信关于上帝的命题、特别是关于上帝存在的命题，确证这样的宗教信念就是要提供理由说明这些信念是否是有根据的，而这些信念是否有被确证同时关涉到它们是否能够达成真信念，也就是说，是否有助于相信关于上帝的命题是真的。这是宗教信念确证取向的求真维度。其次，宗教信念是否得到确证同时关涉到持有宗教信念的道义性：是否被确证即是是否应该（被允许或有责任）持有；尤其当我们考虑到相信上帝与信任上帝的关联性时，宗教信念确证的道义取向的意义更加要紧而重大。如前所述，我们将宗教信仰区分为信念（相信上帝）与信任（信任上帝），并指明了信念作用在于为信任定位，由此信任的投放具有了明确而实存的对象即上帝，同时也说明了信任关乎一个人的全部生命历程和行为；现在，如果为信任起定位作用的信念是真信念，即所相信的事情（上帝存在）是真的，但是这一信念未被确证，而未被确证而持有信念（即使为真）则是一种缺乏道义或不负责任的信念行为，那么，当我们把信任、连同由信任所承载的全部生命历程和行为投放到由这样的信念所定位的对象上时，尽管我们依然保有真正的宗教信仰，但是，在这样的宗教信仰背后，我们违背了理智的美德：由于我们永远是幸运的，我们失却了理智的审慎，放纵了理智的鲁莽。

尽管宗教信念的确证取向兼有道义性和助真性，但是，这两重性都依赖于确证的性质本身，这就是说，持有一个信念是否具有道义性和助真性，这取决于是否给出支持它们的理由或提供支持它们的证据这一确证本身。确证一个信念即在于为持有信念提供证据。我倾向于同意证据论的确证理论：确证即提供证据。因此，我遵循 E· 康尼和 R· 费尔德曼提出的如下关于确证的标准定义：

"对命题 p 的信念态度 D 在认知上对 t 时刻的 S 来说得以确证，当且仅当持有对 p 的 D 恰合在 t 时刻的 S 所拥有的证据。"（Conee, 2004: 83）

简单地说，一个人对一个命题的信念态度（即相信该命题这一信念）得到确证的充分必要条件是，他所拥有的证据构成了对该信念的恰当支持。在前面，我提出建议，宗教哲学的理性原则是，如果一个人接受某个原理，而这样原理能够为某一宗教信念提供某种解释，那么，持有某一宗教信念就是合理的。现在，联系证据论的确证理论，我们可以把这个理性原则中的抽象原理具体化为证据法则，这样，证据论的确证原则其实就是理性原则的一种具体形式。坚持证据论确证的原则就是坚持理性原则。我也反复提到，确证即是给出理由或提供根据，证据论也就是根据论：为持有一个信念提供适当的证据也就是为持有该信念提供适当的根据。既然我们讨论的主题是宗教信念与理性的关系，为了避免不必要的混乱，我把这些原则都统一等价于理性的原则。因此，根据证据论，相信上帝存在这一信念是合理的，其充分必要条件是，有适当的证据支持该信念。这一证据论原则即是宗教信念的理性原则。

传统的自然神学家、无神论者和宗教悬置论者都属于理性主义阵营，因为他们都奉行证据论原则，认为宗教信念或信仰要成为合理的，就必须有适当的证据，也就是说，相信上帝存在这一信念是合理的，只要它恰合适当的证据。当然，他们只是接受证据论的前提，至于是否有适当的证据支持该宗教信念，他们之间则存在着诸多的分歧，有神论者肯定、无神论者否定存在有适当的证据，而宗教悬置论者既不肯定、也不否定有适当的证据，或者说，他们同时拥有两类等效的证据，一类不足以支持上帝存在的信念，另一类不足以支持上帝不存在的信念。罗素也许是最引人注目的宗教悬置论者。据说，有人问罗素，如果死后被带到上帝面前，被问道，为什么你不是一个信徒，你会怎么说呢。罗素回答说："我会说，'证据不足呀，上帝！证据不足呀！'"在罗素看来，即使上帝实际存在，他自己也没有足够的证据支持相信上帝存在这一信念；当然，在同科普勒斯顿（F. C. Copleston）的著名争论中，罗素也暗示，他自己也没有足够的证据支持上帝不存在的信念。当科普勒斯顿反问罗素，你难道会说，上帝的不存在能够证明吗？罗素回答说："不，我不会那样说的。我的立场是悬置论的。"（Russell, 2004: 126）

根据证据论的确证理论，信念的确证的性质完全是由证据的性质所决定的。这意味着，信念的确证不仅需要它恰合证据，而且随着证据强度的不同，信念被确证的强度也有所不同。我们大致可以把证据区分为两种：决定性证据和非决定性证据。决定性证据对信念的支持是如此强大，以致它们能够保证信念的真，即保证一个人所相信的命题是真的。如果支持一个命题的证据是决定性的，那么拥有这样的证据，便能保证命题不可能是假的。例如，如果我相信平行线公理，给定 x 是一个平面三角形，那么根据已有的证据，我相信 x 的内角和是两直角和这一信念便得到了决定性的保证。非决定性的证据则只能在一定程度上支持信念，而不能保证信念的真。依照我们前面引证《圣经·新约》关于信仰的定义，宗教信仰似乎要求具有坚定性和确实性，在证据论者看来，要满足这一要求，持有宗教信仰或信念则需要有决定性的证据。证据的决定性是相当严苛的标准，包括宗教信念在内的大多数信念似乎很难满足这一标准。R·史温伯恩提出了一个相对宽松的标准或原则，他称之为"易信原则"（The Principle of Credulity）（Swinburne, 1979: 254）根据这个原则，当一个人相信上帝存在时，除非他有其他理由或证据支持他会有不同于当前的信念，他当前的信念即是合理的。易信原则显然不要求宗教信念必须满足证据的决定性才能获得合理性，而只表明了，在没有相反的理由和证据的情况下，现存的证据或理由即使是非决定性的，也能够确证宗教信念的合理性。

六、宗教信念的基础主义

前面我们讨论了证据论的确证理论，根据这种理论，宗教信念的合理性取决于它们与证据的恰合。那么，证据的性质是什么？或者说，究竟什么东西能够充当支持宗教信念的证据呢？在宗教哲学领域，证据主要是指与命题相关的、能够支持或反驳命题的讯息，这些讯息有两个主要来源：知觉经验（包括宗教体验）和理性反思。其中，知觉经验是存在证据（即支持关于事物存在的信念的证据）唯一来源，当然，建立在知觉经验的基础上的证据来源还包括记忆和他人的证词；而理性反思的主要作用在于建立证据链之间的推理关系。知觉经验产生于人的心理状态，这种状态可区分为两种：信念状态与非信念状态，与此相应，知觉经验内容区分信念内容与非信念内容。信念内容指一个命题，信念态度是针对该命题的态度，既然信念内容是命题，那么信念内容具有真值，信念内容即命题是能够被相信为真或为假的。非信念内容不是命题，它们没有真值，因而不能被相信为真或假。许多宗教体验也许可归属于非信念的知觉内容。宗教体验作为证据对宗教信念或信仰的确证是一个非常复杂的问题。本文暂不涉及。因此，我们所说的证据来源主要指具有信念内容的知觉经验，也就是，证据本身也是一种信念。

如上所述，证据论的确证理论的基本主张是，宗教信念是通过证据而得以确证的，唯有被确证的宗教信念才是合理的信念。既然能够充当证据的东西也是一种信念，那么，证据论的确证机制就是：一个信念是得到证据的支持而被确证的，而这证据也是一种信念，作为信念，它也需要通过进一步的证据来加以确证，等等。这样，对某一个信念的确证就涉及一个证据系列或证据链，其中每一个信念的确证都依赖于另一个信念作为证据。也就是说，除非证据链中的每一个证据都得到确证，我们所关心的信念才能得到确证。这个证据链要么是无限的，要么是有限的。如果它是无限的，那么，我们需要确证无限多的信念，才能确证我们所关心的信念，这是不可能的。我们不可能确证无限多的信念，甚至我们在心理上也不可能持有无限多的信念。现在，假定证据链是有限的。一个有限的证据链意味着，总是存在着一个这样的证据，它是终结性证据，它连同被确证的前溯信念一道作为证据通过对我们所关心的信念的支持而使之得到确证。基础主义者认为，这个终结性信念是一切其他信念的基础，它是基本信念，而一切其他信念是非基本信念，一切非基本的信念都是建立在基本信念的基础上的。自启蒙运动以来占主导地位的基础主义者认为，宗教信念或信仰本身不是基本信念，而是非基本信念，因而它们、尤其是相信上帝存在的信念需要其他信念、最终需要基本信念作为证据才能得以确证，才是合理地被持有的；信仰是建立在证据理性的基础之上的。

然而，基本信念或终结性信念，它的确证特性又是如何呢？既然它是终结者，是基础，再也没有后续证据支持它，那么，它要么是一个未被确证的信念，要么是被确证的。如果它是未被确证的，既然它是终结者，也就是说，它是前溯信念的最终基础，那么一个未被确证的基础何以能够具有证据资格赋予前溯信念以确证特性呢？要使我们所关心的某一信念得到确证，基础证据必须本身也是被确证的。但是，既然它是终结者，是最终的基础，没有进一步的、"更基本的"信念能够作为证据支持它，那么，如果它是被确证的，那么它的确证特性从何获得呢？与非基本的信念的确证特性不同，基本信念的确证特性在于，它具有某种形式的确证，但其确证方式不同于证据论的确证方式，既然证据论的确证方式是诉诸其他信念作为证据来确证信念，那么，基本信念的确证就只能满足于否定性的确证：一个基本信念得以确证，当且仅当它具有某种形式的确证，但这种确证是独立于证据论的确证。然而，这除了说明基本信念的确证不是证据论的确证之外，依然没有回答这"某种形式确证"是如何获得。基础主义者通常认为，一个基本信念是以直接的而非间接的、非推论的而不是推论的方式而得以确证。但是，这只是改变说明问题的方式，问题本身依然存在。非基本的信念得以确证的方式是间接的、推论的，因为它们需要借助其他信念作为证据才得以确证。说基本信念的确证是非推论的，只是换一种方式说基本信念的确证不同于非基本信念的确证。

基础主义者预设证据论的原则即一切信念都要求得到确证，同时，他们将一切信念区分为基本信念与非基本信念，认为非基本信念是通过基本信念加以确证的。显而易见，基础主义的基础在于它的倡导者所区分出来的基本信念这一概念，然而，如上所述，基础主义者始终无法以肯定的方式说明基本信念的确证机制。如果没有一个令人信服的确证机制为基本信念提供确证，那么一个其确证特性尚处阙疑的信念就没有资格充任基本角色，没有资格作为其他信念的基础。基础主义的基础暗藏着致命的危机。因此，宗教信念的合理性问题始终还是一个悬而未决的问题。

参考文献：

[1] Alston, W.P. (2005), *Beyond "Justification": Dimensions of Epistemic Evaluation*, Ithaca: Cornell University Press.

[2] Chisholm, R.M. (1982), *The Foundations of Knowing*, Minneapolis: University Minnesota Press.

[3] Clark, D.K. (2003), "Faith and Foundationalism", in *The Rationality of Theism*, Edited by Paul Copan and Paul K. Moser, London: Routledge.

[4] Conee, E. and Feldman, R. (2004), *Evidentialism: Essays in Epistemology*, Oxford: Clarendon, Press.

[5] Evans, C.S. (2005), "Faith and Revelation", in *The Oxford Handbook of Philosophy of Religion*, Edited by W.J.Wainwright, Oxford: Oxford University Press.

[6] Hick, J. (1990), *Philosophy of Religion*, 4th edn., New Jersey: Prentice-Hall.

[7] The Holy Bible (1984), Hebrews 11:1, New International Version, The International Bible Society.

[8] New Catholic Encyclopedia (2003), 2nd edition, Washington, D.C.: The Catholic University of America, vol. 5 & 13.

[9] Peterson, M. et al. (2003), *Reason and Religious Belief: An Introduction to the Philosophy of Religion*, 3rd Edition, Oxford: Oxford University Press.

[10] Plantinga, A. (1983), "Reason and Belief in God". in Alvin Plantinga and Nicholas Wolterstorff, ed. *Faith and Rationality: Reason and Belief in God*, Notre Dame: Notre Dame University Press.

[11] Russell, B. (2004), *Why I am not a Christian?* London: Routledge.

[12] Swinburne, R. (2005), *Faith and Reason*, 2nd edition, Oxford: Clarendon Press.

[13] Swinburne, R. (1979), *The Existence of God*, Oxford: Clarendon Press.

[14] 张继选："吉尔松的基督教哲学观念"，见《基督教文化评论》，第二十六期，2007年春，香港汉语基督教文化研究有限公司。

[15] 张志刚：《宗教哲学研究》，中国人民大学出版社，2003年。

A Religious-Philosophical Investigation into the Relationship between Faith and Reason

Jixuan Zhang

College of Philosophy and Religion , Minzu University of China

Abstract：The present article tries to take the relationship between religious faith and philosophical reason to be the question of how to justify faith by an appeal to the rational principle of evidence. Restricting epistemological approaches to justification to the foundationalist one, and singling out religious belief capable of being justified in distinction to religious trust, it shows that the various tensions, which are implicit in the principle of justification, can not well render it actual to verify the rationality of religious belief within foundationalism. This implies that religious belief remains problematic if foundationalism is kept up.

Keywords：Faith; Reason; Justification and Foundationalism

西方知识论与佛教知识论的比较研究 *

◎ 庄朝晖

厦门大学计算机科学系

摘　要：知识论关注何为知识和我们如何获取知识等相关问题，是以知识为研究对象的认识论。知识论的研究，包含推理形式和知识内容的研究。西方知识论主要涉及构成知识内容的认识论和现象学理论，构成推理形式的逻辑学、分析哲学、语言哲学、心灵哲学及当代知识论的发展。佛教知识论，也称量论，主要涉及构成知识内容的南传阿毗达摩和北传唯识学，构成形式推理的因明论。面对着相同的问题，西方知识论与佛教知识论之间有很多相同的问题和相同的思路，很具有可对比性。西方知识论的主要优点在于其分析判断和概念分析，佛教知识论的主要优点在于其综合判断和直观洞察。本文的研究方法是，对知识进行分析和分类，然后根据不同的知识分类，再展开更具体的比较研究。本文重点探讨了因明论视野下的乌鸦悖论和绿蓝悖论，探讨了基础知识的构造过程，并提出了未来研究的几个方向。知识论的比较研究，对于双方知识论的研究和发展都有帮助。一方面，可以借鉴西方演绎逻辑的成果，如用计算机来实现部分佛教知识论的模型化，甚至自动推理自动判断因明式的正确性。可以借鉴西方概念分析的方法，来解读和补充佛教知识论。另一方面，可以借鉴佛教知识论反思西方知识论前沿出现的各种问题，如本质直观、实在世界、盖梯尔问题、绿蓝悖论和数学悖论等。作为更长远的目标，希望通过西方知识论和佛教知识论的比较，吸收和结合两者的优势，综合出更全面的知识论体系。

关键词：知识论；佛教知识论；佛教逻辑；因明论；盖梯尔问题；乌鸦悖论；绿蓝悖论；所与神话；构造主义

---

　*　本文第一部分初稿曾经在"科学视野里的佛教研讨会"（山西太原，2008 年）上发表，本文第三部分初稿曾经在「哲学：东西之际」华人青年学术会议（香港中文大学哲学系，2009 年）上发表。

前言

知识论关注何为知识和我们如何获取知识等相关问题，是以知识为研究对象的认识论。知识论的研究，包含推理形式和知识内容的研究。对于知识论研究来说，推理形式和知识内容是相辅相成的。一方面，推理形式和概念分析是做好研究的基础。一般地说，只要我们使用语词，我们就得遵守语词的使用规则。只要我们使用概念推理，我们就得遵守推理的规则。另一方面，如果只关注推理形式和概念分析，那么学者往往得不到新的洞见，只能在旧有的体系内获得平庸的真理。当旧有的体系遇到困难的时候，我们往往需要新的洞见，需要对于预设前提的反思，对于成见和俗见的超越，我们才能拥有更深的领悟。

西方知识论主要包括构成知识内容的认识论和现象学理论，构成推理形式的逻辑学、分析哲学、语言哲学、心灵哲学及当代知识论的发展。佛教知识论，也称量论，主要包括构成知识内容的南传阿毗达摩和北传唯识学和构成形式推理的因明论。面对着相同的问题，西方知识论与佛教知识论之间有很多相同的问题和相同的思路，很具有可对比性。我们可以发现，西方知识论的主要优点在于其分析判断和概念分析，虽然这种分析不能带来新知识，但是可以从众前提中揭示出隐藏的结论来，可以使得思维更加清晰。佛教知识论的主要优点在于其综合判断，在很多问题上有敏锐的洞见力。从形式推理来看，因明论是带有归纳特征的，带有知识内容的。从知识内容来看，佛教阿毗达摩和唯识学对知觉经验的揭示更细致。

从西方知识论的发展趋势来看，越来越与佛教知识论具有可比性。从知识内容来看，从柏拉图的理念世界到康德的认识论再到胡塞尔的现象学，越来越细致，与佛教阿毗达摩和唯识学具有可对比性。从形式推理来看，上世纪从分析哲学到语言哲学再发展到目前的知觉研究和心灵哲学，显然也有一个形式结合内容的趋势。

佛教关于知识的理论主要在于量论，以陈那法师、法称法师为主要代表。西方关于知识的理论主要集中在认识哲学、现象学和分析哲学（包括语言哲学）上，以休谟、康德、胡塞尔和维特根斯坦为主要代表。

佛教知识论和西方知识论关注的共同问题是："何为知识？人类如何获取知识？人类如何表示知识？人类如何判断知识的真假？人类如何使用知识？"在相似的生活世界中，面对着相似的问题，东方和西方同样诚实而且理性的思考者作出他们各自的回答，我们有何理由认为他们的答案不存在可比性？事实上，共同的问题背景，构成了两者可以比较的根本原因。

西方知识论与佛教知识论的比较研究，从哪里着手比较好呢？一个切入点就是从它们共同关注的问题出发，围绕着对问题的不同回答进行比较研究。知识论，首要关注的是何为知识及知识来源的问题。因此，本研究计划的方法是，对知识进行分析和分类，然后根据不同的知识分类，再展开更具体的比较研究。

一、关于何为知识的思考

1. 知识的定义与盖梯尔问题

知识的朴素定义是："知识是有辩护的真实的信念"（也称为知识的 JTB 定义）。1963 年，盖梯尔（Edmund Gettier）提出了盖梯尔问题（Gettier Problem）（Gettier, 1963: 121-123），提出了针对知识定义的反例。在该例中，主体有一个有辩护的真实的信念，然而该信念却不是知识。比如这样的例子：在你的办公室里，你有这样一个信念："张三有一辆福特汽车"（信念 A）。因此，你可以得出这样的结论："办公室里有人有一辆福特汽车"（信念 B）。事实上，张三并没有福特汽车，所以信念 A 是错误的。然而办公室里，李四倒真的有一辆福特汽车，所以你的信念 B 是正确的。这样来看，你得出的信念 B 是有辩护的（由信念 A 推出），同时信念 B 又是真实的，因此信念 B 符合知识的定义。然而，直观上来看，我们往往不认为信念 B 可以算是你的知识。因此，信念 B 是对上述知识定义的一个反例。

2. 知识的另一定义

自从盖梯尔对传统知识定义进行了置疑后，很多学者对于知识定义进行了研究。一些学者是在传统 JTB 定义之上再加入更多的条件，来定义新的知识定义。他们的思路是这样的：既然盖梯尔例子是对于传统 JTB 定义的反例，那么就加入更多的条件，来排除反例。然而问题是，等到他们加入了这样那样的条件，各种各样的反例还是层出不穷。这部分可以参见徐向东的《怀疑论、知识和辩护》（徐向东，2006）一书。

本文的思路是另外一种方向。在量论中，知识的来源被分为现量和比量，现量是指概念化之前的感知认识，比量是指概念化的推理认识。我认为，盖梯尔问题实际上反映了知识是有不同来源和种类的。以上的知识定义没有区分不同的知识种类，没有区分基础知识和被推导知识，没有区分分析判断和综合判断。事实上，不同的知识种类，它们之所以为知识的原因是很不相同的。举个例子，"2 + 3 = 5"与"雪是白的"这两个命题，它们之所以为知识的根据是很不相同的。

对于基础知识，我们往往认为它们是不可错的。但是对于被推导知识，却往往是可错的，比如经验科学的知识，往往是可错的。我们并不能因为经验科学知识是可错的，就不承认它们是知识。因此，使用"真实的"作为条件来定义被推导知识，这种做法是值得怀疑的。根据休谟，对于归纳法我们是无法证明其推理的必然性有效性的。同样地，对于经验科学的知识，我们也无法证明它们是"真实的"，我们最多只能说它们是"有根据的"。

因此，我们修改知识的定义为"有根据的信念"。何谓"有根据的"？这就涉及知识的来源问题。不同的知识来源，构成了不同的知识种类。以下我们根据不同的知识种类，进一步说明何为知识是"有根据的"。

3. 知识的种类：分析一致命题，实质一致命题，事实命题，演绎命题，归纳命题和类比命题

所谓分析一致命题，即逻辑体系里的重言式，不包含任何经验内容，比如"$p \rightarrow p$"。分析一致命题的根据在于使用到的推理规则的有效性。如果我们承认推理规则的保真性，分析一致命题是不可错的。分析一致命题是逻辑体系里的重言式，也相当于废话，比如"$p \rightarrow p$"。然而，有些废话深藏在逻辑体系中，比如"$(p \rightarrow (q \rightarrow r)) \rightarrow ((p \rightarrow q) \rightarrow (p \rightarrow r))$"也是分析一致命题，然而这个命题我们不是很容易可以推得和验证。机器对于处理分析一致命题，有它的计算优势。

所谓实质一致命题，是指我们在经验生活中约定的命题。比如"未婚男＝单身汉"。实质一致命题的根据在于共同体的约定。如果我们遵守这种约定，可以说实质一致命题是不可错的。实质一致命题也来自于一些科学领域，比如"人是一种生物"的约定。

所谓事实命题，是指我们在经验生活中观察到的事实。这些经验事实为我们所观察，通过语言被概念化为基础知识。比如"雪是白的"。基础知识的根据性来自于语言共同体对于该经验事实的共许。在语言共同体内部，基础知识是不可错的。然而，基础知识有时候是模糊的，比如对于一个"红得发紫"的颜色，我们可能一会儿说"这是红色的"，一会儿说"这是紫色的"。

以上三类命题，分别在某种程度上，都可以说是不可错的。以下三类命题涉及推理方式，都是可错的。

所谓演绎命题，是指由前提按照某些推理规则得出结论。比如亚里士多德三段论："所有人都是有死的，苏格拉底是人，所以苏格拉底有死。"演绎得出的知识的根据是它的前提和使用到的推理规则。演绎命题是可错的。

所谓归纳命题，是指由一些相似的事实归纳出一般的结论。比如"张三这个人是有死的，李四这个人是有死的，所以所有人都是有死的"。归纳得出的知识的根据在于当前没有反例。

归纳命题是可错的。

所谓类比命题，近似于归纳应用于相似事物得出的结论。比如"张三是人，并且张三是有死的，李四是人，因此李四是有死的"。类比得到的知识的根据在于它有可借鉴的相似事例，也在于它隐含使用的归纳当前没有反例。类比命题是可错的。

以上三者都是推理方式，它们互相关联，各有特点。演绎的推理过程具有保真性，只要前提正确，演绎得到的知识就是正确的。然而，演绎得到的知识其实已经包含在前提里了，所以演绎并没有得到新的知识。归纳的推理过程不具有保真性，归纳得到的知识可能是错误的，归纳得到的知识是新的知识。类比的推理过程不具有保真性，类比得到的知识可能是错误的，类比得到的知识是新的知识。

4. 因明论

佛教逻辑，因明论，就是一个包含演绎，归纳和类比这三种推理方式的推理框架。

因明是佛教理论的重要组成部分。因明是梵语"希都费陀"（Hetuvidyā）的意译，"因"指推理的依据，"明"即通常所说的学；因明，就是印度古典逻辑中佛家所发展起来的关于推理的学说。因明是北传佛教的"五明"（即五门学问）之一。因明大致可分为古因明和新因明。陈那是新因明的代表人物，《因明正理门论》是陈那的代表作，玄奘法师于公元 649 年将其译成汉文。近年来，巫寿康（1994）用罗素、怀特海《数学原理》（*Principia Mathematica*）一书中的一阶逻辑系统对因明论进行了尝试的描述。本文的因明理论主要基于陈那的《因明正理门论》。

《因明正理门论》的推理是使用宗因喻的三支论式，例如：

宗：声是无常

因：所作性故（所作：是造作出来的）

同喻：有某个所作见彼无常，犹如瓶等；

异喻：若是其常见非所作，犹如空等。

其中，宗为要推出的结论。宗的主词称为宗有法，宗的宾词称作宗法。如上例中的"声"即是宗有法，"无常"即为宗法。

上例可以解释为："我认为声音是无常的，原因是声音是造作出来的。存在有某个造作出来的是无常的，犹如瓶子等（同喻），并且凡有常的都不是造作出来的，犹如虚空等（异喻）。"

一个正确的因明推导要满足"因三相"的条件："遍是宗法性，同品定有性，异品遍无性"。在这里，什么是同品，什么是异品就不再讨论了，有兴趣可以参看相关资料，我们这里给出"因三相"的直观示例。在上例中，"遍是宗法性"指"所有的声音都是所作的"，"同品定有性"指"存在某个所作是无常的"，比如同品"瓶"，"异品遍无性"指"所有有常的都不是所作的"，比如异品"空"。

因明论包含了演绎，归纳和类比推理，如下例。

宗：这只鸽子是会飞的。

因：这只鸽子是鸟。

同喻：以前观察到某只鸟是会飞的。

异喻：凡不会飞的都不是鸟。

这个宗在某种情况下是可以成立的，因为它具有合格的因明论式。然而，这个宗在未来却可能是不成立的。当我们发现一只不会飞的鸟时，或者同喻出错了，这个因明论式就不成立了。在这个一般论式里，包含了演绎，归纳和类比的推理方式。"异喻"的存在，相当于在当前经验范围内归纳得出："所有鸟都是会飞的"。这个大前提再与因"这只鸽子是鸟"这个小前提一起演绎，这是演绎推理。"同喻"的存在则提供一种相似物的借鉴，这是类比推理。因此，在一般的因明论式中，包含了演绎，归纳和类比这三种推理方式。

因明论也可以限制为演绎推理，比如从"人是生物"和"小庄是人"，我们可以推导出"小庄是生物"。这是一个演绎命题。在因明论中，我们可以立这样的论式。

宗：小庄是生物。

因：小庄是人。

同喻：张三这个人是生物。

异喻：不是生物的都不是人。

在生活世界里，人被定义为生物之一种，也就是说人必然是生物。当前提为真时，演绎出来的结论不只在当前有效，在未来也都一直有效。由此观之，在因明论中，可以表达演绎命题。现代西方演绎推理的成果，都可以在因明论的框架中使用。

另外，前三类知识，分析一致命题、实质一致命题和事实命题，在某种程度上，都是因为约定而成立的命题。如果辩论双方具有不同的约定，那么辩论是无法进行的。辩论时用到的基础命题，应该是辩论双方共同接受的。这点在因明论也有很好的体现。在使用因明论进行辩论的时候，要求辩论双方对于基础命题的共许。也就是说，辩论的时候使用到的基础命题，应该是双方都承认的。因此，因明论是一个适合进行知识论研究的一般性框架。

二、因明论视野下的乌鸦悖论和绿蓝悖论

1. 三段论与因明论的简要比较

因明论的三支论式与三段论有类似之处，但它们又不尽相同。三段论并没有推导出新知识（在演绎封闭意义下），而因明论的目的是推导出新的知识。三段论是完全的演绎系统，而因明论则含有相当的归纳成分。因明论要求的"遍是宗法性"与三段论是类似的；而"异品遍无性"解释中的"所有"并不是指一般意义上的全称量词，而指的是经验范围内的"所有"。如果把"异品遍无性"解释中的"所有"理解成一般意义上的全称量词，那么因明论就包含了三段论。但差别正在于此，这里的"异品遍无性"指的是当前经验下的"异品遍无性"。在此经验意义下，结论是不能用三段论的演绎推理可靠得出的，而还需要同喻来诱导，也即这里的"同品定有性"。

对于"声是无常"的例子，我们可以这样理解，"所有的声音都是所作的"没问题，问题就出在能不能说"所有所作的就是无常的"。三段论假定这是成立的，演绎推理水到渠成。而因明论并不认为我们可以确定"所有所作的就是无常的"。注意到，所作的外延比声音的外延大。我们还在讨论声音是否无常的时候，就认为所作的就是无常的。这确实是有点循环论证的味道。鉴于此，因明论把因明推理规定为：与当前经验事实一致的、并有同喻的例证。"异品遍无性"决定了推理与当前经验事实是一致的，"同品定有性"又进一步例证了这个推理的可能性，诱导了这个推理。

2. 用因明论来解释乌鸦悖论

对于归纳问题，Hempel（1943）提出一个 Hempel 悖论，又称为乌鸦悖论（Raven Paradox）。它的内容是这样的。设我们要证明一个假设：所有的乌鸦都是黑的。这个假设逻辑地等价于另一个假设：所有非黑的东西都不是乌鸦。原则上，每个与假设一致的实例都提供了对该假设的支持，或者说增加了该假设的可信度。于是，每发现一只黑乌鸦就增强了我们对第一个假设为真的信心，每发现一个非黑的非乌鸦则增强了我们对第二个假设的信心。由于这两个假设是逻辑等价的。于是，发现一支白粉笔、一只红鞋子、一颗绿色的卷心菜等等都可以使我们更相信所有的乌鸦都是黑的，由于这种推理方式违反常识，所以称为悖论。对于乌鸦悖论，Hempel 本人认为，这虽然看起来违反常识，但实际上并不是悖论。简单来讲，常识错了。对于乌鸦悖论，还有其他的观点。Schoenberg（1964）认为白粉笔、白鞋子等只是与第一个假设兼容，即不矛盾，而并不是支持该假设。可以分成四种情况：黑乌鸦、非黑

乌鸦、黑非乌鸦、非黑非乌鸦。造成悖论的是后两种情况，它们的共同特点是均非乌鸦。因此不但和第一个假设兼容，而且和下列两个假设都兼容："所有的乌鸦都是白的"、"所有的乌鸦都是非黑的。"这两个假设都是第一个假设的对立面，由此可知，不说支持而说兼容是合适的。它们起的作用相当于投票中的弃权者。另外，西方对乌鸦悖论的解决方案，还有基于概率统计的归纳推理方案。

接下来，我们用因明论来分析一下乌鸦悖论。如果我们定义乌鸦为一种"黑色的……"或者我们把"所有的"限制在已知事实集上，这时候假设"所有的乌鸦都是黑的"显然成立，它的逻辑等价假设"所有非黑的东西都不是乌鸦"因此也成立。这时，白粉笔、白鞋子等确实支持了这个假设。这时是 Hempel 的解决方法。但问题是"所有的乌鸦都是黑的"还只是一个假设，并不是铁定的真理。这个假设在当前事实集下是对的，并不表示这个假设将永远成立。当未来我们发现一只非黑的乌鸦时，这个假设就不成立了。基于它只是个假设的认识，Schoenberg 的解决方法就出现了。第一个假设"所有的乌鸦都是黑的"只是一个假设，我们只是暂时认为它是对的，这个假设还有待进一步地确认。发现一只新的黑乌鸦确实可以加强该假设的可信度，但发现白粉笔、白鞋子等并不支持这个假设，而只是与这个假设兼容。用因明术语来说，就是新的黑乌鸦是同品，白粉笔、白鞋子等是异品。同品增强了假设的可信度，异品则保证了假设的可能性（即不矛盾）。异喻的成立，是假设成立的基础条件。同喻的成立，则增加假设的可信度。乌鸦悖论发生的根源在于，把当前经验事实集下有效的假设当成了永远有效的真理。

3. 用因明论来解释绿蓝悖论

绿蓝悖论（Grue Paradox），又称"新归纳之谜"，是哲学学者古德曼（Goodman, 1983）提出的归纳悖论。这个悖论是这样陈述的。让 t 表示未来的某个时刻（如公元 3000 年），$Grue$ 是相对于时刻 t 定义的谓词：对于个体 x，$Grue(x)$ 成立当且仅当，（x 在 t 时刻前被观察并且 $Green(x)$ 成立）或者（x 在 t 时刻后被观察并且 $Blue(x)$ 成立）。这样定义后，因为我们至今为止观察到的翡翠都是绿的，因此（1）"所有的翡翠都是 $Green$ 的"和（2）"所有的翡翠都是 $Grue$ 的"这两个假设命题都是被当前经验事实所支持的。也就是说，由当前的经验事实出发，我们可以同样地归纳得到这两个假设，并且可以根据这两个假设去预测下一个翡翠的颜色。那么，悖论就出来了。我们在 t 时刻前观察到的绿色翡翠个体，都是支持命题（1）的，却也都是支持命题（2）的。而命题（2）意味着，"所有在 t 时刻前没有被观察到的翡翠都是蓝色的"。这显然是反直觉的。

那么，如何来解释或者解决这个悖论呢？我们不妨使用因明论来尝试解决这个悖论。假设现在我们新发现一块翡翠 a，我们要预测它们的颜色，我们可以建立两个因明论式。第一个是一般的论式。

宗：a 是绿色的。

因：a 是翡翠。

同喻：翡翠 b 是绿色的。

异喻：所有不是绿色的个体，都不是翡翠。

这个论式是没有问题的。第二个论式就涉及 *Grue* 谓词。

宗：a 是 *Grue* 的。

因：a 是翡翠。

同喻：以前有观察到翡翠 b 是 *Grue* 的。

异喻：所有不是 *Grue* 的个体，都不是翡翠。

这个论式却有问题，问题出在该论式不满足"异品遍无性"的要求。根据"异品遍无性"，在当前这个例子里，我们应该检查所有不是 *Grue* 的个体，都不能是翡翠。根据谓词 *Grue* 的定义，所有个体可以根据它们被检查的时间分成三个时间段：以前，现在到 *t* 时刻，*t* 时刻以后。对于以前的个体，我们可以对它们进行检查，也就是检查"不是绿色的个体，都不是翡翠"，这没有问题；对于现在到 *t* 时刻中间被检查到的个体，也要检查"不是绿色的个体，都不是翡翠"，然而这项检查是做不到的，因为未来还没有来到；对于 *t* 时刻后被检查到的个体，要检查"不是蓝色的个体，都不是翡翠"，这项检查也是做不到，也因为未来还没有来到。因此，这个论式不满足"异品遍无性"，也因此这个论式是不成立的。

因此，在因明论式中，我们只能根据命题（1）进行预测，不能根据命题（2）进行预测。这样，在因明论框架中并不存在绿蓝悖论。在因明论的框架中，已经预先排除了此类悖论的干扰。因明论对于绿蓝悖论的解释或者解决，或者可以对西方知识论学者提供一种新的视角。

注意到谓词 *Grue* 是一个相关于时间的谓词。考虑归纳规则，就是从已知的事实，来预测未知的命题。所以，归纳规则预设了已知事实的"当前可检验性"，然而在绿蓝悖论里，却引入一个不可检验的谓词 *Grue*，这样就与预设的"当前可检验性"形成矛盾，这正是绿蓝悖论产生的根本原因。

再进一步地分析，我们可以发现，佛教知识论认为，共相并不对应某个实在的对象，而是一直处于潜在的构造之中，因此"*Grue*"这个词在佛教知识论内不能指向未来而只能指向已有的经验事实，这种处理方式类似于西方直觉主义者的构造主义思路。

　　以下，我们给出这一类悖论或难题的一般形式。假设有若干个体，我们观察其中一些个体都满足谓词 R，然后预测未观测的个体也都满足谓词 R。这是通常的归纳推理。我们还可以基于谓词 R 构造另一个谓词 P："对于所有的个体，如果是已经观察的那么就满足谓词 R，如果不是已经观察的那么就满足谓词 S"，其中的谓词 S 可以是任一关于该个体的谓词。

　　根据绿蓝悖论的一般形式，我们可以设计出各种各样的新悖论。作为例子，本文构造一个"绿方悖论"。所谓绿方谓词，是指对于所有的翡翠，如果是已经观察的那么就是绿色的，如果不是已经观察的那么就是方形的。对于绿方谓词，我们已经观察到的绿色的翡翠，都是支持绿方谓词的。那么，我们是否也可以根据绿方谓词进行预测，下一个翡翠是方形的吗？答案显然是不行的。如果绿方谓词是可以进行归纳投射的，那么就会有各种各样违反经验的归纳推理。

　　所谓归纳推理，就是利用已观察个体的属性，去预测未知个体的属性。然而谓词 P 恰恰是违反了归纳推理的原则。特征一，谓词 P 限定已观察个体的属性不能推广到未观察个体。特征二，谓词 P 提出未观察个体具有另外一种属性。正是因为这两个特征，谓词 P 与谓词 R，基于相同的经验事实，却可以得出相反的预测结论。正是因为这两个特征，谓词 P 是不可投射的，或者说使用谓词 P 进行归纳是没有意义的。

　　简而言之，归纳推理不是完全可靠的，但是有其意义和实用性。但是根据绿蓝谓词这类谓词来进行归纳推理，则是完全没有意义的。绿蓝悖论的提出，置疑了传统的归纳机制。本文提出的可操作的解决方案，限制了绿蓝谓词这类谓词用于归纳预测，对于什么是不好的归纳作出了新的说明。

4. 小结

　　综合来看，这两个问题都涉及语词的实在性问题。在因明论框架下，乌鸦悖论发生的根源在于把当前经验下有效的假设当成了永远有效的真理，把潜在的假设当成了实在的真理。对于绿蓝悖论，在因明论下这个悖论并不会发生，因为因明论强调归纳前提的当前可检验性。所以，在因明论里，对语词采取的是"潜"（Potential）式的构造主义思路，而不作"实"（Actual）的已完成理解，与西方构造主义思想有相似之处。

三、为基础论奠基——从知识论，现象学和佛教认识论的视角

1. 基础论失去基础——知识论的角度

　　传统基础论（Foundationalism，也译作基础主义）是一种知识论体系，认为存在一些基

本信念，并且这些基本信念以某种直接的方式得到辩护。关于基础论，苏珊·哈克认为："一个理论是有资格成为基础论的，如果它承认下述两个论题：（FD1）某些被证成（作者注：Justified 的另一译法）信念是基本的；一个基本信念之被证成，不依赖于任何其他信念的支持。（FD2）所有其他被证成信念都是导出的；一个导出信念之被证成，要借助于一个或多个基本信念直接或间接的支持。"（哈克，2004：14）也就是说，在基础主义者看来，非基本信念需要基本信念的支持，而基本信念不依赖于其他信念的支持。

然而可以继续发问：基本信念在何种意义是有辩护的？基础论者会认为，基本信念来自于知觉所得到的经验事实。对此，哲学家塞拉斯（W. Sellars）在他的 "Empiricism and the Philosophy of Mind" 中，提出了所谓 "所与神话"（"the myth of the given"）的批评（陈波、韩林合，2005: 673-764）。塞拉斯区分了感觉材料和作为推理基础的基本信念。我们知觉到感觉材料从而得到概念化的信念，然而感觉材料和我们得到的信念并不是一回事。因此，我们得到的信念可能是错误的，并不存在基础论者所想象的不容置疑的基本信念。所谓的 "所与神话" 是指我们被给予的感觉材料与我们概念化得到的信念之间，存在一个不可逾越的鸿沟。

在 "所与神话" 的置疑下，作为基础论基础的基本信念可能不是正确的，基础主义失去了它的基础。此后，又出现了融贯论（Coherentism，也译作一致主义）等流派。对于信念间的支持关系，融贯论者不诉诸基本信念，而诉诸信念之间的相互证成。然而，融贯论者抛弃了基本信念，回避了 "所与神话"，却也失去了与理论外部的联系。此后，又出现一些融合的观点，比如苏珊·哈克提出的基础融贯论（Foundherentism）。其实，基础融贯论也可以看作一种融合了融贯论特征的弱化了的基础论。这其实正意味着，基本信念不可轻言放弃。

那么，在 "所与神话" 的置疑下，我们又如何维护基本信念呢？诚如塞拉斯所言，基本信念并不一定能完全正确地反映感觉材料。然而，如果我们放弃 "确定性" 的追求，我们也可以在某种 "相对正确性" 或者 "实用性" 的意义上来使用基本信念。那么，我们如何来说明基本信念的这种 "相对正确性" 或者 "实用性" 呢？

2. 为基础论奠基——现象学的角度

对此，我们可以考察现象学的相关理论。一般认为，现象学与分析哲学是两个独立的哲学体系。然而，在某些层面上，现象学与分析哲学也有一些共同的关注领域。以本文所关注问题来说，当知识论推到知识的基础时，就与知觉及概念化过程发生了联系。而知觉及概念化过程，正是现象学的一个重要研究领域。事实上，胡塞尔也研究过 "所与神话" 所关注的问题，也就是感觉材料如何被概念化。把"哲学作为严格的科学"的胡塞尔，给出的是肯定的回答。

在其晚期著作《经验与判断》中，胡塞尔对谓词判断进行了分析，他对传统在谓词判断上的分析并不满意。他说："从我们的逻辑传统的奠基人亚里士多德起即已确定下来的却是，对于谓词判断来说，极为普遍的特征是一种二项性，即：某个'作为基础的东西'（基底），陈述是与之相关的；以及关于它所陈述出来的东西；从另一个角度来看，即从谓词判断的语言形式来看，它们是作为主语和谓词而相区别的。每个陈述句都必须由这两个环节构成。这就意味着：每个判断都有一个前提，即有一个对象摆在那里，被预先给予了我们，它就是陈述与之相关的东西。"（胡塞尔，1999: 28）但这预先给定的，却没有得到反思。胡塞尔认为，我们应该从研究其起源的方式对谓词判断的本质作解释。胡塞尔要思考，在进行谓词判断之前，我们是如何进行认识的。

胡塞尔讨论了"前谓词经验"，讨论在"立义"（也译作"统觉"）之前的经验，也就是"立义"是如何发生的问题。举个例子，胡塞尔关注我们是如何把眼前的色觉材料判断归类为"红"的。在这里，胡塞尔推广了"判断"这个概念的范围："但为了与这种最狭义的和本来意义上的判断概念、亦即谓词判断的概念相对立去界定某种最广义的判断概念，我们可以对此完全不予考虑，而认定，即使是在对一个存在者作任何前谓词的对象化关注时，也必定已经在更广义上说出了一个判断活动。"（胡塞尔，1999: 79）

当我们对对象作前谓词的对象化关注时，是在主体的经验积淀之上，对该对象进行尝试的说明，尝试地将该对象判断为某种"类型"。这个过程，称为"类型化统觉"（Typing Apperception）。在这过程中，通过主体的兴趣关注和持续注意，同时在记忆和前瞻下，知觉得以逐步充实，从而形成和确立了感知的对象。

类型预期的范围是很广的。比如对于眼前的色块，它的类型预期的范围可以从最一般的共相到最细致的共相，比较一般的类型是"有色"，细致一点可以是"红"，再细致一点可以是"浅红"。在充实的过程中，类型逐渐被更切近地规定。

通过"类型化统觉"，就可以概念化对象，比如把眼前的色块概念化为"红"共相。通过"类型化统觉"，也就实现了感觉材料到概念的跨越。到此，我们可以说出"红"和"花"等等。在这个基础之上，进入第二个层次的"摆明性的观察"，它唤起内在视域和前瞻的期望，要求对各部分加以说明。其中，最主要的一种说明是用"属性"去说明"基底"。到此，我们可以说出"这朵花是红的"之类语句。然后，进入第三个层次的"关系把握"，兴趣进一步指向外在视域和相对关系。在此，可以说出"这朵花在树上"之类语句。到此，也就从前谓词经验建立起各种判断。其中，"共相"是判断得以展开的基础。

对于"共相"，胡塞尔认为，"对相同的东西和相同的东西的联想性综合是将共相提升出来的基础。"（胡塞尔，1999: 372）"共相"是前谓词经验中"类型"的明确化、主题化，是自发性的建构。"共相"与"类型"是互相影响的。一方面，"类型"的生成受"共相"影响。另一方面，当对象经"类型化统觉"后概念化为某"共相"，又会对该"共相"起构造作用。比如对于眼前的红色色块，在前谓词阶段，我们根据经验积淀有"红"的类型，现在把眼前的红色色块归类为"红"这个类型，因此就概念化为"红"这个概念。这个红色色块，在概念化为"红"后，反过来也建构了"红"这个概念。用数学化的语言来说，假设经验积淀的个体红的集合为 A，当前知觉的个体红为 a，则新的个体红集合等于 A 再并上 {a}。在这个意义上，"共相"一直处于构造之中。

在这里，胡塞尔用构造主义的观点来理解"共相"，然而作为理念主义者，他还相信"本质直观"的观点。他认为，共相只是经验性的概念，还具有偶然性。他提出具有"先天必然性"的"本质直观"。他说："将会有必要指出，与那些经验性概念相反，纯粹概念应当如何来构成，就是说，这些纯粹概念的构成不依赖于事实上被给予的开端项的偶然性及这个开端项的经验性视阈，这些概念并非仿佛只在事后才囊括进一个开放的范围，而恰好是在事先：即先天地。这种事前的囊括意味着，这些概念必定能够预先对所有经验性个别事物制定规则。"（胡塞尔，1999: 394）胡塞尔认为在现实的经验背后还有纯粹的本质，在个体的红之后有一般的本质的红。作为现实经验的"共相"，是偶然的可错的，即所谓"现实普遍性"。作为纯粹的"本质"，则是普遍的确定的，即所谓"纯粹普遍性"。到此为止，胡塞尔从"共相"走到其背后的"本质"，并用"本质"来保证纯粹知识（胡塞尔本质意义上的知识）的正确性。举个例子，胡塞尔认为，从个体红的直观中，我们目光转向，可以"本质直观"到一般的本质的作为观念对象的红。因此，对于感觉材料概念化的问题，胡塞尔给出的是肯定的回答。

面对着同样一个问题，如何从感觉材料走到概念，我们简单比较一下分析哲学与现象学的思路。分析哲学倾向于经验主义，因此提出了"所与的神话"，置疑知识的正确性可靠性；胡塞尔现象学倾向于理念主义，因此提出了"类型化统觉"和"本质直观"，保证经验知识的现实普遍性和纯粹知识的纯粹普遍性。经验主义者不认同"本质直观"，胡塞尔现象学拒斥"所与神话"。那么，在这两种理论之间，我们如何把握？在"所与神话"和"本质直观"之间，如何抉择？佛教认识论给我们带来一种新的视角。

3. 为基础论奠基——佛教认识论的视角

佛教认识论也关注认识的起源。关于认识的起源，陈那写道："量唯二种，谓现、比二量。圣教量与譬喻量等皆假名量，非真实量。何故量唯二种耶？曰：由所量唯有二相，谓自相与共相。缘自相之有境心即现量，现量以自相为所现境故。缘共相之有境心即比量，比量以共相为所现境故。除自相共相外，更无余相为所量故。"（陈那，1982：卷一）量为认识的来源之义，这里说的就是认识的来源只有两种，一种是现量，另一种是比量。现量是离分别离概念的，而比量是概念活动。现量的对象是特殊个别的自相，比量认识共相一般。用西方知识论的话来说，现量的对象是概念化之前的感觉材料，而比量则是对概念化后得到的命题进行推理。

佛教认识论强调离概念，否定共相的实在性，认为语词只在否定的意义上言说真理。虽然现量与比量都是认识的来源，但这两种认识不一样，现量得到的认识是前概念的认识，而比量得到的则是概念化的知识。佛教认识论认为现量得到的认识，相对于比量得到的知识，更具有确实性和确定性。当现量的感觉材料概念化，也就从特殊个别的自相，进入到一般的共相，进入到比量的领域。而概念并不能准确表达感觉材料，正如《佛教逻辑》的作者舍尔巴茨基所说，这是"在绝对不相同者之间建立起相似性"（舍尔巴茨基，1997: 647）。

陈那认为："从言辞而来的知识与比量并无不同，事实上，名称之所以能表明其自身意义只是靠着它否定反面的意思"（舍尔巴茨基，1997: 533）。例如，我们判断此为"红"，就遮止了此为"蓝"、"绿"，"形状"等可能，这与西方知识论的"相关选择（Relevant alternatives）论"略有点类似之处。佛教认识论不认为，通过概念可以从正面指向真理。

在绝对确定的意义上，知识确实不存在确定的基础。然而，佛教认识论认为这是知识的本然，并不因此要走向另一种知识论体系。虽然概念不能准确表达感觉材料，佛教认识论并不因此否定概念的作用，而是认为比量得来的知识，虽然不是正确的认识，然而在相对正确性或实用性的意义上，我们也可以使用概念。

现量如何与比量联系起来，也就是现量如何发展到概念，感觉材料如何被概念化，在佛教认识论中论之不详。我认为，胡塞尔现象学对"共相"的分析，胡塞尔现象学对于概念化过程的理论，是可以移植到佛教认识论中来的。在现量与比量的交替作用下，感知，回忆，统觉，归类，通过"类型化统觉"，对象被概念化，也就实现了感觉材料到概念的跨越。在胡塞尔现象学里，"共相"与"类型"是互相影响的。一方面，"类型"的生成受"共相"影响。另一方面，当对象经"类型化统觉"后概念化为某"共相"，又会对该"共相"起构造作用。在此意义上，"共相"一直处于构造之中。因此，概念化后的共相在胡塞尔眼里只具有"现实普遍性"。胡塞尔认为只有通过"本质直观"，才能把握"纯粹普遍性"，才具有必然性。佛教认识论认同胡塞尔的"共相"，认同一直处于构造之中的"共相"，认同"现实普遍性"，但不认同"本质直观"，不认同必然的不变的"本质"，不认同"纯粹普遍性"。

在意识的结构方面，佛教认识论认为："种子生现行，现行熏种子"。这里的种子，也是习气（或称习惯）的意思。也就是说，因为积累的习气产生现行，造作身口意三业。造作的身口意三业，反过来又会加强习气。"共相"无非也是一种习气，一种一直处于构造之中的习气。在现象学中，也有与"习气"类似的说法。通过"先验还原"，胡塞尔把自我还原为"意识流"。在"意识流"中，存有习得并持留下来的"习性"。然而与佛教认识论不同，胡塞尔在进行了"先验还原"后，却没有用"先验自我"去反思"本质直观"。事实上，以此"意识流"只能直观到处于构造之中的"本质流"，也就是"共相"。所谓的"本质直观"也就无所谓"本质直观"了，而是一种一直处于构造之中的"共相"。

另外，胡塞尔认为"共相"是"现实普遍性"，是可错的，而"本质"是"纯粹普遍性"，是必然的。我认为，胡塞尔所说的"本质"无非是"共相"的理想化，所谓"纯粹普遍性"无非是"现实普遍性"的理想化，所以"本质科学"无非是"事实科学"的理想化。胡塞尔的思想也一直处于反思之中，从"本质直观"，到"本质直观的变更法"，再到"类型化统觉"，越来越接近构造主义的思路。

值得补充的是，早期胡塞尔所说的"本质直观"不只是从经验中的个体直观而来，也包含从形式逻辑上而来的"形式范畴直观"。事实上，所谓"形式范畴直观"，它们的必然性是由分析命题的必然性所带来的。分析命题意义上的"本质直观"，与综合命题意义上的"本质直观"差别很大。在胡塞尔早期著作《逻辑研究》中，胡塞尔将分析命题的"形式范畴直观"类比推广到综合命题的"本质直观"，以此来批判心理主义。事实上，从分析命题的必然性并不能推出，综合命题偶然性的背后也有某种必然性。

综上，佛教认识论一方面认同"所与神话"，认为概念并不能表达好感觉材料，然而佛教认识论认为，我们可以也只能在相对正确性的意义上，来使用概念；另一方面，佛教认识论认同胡塞尔关于"共相"的理论，及其概念化过程。然而，佛教认识论不接受胡塞尔的"本质直观"。事实上我以为，胡塞尔的"本质"（除去那些分析命题的"本质"），表达的无非是一直处于构造之中的"共相"这个概念。

这里的"共相"，虽然不能表达好感觉材料，然而在人类"共业"的生活世界里，这些"共相"来自于生活世界，反过来又有利于我们在生活世界的生存。我们学习的所有概念，来自于生活世界，来自于人类历史的积淀。比如对于"红"，我们在反复地交流训练中，掌握了

"红"这个概念的用法，有利于我们在生活世界的生存。

由"共相"可以建立基本信念，在基本信念之上，通过演绎和归纳，人类又可以发展出推论知识，逻辑体系，科学知识和日常知识等等。作为分析命题，具有必然性。作为综合命题，则具有偶然性。当知识中掺入了经验内容，则该知识是可错的，这也是逻辑体系和科学知识可以不断发展的潜在原因。在相对正确性的意义上，我们可以在生活世界里使用逻辑体系和科学知识，来进行对未来的预测。然而，这种预测，正如休谟所论证的，并没有完全的必然性。

至此，借鉴现象学和佛教认识论，在相对正确性的意义上，辩护了基本信念的可用性，为基础论打上了基础。虽然这个基础并不具有完全的确定性和必然性，然而如果这是知识的本然，我们也只有放弃对确定性的爱好，接受这种不确定的相对正确性意义上的基础。

四、知识论比较研究的几个方向

1. 可观察性的标准

现代科学的进展，比如数理逻辑和现代物理理论，深刻改变了我们的生活世界。由于这一印象过于强烈，哲学界出现了科学主义的思潮。所谓科学主义，简单而言，是指推崇数理逻辑和分析方法，以科学作为哲学的标准，认为现代科学能够解决一切问题，倾向于否定现代科学以外的思想。这一科学主义思潮，也渗透到西方知识论的研究中。对此科学主义思潮，维特根斯坦曾经评论道："哲学家们经常看重自然科学的方法，并且不可抗拒地试图按照自然科学的方式提出问题和回答问题。这种倾向是形而上学的真正根源，它使得哲学家陷入绝境。我在这里可以说，我们的愿望绝不可能是把任何事物归结为任何事物，或者对任何事物作出说明。哲学的确是'纯粹描述的'。"（维特根斯坦，2003: 25-26）

在当代西方心灵哲学的研究中，物理主义是主要的流派。物理主义持有公共可观察性的标准，倾向于排斥自我观察方法，排斥主体的感受经验。当代心灵哲学与佛教知识论的比较，似乎还没有开始。然而我认为，这一领域未来会大有可为。当代心灵哲学倾向于物理主义的研究思路，在如何解释感受性（Qualia）这一问题上遇到了很大的困难，这些困难或许可以借鉴佛教知识论的思路。在我看来，物理主义的基本前提（或称预设），也应该使用"面向实事本身"的精神予以反思，让经验问题回到经验层面来研究。

相比而言，在佛教知识论中，强调自我观察的重要性和首要性。在量论中，现量是相对比量更直接的方法。上座部佛教认为，法有下列的特性：已详尽地解释说明，在现世即可亲身体证，能显现立即的成效，欢迎每个人来亲自体验，能带领人每一步都趋向解脱的最终目标，有一般智能的人都能亲身体证。根据佛教知识论的启示，可以重新确立自我观察在心灵哲学中的地位。其一，自我观察是比仪器观察更直接更鲜活的经验，"如人饮水，冷暖自知"。其二，自我观察，在很大程度上，也具有可重复性可实验性。其三，自我观察比公共观察更基始。如果可以将可重复的自我观察也作为观察标准，那么科学的方法将可以扩充到更广阔的领域，将与佛教知识论更紧密地结合在一起。

当代脑科学的发展，为意识研究提供了一定的技术支持。根据佛教知识论，身心是密切关联的，身会影响心，心也会影响身。所以，通过身来研究心，或者通过心来研究身，在某种程度上具有平行性。

2. 构造性的知识论：现象学和阿毗达摩的角度

关于胡塞尔现象的意识构造理论，现象学学者倪梁康先生在《图像意识的现象学》里进行了总结（倪梁康，2001）。客体行为为非客体行为奠基。在客体行为中，表象的客体化行为又为判断的客体化行为奠基。在表象行为中，直观行为又为非直观行为奠基。在直观行为中，感知的直观行为又为想象的直观行为奠基。在感知的直观行为中，又分出了内在性感知和超越性感知。在超越性感知中，又分出了原本意识与非原本意识。现象学对于意向行为的细致分析，对于佛教知识论，特别是唯识学的研究也会有所借鉴。

南传阿毗达摩，对于感知的基本元素进行了细致观察和分析。在南传阿毗达摩中，区别了"究竟法"和"概念法"。根据菩提长老的《阿毗达摩概要精解》："世俗谛是指世俗的概念或观念和表达方式。它包括组成我们世间还未受到分析的种种现象，如：有情、人、男人、女人、动物，以及看似恒常不变的事物。于《阿毗达摩论》的观点，这些现象并没有究竟实质，因为它们所代表的事物，在实际上并不是不可再分解的究竟法。它们的存在方式是概念化与不真实的。它们只是由心构想而成的产物，并非基于其自性而存在的究竟法。"[①]而"诸究竟法是基于它们各自的自性而存在之法。这些法是：最终存在而不可再分解的单位；由亲身体验、如实地分析而知见的究竟法。此等实际存在之法不能再分解为更小，而是已分析至最小最终的单位，是组成种种错综复杂的现象的成分。由此它们被称为究竟法。"在阿毗达摩，究竟法包含心、心所、色、和涅槃。其中涅槃是无为法，即不是由于因缘和合而成之法；而心、心所和色是有为法，即因缘和合而成之法。有为法的心对应五蕴的识，心所对应五蕴的

---

① 参见 http://dhamma.sutta.org/books/abdmgyjj/abdngyjj-001.htm

受、想、行，有为法的色包含五蕴的色。这些有为究竟法是因缘和合而成的，因此在各种因缘下生起和消失。缘起法可以在有为究竟法的层面来理解，要落实到每一刹那的名色流转中。如此，南传阿毗达摩提出了一种构造性的知识论体系，个体与世界也是离不开名色究竟法，也是由究竟法构造起来。

有趣的是，胡塞尔曾经阅读过当时德译的南传佛教经典，并且评论道："只有我们欧洲文化中最高的哲学与宗教精神才能和佛教相比。从此，我们的命运就必须要以印度的新精神道路与我们的旧方式对照，并在这对照中使我们的生命重新活跃和强化起来。"（刘国英，2004）当然，后期的胡塞尔还是更倾向于欧洲的理念主义传统。但是，接过胡塞尔未竟的事业，南传阿毗达摩与现象学的比较，相信对双方都是有益的。

3. 知识论与伦理实践

在西方认识论方面，与佛教认识论最接近的可能是休谟。他认为，因果关系来自习惯和联想。他说道："关于原因和结果的一切推理都只是由习惯得来的；而且恰当地说信念是我们天性中感性部分的活动，而不是认识部分的活动。"（休谟，1997: 210）这与佛教认识论的"习气"说法很类似。在佛教知识论看来，概念上的执取与烦恼上的执取，都与习气有关。

西方知识论倾向于认为，知识论是与伦理学无关的。在佛教知识论中，知识论的研究是面向伦理实践的，并且知识论与伦理学具有平行性。在佛教知识论中，将心灵活动归结为刹那相续的认识活动。每一认识活动又分为能认识的心和被认识的所缘。心在面对所缘的时候，还伴随有其他情绪活动称为心所。佛教知识论将情绪活动归为习气活动，习气活动会累积成习气之流。在这方面，与归纳推理的习惯解释具有平行性。因此，知识论与伦理学的方法是可以互相借鉴的。

胡塞尔提倡"面向实事本身"，悬置已有的成见和习惯。但是，何为实事本身，如何做到保持中立客观，则没有明确的操作方法。佛教认识论提供了消除执取的方法，也就是通过正念正知的方法，越来越细致地觉知和观察名色之流，以期超越原有的成见和定势，获得更深入的洞见和自由。

五、结语

综上来看，西方知识论与佛教知识论的比较是一个重要的领域，对双方知识论的研究和发展都有帮助。一方面，可以借鉴西方演绎逻辑的成果，如用计算机来实现部分佛教知识论的模型化，甚至自动推理，自动判断因明式的正确性；可以借鉴西方概念分析的方法，来解读和补充佛教知识论。另一方面，可以借鉴佛教知识论反思西方知识论前沿出现的各种问题，如本质直观、实在世界、盖梯尔问题、绿蓝悖论、数学悖论等。作为更长远的目标，希望能够通过西方知识论和佛教知识论的比较，吸收和结合两者的优势，整理综合出更全面严谨的知识论体系，能够在某种程度上对人类文明有所奉献。

有学者认为，文明之间是会相互冲突的。然而在我看来，人类文明的精华部分往往是相互和谐相互补充的。中华大地这熔炉里，佛教文明、儒家文明、希腊文明和希伯来文明等，正在交汇激荡，浴火锤炼着新的思想。

参考文献：

[1] Gettier, Edmund (1963), "Is Justified True Belief Knowledge?" *Analysis*, 23(6), 121-123. Available at http://www.ditext.com/gettier/gettier.html.

[2] Goodman, N. (1983), *Fact, Fiction, and Forecast*. 4th ed. Cambridge, MA: Harvard University Press.

[3] Hempel, C. G. (1943), "A Purely Syntactical Definition of Confirmation"." *Journal of Symbolic Logic* 8 (4):122-143.

[4] Schoenberg, J. (1964), "Confirmation by Observation and Paradox of the Ravens", *British Journal for the Philosophy of Science*, 15, 200-212.

[5] 苏珊·哈克：《证据与探究——走向认识论的重构》，陈波译，中国人民大学出版社，2004 年。

[6] 陈波，韩林合主编，《逻辑与语言——分析哲学经典文献》，东方出版社，2005 年。

[7] 陈那：《集量论略解》，法尊译编，中国社会科学出版社，1982 年。

[8] 陈那：《因明正理门论》，玄奘法师译，大藏经。

[9] 胡塞尔：《经验与判断——逻辑谱系学研究》，邓晓芒、张廷国译，北京三联书店，1999 年。

[10] 刘国英："现象学与佛家哲学"，学术研究会，香港中文大学现象学与人文科学研究中心主办，2004 年。

[11] 倪梁康："图像意识的现象学"，《南京大学学报》，2001 年第 1 期。

[12] 菩提长老：《阿毗达摩概要精解》，寻法比库中译。

[13] 舍尔巴茨基：《佛教逻辑》，宋立道、舒小炜译，商务印书馆，1997 年。

[14] 维特根斯坦：《维特根斯坦全集（第六卷）》，涂纪亮译，河北教育出版社，2003 年。

[15] 巫寿康：《〈因明正理门论〉研究》，生活·读书·新知三联书店，1994 年

[16] 休谟：《人性论》（上册），关文运译，郑之骧校，商务印书馆，1997 年。

[17] 徐向东：《怀疑论、知识与辩护》，北京大学出版社，2006 年。

A Comparative Research on Western Epistemology and Buddhist Epistemology

Chaohui Zhuang

Computer Science Department of Xiamen University

Abstract：Epistemology or theory of knowledge is the branch of philosophy concerned with the production and acquirement of knowledge. Research in Epistemology includes research of informal knowledge and formal knowledge. Western epistemology includes modern logic, analytical philosophy,philosophy of langnage, philosophy of mind and phenomenology. Buddhist epistemology includes Buddhist logic (Hetuvidya and Pramanavada in Sanskrit), Theravada Abhidhamma, Sarvāstivada Abhidharma and Consciousness-only school(Yogācāra in Sanskrit). Facing similar problems, western epistemology and Buddhist epistemology developed their different solutions. This research will benefit western epistemology and Buddhist epistemology. On one side, mathematical logic could be introduced to formalize Buddhist logic, and phenomenology could be introduced to bridge the gap between perception and inference in Buddhist logic. On another side, Buddhist epistemology provides a new perspective for the problems occurred in western background such as the Gettier Problem, the Raven Paradox, the Grue Paradox and the Qualia problem. In addition, Theravada Abhidhamma, with the characteristic of construction, would be helpful to the intuitionist understanding of epistemology. This paper focuses on the classification of knowledge, the constitution of foundational beliefs and some related promising problems. For a long term goal, I would like to combine Buddhist epistemology and western epistemology to present a more comprehensive knowledge theory.

Keyword：Epistemology; Buddhist logic; Gettier Problem; Raven Paradox; Grue Paradox; Constructivism

新世纪国际维特根斯坦哲学研究趋向概述 *

◎ 张学广

西安邮电大学人文社科学院

加州大学伯克利分校哲学系

摘　要：新世纪以来，国际维特根斯坦哲学研究产生一系列新的趋向。在文本解释方面，开始历史反思，提出第三阶段，加强方法研究。在应用研究方面，将维特根斯坦哲学应用于宗教、伦理、美学、文学艺术、政治理论、女权主义、心理学、心灵研究等众多领域。在比较研究方面，将维特根斯坦与西方哲学史、欧陆哲学和马克思主义进行广泛比较。在研究派系方面，形成了美国的新维特根斯坦研究，强调对 nonsense 的果断解读，坚持维特根斯坦前后期的思想一致性，认定维特根斯坦哲学的治疗性质。在背景研究方面，继续加强维特根斯坦个人生活、哲学思想和社会文化的背景研究。这些研究趋向表明，维特根斯坦哲学仍然是国际哲学界热烈讨论的焦点，并对当代哲学的进展产生着深刻影响。

关键词：新世纪；国际哲学界；维特根斯坦哲学；研究趋向

虽说分析哲学走向衰落，维特根斯坦研究也已不如 20 年前时兴，但维特根斯坦毕竟仍是当前国际哲学界热烈讨论的重要哲学家。进入新世纪，老牌研究专家仍活跃在一线，年轻研究者也在不断补充。学术网站和图书馆收藏中，维特根斯坦文献仍在大量增加。随着 2000 年维特根斯坦 Nachlass 电子版 CD-ROM 由牛津大学出版社出版，新的解读不断涌现。除以往偏于刊登维特根斯坦研究文章的期刊如 *Mind*（牛津大学出版）和 *Philosophical Investigation*（牛津 Blackwell 出版）外，新创办的 *Wittgenstein-Studien*（法兰克福 Peter Lang 出版）和《北欧维特根斯坦评论》（*Nordic Wittgenstein Review*，挪威 De Gruyter 出版）成为国际维特根斯坦研究的新阵地。2001 年以 "维特根斯坦与哲学的未来——50 年后重估" 为主题的第 24 届国际维特根斯坦研讨会，更是开启承前启后的新世纪国际维特根斯坦研究。现依据 2000 年以来出版的近 300 部维特根斯坦研究西文著作，对新世纪国际维特根斯坦研究趋向加以叙述，各

---

* 陕西省社会科学基金项目（编号 09C002）和陕西省教育厅专项科研计划项目（编号 2010JK260）。

种趋向绝非完全分离，彼此交叠性很强。

一、文本解读

对维特根斯坦哲学文本的重新解读，一直占据维特根斯坦哲学研究的主阵地。除了部分努力普及推广，部分继续讨论传统重要论题外，新世纪出现几个新趋向值得关注。

1. 历史反思

随着维特根斯坦著述全部出版、几代人进行艰苦解读和反复论争，对维特根斯坦哲学的解释和评价进行历史反省，便很必要。如何恰当解释维特根斯坦哲学以及是否已被过度解释，从 20 世纪 90 年代初的论文集《解释和过度解释》已经开始[1]。第 24 届国际维特根斯坦研讨会文集（2002）便以 Anat Biletzki 的"维特根斯坦：过度解释 vs 错误解释"主题报告打头，延续这一论题。她认为，将维特根斯坦进行社会学的、制度的和非哲学的解释，将他纳入文学批评、审美、电影研究、文化研究、后现代主义、政治理论、社会学、人类学、人权、宗教研究等，虽不算错误解释，却属于外在解释，因为这种解释的目的仅在使用。过度解释主要来自内部对其两本代表作的解释：《逻辑哲学论》始终存在各种过度解释，但此类过度现象行将终结；《哲学研究》的过度解释却长期以来愈演愈烈。尽管 50 到 60 年代 P. F. Strawson、Norman Malcolm、Paul Feyerabend、David Pole 和 Stanley Cavell 还强调独特的平淡解读[2]，但 60 年代以后越来越多的各种理论化便偏离了《哲学研究》去理论化的宗旨。

这位以色列女士的最终研究成果（2003），成为阐述维特根斯坦哲学解释史的第一部专著（此后也有其他一些简要解释[3]）。她将维特根斯坦哲学解释分为三块：标准解释、非标准解释、文化和共同体解释。（1）标准解释。共有五个阶段，尽管各阶段有所交叠。第一阶段

[1] Ed. by Stefan Collini. *Interpretation and Overinterpretatio*n. Umberto Eco with Richard Rorty, Jonathan Culler, Christine Brooke-Rose. Cambridge and New York: Cambridge University Press, 1992.

[2] P. F. Strawson, "Review of Wittgenstein's *Philosophical Investigations*", *Mind* LXIII (1954): 70-99; Norman Malcolm, "Wittgenstein's *Philosophical Investigation*s", *The Philosophical Review* LXIII (1954): 530-559; Paul Feyerabend, "Wittgenstein's *Philosophical Investigations*", *The Philosophical Review* LXIV (1955): 449-483; David Pole, *The Later Philosophy of Wittgenstein*, London: The Athlone Press, 1958; Stanley Cavell, "The Availability of Wittgenstein's Later Philosophy", *The Philosophical Review* LXXI (1962): 67-93.

[3] Guy Kahane, Edward Kanterian and Oskari Kuusela. *Wittgenstein and His Interpreters: Essays in Memory of Gordon Baker*. Oxford: Blackwell Publishing, 2007.

是"逻辑的－语言的（反）形而上学"阶段。罗素的《逻辑哲学论》序言奠定方向，接着是 Ramsey 和维也纳学派成员引导的论争，Max Black 1938 年也加入了这一主题的讨论。第二阶段是"精致的形而上学（以及作为用法的意义）"阶段。以《哲学研究》的出版为标志，从 Malcolm 和 Strawson1954 年的评论开始，延伸到 1957 年之前 Feyerabend 坚持维特根斯坦的反本质主义，Morton White 强调哲学作为治疗的重要性，Anscombe 将用法规则应用于意向表达，P. Geach 强调维特根斯坦声称的行为主义，Smart 考察语言游戏和家族相似问题。第三阶段是"理性的元解释"阶段。主要代表人物有 G. Baker、P. Hacker、D. Pears、A. Kenny。Jaakko Hintikka 部分在这里，部分在第二阶段，B. McGuinness 对维特根斯坦反实在论的洞察使他跃迁到第四阶段，Kripke 对维特根斯坦私人语言论证的解读引发了一系列持续讨论。第四阶段是"严肃对待无意义"阶段。从 20 世纪 60 到 80 年代对实在论的点滴讨论，汇聚为 90 年代 C. Diamond 的系统解读，强调《逻辑哲学论》中意义和无意义的和解，强调前后期维特根斯坦的完整统一。第五阶段是"伦理解释"阶段。不只是作为《逻辑哲学论》一个部分的伦理，而且是整部著作和整个维特根斯坦的伦理解释。伦理不只是神秘的，而且是宗教的、精神的，由此将维特根斯坦与尼采、叔本华和海德格尔这些哲学家联系起来。(2) 非标准解释。有三个领域：数学、宗教和社会科学。数学领域解释从 Ramsey 的批评延伸到 Weismann 1930 年的报告和 Max Black 1930 年的著作，而 1956 年《关于数学基础的评论》出版后又引发新一轮讨论，P. Bernays 和 Dummett 是代表人物，延伸到当代一些著名学者。宗教领域解释的代表人物有 R. Rhees、D. Z. Philips、P. Winch、Malcolm、P. Geach、S. Cavell 等人，以"语言游戏"和"生活形式"为主要概念讨论维特根斯坦一生的宗教思想，并联系到其他宗教哲学家，其中 Malcolm 的著作（1994）最为著名。社会科学领域解释的代表人物有 50 年代的 P. Winch、A. R. Louch、Ernest Gellner，70 年代到 90 年代的 D. L. Philips（1977）、J. W. Danford（1978）、D. Bloor（1983）、A. Botwinick（1985）、N. Pleasants（1999），他们以维特根斯坦思维为社会科学奠定基础。(3) 文化和共同体解释。分为三个走向：走向大陆、走向多样、走向偶像流行。走向大陆的维特根斯坦解释将传统上认为属于分析哲学的维特根斯坦与典型的欧陆哲学（思想）家叔本华、弗洛伊德、海德格尔、德里达加以比较。走向多样的维特根斯坦解释涉及对维特根斯坦进行个人和心理的解释，以及文化的、社会学的和政治的解释。走向偶像流行的维特根斯坦解释反映参加维特根斯坦研究、学习和宣传的广泛性以及针锋相对的一些争论。

2. 第三阶段

将维特根斯坦一生划分为前后期两个阶段几成学界定论，但近年来有学者认为《哲学研究》之后的系列成果构成维特根斯坦哲学的第三阶段，而其中《论确实性》是足以与《逻辑哲学论》和《哲学研究》并列的哲学杰作。G. H. von Wright（1982）第一个指出，《哲学研究》第一部分是完整的著作，而维特根斯坦 1946 年之后的著述展示了新的研究方向 ①。P. M. S. Hacker（1996）肯定了 von Wright 的看法，并认为自己对《哲学研究》的分析评述不会超过 §693，因为第二部分已经不是同一著作 ②。国际学术界在此期间出版了一系列专著 ③，产生了不少影响。即便如此，《论确实性》也只是作为次要著作被研究，而且多年陷入沉寂状态。进入新世纪，一批青年学者延续以往的探讨，在更高层面上评价后《哲学研究》的成果。Danièle Moral-Sharrock（2004）认为，尽管《哲学研究》第一部分的某些问题仍在继续探讨，但以往的问题和新的问题形成了完整的方向，最终在《论确实性》中达到真正的高度和深度，新的研究基础和得出的新结论超越了《哲学研究》，并对哲学问题达到第二阶段尚未达到的解决。

学者们主张存在维特根斯坦哲学第三阶段的主要依据是：

（1）建设性的哲学任务。学术界长期以来认为，维特根斯坦哲学主要在于治疗，结论多是否定性的。强调维特根斯坦哲学存在第三阶段的学者们则认为，维特根斯坦哲学其实有着更加丰富多样的主题，他已经走上建设性的、系统地从事哲学的方式，而且他的哲学方法也更加走向正面阐述，信念、知识、确实性、客观性、基础主义、怀疑主义等等有活力的主题进入他的阐述视野。对"枢轴命题"（hinge propositons）的强调展示第三阶段的维特根斯坦对前两个阶段的超越，展开哲学的新视域和大境界，让我们进一步看到维特根斯坦哲学生涯的连续性。

（2）社会自然主义的知识论。通过重新思考知识的框架和内容，维特根斯坦指出我们对知识的哲学误用和对不同层次知识的混淆，并划出知识和原始确实性之间的界限，这种原始确实性不再允许我们怀疑和追问，它们已经成为我们的行为方式。José Medina（2004）指出，维特根斯坦的知识论并不反对所有的自然主义，但他所坚持的不是奎因意义上科学的、还原

① G.. H. Von Wright. *Wittgenstein*. Oxford: Basil Blackwell, 1982.

② P. M. S. Hacker. *Wittgenstein: Mind and Will, Vol. 4 of An Analytical Conmentary on Wittgenstein's Philosophical Investigations, Part I: Essays*. Oxford: Basil Blackwell, 1996.

③ Thomas Morawetz. *Wittgenstein & Knowledge: The Importance of On Certainty*. Amherst: University of Massachusette Press, 1978; Gunnar Svensson. *On Doubting the Reality of Reality: Moore and Wittgenstein on the Sceptical Doubts*. Stockholm: Almqvist and Wiksel International, 1981; Gertrude Conway. *Wittgenstein on Foundations*. Atlantic Highlands, NJ: Humanities Press International, 1989; Marie McGinn. *Sense and Certainty: A Dissolution of Scepticism*. Oxford and New York: Blackwell, 1989; Michael Kober. *Gewißheit Als Norm: Wittgensteins erkenntnistheoretische Untersuchungen in über Gewißheit*. 1993; Avrum Stroll. *Moore and Wittgenstein on Certainty*. New York: Oxford University Press, 1994.

论的自然主义，而是社会的、非还原的自然主义，一种围绕人的第二天性概念发展起来的自然主义。维特根斯坦认为我们的语言和认知实践不是自然的因果事实，而是人类创造性活动的结果，是人类生活形式所构造的事实。

（3）作为核心主题的心理学哲学。尽管心理学哲学的许多范畴已经在《哲学研究》甚至更早时期有所研究，但正是在第三阶段，维特根斯坦才将它们变成核心主题，方面知觉、体验意义、第一人称和第三人称的区别、心理不确实性、生活模式成为前所未有的重要概念。维特根斯坦认识到，心理学概念语法上依赖于生活模式的无限复杂性和不确实性。对笛卡儿主义的批评比《哲学研究》第一部分更加深入，身心问题的解决（不只是消解）获得新的基础。Michael Ter Hark（2004）认为，生活模式（Pattern of life）是《哲学研究》之后维特根斯坦谈论心理学概念不确实性的专用概念。生活模式随着人们的行为不断变化，因而我们心理学概念的含义也在不断变化，这种不确实性正是心理学概念不同于物理学概念的关键所在。

（4）消除怀疑论的新基础主义。由笛卡儿"我思"开始的近代怀疑论，导致我心与他心、内在与外在的分裂。在《哲学研究》私人语言论证的基础上，《论确实性》挖掘了认知（knowing）和认可（acknowledgement）间的区别①，既承认怀疑论的价值，又阻断了导向怀疑的通道。Danièle Moral-Sharrock（2004）认为，既然通常意义上的知识与怀疑、不确实性难以分离，那么我们生命的确实性就必须超越知识层面，既然支撑我们生活的基本信念与我们的行为是概念上相容的，那么我们的信念和行为之间就不再有逻辑隔阂。所以知识论上的怀疑论不再神秘，我们的知识建立在自然的和行为的最终基础上。

（5）经验的语法化。清楚地看到语言所掩盖的知识层面，将经验和语法（逻辑）区分开来，正是哲学必须做但长期以来被忽视的任务。看上去是经验命题的句子却可能是真正的语法命题。从《逻辑哲学论》到《哲学研究》，维特根斯坦重新界定了语法的性质，而从《哲学研究》到《论确实性》，他重新界定了语法的幅度。Danièle Moral-Sharrock（2004）将维特根斯坦把笛卡儿和摩尔归于经验命题的东西重新划归语法的做法称为"经验的语法化"（the grammaticalization of experience）。语法不再只由句子、规则、范例、样品构成，也可以显现为事实和行为方式。对我们的语言使用来说，任何可以用作标准的对象（包括个体和事态）都属于语法。

尽管这些研究已经引起学术界对维特根斯坦知识论、怀疑论、确实性、自然和生活事实、

---

① Stanley Cavell. *Must We Mean What We Say? A Book of Essays*. Cambridge and New York: Cambridge University Press, 1976.

心理学哲学的热烈研究，对于深化维特根斯坦研究有重要意义，但是一系列疑问仍然有待确定：第三阶段是否成立？即使成立，《论确实性》主要是语义学的还是知识论的？划出第三阶段对于把握维特根斯坦哲学整体究竟有什么意义？维特根斯坦是否建立了新的基础主义？学者们仍然需要进一步集中研究三个问题：（1）1946 年之后以《论确实性》为代表的维特根斯坦著作本身；（2）这些著作和新思想在维特根斯坦哲学中的地位；（3）这些新思想总体上与哲学（不只是知识论）的关系。

3. 关注方法

学者们认为（Erich Ammereller 和 Eugen Fischer，2004），相对于后期维特根斯坦对各种哲学主题的讨论而言，他对哲学的特定理解以及用于处理（消解）哲学问题的方法，并没有受到应有的重视。哲学观和哲学方法是《哲学研究》§315 之前的重点内容，虽然一直被分散研究着，但只是进入新世纪一批学者才对此进行了系统研究。通过辨析哲学对语言的误解来消除传统哲学问题是维特根斯坦一生的哲学使命，但是他前后期的语言观和哲学方法大为不同。前期力图通过提供精确的语言结构消除这种误用，而后期认为哲学必须放弃假设、理论构造和解释，只对公认的东西进行细致描述和清晰再现，通过收集特定的提醒物，暴露形而上学对语言的误用，从而消除我们理智的缺陷，使哲学问题完全消失（§§108、109、116、126—128 等处）。为了完成这种治疗性哲学任务，后期维特根斯坦使用了很多方法：（1）构造简单的语言游戏；（2）进行细节分析；（3）运用恰当的比喻和类比；（4）建立必要的过渡环节；（5）大量的设问和对话，等等，用于处理奥古斯丁的语言图像、指物定义、遵守规则、私人语言论证等重要问题。学者们认为，维特根斯坦哲学方法论的最重要之点在于：相对于传统哲学（包括《逻辑哲学论》）重新定向自己的研究（Peter Hacker），诉诸人人皆知的平凡之理（Anthony Kenny），拒斥传统哲学的非平凡理论（Oswald Hanfling），强调清晰和诊断性再现（Cora Diamond），对以往哲学胡说既重视又消解（Hans-Johann Glock），把我们从被语言迷惑的图像中解脱出来（Stuart G. Shanker）。

更进一步关注维特根斯坦的治疗方法，并用维特根斯坦自己的方法解读维特根斯坦哲学，首推 Gordon Baker 教授（2004）。他遵从 Waisman 的观点 [1]，关注维特根斯坦哲学与精神分析的相似性：看到哲学问题中的焦虑，哲学问题与哲学家本人的相关性，对话式的诊疗过

---

[1] 参见 Friedlich Waismann. *The Principles of Linguistic Philosophy*. Edited by R. Harre. London and New York: St. Martin's Press, 1965.

程，挖掘其中的无意识图像，消除其中的教条和偏见，消除哲学问题后面的动机，最终从哲学问题的束缚中获得自由。他由此提出维特根斯坦文本的精神分析式治疗性"细心解读"法（careful reading），包括四条原则：（1）"施舍原则"，我们应以维特根斯坦小心构造的文本为基础，充分认识到维特根斯坦斟字酌句的重要性；（2）"最小量原则"，对每一处文本应尽可能减少概括；（3）"谨慎原则"，密切关注维特根斯坦对待哲学研究的总体治疗概念；（4）"语法原则"，认识到维特根斯坦的多种评论都在描述我们语言的语法。为了进行这种细心解读，研究者必须关注文献知识、考据知识和语言知识。这种解读要求关注维特根斯坦语词含义的不断变化，注意看到各种不同关联，考虑各种替代的可能性，不要把我们有关哲学的成见用于解读维特根斯坦哲学。这种解读要求我们历史性地、个性化地看待其他哲学文本，发掘各种解读的可能性，不要迷信所谓的标准解读，始终注意各种不同替代解读的可能性；哲学史从而成为问题的开放性领域，各个时代的哲学家都对近乎同样的哲学问题给予不同解答，各种成问题的传统哲学因而需要有针对性地加以治疗。

维特根斯坦是引起 20 世纪哲学自我反思的主要哲学家，也是半个多世纪以来哲学死亡论调的主要依据。Baker 的观点和方法已经受到维特根斯坦解释者们的关注（John M. Heaton, 2010）[①]。但是，传统哲学问题的消解就是哲学的终结吗？传统哲学是否轻易就可以死亡？不同哲学体系可能此起彼伏，但哲学本身和哲学问题就没有自己存在的价值吗？这些仍然是倡导维特根斯坦哲学观的学者尚无法回答的问题。至于维特根斯坦文本的解读方法，Baker 的"细心解读"法也只是其中一种，即使他的曾经合作者 P. M. S. Hacker 也并不同意[②]，而近年来影响甚大的美国新维特根斯坦研究者更有着不同的解读法（我们将在后面作为大的趋势加以介绍）。毫无疑问，每一种解读方法都会看到维特根斯坦哲学的某些问题，关注维特根斯坦哲学的不同论题，对哲学本身带来不同的启示。

二、应用研究

维特根斯坦哲学涉及广泛的领域，许多研究者进一步延伸，将其思想应用到许多领域。进入新世纪，数学领域相对沉寂，而宗教、伦理、美学、政治理论、社会学、心理学、文学

---

① John M. Heaton. *The Talking Cure: Wittgenstein's Therapeutic Method for Psychotherapy*. Basingstoke and New York: Palgrave Macmillan, 2010.

② Ed. by Guy Kahane, Edward Kanterian, and Oskari Kuusela. *Wittgenstein and His Interpreters: Essays in Memory of Gordon Baker*. Oxford: Blackwell Publishing, 2007.

艺术、心灵研究、女权主义、法律等众多社会科学领域则仍然比较活跃，但这里只能挑几个主要领域。维特根斯坦哲学对这些领域的影响主要不在于维特根斯坦对这些学科的专门论述，而在于其关于哲学和语言的一般立场。当然，不是所有人都同意维特根斯坦观点对这些社会科学的重要意义，也有不少学者提出自己的反对意见，所以热烈的争论仍在进行。

1. 宗教学和伦理学

作为维特根斯坦哲学的应用研究，这里主要关注宗教和伦理研究者对后期维特根斯坦有关观点的应用，因为他前期将宗教和伦理当作神秘、无意义和不可谈论的东西放在有意义命题之外。我们将在后面介绍维特根斯坦研究者有关《逻辑哲学论》中"无意义"的争论，但跟这里对维特根斯坦宗教和伦理的应用没有直接关系。

有关维特根斯坦宗教观点的争论从 Peter Winch 的著作就已开始[1]，Norman Malcolm 的著作毫无疑问最具代表性[2]，D. Z. Phillips 一直是维特根斯坦宗教研究的领军人物[3]，Anthony Kenny 也提出了不少建设性观点[4]。后期维特根斯坦虽然在宗教主题上著述不多，但对宗教研究和神学产生了深刻影响，学者们在论文集（Robert L. Arrington 和 Mark Addis, 2001）中认为，他的观点导致我们关于宗教信仰的新视角，理解宗教中特定主题的新方式，发现信仰和理性争论的新焦点。在维特根斯坦看来，宗教是一种特殊的语言游戏和生活形式，既不需要证明也不需要解释。巫术的或宗教的生活并不是比科学的生活低一个层次，只是看待世界的方式不同而已。学者们用这些观点说明宗教的起源、宗教生活的本质、宗教语言的价值。Robert L. Arrington 认为，维特根斯坦关于宗教信仰的评论精致地再现了宗教语法的重要因素，这种语法研究观点消解了有关上帝存在的哲学证明，一旦这一哲学困惑不再存在，宗教信徒才能在宗教活动中做他们该做的事情，是否信仰宗教不过是不同的生活形式和语言游戏罢了。Emyr Vaughan Thomas（2001）主要关注后期维特根斯坦宗教问题上的描述主义方法论，这一方法论主要有五点：绝对性因素、反安慰因素、非反思性因素、视角因素和反形而上学因素，构

---

① Peter Winch. *The Idea of A Social Science and Its Relation to Philosophy*. London: Routledge and Kegan Paul, 1958.

② Norman Malcolm. *Wittgenstein: A Religious Point of View?* Edited with a response by Peter Winch. Ithaca, New York: Cornell University Press, 1994.

③ 例如 D. Z. Phillips. *Religion without Explanation*. Oxford: Basil Blackwell, 1976; *Wittgenstein and Religion*. New York: St. Martin Press, 1993.

④ Anthony Kenny. *Faith and Reason*. New York: Columbia University Press, 1983; *The Legacy of Wittgenstein*. Oxford and New York: Blackwell, 1984.

成维特根斯坦自我牺牲的宗教信仰观点。他将这一方法论立场应用于理解宗教问题，并分析 Georges Bernanos 小说中体现这一立场的宗教信仰。

维特根斯坦的伦理学观点及其应用跟他的语言哲学观点密切相关。J. Jeremy Wisnewski（2007）认为，尽管维特根斯坦本人常常对伦理问题保持沉默，但他却向我们提供了理解任何哲学伦理学恰当目的的深刻资源。维特根斯坦伦理思想的主要之点在于区分命题和规则（断言性言语行为和澄清性言语行为），由此导致解释和描述、预言和计算、理由和原因等一系列区分。依照这些区分，伦理学的任务便不是断言性地解决伦理困境，而是澄清日常世界已经存在的规范维度。只有抓住我们生活形式的构造规则，伦理学理论才能成功。维特根斯坦的伦理观点成为透视主流道德哲学的重要视角，由此出发我们便可以重新评价伦理学传统，尤其消解康德责任伦理学和密尔功利主义的矛盾。康德的责任伦理学与维特根斯坦的伦理观点颇为相似，也旨在澄清而不是断定，力图阐述道德理性的构造因素，而不是提供某种指导行为的原则。密尔的功利主义同样不是提供日常生活中指导人们行为的原则，而是旨在理解被工业社会埋没的我们人类自己。

2. 美学和文学艺术

美学领域中应用维特根斯坦的思想其实非常早，有学者将《逻辑哲学论》的符号理论用于解决美学问题[①]。维特根斯坦后期著作出版后，有学者从维特根斯坦角度解答艺术问题[②]。Peter B. Lewis（2004）在其主编的几十年来第一本维特根斯坦美学论文集中认为，虽然维特根斯坦的专门美学著述不多，但对我们深入理解美学却非常重要。维特根斯坦美学和文艺观点的独特性在于他的反本质主义，对审美活动中大概念（理论）的反对，对艺术作品差异的重视，对独特的视角转换的强调。Kjell S. Johannessen 在该论文集中认为，艺术哲学中形成一种维特根斯坦传统，其主要论点是：在艺术作品中我们直接面对的语言才是首要的研究对象；我们应将艺术作品看作面相学意义的原型，涉及不及物动词模式的理解，其中关键因素是表达和内容间的内在关系；我们应聚焦于审美理解的类比基础，把比较看作审美解释中的首要工具；我们应考察个例与审美话语中构造作用之间的区别；我们应将审美判断看作真实判断，研究其使用的独特条件等等。研究者们将维特根斯坦的这些观点运用于文学批评、音乐、建筑、表演艺术等研究领域。

---

① Langer, S. K. *Philosophy in a New Key.* Cambridge, Mass: Harvard University Press, 1948.
② Tilghman, B. R. *But Is It Art?* Oxford: Blackwell, 1984.

将后期维特根斯坦的语言观点应用于文学领域，John Gibson 和 Wolfgang Huemer 主编的论文集（2004）有一定的代表性。第一，维特根斯坦降低断定性语言在语言总体中的地位，强调语言的多种多样使用，提高了文学语言在我们语言体系中的地位。对于文学文本解读来说，他的观点强调的不是说了什么，而是怎么去说；文学语言关注的是表达语境，而不是表达内容。文学也不只是叙事的，有很多是非叙事的，如诗歌。将所有文学连结起来的是对语言本身的高度关注，所以文学语言更接近于语言的多种灵活使用，更有利于支持哲学的语法研究。第二，维特根斯坦强调语言意义的公共性，认为语言深植于社会实践，包含着说话人的话语与其意图的新观点。在探索文学文本时，我们不需要解读话语背后作者或人物的心理，只要关注作者或人物说了什么。作品的意义不在脑子，而是在社会和自然环境的语言中。维特根斯坦这些观点有助于解决文学中的很多困惑，给我们进行作品分析提供新的视角。Rupert Read（2007）认为，不仅文学语言是日常语言的补充，而且病理也是常规的补充。维特根斯坦之后，文学有时被呈现为一种心理病理学哲学。Read 将维特根斯坦的哲学观点用于剖析文学（诗歌和散文），先在 Wallace Stevens 的诗词作品《观赏黑鸟的十三种方式》中发现"看"的许多种意义，要学会真切地聆听而不是听从各种令人迷惑的解释，然后鉴赏 William Faulkner 的作品《喧哗与骚动》，告诉人们要细致谨慎地阅读，降低自己寻求知识的冲动。生活是在时间中不断流动的细节，文学作品表达着那些栩栩如生的片段，我们如果用概念化的方式去把握的话，最终获得的只是我们构造的一些图像，并不能抓住真正的生活体验和审美体验。

3. 政治理论和女权主义

Hanna Fenichel Pitkin [①] 及其追随者曾致力于用维特根斯坦哲学指导政治理论研究，她第一个宣布，维特根斯坦提供了使政治学理论化的新方式，也开创了政治学中对维特根斯坦哲学的工具主义运用。Chantal Mouffe [②] 认为，根据后期维特根斯坦的洞见，民主价值不是经过理性论证得来，而是来自构造民主生活的具体语言游戏。她根据维特根斯坦观点，在罗尔斯形而上学和哈贝马斯认识论之间发展了自己的自由理性主义选择。跟这一应用路线一致的还有 Robin Holt [③]，他认为维特根斯坦帮助我们认识到人权是变化着的习俗、惯例和主导文化的产

---

① Hanna Fenichel Pitkin. *Wittgenstein and Justice: on the Significance of Ludwig Wittgenstein for Social and Political Thought.* Berkeley: University of California at Berkeley, 1972.

② Chantal Mouffe. *The Democratic Paradox.* London and New York: Verso, 2000.

③ Robin Holt. *Wittgenstein, Politics and Human Rights.* London and New York: Routledge, 1997.

物，而不是自由契约思想的产物，让我们对社群主义保持治疗立场，对人权建立新的思维方式。而 Simon Glendinning ① 则运用维特根斯坦的语言哲学和心理学哲学观点对人类的互动实践进行深入研究。以往这些研究基础上，Christopher C. Robinson（2009）对后期维特根斯坦哲学在政治理论中的应用历史和主要人物给出全面的阐述，认为维特根斯坦哲学是 20 世纪后期政治理论家必须深刻把握的方法论，不仅是政治理论化的工具，而且提供了政治理论家清楚看待现实的眼界。他通过这一眼界发掘当代政治学理论中的种种障碍，并站在语言的粗糙地面上清除这些障碍。我们这个时代不再是政治学传统中那些"宏伟叙事"产生的环境，视界的融合和鲜活的政治生活需要维特根斯坦式的细致观察和全面描述。

维特根斯坦哲学与女权主义以三种方式相关：第一，两种平行的思想，可以对话和互补；第二，用女权主义去解读维特根斯坦哲学；第三，将维特根斯坦哲学运用于女权主义。女权主义是一种广泛的思想运动、思维方式和文化现象，但这里主要当作接近政治理论的文化思潮。Naomi Scheman（2002）认为，维特根斯坦哲学可以主要在以下方面影响女权主义：第一，对差异性的强调（分离主义），反对过度理性和概括，因而对传统的权威持怀疑和批判态度；第二，对自然和社会事实的关注，强调"粗糙的地面"，立足于日常生活；第三，强调历史和过程对于探究哲学性质的重要性，必须把我们的注意力转向"真正的需要"；第四，语言的社会性使我们解脱了自我困境，强调我们的生活是彼此的有意义交织。Alessandra Tanesini（2004）认为，维特根斯坦对现代性的批评，有利于我们重新理解自由和解放；他的治疗性的哲学概念，对于我们有风格地思考有着实质重要性；他在前期哲学中对思想表达的划界是在抑制我们的超验冲动，有利于我们专注真实的生活；他对笛卡儿独立内心的批判，使我们免除了内在孤岛和怀疑主义，提供了将人类灵魂建立在人类肉体上的新概念；他对语言公共性的强调，有利于在社群建构中强调"我们"和"他（她）们"的共同交织。

4. 心理学和心灵哲学

维特根斯坦对心理学的影响曾在 20 世纪 80 到 90 年代受到关注 ②，集中在两方面：一是维特根斯坦的思想对当代心理学的启示，二是维特根斯坦与弗洛伊德的比较研究。进入新世

---

① Simon Glendinning. *On Being with Others: Heidegger, Derrida, Wittgenstein*. New York: Routledge, 2002.

② I. Dilman. *Freud and the Mind*. Oxford: Blackwell, 1984; J. Himan (ed.). *Investigating Psychology*. London: Routledge, 1991; M. Chapman and R. A. Dixon (eds.). *Meaning and Growth of Understanding: Wittgenstein's Significance for Developmental Psychology*. Berlin and New York: Springer, 1992; J. Bouveresse. *Wittgenstein Reads Freud*. Princeton: Princeton University Press, 1995.

纪，Rom Harre（2005）认为，当代心理学的主要问题是比维特根斯坦那个时代更依赖于自然科学，所以维特根斯坦对心理学的批评更应受到我们重视。他考察了维特根斯坦前后期哲学对许多心理学问题的启发。《逻辑哲学论》就与认知科学有一定关联，而后期维特根斯坦对语言意义的探究，对学习过程和学习能力的考察，对遵守规则的论述，对思维和理解的辨析，私人语言论证中对主体性和表达的思考，对期望和记忆的考察，对意向、意愿和行为的研究，对情感词语的辨析，对某些知觉概念的语法考察，都对相应问题的心理学研究有启示。当然，维特根斯坦对心理学的影响主要不在于他对具体心理学问题的解答，而在于他对心理学性质的看法以及他的一般哲学方法。在他看来，不管通过经验的科学研究还是通过概括的理论陈述，我们都将错过心理问题研究中真正重要的东西。John M. Heaton（2010）重新思考维特根斯坦关于治疗的不同理解而对心理治疗的启示。以往的心理治疗主要基于现代自然科学，而维特根斯坦认为哲学和治疗的目的完全不同于自然科学，不应立足于学说、论题和理论。我们对语言的误用导致很多困惑，因而消除这些困难的办法在于澄清语言的用法。维特根斯坦对哲学问题的诊断以及使用的消解方法导向一种谈话治疗。谈话治疗不在于发现新的事实或构造新的理论，而在于提醒被我们忽视的熟悉东西，仔细引导一个人到他想表达和能表达的东西，疏导一个人的困惑，而不是用某种一般理论进行概括，从而达到对人类生活和语言的正确理解。

20 世纪 50 到 60 年代，维特根斯坦的思想曾对心灵哲学产生巨大影响，但 70 年代以后逐渐淡去，直到新世纪在这一哲学研究的前沿阵地才又提起维特根斯坦。S. J. Schroeder（2001）认为，新的比喻和术语的引进，神经和计算科学的进展，并未使目前心灵哲学的问题不同于半个世纪前维特根斯坦提出时那样。哲学心理学的问题产生于我们的日常心理概念（如思维、想象、情感、理解、意识等），科学方法论的引入至多使我们以更精致的方式重述同样的问题，但也有可能使我们陷入专门细节的迷雾。当我们被概念问题所困扰时，引入有关大脑和神经系统的一大堆新的经验资料并没有多大用处，因为我们的日常心理概念已独立存在很久了。所以，尽管心灵哲学已有很大变化，但维特根斯坦的思想不管对于人类心灵的一般理解还是对于特定的心理学概念阐释都依然紧密相关和富有成效。Jonathan Ellis 和 Daniel Cuevara（2012）认为，尽管维特根斯坦关于心灵问题的哲学观点尚未受到充分重视，但不少哲学家相信他是心理哲学史上作出最重要贡献的人之一。以往有关维特根斯坦的心理学哲学更多集中于他的某些理论点，如意义和理解、私有语言论证、遵守规则等，而实际上对于当前心灵哲学来说，后期维特根斯坦关于人类心理困惑的一般观点和方法具有更大的启示。越来越多的哲学家意识到，即使最精致的哲学思考也很难避免植根于自然和社会文化的许多心理偏见、倾向、特性、思想习惯、思维模式。我们的很多心灵问题来自我们对语言的误用、对某些图像的执着、对某些念头的误解等等，也许许多令人困惑的问题其形成的第一步就是因为偏差。Brian O'Shaughnessy 因此在该论文集中呼吁，该是充分认识到维特根斯坦对心灵哲学的革命化作用的时候了。

三、比较研究

严格地说，将维特根斯坦与 20 世纪英美哲学家（弗雷格、罗素、摩尔、维也纳学派、奎因等）进行比较不算什么比较研究，因为他们本身都处于同一分析哲学传统，尽管这类比较研究一直在持续（也许与实用主义及其他分支的英美哲学的比较除外 ①，但这里只好暂略）。所以，这里主要关注新世纪开展的其他比较研究，大体分为哲学史、欧陆哲学和马克思主义三个方位。

1. 与哲学史比较

新世纪以来，学术界主要将维特根斯坦与西方哲学史的苏格拉底、柏拉图、阿奎那、笛卡儿、斯宾诺莎、康德等哲学家进行比较研究。

（1）与苏格拉底和柏拉图的哲学方法和哲学观比较。Jan Georg Schneider（2002）延续学界的持续讨论，将《哲学研究》的对话质疑方法与苏格拉底的辩证法加以比较，认为维特根斯坦的语言游戏概念和对话方法是苏格拉底－柏拉图辩证法的延续和扩展。相比之下，维特根斯坦更加自觉地意识到语言用法的多样性及其根源，以及它对于消解哲学问题的重要性。Thomas Wallgren（2006）在广阔的西方哲学史背景中探讨维特根斯坦的哲学观，认为近代分化只是西方哲学的一种外在困难，真正的内在困难在于如何看待哲学本身。以苏格拉底为代表的古代哲学观以往并没有得到充分重视，但它们在当代哲学观建构中具有重要的规范意义，而维特根斯坦却在复活古老哲学观上起到重要作用。然而，维特根斯坦对哲学的治疗态度以及引起的哲学紧缩论（连同尼采和詹姆士的治疗方案），虽然有自己的宝贵之处，但在哲学的自我反思和构造中仍然不是确当的图像，因此哲学构造应该本着多元化的民主精神。

（2）与阿奎那和笛卡儿的心灵哲学比较。维特根斯坦与阿奎那相遇，人们通常想到宗教

---

① Hodges, Michael and Lachs, John. *Thinking in the Ruins: Wittgenstein and Santayana on Contingency*. Nashville: Vanderbilt University Press, 2000; Goodman, Russell B. *Wittgenstein and William James*. Cambridge, New York: Cambridge University Press, 2002.

和神学领域，但是 Roger Pouivet（2008）遵循 Elizabeth Anscombe，Peter Geach 和 Anthony Kenny 的维特根斯坦式托马斯主义 [1]，令人惊奇地认为，后期维特根斯坦的工作可以帮助我们发掘阿奎那的哲学人类学未被发现的价值，而阿奎那又可以帮助我们防止对维特根斯坦的误读。后期维特根斯坦致力于将人们从笛卡儿的内在性和二元论图像中解放出来，而他的这一批判有利于人们将阿奎那的视角与当代外在主义行为心理学紧密关联起来。反过来，阿奎那关于实践理性和人类行为的概念是维特根斯坦思想得以合理发展的方向之一，因为这一概念优越于笛卡儿的自我概念和二元论。将笛卡儿与维特根斯坦联系起来则几乎一直不言而喻，继 20 世纪 50 到 60 年代的心灵哲学研究之后，Norman Malcolm 的深刻反思富有影响 [2]，Roger Scruton 曾进行这一阶段的近代哲学总结 [3]，在新世纪的心理学哲学和心灵哲学研究中，不管是私有语言论证这样的专门话题还是维特根斯坦心理学哲学的总体研究，追溯到笛卡儿都是不可缺少的论题，几乎每一本探讨心理学哲学的专著和文集都有这一论题。

（3）与斯宾诺莎的道德哲学比较。Aristides Baltas（2012）将维特根斯坦的《逻辑哲学论》与斯宾诺莎的《伦理学》进行比较，他发现维特根斯坦将唯我论和实在论加以等同的著名观点与斯宾诺莎的身心同一性论题有着很深的共同东西，他们都追求同样的目的，也具有同样的视角（彻底内在的视角）：我们无法超越世界、思想和语言所构织的整体。尽管由于时代和哲学语境的差异，他们在有关上帝和逻辑的分量上有着较大的区别。

（4）与康德的语言哲学和知识论比较。将维特根斯坦的前后期哲学与康德加以比较由来已久，学界普遍认为维特根斯坦跟康德一样进行了哥白尼的哲学革命。Antonia Soulez（2003）认为，康德开创了语言的概念分析，经过弗雷格对分析方法的深化，到维特根斯坦那里达到概念分析的新境界，形成维特根斯坦陈述抑或消解哲学问题的独特风格，给哲学带来全新的自我反思。但是，相对于康德，维特根斯坦较少从科学出发理解哲学，从而使语言哲学与人类生存的自然社会史联结起来。Thomas Wallgren（2006）批评维特根斯坦的解释者（尤其 P. M. S. Hacker）过多地将维特根斯坦（前期哲学）归为康德式的超验哲学家，因为这种解释很容易带来知识基础理论上的困境。对于后期维特根斯坦的哲学概念，我们也应从非超验的、语

① Anscombe, G. E. M. *Intention*. Ithaca, New York: Cornell University Press, 1963; Geach, Peter. *Mental Acts*. London: Routledge and Kegen Paul, 1971. *The Virtues*. Cambridge: Cambridge University Press, 1977; Kenny, Anthony. *Aquina on Mind*. London and New York: Routledge, 1993 等 .

② Malcolm, Norman. *Problems of Mind: Decartes to Wittgenstein*. New York: Harper & Row, 1971.

③ Scruton, Roger. *A Short History of Modern Philosophy: From Descartes to Wittgenstein*. London: Routledge and Kegen Paul, 1981.

法的角度去理解，因为反形而上学其实是维特根斯坦哲学的内在需要。

2. 与欧陆哲学家比较

认为维特根斯坦是横跨大陆和英美的哲学家，并将他与欧陆哲学家进行广泛比较，在维特根斯坦学术界由来已久。①进入新世纪这一趋向依然不衰，但这里只能介绍其中主要的研究，其他的只能暂略②。

（1）与海德格尔比较。Lee Braver（2012）站在欧陆哲学与英美哲学深度统一的立场，在许多根本的哲学问题上比较了维特根斯坦与海德格尔的异同，认为他们这样的天才型大哲学家无法完全归纳到那个门派和传统中，他们的思想也不能断章取义地加以研究。作者将维特根斯坦和海德格尔的哲学都当作思想整体加以比较，因而维特根斯坦的 Nachlass 和海德格尔的讲稿对于澄清许多问题来说显得非常重要。在澄清维特根斯坦和海德格尔所反对的各种传统哲学观念的基础上，作者呈现两位哲学家自己的观点，最后从他们得出我们可以借鉴的结论。两位哲学家都挑战传统的哲学观，反对传统哲学家眼中那种固定不变的语言和世界，呼

---

① 2000 年之前学者们已将维特根斯坦与欧陆哲学家海德格尔、德里达、索绪尔、黑格尔、克尔凯郭尔、梅洛－庞蒂、批判理论哲学家和现象学家加以比较，主要有：George F. Sefler. *Language and the World: A Methodological Synthesis within the Writings of Martin Heidegger and and Ludwig Wittgenstein*. New York: Humanities Press, 1974; Henry Staten. *Wittgenstein and Derrida*. Lincoln: University of Nebraska Press, 1984; Newton Garner and Seung-Chong Lee. *Derrida & Wittgenstein*. Philadephia: Temple University Press, 1994; Simon Glendinning. *On Being with Others: Heidegger, Derrida and Wittgenstein*. London and New York: Routledge, 1998; Roy Harris. *Language, Saussure and Wittgenstein: How to Play Games with Words*. London: Routledge, 1988; David Lamb. *Language and Perception in Hegel and Wittgenstein*. Amersham, UK: Avebury, 1979; Charles L. Creegan. *Wittgenstein and Kierkegaard: Religion, Individuality, and Philosophical Method*. London and New York: Routledge, 1989; Philip Dwyer. *Sense and Subjectivity: A Study of Wittgenstein and Merleau-Ponty*. Leiden and New York: E. J. Brill, 1990; Susan B. Brill. *Wittgenstein and Critical Theory: Beyond Postmodern Criticism and toward Descriptive Investigations*. Athens: Ohio University Press, 1995; Nicholas F. Gier. *Wittgenstein and Phenomenology: A Comparative Study of Later Wittgenstein, Husserl, Heidegger, and Merleau-Ponty*. Albany, NY: State University of New York Press, 1981.

② 西方学者们近年来还将维特根斯坦与歌德、克尔凯郭尔、胡塞尔、梅洛－庞蒂、福柯等进行了比较研究，主要有：Fritz Breithaupt, Richard Raatzsch, Bettina Kremberg eds. *Goethe and Wittgenstein: Seeing the World's Unity in its Variety*. Peter Lang GmbH, 2003; Stephen Mulhall. *Inheritance and Originality: Wittgenstein, Heidegger, Kierkegaard*, Oxford: Clarendon Press, 2001；Nienti, Mariele ed. *Kierkegaard und Wittgenstein: "Hineintäuschen in das Wahre"*. Berlin: De Gruyter, 2003; Genia Schönbaumsfeld. *A Confusion of the Spheres: Kierkegaard and Wittgenstein on Philosophy and Religion*. Oxford: Oxford University Press, 2007; Søren Overgaard.*Wittgenstein and Other Minds: Rethinking Subjectivity and Intersubjectivity with Wittgenstein, Levinas, and Husserl*. New York and London: Routledge, 2007; Kathrin Stengel. *Das Subject als Grenze: Ein Vergleich der erkenntnistheoretischen Ansätze bei Wittgenstein und Merleau-Ponty*. Walter de Gruyter, 2003；sous la direction de Frédéric Gros et Arnold Davidson. *Foucault, Wittgenstein, de possibles rencontres*. Paris : Kimé, 2011.

吁哲学的终结，将哲学化中的根本问题重新深深置入人类的生活世界。两位哲学家都呈现了我们正常行为和理解中的意义和存在，因为我们的思想都必然立足于非理性的、最终无法证明的因素上，而这些因素无法最终证明并不使我们的思想和行为失去合理性。这样，在维特根斯坦和海德格尔看来，作为有限存在物的我们立足于"无根基的根基"，他们为我们提供了全新的理性概念：一种避免了以往的幻想而适应于我们人类的理性概念。

（2）与列维纳斯比较。作为将维特根斯坦与列维纳斯进行比较的第一本专著，Bob Plant（2005）着力于伦理和宗教问题。维特根斯坦在《论确实性》中提出理性论证的局限性问题，实际上诉求一种不同于传统的伦理学和知识论答案，这里一种伦理的主体性隐藏在知识论后面。而列维纳斯反对结构主义，但并没有走向笛卡儿的内在自我，而是建立了伦理上构成的主体。尽管早期维特根斯坦对伦理和宗教问题的态度似乎蕴含着列维纳斯的伦理写作，但作者这里更多关注后期维特根斯坦与列维纳斯的比较。后期维特根斯坦通过"语言游戏"、"生活形式"和"世界图像"等概念提出了一种关于人类语言化实在的自然主义，并且诉诸宗教问题的伦理化，帮助我们理清宗教信仰和伦理责任的相互关系。列维纳斯也认为宗教和伦理不可分割，但是他比维特根斯坦更深入地分析两者的关系，认为我们必须寻求非本体论的上帝概念，我们只有跟他人相联结才能做到这一点。尽管两人都认为一个人与他人的关系是脆弱而痛苦的，但列维纳斯给予更清楚的阐释。所以，列维纳斯的工作可以帮助我们深入理解维特根斯坦关于宗教和伦理论题的思想。

（3）与伽达默尔比较。Chris Lawn（2004）依照泰勒对指代（designative）语言和表达语言（expressive）语言的区分，梳理了分析传统和大陆传统的语言哲学倾向，认为早期维特根斯坦的语言哲学基本上属于指代语言传统，而后期维特根斯坦的语言哲学更多属于表达主义。尽管维特根斯坦和伽达默尔两人都反对基础主义，反对心理主义和笛卡儿的自我概念，但分析传统无法理解伽达默尔的形而上学和本体论的承诺，而大陆传统哲学家则认为维特根斯坦对语言游戏的纯粹描述无法做到。尽管两人都有相近的基于生活世界的语言观，但在哲学解释学看来，后期维特根斯坦仍没有放弃对语言逻辑的追寻，遵守规则也只是非反思的再现，所遭遇的困难需要在哲学解释学中加以克服。哲学解释学还可以通过"视界的融合"、"效果历史意识"和传统解决维特根斯坦的琐碎语言游戏所遭遇的理解困境，尤其揭示我们与世界对接的诗化的语言性。Patrick Rogers Horn（2005）则以伽达默尔的论述为主，集中于两位哲学家关于语言和实在关系的论题，认为鉴于伽达默尔从未放弃形而上学假设，可以说伽达默尔的工作更接近前期维特根斯坦，因而将伽达默尔的工作与《逻辑哲学论》加以比较，后者遭遇的困难也是前者努力加以解决的问题。作者认为，这两位哲学家所遭遇的困难在维特根斯坦的学生 Rush Rhees 那里得以澄清，Rhees 扩展了维特根斯坦的工作，认为各种语境中我们由对话而形成语言的统一体，对于这种鲜活的语言使用，哲学应停止提供形而上学范式。

3. 与马克思主义比较

最初主要是马克思主义者对语言哲学（尤其是后期维特根斯坦哲学）的批判分析掀起了马克思主义与分析哲学的争论。英国学者 Maurice Cornforth 在 1965 年出版的著作中较早从马克思主义角度分析了语言哲学。[①]意大利马克思主义学者 Ferruccio Rossi-Landi 在 1966 年发表一篇有关马克思与维特根斯坦的文章之后，1972 年出版了专著，用他所理解和建立的马克思主义语言哲学去分析维特根斯坦的《哲学研究》。[②]大约同一时期（1974—1976 年）在英国 Radical Philosophy 和其他杂志上，一小部分学者进行了活跃的讨论。在 1981 年出版的维特根斯坦论丛中，美国学者 David Rubinstein 在其专著中认为，他们的共享的观点不仅涉及心灵哲学，而且共同构成了一种哲学人类学。[③]1983 年英国学者 Suan M. Easton 出版论文集，力图用维特根斯坦的思路考察马克思主义的认识论、意识形态学说和人道主义，反过来用马克思主义考察维特根斯坦的社会哲学和人道立场，作者认为自己这样双重探讨的目的是，建构"维特根斯坦式的马克思"和"进步的维特根斯坦"。[④]澳大利亚马克思主义学者 Gyorgy Markus1986 年的独创性著作《语言与生产：对范式的批评》，对语言哲学中的实证主义、结构主义和解释学倾向进行了深入评述，恢复了马克思主义人的自我创造的核心观点。[⑤]

断断续续的讨论逐渐将兴趣相近的一些学者集中起来进行跨国界的讨论。1999 年来自 6 个国家的一小组学者聚集英国剑桥，以"马克思与维特根斯坦"为题开展学术讨论并形成论文集（Gavin Kitching 和 Nigel Pleasants，2002）。讨论者们追溯马克思主义与语言哲学相遇的历史，揭示维特根斯坦可能受到的马克思主义影响，剖析马克思与维特根斯坦思想观点的相同点和相异点，预测马克思和维特根斯坦可以相互助益的论域：知识、道德和政治。这些作者主要集中于四个问题：马克思主义经济学家 Piero Sraffa 对维特根斯坦哲学发展的影响；

---

① Maurice Cornforth. *Marxism and the Linguistic Philosophy.* London: Lawrence Wishart, 1965.

② Ferruccio Rossi-Landi. *Sprache als Arbeit und Markt.* Müchen: C. Hanser, 1972.

③ David Rubinstein. *Marx and Wittgenstein: Social Praxis and Social Explanation.* London and Boston: Routledge & Kegen Paul, 1981.

④ Suan M. Easton. *Humanist Marxism and Wittgensteinian social philosophy.* Manchester University Press, 1983.

⑤ Gyorgy Markus. *Language and Production: A Critique of the Paradigms.* Norwell, Mass: Kluwell Academic Publishers, 1986.

Peter Winch 和 Ernest Gellner ①关于维特根斯坦对社会科学意义的以往论证中的缺陷；马克思和维特根斯坦的"哲学人类学"；从维特根斯坦角度看马克思主义知识承诺的伦理和政治地位。Gavin N. Kitching 此后又出版了个人论文集（2003），再现力图将马克思和维特根斯坦两个人的视角打通的探索过程。他认为，马克思和维特根斯坦的共同点之一是都力图终结哲学，所以马克思后来转向政治经济学研究，但是他们两人至少有两个重大分歧：第一，从维特根斯坦的角度看，离开哲学并不一定能抛弃哲学的诱惑，因为哲学诱惑植根于我们语言和生活的深处，所以马克思在政治经济学研究中总是不知不觉经常回到哲学；第二，在维特根斯坦看来，社会和历史探究不能因袭自然科学，关于社会和历史的科学研究（抽象概括）会产生灾难性后果，而马克思却未能脱离西方文化的这一传统。

四、新维特根斯坦研究

新世纪（甚至更早些）给维特根斯坦研究注入活力的"新维特根斯坦"研究，尽管基本上属于对维特根斯坦的文本解释，但由于其越来越大的影响，由于其与以往标准（正统）解释的巨大分歧，因而这里单独将其作为一个重要趋势加以介绍。新维特根斯坦研究，也被称为美国维特根斯坦研究，或者维特根斯坦的果断（resolute）解释、"严肃"（austere）解释或治疗（therapeutic）解释。使用"新的"、"果断的"、"严肃的"和"治疗的"这些词语反映了这一解释趋势的某些特征，而强调"美国"则力图表明美国学者对于维特根斯坦解释的日益重要性，当然并不意味着所有美国维特根斯坦学者都可以归于这一趋向。

1. 背景

关于维特根斯坦《逻辑哲学论》的主旨，维特根斯坦前后期哲学的关系，维特根斯坦哲学的主要意图，以往形成了标准的正统解释。关于《逻辑哲学论》的主旨，以往标准解释的主要代表人物是英国的 G. E. M. Anscombe 和 P. M. S. Hacker，在她们看来，《逻辑哲学论》最后（6.54 和 7）维特根斯坦所强调的无意义（nonsense）表明，在可清楚表达的世界之外还存在着更重要的不可表达的东西。以往几乎所有的解释者都将维特根斯坦哲学作了截然不同的前后期区分（或许还穿插了中间阶段），不仅依据《哲学研究》的前言和其中的几处批评性提

---

① Ernest Gellner. *Language and Solitude: Wittgenstein, Malinowski, and the Habsburg Dilemma.* Cambridge and New York: Cambridge University Press, 1998.

示，而且主要来源于曾经接近维特根斯坦的那一批哲学家，例如 G. E. M. Anscombe，Norman Malcolm，G. H. von Wright，Rush Rhees，Peter Strawson 等人。关于维特根斯坦哲学的主要意图，以往的解释也并没有完全落脚于治疗目的，甚至有不少解释者一直从维特根斯坦思想中发掘和复苏着形而上学理论①。

但是，即使有这些标准解释，仍然有一些不同意见早在 20 世纪 60 到 80 年代就已存在②，并在 80 年代尤其 90 年代变得显著。曾经受教于这些哲学家的新一代美国学者，开始质疑对维特根斯坦的许多标准解释。Cora Diamond 是将这些新解释推到前台的重要哲学家，她在 1981 年的论文中对 nonsense 进行了不同解读，10 之后在标志性著作《实在论精神：维特根斯坦、哲学和心灵》中，将新派维特根斯坦解释推向前台。③同时稍后，另一位美国学者 James Conant 发表支持观点。④这两位学者的新观点立即引起 Hacker 等人的强烈反对，由此形成争锋相对的一场激烈争论。但是，这一解释趋势为学界明确认可，主要来自 2000 年的一本论文集《新维特根斯坦》以及 2001 年在维也纳维特根斯坦研讨会上针锋相对的论战。从此，新维特根斯坦研究不仅为学界所知，而且有越来越多的青年美国学者紧随其后，形成维特根斯坦研究领域的一道亮丽风景。

2. 主要观点

（1）《逻辑哲学论》的 nonsense 应果断地从字面上加以理解

G. E. M. Anscombe 在《维特根斯坦〈逻辑哲学论〉导论》⑤中将 6.41（"世界的意义必定

---

① 对于前期哲学主要是强调 nonsense 形而上学含义的那些解释者，对于后期哲学主要是那些强调《论确实性》的重要性并从中看到某种基础主义的解释者。

② 美国哲学家 Stanley Cavell 很早就作出了不同的解释，参见 "The Availability of Wittgenstein's Later Philosophy"，*Philosophical Review*，71 (1972): 67-93。另外参见 Hide Ishiguro，"Use and Reference of Names" (*Studies in the Philosophy of Wittgenstein*，ed. by Pete Winch，pp. 20-50，Routledge and Kegan Paul，1969); Warren Goldfarb，"Objects, Names, and Realism in the *Tractatus*" (unpublished manuscript，1979); Brain McGuinniess，"The so-called Realism in Wittgenstein's Tractatus" (*Perspectives on the Philosophy of Wittgenstein*，ed. by I. Block，Oxford: Blackwell，1981) and "Language and Reality in the Tractatus" (*Wittgenstein and Contemporary Philosophy*，ed. by B. F. McGuinness and A. G. Gargani，Pisa: ETS，1985)。这些解释开始质疑以往的标准解释，尤其针对《逻辑哲学论》的实在论。

③ Cora Diamond，"What Nonsense Might Be"，*Philosophy*，56 (1981): 5-22；*The Realistic Spirit: Wittgenstein, Philosophy and the Mind*，Cambridge，Mass: MIT Press，1991.

④ James Conant，"Must We Show What We Cannot Say"，in *The Senses of Stanley Cavell*，ed. by Richard Fleming and Michael Payne，242-83. Lewisburg: Buckwell University Press，1989.

⑤ G. E. M. Anscombe. *An Introduction to Wittgenstein's Tractatus*. Ed. by H. J. Paton. London: Hutchinson University Library，Hutchinson & Co. (Publishers) Ltd，1959.

在世界之外"）和 6.432（"上帝不在世界中显示自己"）联系起来，认为在维特根斯坦看来，上帝不在偶然事物的世界。她进一步联系 6.4321（"事实全都有助于确定问题，而不是问题的解决"），认为善恶并不属于偶然世界，于是将伦理价值问题与上帝联结起来。她由此形成对《逻辑哲学论》的形而上学解释，承认其中存在着超验内容，包括逻辑、伦理、美学和神秘主义。P. M. S. Hacker [①]既根据 6.41 也根据 6.522（"存在着无法说出的事物，它们显示自身"），提出对《逻辑哲学论》的两个世界解释，其中一个世界是能够言说的世界，另一个世界是显示自身的世界。他联系《逻辑哲学论》的前言和最后一句话，得出结论：语言的界限在于一边是可以说出的世界，另一边是无法说出的世界，与两个世界对应，存在着可以说出的真理和许多无法说出的真理。毫无疑问，他支持 Anscombe 的形而上学解释。在标准解释那里，《逻辑哲学论》的 nonsense 被区分为两种：阐明性的（illuminating）nonsense 和无意义的（meaningless）nonsense，正是前一种 nonsense 潜藏着很多形而上学内容。

Cora Diamond 认为，《逻辑哲学论》中的 nonsense 应该果断地从字面上加以理解。她反对 Hacker 对维特根斯坦的"深度"解释，认为我们应该看到维特根斯坦着眼于所使用的词语，其中不存在更深的或双重的含义。她认为，维特根斯坦对可说的和不可说的区分并不意味着有什么不可说的，这种句法结构不应该让我们去思考两个世界，消解这种对比表达正是维特根斯坦所期望的。Diamond 既反对 Hacker 对 nonsense 的深度解释，也反对逻辑实证主义者（尤其卡尔纳普）对 nonsense 的严格限制。她的策略是，强调 6.54（"任何理解我的人最终认识到它们是无意义的"）中维特根斯坦的重点在于要求读者理解维特根斯坦自己，而不是他所说的话。她将《逻辑哲学论》看作从严格的正确方法转向理解无意义话语的著作，因而维特根斯坦通过本书要求读者也这样做，要求读者能参与一种想象活动，通过阅读《逻辑哲学论》而把无意义的话语当作幻觉，从而远离导致哲学问题的思想方式和表达方式，正确地看待我们的世界。[②]

James Conant 也认为如何理解 6.54 中的 nonsense 是理解《逻辑哲学论》的关键，同意 Cora Diamond 的观点，认为《逻辑哲学论》没有从理解 nonsense 中给我们留下任何东西，但他批判形而上学解读的策略又与她有所不同。他直接进入形而上学解释中发现漏洞，认为维特根斯坦在那一段落旨在将我们从哲学理论的混淆中解放出来。语言的逻辑结构背后，并不

① P. M. S. Hacker, "Was He Trying To Whistle It", in Alice Cray and Rupert Read (eds.), *The New Wittgenstein*, 353-388, London and New York: Routledge, 2000.

② Cora Diamond. *The Realistic Spirit: Wittgenstein, Philosophy, and the Mind*. Cambridge, Mass: MIT Press, 1991, 181-198 等处.

存在有待我们发现的形而上学真理。而且，要保持有意义，逻辑规则就不能打破。因而冲击语言的界限并不意味着有什么超越的东西，所以梯子必须完全丢掉，当然丢掉梯子本身也是一个不断递进的过程。Conant 还认为，梯子丢掉什么也没有留下这一点也必须丢掉，因而才引导我们到达《逻辑哲学论》的最后结论（保持沉默）。当然，《逻辑哲学论》达到的沉默，并不是哲学话语的终结，而是不能再力图去断言哲学真理。[①]在 Conant 看来，当维特根斯坦否定宗教和伦理可以以命题形式表达时，他是在否定宗教和伦理以这种方式进入我们的生活；宗教和伦理没有特定的领域，任何领域都可以是它们的领域，任何符号都可以是它们的符号。[②]

（2）前后期维特根斯坦哲学具有高度的一致性

在标准解释的引导下，长期以来形成维特根斯坦前后期哲学的严格区分。在语言观上，前期追求理想语言，后期则崇尚日常语言。在语言与世界的关系上，前期展示一种实在论，后期则反对实在论。在意义理论上，前期探寻真值条件，后期则是特殊的使用理论。在知识论上，前期是肤浅的语言和世界的符合论，后期则达到有限的可断定性。但是，强调维特根斯坦一生哲学的连续性，却成为一条越来越明显的线索。Anthony Kenny 是最早看到维特根斯坦前后期哲学连续性的哲学家之一，他 1973 年的专著的最后一章正是"维特根斯坦哲学的连续性"。[③]80 年代的不少研究者已经建立了维特根斯坦哲学连续性的重要线索，主要有 G. P. Baker 和 P. M. S. Hacker，J. Hintikka 和 M. B. Hintikka，D. Pears。[④]90 年代有学者仔细考察了以前所忽视的中间阶段，进一步强调维特根斯坦哲学的连续性，主要是 D. Stern，John Koethe，D. Jacquette。[⑤]

但是，正是新维特根斯坦研究者将维特根斯坦哲学的一致性提到了新的高度，而且将多少被忽视的《逻辑哲学论》重新提到讨论的中心，重新强化了《逻辑哲学论》与西方哲学史

[①] James Conant, "Elucidation and Nonsense in Frege and Early Wittgenstein", in Alice Cray and Rupert Read (eds.), *The New Wittgenstei*n, 174-217, London and New York: Routledge, 2000.

[②] Ed. by D. Z. Phillips and Mario von der Ruhr. *Religion and Wittgenstein's Legacy*. Aldershot, UK: Ashgate Publishing Limited, 2005, 39-88.

[③] Anthony Kenny. *Wittgenstein*. Revised edition. Blackwell Publishing, 2006 (originally published in 1973).

[④] G. P. Baker and P. M. S. Hacker. *Wittgenstein: Rules, Grammar and Necessity*. Oxford: Blackwell, 1985; J. Hintikka and M. B. Hintikka. *Investigating Wittgenstein*. Oxford: Blackwell, 1986; D. Pears. *The False Prison*. Vol. 1-2. Oxford: Clarendon, 1987, 1988.

[⑤] D. Stern. *Wittgenstein on Mind and Language*. Oxford: Oxford University Press, 1995; John Koethe. *The Continuity of Wittgenstein's Thought*. Ithaca and London: Cornell University Press, 1996. D. Jacquette. *Wittgenstein's Thought in Transition*. Lafayette, Ind.: Purdue University Press, 1998.

尤其叔本华、克尔凯郭尔和弗雷格的联系。正如《新维特根斯坦》编者在前言中所说：在 Cora Diamond 和 James Conant 看来，维特根斯坦哲学"统一于其根本目的，统一于其批判的典型样式，甚至某种程度上说，统一于其方法"（第 13 页）。在她们看来，《逻辑哲学论》和《哲学研究》的区别不在于后者采用了"使用"概念而前者没有，相反，两本著作都将"使用"作为基本概念，区别只在于前者没有后者更加全面而已。这样去看，后期维特根斯坦就是前期的自然延续，而不是截然相反。

看到维特根斯坦前后期哲学的一致性，不是将前后期进行平行的关联。比如，用《哲学研究》的"语法"代替《逻辑哲学论》的"逻辑"，用《哲学研究》的语言游戏论代替《逻辑哲学论》的图像论。相反，必须看到维特根斯坦哲学深层的统一性和连续性，必须看到维特根斯坦一生对于哲学自身性质的严肃反思。维特根斯坦持续一生在努力消除我们由于误用语言而产生的形而上学幻觉，认为消除这些幻觉的办法在于对我们的日常语言用法进行澄清，在于区分我们可说的和不可说的，有意义的和无意义的，符号的允许组合和不允许组合。James Conant 认为，维特根斯坦的哲学旨趣在前后期一直保持不变，目的都在于引导读者发掘哲学胡说，正是依据这一点，维特根斯坦哲学才有着比其他大多数研究者看到的更大的一致性。①

（3）维特根斯坦哲学的主要意旨是治疗哲学

不同于对维特根斯坦哲学进行形而上学解释的标准看法，将维特根斯坦的哲学定位于治疗哲学，最早可追溯到美国哲学家 Stanley Cavell，他在 1962 年对 David Pole 著作的评论中就展示了自己的独到看法，认识到语言游戏、生活形式、特殊性和描述的重要性。②由他所带动的解释是一个重要标志，表明维特根斯坦转向日常语言并不是提出日常语言理论，因为日常语言同样可以使我们陷入哲学困惑。尽管 Cavell 对维特根斯坦的治疗哲学定向只限于后期，但这很容易推及前期。

在标准解释看来，前期维特根斯坦提出了语言（思想）与实在对应的图像理论，而后期维特根斯坦转向别的意义理论。尽管标准解释者也将后期维特根斯坦哲学看作关注治疗，但他们并没有达到应有的高度，因而根本没有抓住维特根斯坦哲学的治疗性。毫无疑问，维特根斯坦哲学给我们带来的主要是启示，在于帮助我们自己避免形而上学混淆，而不是提出什么形而上学理论。治疗哲学不仅是维特根斯坦后期哲学明确宣布的主旨，也是他前期哲学的

① James Conant, "Must We Show What We Cannot Say?", in R. Fleming and M. Payne (eds.), *The Senses of Stanley Cavell*, Buchnell Review (Lewisburg, PA: Bucknell University Press, 1989), p. 246.

② Stanley Cavell. "The Availability of Wittgenstein's Later Philosophy", *Philosophical Review*, 71 (1962): 67-93; David Pole. *The Later Philosophy of Wittgenstein*. London: Athlone Press, 1958.

主旨。James Conant 认为对维特根斯坦哲学进行学说解释，无法与维特根斯坦自己认为哲学不是一种学说的观点相一致，因为维特根斯坦从始至终在引导读者从伪装的胡说走向明显的胡说，从而引导人们走出胡说。[①]他认为，果断解释表明，《逻辑哲学论》改变了我们与自己话语的关系，从而避免了走向胡说。Cora Diamond 则确信地指出，任何简单的学说解释都不能严肃地对待维特根斯坦关于哲学本身所说的话，那些熟悉的"意义的图像理论"、"显示学说"都是误用的称呼，除非认为维特根斯坦自己提出了许多无法诉诸话语的学说，因为企图将《逻辑哲学论》径直当作形而上学著作要么是在平淡地对待 nonsense，要么直接导致自我矛盾。[②]

3. 引发的争论

（1）补充完善新维特根斯坦研究

José Medina（2002）力图通过细节考察在维特根斯坦前后期哲学统一性问题上补充新维特根斯坦研究，认为维特根斯坦是总在尝试新的思维方式和解决新的哲学问题的实验哲学家，他一生的不同观点总在变化和过渡中，所以考察维特根斯坦哲学的统一性和连续性问题必须既关注论题又关注方法。他认为，论题上主要是关注必然性和智性（intelligibility），方法上主要是看到紧缩型的（deflationary）路径和语境论（早期逻辑的语境论，中期约定论的语境论，后期语用的语境论）。

在论文集《后分析〈逻辑哲学论〉》（2004）中，Kelly Dean Jolley 和 Barry Stocker 力图从弗雷格、康德和克尔凯郭尔的哲学中发现这种治疗哲学的根由和依据。Jolley 认为，治疗哲学开始于弗雷格，后者在"论概念和对象"中对 Benno Kerry 的回应清楚地表明了一条治疗线索，这条线索在 Rush Rhees 的两次讨论中得到非常明确的阐述，弗雷格在这里以及别处谴责语言给我们的强制力量，分析语言导致我们的迷惑，尤其在我们的各种类比使用中。弗雷格不仅强调语言不可避免的迷惑性，而且通过清楚的思想和方法力图消除语言的迷惑性，这一点深深影响了维特根斯坦。Stocker 认为，《逻辑哲学论》可以也应该看作力图暴露和消解辩证幻象的计划的继续，维特根斯坦沿着康德的论题继续推进，以克尔凯郭尔的方式回应康德的问题，从而使《逻辑哲学论》成为形而上学不可能性的一种辩证研究。

---

① James Conant, "Must We Show What We Cannot Say?", in R. Fleming and M. Payne (eds.), *The Senses of Stanley Cavell*, Buchnell Review (Lewisburg, PA: Bucknell University Press, 1989), pp. 248, 266.

② Cora Diamond. *The Realistic Spirit: Wittgenstein, Philosophy, and the Mind.* Cambridge, Mass: MIT Press, 1991: 18-19, 181-182.

在自称《新维特根斯坦》姊妹篇的论文集《超越〈逻辑哲学论〉战争：新维特根斯坦争论》（2011）中，编者 Matthew A. Lavery 和 Rupert Read 指出，要超越《逻辑哲学论》战争，首先要看到这场争论的目的，要对争论的双方进行辩证解释，要进行有效的交流，要对果断解释进行深化研究，其次要将主要围绕《逻辑哲学论》的争论引向维特根斯坦后期哲学，因为尽管《逻辑哲学论》开始维特根斯坦的治疗哲学，但它本身并不是成功的范例，只有前后期相互对比，才能真正理解维特根斯坦的哲学主旨。这本论文集也展示了新维特根斯坦研究中的一些分化，有些是强力的果断主义者，有些是温和的果断主义者，有些只强调哲学的澄清作用。

（2）寻求标准解释和果断解释之外的第三条路

Daniel D. Hutto（2003）既不同意对维特根斯坦哲学进行学说解释，也不同意将其完全归入治疗模式。将维特根斯坦哲学看作旨在提出一些不同的学说，明显违反维特根斯坦的初衷，而将其看作纯粹无意义的话语，也无益于理解维特根斯坦哲学的发展，甚至导致自相矛盾。Hutto 认为维特根斯坦哲学在于澄清我们对一些重要哲学问题的理解，在于完全的描述。他的哲学从前期到后期有着逐渐的过渡，当然不是从一种理论到另一种理论的过渡，而是对待语言和哲学问题深广度的不断拓展。

James R. Atkinson（2009）既反对 Hacker 对《逻辑哲学论》的两个世界解释，也反对 Diamond 的果断解释。他反对 Hacker 的理由是，第一，处在语言之外的东西就不可能存在；第二，维特根斯坦在 6.4312 中指出生命之谜的解决在时空之外，并不表明时空之外还有什么存在；第三，在 6.44 中维特根斯坦区分了"世界是怎样"和"世界是这样"，并不意味着有两个不同的世界。他反对 Diamond，是因为她未能阐述维特根斯坦关于神秘之物的那些段落，而一旦联系关于神秘之物的那些段落，她对维特根斯坦《逻辑哲学论》的解释就会前后矛盾。

五、背景研究

挖掘维特根斯坦的各种背景一直是学术界乃至一般文化界感兴趣的主题，当然这种挖掘某种程度上的确有利于我们理解维特根斯坦的哲学思想。新世纪以来学术界仍然对这一研究非常着迷，主要体现在三个方面：维特根斯坦的个人生活背景、维特根斯坦哲学的哲学思想背景和维特根斯坦哲学的社会文化（包括历史的、政治的）背景。这一研究趋向更多为具有大陆文化背景的维特根斯坦研究者所擅长，所以有不少德文著作。

1. 个人生活背景

无论维特根斯坦个人的传奇经历，还是他的豪门家族的起落兴衰，几十年来一直引人关注，电影小说和回忆录兴起一时，即使几本著名传记的出世也没有停止人们的继续谈论。[①]当然，了解维特根斯坦的个人生活不仅有趣，而且也有助于人们从表层的好奇走向某些深层思考。[②]

Richard Wall（2000）挖掘了维特根斯坦在爱尔兰的旅行、生活以及与他哲学研究的关系。他认为，维特根斯坦自己在剑桥一直感到一种异在，跟英国文明、跟大学教职难以融合，也许只有在挪威和爱尔兰这样人烟稀少的地方，维特根斯坦才能真正面对自己和个人生存的重要问题。事实上，维特根斯坦的许多哲学研究，《逻辑哲学论》的大部分和《哲学研究》的不少部分就是在这种孤苦环境中诞生的。生存环境和学术思考之间有着深刻的关联。他的很多哲学主题和素材就来源于自己的旅行和独处。维特根斯坦思考哲学和人生问题，一方面需要这种孤独清幽的环境，另一方面他又深受这种孤苦的烦恼而渴望交流。毫无疑问，他的哲学思想和性格都反映着人的这种矛盾生存境遇。

在1995版基础上，Brian McGuinness（2008）用心编辑了维特根斯坦在剑桥40年的往来书信和文档。1995年卷册主要限于可与维特根斯坦平起平坐的朋友甚或导师而不是信徒。2008年卷册中斯拉法的空间大为扩展，因为维特根斯坦致他的和他为纪念维特根斯坦而写的大量信件已被发现。本书信集还收进了反映维特根斯坦与其追随者、学生、朋友或年轻同事间关系的许多信件，当然原则上只限于学术领域。大量补充的新材料几乎完全来自1929年开

---

① 曾经有以维特根斯坦冠名的电影（1994），小说 *The World as I Found It*（Bruth Duffy，1987），学生、朋友和家人的各种回忆录。不同版本的传记中有三种最为知名：W. W. Bartley III 的 *Wittgenstein*（1973），Brian McGuinness 的 *A Life – Young Ludwig, 1889 – 1921*（1988）和 Ray Monk 的 *Ludwig Wittgenstein: The Duty of Genius*（1990）。

② 除了下面要介绍的以外，新世纪以来还包括如下研究维特根斯坦个人生活的资料：Leitner, Bernhard. *The Wittgenstein house*; translated by Camilla R. Nielsen and James Roderick O'Donovan, New York: Princeton Architectural Press, 2000; Ludwig Wittgenstein. *Wittgenstein: letters, lectures, conversations, memoirs*. Charlottesville, Va.: InteLex Corp., 2001; Ed. by James C. Klagge and Alfred Nordmann. *Ludwig Wittgenstein: Public and Private Occasions*. Rowman & Littlefield Publishers, Inc., 2003; Mathias Iven. *Rand und Wittgenstein: Versuch einer Annäherung*. Peter Lang GmbH, 2004; *Wittgenstein in Cambridge: Eine Spurensuche in Sachen Lebensform*. Holzhausen Verlag, Vien, 2004; ierre H. Stongorough. *Umschlagabbildung: Portrait Hermine Wittgenstein*. Erste Auflage, 2006; Ilse Somavilla（Hrsg.）. *Wittgenstein – Engelmann Briefe, Begegnungen, Erinnerungen: unter Mitarbeit von Brian McGuinness*. Hayman Verlag, 2006; Wittgenstein, Hermine. *"Ludwig sagt-": die Aufzeichnungen der Hermine Wittgenstein*. Herausgegeben von Mathias Iven. Berlin: Parerga, 2006; Nicole. L. Immler. *Das Familiengedächtnis der Wittgensteins: zu verführerischen Lesarten von (auto-) biographischen Texten*. Transcript Varlag, Bielefeld, 2011 等 .

始的维特根斯坦第二个剑桥期。这些材料表明维特根斯坦面对更严肃更成熟的哲学学生，而30年代往后的学生和追随者中著名的有 Rush Rhees、Norman Malcolm 和 von Wright，他们的往来和友谊伴随维特根斯坦至终。所以这本书信集成为我们了解维特根斯坦的个人生活乃至学术历程的重要一手资料。

　　Alexander Waugh（2008）用大量翔实的资料再现了维特根斯坦家族和个人的命运。作为文学和新闻工作者，作者力图通过对细节的描述，将维特根斯坦个人经历与其家族的命运联结起来，并将其家族的命运同国家变故和时代的状况联系起来，让我们看到维特根斯坦传奇般的个人经历和不断更新的哲学，其实是一个家族、一个民族和一个时代的某种缩写和反映。想追求简洁清净的维特根斯坦，终其一生却不得不接受英美文化和大陆文化的撞击，不得不处理科学技术和人文传统的冲突，不得不面对家族的缕缕变故和国家命运的一再变化，不得不在个人内心和外在世界间进行调和，最终将所有这些因素融合到他对许多哲学问题的思考。

　　基于许多传记和回忆录，从学术上研究维特根斯坦的生活与其哲学间的关系似乎成为一种理论需要。James C. Klagge（2001）主编的论文集收集了维特根斯坦传记作者和其他著名学者的思考成果，尤其关注新出版的材料：1930年代维特根斯坦的日记，他与家人的书信往来，他的工程师训练经历。他认为，个人生活和思想成果只有相互借鉴，我们才能更好地理解维特根斯坦。[①]哲学家的个人生活与其哲学密切相关曾经是一种强烈的传统，维特根斯坦便是这一传统的延续。维特根斯坦终其一生感到孤独和异在，感到内心的冲突并力图加以调解，他对科学和现代文明抱持反感，把传统哲学当作需要克服的疾病，但他却在临终时说"告诉他们我度过了精彩（wonderful）的一生"。文章作者的研究提示我们，真正对维特根斯坦的理解也许离不开对他的出身、学业、经历和磨难的了解。

2. 哲学思想背景

　　挖掘维特根斯坦哲学思想的根源，跟维特根斯坦与其他西方哲学家的比较研究，有一定的重复，但重点还是有所不同。尽管维特根斯坦较少直接提及西方哲学家，但他的哲学思想还是自觉不自觉受到某些哲学家的影响。所以揭示维特根斯坦哲学思想的渊源，对于理解他的哲学思想肯定大有好处。其实从 G. E. M. Anscombe，Norman Malcolm，Anthony Kenny，到

---

① 维特根斯坦自己在1930年代的日记中写道："我的哲学中的思想演进应在我的心灵史和道德概念史以及在对我处境的理解中才可识别。"

G. P. Baker 和 P. M. S. Hacker 等以往解读者都非常重视追寻这些渊源。进入新世纪，这项工作也从各个方向在深入探讨。

Allan Janik（2006）系统阐述了影响维特根斯坦的九位哲学家或思想家：Boltzmann, Hertz, Schopenhauer, Frege, Russell, Kraus, Loos, Weininger, Spengler（还有影响维特根斯坦的第十人 Sraffa 因为当时缺乏资料而未能涉及）。这都是维特根斯坦自己提及的哲学思想家，但是在分析哲学传统中他们大多并不为人所知。这些渊源表明，维特根斯坦的哲学思想不管就主题还是就方法都与以往和当时的思想倾向密不可分。维特根斯坦的确是原创的哲学家，但他首先必须了解和继承以往的思想成果，原创的基础是重复（reproductive）。维特根斯坦从这十位哲学思想家的思想中吸取营养，创造性地形成自己的哲学主张。这里的研究困难主要不在于直接看这些哲学思想家有什么成就，而在于了解他们如何影响了维特根斯坦，或者维特根斯坦从中真正吸取了哪些东西。当然，这里只限于维特根斯坦自己提及的哲学思想家，尚不包括实际影响了维特根斯坦的其他哲学思想家，如 Kierkegaard, St. Augustine, Tolstoy, Freud, William James 或者 Lichtenberg, 还有他的同代人如 Frank Ramsey 等。

Barry Stocker（2004）主编的论文集讨论了维特根斯坦《逻辑哲学论》的后康德哲学渊源，直指欧陆哲学视野中分析哲学的局限性，说明不仅维特根斯坦哲学而且整个分析哲学也不过是欧洲近代哲学的一部分。《逻辑哲学论》可以更多被看作是近代哲学史上康德、叔本华、克尔凯郭尔和其他哲学家哲学问题的延续，而不是哲学传统的彻底断裂。哲学终结本身也有一个漫长的传统，而神秘主义就更与哲学史上的某些传统有着割不断的联系。有些学者甚至将《逻辑哲学论》当作形而上学著作，追溯其根源远至巴门尼德和亚里士多德。将分析哲学置入西方哲学传统，从而超越分析哲学，让我们看到哲学绝不能分析还原为某一种方法，任何力图将哲学归结为某种形而上学的或逻辑的或现象的语言都是一种幻觉，所以我们进入了"后分析"时代。

3. 社会文化背景

很早就有一些研究者注意到维特根斯坦哲学的欧陆文化背景，尤其维也纳文化氛围。[①]但进入新世纪，随着分析哲学和欧陆哲学的更多对话和融合，有更多学者关注维特根斯坦哲学的这一宏观背景，追溯维特根斯坦哲学更深厚的文化历史氛围。

---

① Allan Janik and Stephen Toulmin. *Wittgenstein's Wienna.* New York: Simon and Schuster, 1973.

Allan Janik（2001）继续挖掘维特根斯坦思想起源的维也纳文化环境，从探索 20 世纪初中欧国家自我认知的文化因素，到思考现代性的批判态度在维也纳的起源，再到探讨维特根斯坦哲学概念的根源以及对当今欧洲文化的意义。他认为维特根斯坦哲学植根于世纪初的维也纳文化，不管以往已经从理性主义和审美主义进行了怎样的讨论，都仍然没有触到最深处。维特根斯坦的哲学努力向我们表明，我们不能把某些事情看作只具有特定的意义，因为他何以获得那样的哲学概念对于理解他的观点极为重要。维特根斯坦实际上提醒我们，我们处于世界的中心而不是边缘，我们完全为现实所包围。维特根斯坦其实一生都在竭力搞清楚思想和语言的界限，以及科学、宗教和艺术在现代主义批判中的地位。

Tamás Demeter（2004）主编的论文集以纪念匈牙利哲学家 J. C. Nyíri 的名义，收集了著名的维特根斯坦解释者解读维特根斯坦与奥地利哲学关系的文章。J. C. Nyíri 致力于从历史和社会的视角理解奥匈思想史，而他对维特根斯坦的著名解释在于将维特根斯坦当作一名保守思想家。Nyíri 首先努力重建维特根斯坦的保守主义与其时代和哲学的关系，他认为维特根斯坦的保守主义来自 18 世纪末和 19 世纪初在德国流行的保守主义。维特根斯坦的保守主义体现在他对理性主义解释框架的拒斥，对现有事物和历史所与的尊重，对日常生活权威性的接受。对维特根斯坦哲学的这种重建，Nyíri 经历两个阶段：第一阶段由三个因素构成，即语境重建、知识社会学和意识形态批判，力图将维特根斯坦的思想论题与奥匈的一系列当代知识氛围联结起来；第二阶段的重点是强调传统的影响，其中社会共同体的知识过滤起着重要作用，构成维特根斯坦保守主义形成的历史背景。

William James DeAngelis（2007）从文化角度深入理解维特根斯坦的后期哲学，尤其聚焦于斯宾格勒对维特根斯坦文化观和哲学的影响，试图把《哲学研究》当作一本文化哲学著作加以解读，并进一步延伸到维特根斯坦后期哲学中对于宗教可表达性的探索。作者力图解答维特根斯坦在《哲学研究》前言中对所处时代（"这个时代的黑暗"）的判断以及维特根斯坦的哲学与时代的关系，认为这一判断的主要来源是斯宾格勒的观点，后者从 20 世纪 30 年代开始一直影响着维特根斯坦。斯宾格勒对维特根斯坦的影响不仅在后者哲学研究工作的总体特征和目的上，而且在他对哲学的拒斥态度、对哲学问题的特定处理方法和有时对特定哲学内容的理解上。作者力图揭示，维特根斯坦的工作正是旨在成为对这个文化衰落时代的对抗，尽管维特根斯坦自己从未提到自己的工作与文化衰落的关系。

Hans Sluga（2011）深入思考维特根斯坦哲学的整体社会政治背景，认为维特根斯坦是处在十字路口的人（既是个人的也是时代的，同样是我们的）。第一个十字路口是世俗文化和宗教文化，他有些复杂的宗教背景肯定影响了他对伦理和宗教问题的思考以及对待世俗文化的态度。第二个十字路口是科技和哲学，他既有父亲的职业要求和个人的科技从学经历，又强烈地侵染着世纪末的维也纳文化，他因而将新世界的前沿论题和旧世界的情感眷恋集于一身。从维特根斯坦哲学进一步扩大分析，Sluga 认为，分析哲学由各种复杂的观念混合而成，这些观念来自欧洲传统的各种因素，而从历史上看，分析哲学的兴起首先标志着文化主导权从德国和欧洲欧陆哲学向英美思想的转移。这种历史分析的旨趣不仅仅为了进行历史还原，更在于思考维特根斯坦哲学如何帮助我们面对当代社会政治生存的特定问题。

Ivar Oxaal（2011）深刻挖掘了《逻辑哲学论》产生的历史背景，其中包括德国大地的反犹主义，大英帝国的种族主义和悲观主义，三一学院的神秘主义，维也纳文化背景和德国文化圈子，这些因素共同构成《逻辑哲学论》的历史文化背景。作者认为，《逻辑哲学论》的广阔历史环境必定与欧洲文化的一个关键问题有关联：科学反对神秘主义的问题。这也是维特根斯坦与罗素的主要分歧之一（1919 年在海牙）。一战前影响维特根斯坦的另一个因素是维特根斯坦的犹太人身份，因为他毕竟生活在当时欧洲种族主义和悲观主义流行的时代。作者对前期维特根斯坦进行地理的、政治的、文化的历史探索，从剑桥到爱尔兰，从德国到维也纳和柏林，从曼彻斯特到罗素的剑桥，然后从挪威到战场，最终到与罗素会面的海牙，再现了维特根斯坦前期思想探索的宏观背景。

（本文的写作得到加州大学伯克利分校图书馆的大力支持，在框架、资料、思想观点等方面尤其受益于与 Hans Sluga 教授的每周讨论，在此深表感谢！）

参考文献：

[1] Ammereller, Erich and Fischer, Eugen ed. (2004), *Wittgenstein at Work: Method in the Philosophical Investigations*. London ang New York: Routledge.

[2] Arrington, Robert L. and Addis, Mark ed. (2001), *Wittgenstein and Philosophy of Religion*. London and New York: Routledge.

[3] Baker, Gordon (2004), *Wittgenstein's Method: Neglected Aspects, Essays on Wittgenstein*. Edtited and introduced by Katherine J. Morris. Oxford: Blackwell Publishing Ltd.

[4] Baltas, Aristides (2012), *Peeling Potatoes or Grinding Lenses: Spinoza and Young Wittgenstein Converse on Immanence and Its Logic*. Pittsburgh: University of Pittsburgh Press.

[5] Biletzki, Anat (2003), *(Over) Interpreting Wittgenstein*. Dordrecht: Kluwer Acadimic Publishers.

[6] Braver, Lee (2012), *Groundless Ground: A Study of Wittgenstein and Heidegger*. Cambridge, Mass: The MIT Press.

[7] Cook, John W. (2005) *The Undiscovered Wittgenstein: The Twentieth Century's Most Misunderstood*

Philosopher. Amherst, N. Y.: Humanity Books.

[8]   Crary, Alice (2007), *Wittgenstein and the Moral Life: Essays in Honour of Cora Diamond*. Cambridge, Mass: The MIT Press.

[9]   *Crary, Alice and Read, Rupert ed. (2000), The New Wittgenstein*. London, New York: Routledge.

[10]   DeAngelis, William James (2007). *Ludwig Wittgenstein – A Cultural Point of View: Philosophy in the Darkness of This Time*. Aldershot, UK: Ashgate Publishing Company.

[11]   Ellis, Jonathan and Guevara, Daniel ed. (2012) *Wittgenstein and the Philosophy of Mind*. Oxford and New York: Oxford University Press.

[12]   Gibson, John and Huemer, Wolfgang ed. (2004), *The Literary Wittgenstein*. London and New York: Routledge.

[13]   Glock, Hans-Johann and Hyman, John ed. (2009) *Wittgenstein and Analytic Philosophy: Essays for P. M. S. Hacker*. Oxford University Press.

[14]   Haller, Rudolf and Puhl, Klaus ed. (2002), *Wittgenstein and the Future of Philosophy: A Reassessment after 50 Years*. Proceedings of The 24th International Wittgenstein-Symposium. Vienna: Öbvæhpt.

[15]   Harre, Rom (2005), *Wittgenstein and Psychology: A Practical Guide*. Aldershot and Burlington: Ashgate Publishing Co.

[16]   Heaton, John M. (2010), *The Talking Cure: Wittgenstein's Therapeutic Method for Psychotherapy*. Basingstoke and New York: Palgrave Macmillan.

[17]   Hutto, Daniel D. (2003), *Wittgenstein and the End of Philosophy*. New York: Palgrave Macmillan.

[18]   Hymers, Michael (2010), *Wittgenstein and the Practice of Philosophy*. Peterborough Ont.: Broadview Press.

[19]   Janik, Allan (2001), *Wittgenstein's Vienna Revisited*. New Brunswick, US: Transaction Publishers.

[20]   Janik, Allan (2006), *Assembling Reminders: Studies in the Genesis of Wittgenstein's Concept of Philosophy*. Sweden: Santérus Academic Press.

[21]   Kahane, Guy; Kanterian, Edward; and Kuusela, Oskari ed. (2007), *Wittgenstein and His Interpreters: Essays in Memory of Gordon Baker*. Oxford: Blackwell Publishing.

[22]   Kitching, Gavin and Pleasants, Nigel ed. (2002), *Marx and Wittgenstein: Knowledge, Morality and Politics*. London and New York: Routledge.

[23]   Kitching, Gavin (2003), *Wittgenstein and Society: Essays in Conceptual Puzzlement*. Aldershot and Berlington: Ashgate Publishing Limited.

[24]   Klagge, James C. (2001), *Wittgenstein: Biography and Philosophy*. Cambridge, UK: Cambridge University Press.

[25]   Klagge, James C. (2011), *Wittgenstein in Exile*. Cambridge, Mass: The MIT Press.

[26]   Kölbel, Max and Weiss, Bernhard ed. (2004), *Wittgenstein's Lasting Significance*. London: Routledge.

[27]   Kuusela, Oskari (2008), *The Struggle Against Dogmatism: Wittgenstein and the Concept of Philosophy*. Cambridge, Mass: Harvard University Press.

[28]   Lewis, Peter B. ed. (2004), *Wittgenstein, Aesthetics and Philosophy*. Aldershot and Berlington: Ashgate Publishing Limited, 2004.

[29]   McCarthy, Timothy and Stidd, Sean C. ed. (2001), *Wittgenstein in America*. Oxford: Clarendon Press.

[30]   McGuinness, Brian ed. (2008), *Wittgenstein in Cambridge: Letters and Documents 1911 – 1951*. Blackwell Publishing Ltd.

[31]   Medina, José (2002), *The Unity of Wittgenstein's Philosophy: Necessity, Intelligibility, and Normativity*. Albany: State University of New York Press.

[32]   Moyal-Sharrock, Danièle ed. (2004), *The Third Wittgenstein: The Post-Investigations Works*. Aldershot, UK: Ashgate Publishing Limited.

[33]   Moral-Sharrock, Danièle and Brenner, William H. ed. (2005), *Readings of Wittgenstein's* On Certainty. New York: Palgrave Micmillan.

[34]   Oxaal, Ivar (2011), *On the Trail to Wittgenstein's Hut: The Historical Background of the Tractatus Logico-Philosophicus*. New Brunwick and London: Transaction Publishers.

[35]   Pears, David (2006), *Paradox and Platitude in Wittgenstein's Philosophy*. Oxford: Clarendon Press.

[36]   Phillips, D. Z. and von der Ruhr, Mario ed. (2005), *Religion and Wittgenstein's Legacy*. Aldershot and Berlington: Ashgate Publishing Limited.

[37]   Plant, Bob (2005). *Wittgenstein and Levinas: Ethical and Religious Thought*. London and New York: Routledge.

[38]   Pouivet, Roger (2008), *After Wittgenstein, St. Thomas*. Translated and introduced by Michael S. Sherwin, O. P. South Bend, Indiana: St. Augustine's Press (English edition).

[39]   Read, Rupert and Cook, Laura (2007), *Applying Wittgenstein*. London: Continuum International Publishing.

[40]   Read, Rupert and Lavery, Matthew A. ed. (2011), *Beyond the Tractatus Wars: The New Wittgenstein Debate*. London: Routledge.

[41]   Robinson, C. Christopher (2009), *Wittgenstein and Political Theory: The View from Somewhere*. Edinburgh: Edinburgh University Press.

[42]   Schroeder, Severin ed. (2001), *Wittgenstein and Contemporary Philosophy of Mind*. New York: Palgrave Publishers Limited.

[43]   Scheman, Naomi and O'Connor, Peg ed. (2002), *Feminist Interpretation of Ludwig Wittgenstein*. University Park: The Pennsylvania University Press.

[44]   Schneider, Jan Georg (2002), *Wittgenstein und Platon: Sokratisch-Platonische Dialektik im Lichte der wittgensteinschen Sprachspielkonzeption*. München: Verlag Karl Alber Freiburg.

[45]   Sluga, Hans (2011), *Wittgenstein*. Malden, MA: Wiley-Blackwell.

[46]   Soulez, Antonia (2003), *Comment écrivent les Philosophes? (de Kant à Wittgenstein) ou le Style Wittgenstein*. Paris: éditions Kimé.

[47]   *Stocker, Barry ed. (2004) Post-Analytic Tractatus*. Aldershot, UK: Ashgate Publishing Limited.

[48]   *Tanesini, Alessandra (2004), Wittgenstein: A Feminist Interpretation. Cambridge, Mass: Polity Press Ltd.*

[49]   Thomas, Emyr Vaughan (2001), *Wittgensteinian Values: Philosophy, Religious Belief and Descriptive Methodology*. Aldershot and Berlington: Ashgate Publishing Limited.

[50]   Wall, Richard (2000), *Wittgenstein in Ireland*. London: Reaktion Books Ltd.

[51]   Wallgren, Thomas (2006), *Transformative Philosophy: Socrates, Wittgenstein, and the Democratic Spirit of Philosophy*. Oxford: Lexington Books.

[52]   Waugh, Alexander (2008), *The House of Wittgenstein: A Family at War*. London, Berlin and New York: Bloomsbury Publishing Plc.

[53]   Williams, Meredith (2010), *Blind Obedience: Paradox and Learning in the Later Wittgenstein*, London: Routledge.

[54]   Wisnewski, J. Jeremy (2007), *Wittgenstein and Ethical Inquiry: A Defense of Ethics as Clarification*. New York: Continuum International Publishing.

An Outline on Some Trends of International Wittgenstein Philosophy Study in the New Century

Xueguang Zhang

School of Humanities and Social Sciences, Xi'an University of Posts and Telecoms

Philosophy Department, University of California at Berkeley

Abstract: Some new trends have appeared in international Wittgenstein philosophy study in the new century. In the reading of Wittgenstein's philosophical text, scholars have retrospected the history of Wittgenstein's interpretation, put forward a third stage in Wittgenstein's development, and strengthened the research on Wittgenstein's philosophical methods. In the philosophical applications, they have applied Wittgenstein's philosophy to such areas as theology, ethics, aesthetics, arts, political theory, feminism, psychology, and philosophy of mind. In the comparative study, they have compared Wittgenstein with philosophers and thinkers in the history of western philosophy, the Continental philosophy and Marxism. In research branch, there has arisen a New Wittgenstein in the US which stresses resolute reading of nonsense in *Tractatus*, consists in the continuity of Wittgenstein's early and later philosophies, and strongly regards Wittgenstein's philosophy as therapeutic philosophy. In background study, they have continued to work on Wittgenstein's personal, philosophical, and socio-cultural backgrounds. All these trends indicate that Wittgenstein's philosophy has still been the focus point being discussed in the international philosophical circle in the new century and deeply influenced on the contemporary international philosophy progress.

Key Words: new century; international philosophy circle; Wittgenstein philosophy; trends of study

编后记

　　这是《中国分析哲学》系列文集的第四部。《中国分析哲学》从 2009 年起出版第一部，她不仅记录了我国分析哲学研究的路程，也承载着几代研究者在不同地区的研究心路。之所以这样说，是因为从第三届全国分析哲学研讨会起，几乎每次会议都会有来自不同国家和中国台湾、香港地区的学者参加，而且，他们的论文也被收入了该系列文集中。外国学者参加我们的会议或为文集贡献论文，使我们能够直接展开与他们的学术交流和思想对话，而港台地区学者的加入则使我们更加感觉到相同的文化血脉在交流和对话中的便利。通过举行八届全国分析哲学研讨会，出版四部《中国分析哲学》，我们越来越认识到，分析哲学在中国，不是把西方的思想方法和话题论域移植到汉语文化的语境，而是把分析的方法和科学的精神直接用于对中国思想资料的讨论，更是以学术民主的精神和精益求精的论证把握我们当下处理的所有思想资源。应当说，这才是我们进行中国分析哲学研究的最终目的。

　　为了更有力地推进中国分析哲学研究，在 2012 年 8 月 24 日举行的中国现代外国哲学学会分析哲学专业委员会会议上，新换届的第三届（2013—2016）委员会决定，建立"中国分析哲学发展基金"，附属于分析哲学专业委员会，主要用于赞助《中国分析哲学》系列文集的出版、"洪谦优秀哲学论文奖"的奖金、提供研究生参加全国分析哲学研讨会的部分资助以及其他与分析哲学事业相关的其他事项。我们欢迎一切热情支持分析哲学事业的各界人士，用不同方式赞助本基金。

　　在这里，我们要特别感谢山东大学哲学与社会发展学院对第八届全国分析哲学研讨会的顺利举行给予的大力支持，感谢刘杰教授、王华平教授、荣立武博士对本次大会付出的辛勤工作！山东大学哲学与社会发展学院还在本文集的出版经费上慷慨解囊，我们也表达深深的谢意！感谢博士生张桔在文集的最后编辑过程中给予的大力支持！

　　最后，我们仍然要感谢浙江大学出版社和北京启真馆文化传播有限公司对本文集出版的大力帮助！

《中国分析哲学》编辑委员会

2013 年 6 月 6 日